普通高等学校供应链管理专业系列规划教材

供应链管理基础

丛书主编　李延晖
主　　编　罗　岚　姚　琪
副主编　范　瑾　胡　鹏　姚　池

电子工业出版社
Publishing House of Electronics Industry
北京·BEIJING

内 容 简 介

本书系统地介绍了供应链管理的基本理论和方法。全书共分 13 章，第一章对供应链及供应链管理的概念和基本模式进行了介绍；第二章介绍了供应链的决策、设计和构建；第三章介绍了供应链合作伙伴关系管理。之后，本书分章节详细讲解了供应链运作管理的几大模块，包括采购管理、生产管理、库存管理、物流管理、信息技术管理、风险管理和绩效管理等。本书注重理论与实践相结合，案例丰富，实操性强，有助于读者对供应链知识的理解和掌握。

本书适合作为本专科工商管理、物流管理、供应链管理及其相关专业的学生教材，也可供物流与供应链及其相关行业的从业人员参考阅读。

图书在版编目（CIP）数据

供应链管理基础/罗岚，姚琪主编. — 北京：电子工业出版社，2020.12
ISBN 978 - 7 - 121 - 40243 - 2

Ⅰ．①供… Ⅱ．①罗…②姚… Ⅲ．①供应链管理 - 高等学校 - 教材 Ⅳ．①F252.1

中国版本图书馆 CIP 数据核字（2020）第 255812 号

责任编辑：王二华

印　　刷：北京虎彩文化传播有限公司

装　　订：北京虎彩文化传播有限公司

出版发行：电子工业出版社

　　　　　北京市海淀区万寿路 173 信箱　邮编：100036

开　　本：787×1092　1/16　　印张：20　字数：512 千字

版　　次：2020 年 12 月第 1 版

印　　次：2022 年 12 月第 3 次印刷

定　　价：59.90 元

序

Preface

2017 年 10 月，国务院办公厅正式发布《关于积极推进供应链创新与应用的指导意见》（国办发〔2017〕84 号），提出要加快培养多层次供应链专业人才。2018 年教育部批准武汉学院开设国内首个供应链管理本科专业，2019 年和 2020 年又分别批准 7 所、17 所高校设置该专业。至此，国内共有 25 所高校开设供应链管理本科专业，拉开了我国供应链管理中高端专业人才培养的序幕。

供应链管理是对供应链中的全部活动进行统一计划、组织、协调和控制，对其所涉及的商流、物流、信息流和资金流等进行系统协调与优化。供应链管理专业融合了管理学、经济学、工学等多学科理论方法和知识体系，以供应链战略管理、供应链规划与设计、供应链金融、供应链信息管理和供应链风险管理等为核心课程，致力于培养能够解决经济社会系统中的供应链管理理论和实践问题的复合型专门人才。

作为一个全新的本科专业，供应链管理专业亟须加快专业基础课程和核心课程的教材建设。李延晖教授组织国内多个高校的专家、学者联合进行供应链管理专业系列教材的编写，是构建完整的供应链管理专业知识体系的开创之举。为了做好这项工作，李延晖教授积极参与供应链管理本科专业培养标准的讨论和制定，多次召开国内供应链管理领域专家、学者座谈会，探讨专业课程体系建设，在理论与实践相结合、创新教学内容和教学方式等方面提出了真知灼见。

通观本系列教材，总结有如下突出特点：一是该系列教材编写的定位明确，重点面向应用型本科供应链管理专业人才的培养；二是该系列教材编写的师资强大，均为供应链管理领域的专家教授和具有丰富教学经验的一线教师；三是该系列教材编写的形式多样，兼有理论型、理论与实践结合型、案例型、实验型，构建了一个相对完整的供应链管理专业教材体系；四是该系列教材兼具前沿性、专业性和可操作性，反映了国内外供应链管理理论与实践的最新成果，含有丰富的案例、实例、图表和工具；五是该系列教材编写的方法融合创新，在借鉴国内外优秀教材写作思路和方法的基础上，特别注重引入现代信息技术手段来丰富教学资源。

总之，该系列教材体系结构完整，内容充实丰富，编写特色鲜明，读者对象明确，是一套很好的面向应用型本科供应链管理专业的系列教材。

刘志学

2020 年 11 月于华中科技大学

前言

Preface

自 2018 年教育部批准武汉学院开设供应链管理本科专业之后，到目前为止，国内共有 25 所高等院校开设了该专业，还有众多高校——尤其是应用型本科院校，也都在积极准备申报这一新的专业，我国供应链管理本科人才培养正逐渐步入快速发展阶段。

在我国以往的高等教育体系中，"供应链管理"往往是物流管理、工商管理等本科专业或 MBA，管理科学与工程等硕、博研究生培养中的一门主干课程。现在，供应链管理成为物流管理与工程类中的一个本科专业。由一门课到一个专业，这是一个质的飞跃，是学科发展中与时俱进的具体体现。同时，也对这一新专业的建设与发展提出了巨大挑战。首当其冲的就是"上什么课"的问题，这个需要通过科学合理的课程体系设置来回答。第二个就是"用什么书"的问题，这个需要有与课程相对应的配套教材来解决。

教材是学生价值塑造的源头，鉴于供应链管理本科专业在国内是新开设的专业，国内当前已有的相关教材尚不能满足供应链管理本科专业人才培养的需求。首先，供应链管理本科专业培养标准中给定的很多核心课程目前都没有同名的备选教材，教师上课时只能选择内容、知识点较为接近的同类教材或讲义。其次，即使是同类教材，也存在数量较少、可选择面较窄的问题，且大多理论性较强，多侧重于硕、博研究生层面的理论教学，对于本科生来说（尤其是应用型大学的本科生），理解有一定难度；而国外教材的译文版，则存在内容信息量偏大、系统性不强、知识点较散的问题，教师们往往难以在有限的授课课时内很好地把握重点和难点的深度和广度。最后，现有的相关教材一般单独对应某一门课程，没有构成一个系统的教材体系，不能完整地反映供应链管理本科专业的学生应该掌握的知识架构。由此看来，供应链管理专业系列教材的编写有其必然性、开创性和紧迫性。

这一套供应链管理专业系列教材的定位是面向应用型本科供应链管理人才培养的。该系列教材紧扣应用型本科的培养对象和供应链管理的系统思维观，着力打造2门专业基础课、6门专业主干课及多样化专业选修课所对应的教材体系，这一体系也是按照教育部颁发的《普通高等学校本科专业教学质量国家标准》的原则与要求而确定的。同时，该系列教材注重立体化、网络化教学资源建设，通过与金课、在线课程、翻转课堂的结合，以及利用二维码等现代信息技术手段来创新和丰富各种教学资源。

本系列教材借鉴国内优秀教材和国外精品教材的写作思路和方法，着眼于学生就业所需的基础知识和专业技能，注重对供应链管理应用型人才所需的知识传授、技能训练和素养熏陶，并且将未来的行业发展趋势和前沿资料以阅读材料的方式介绍给学生，让学生学而有用、学而能用。该系列教材的理论知识基础、实用，并结合实际应用场景给出了大量案例、算例，强调方法、技术、图表、工具的运用，致力于对学生思维的启发锻炼及解决实际问题等综合能力的培养和提高。

为了编好该系列教材，我们组织了多次研讨会，听取了国内众多专家、学者的优秀建议，在此表示诚挚的感谢。同时，我们也邀请了国内众多的专家学者和一线教学老师参与教材的编写，感谢各位专家、学者为本系列教材的编写倾注的心血和努力。最后感谢出版社编辑的通力合作。千锤百炼，终须经过教学实践的检验。我们也深知，作为新专业的系列教材，其中难免存在一些不足之处，我们衷心希望各位读者提出宝贵建议，以改进我们的工作。

李延晖

2020 年 10 月于黄家湖畔

目录
Contents

第一篇　战略篇

第二篇　运营篇

第三篇 提高篇

第一篇

战略篇

第一章 供应链管理导论

本章学习目标

1. 理解供应链的定义、类型及特征。
2. 了解供应链结构模型。
3. 掌握供应链管理的含义及特征。
4. 掌握供应链管理的主要流程。
5. 理解供应链管理与传统管理模式的区别。

导入案例

2019Gartner 供应链 TOP25 强出炉，阿里首次入选，京东、海尔得到提名

2019 年 5 月，Gartner 供应链全球高管峰会（Gartner Supply Chain Executive Conference）在美国亚利桑那州菲尼克斯举行。作为全球供应链高层最重要的集会之一，每年与会现场发布的 Gartner 供应链 25（Gartner Supply Chain Top 25）强备受关注。

Gartner 分析师、副总裁 Mike Griswold 表示："2019 年是我们连续第 15 年发布供应链 25 强排名，今年有两位新进入者，一位来自零售业，一位来自化工业。"据了解，Gartner 每年在《财富全球 500 强》和《福布斯全球 2000 强》的名单中筛选，选出年收入大于 120 亿美元的企业再进行调查，最后评选出供应链 25 强，推出全球的供应链领袖并且会着重分析和展示它们的最优策略。

严格的筛选条件，也是"Gartner Supply Chain Top 25"如此权威的原因，而在"Gartner Supply Chain 2019 Top 25"的榜单中，高露洁－棕榈位居榜首，阿里巴巴则作为中国公司第一次上榜。此外，被提及的中国公司还有联想、京东、海尔。

据了解，供应链 25 强排名包括两个主要部分：业务表现和意见。以公共财务和企业社会责任数据形式体现的"业务表现"提供了公司过去的表现；而"意见"部分则关注公司未来潜力并反映公司在供应链领域的领导地位。这两个主要部分结合起来会得到一个综合评分。此外，Gartner 还在 2018 年将行业缩减到制造业、零售业和分销。以至于部分其他行业未能入选，如金融服务和保险业等。

值得一提的是，自 2015 年开始，供应链 25 强中开设"供应链大师"（Master）称号，类似于供应链名人堂。要进入这个名人堂，公司必须在过去 10 年中至少有 7 年综合得分在前 5 名，可谓是优秀中的优秀。在这次评选中，联合利华由于前 10 年的优异表现，正式加入了苹果、宝洁、亚马逊和麦当劳的"大师"行列，需要注意的是，"供应链大师"不参与 25 强的评选。

排行榜依据 Gartner 和同行的意见，公司最近三年的总资产报酬率、库存周转水平、收入增长水平、企业社会责任（CSR）等指标，最后得出各企业的综合得分，并排出顺序。

Gartner 分析认为，供应链 25 强榜单上的领先企业非常重视个性化，以数字方式捕捉客户需求，灵活地将设计转换为实物产品和包装，并迅速将其交付给客户。

2019 年，对于正在加速提高自身能力、将自己与其他企业进一步分离的供应链领导者来说，有三个关键趋势格外引人注目。

大规模定制

提高客户体验，加强个性化，是每个公司的首要任务。然而，大规模定制是更先进公司的一个关键区别。"大规模定制的实现需要一定程度的敏捷性、供应链的灵活性和潜在的技术能力。"Griswold 先生说，"供应链 25 强中的领先企业找到了正确的平衡。在重视个性化的地方，它们数字化地捕获客户的需求，灵活地将设计转换为物理产品和包装，并迅速地将它们送到客户手中。当标准产品组合的多样性足够好时，它们就会毫不留情地只保留其中表现最好的。"

重视生态系统

由于供应链的领导者面临着新的挑战，如培养本地人才掌握先进技术，最大限度地减少塑料废物的产生和海洋污染，他们需要把重点放在与外部合作伙伴在生态系统的合作上，这将是解决这些问题的关键。这种观点和方法上的改变是领先企业更广泛变革的一部分，即运营更有目的的供应链组织。

推动企业主导的数字战略

过去 5 年，自动化和扩张的浪潮在企业供应链中不断加速，在供应链排名前 25 位的企业往往是新业务概念和技术的早期采用者。对于那些在数字供应链之旅中走得最远的企业来说，回归基本的企业主导数字转型这一概念正在发生。

Griswold 先生说："这些领先的供应链企业把重点放在了解和提高客户需求，以及支持他们所需的操作性能点上，并从这些需求向支持他们的流程和技术改造进行逆向工作。"但是要记住，革命性的创新并不总是马上转化为及时的投资回报（ROI）。通常，优化往往会带来更直接的投资回报率。

资料来源：Gartner（May 2019）

第一节　供应链概述

在市场经济中，任何一个企业都不是孤立存在的，它和其上下游企业之间因为供求关系而产生密切的联系，从而在企业之间形成一条长长的供应链。每个企业都在一条或多条供应链中扮演不同的角色，并从供应链中获取自身赖以生存发展的所有资源。事实上，供应链是早已客观存在的事物。随着市场变化的加剧和不确定性因素的增多，企业越来越强烈地意识到正确理解和掌握供应链运行机制的重要性。尤其是进入 20 世纪 90 年代，信息和网络技术的飞速发展，使得企业生产制造及管理水平都有显著提高的同时，顾客消费水平和需求的变化速度也在不断提高，企业面临的市场竞争日趋激烈。这无疑使得企业深刻认识到在整合内部各职能形成统一价值链的基础上，必须注重与上下游各方进行协同合作，打造以整体效益最大化为目的的供应链系统。因此，21 世纪的竞争，不仅仅只存在于企业与企业之间，更存在于企业供应链与供应链之间。

一、什么是供应链

（一）概念的形成与发展

1985 年，美国哈佛大学商学院教授迈克尔·波特（Michael Porter）在其所著的《竞争优势》一书中提出了价值链的概念，从而也成为供应链（Supply Chain）概念形成的基础。纵观东西方近几十年供应链理论的演进，供应链概念的发展大致可分为三个阶段：内部职能整合阶段；外部资源线性整合阶段及外部资源网状整合阶段。

西方学者早期的观点认为：供应链是制造企业的一个内部过程，是指将采购的原材料、零部件和半成品，通过生产和销售等环节传递到零售商和用户的一个过程。这种早期的观点将供应链概念仅视为企业内部的一个物流过程，主要涉及物料采购、库存、生产和分销等部门的职能协调问题，最终目的是为了优化企业内部的业务流程，从而提高经营效率，降低物流成本。

进入 20 世纪 90 年代，由于需求环境的变化及商业竞争程度的加剧，供应链概念的范围也随之扩大到了企业自身与其他企业之间的联系，扩大到了供应链的外部环境，认为它是一个"通过链中不同企业的制造、装配、分销、零售等过程将原材料转换成产品，再到最终用户的转换过程"，由此形成了更大范围、更为系统的供应链概念。美国学者史蒂文斯（Stevens）认为："通过价值增值过程和分销渠道控制从供应商的供应商到用户的用户的流就是供应链，它开始于供应的源点，结束于消费的终点。"这种观点在前人的基础上，注重了供应链的完整性及供应链中所有成员操作的一致性。扩展的供应链如图 1－1 所示。

进入 21 世纪，随着信息技术的快速发展和产业不确定性的增加，当今企业间的关系已明显呈现出网络化的合作格局，人们对供应链概念的理解也从线性的"单链"转向非线性的"网链"概念。因此，供应链的概念侧重描述为一种围绕核心企业的网链关系，如核心企业与供应商、供应商的供应商乃至与所有前向企业的关系，与用户、用户的用户及所有后向企业的关系。此时供应链最终形成一种网链结构，更为准确的描述是：供应链不是一个由数个商业关系构成的链条，而是一个由多种业务和商业关系构成的网络。

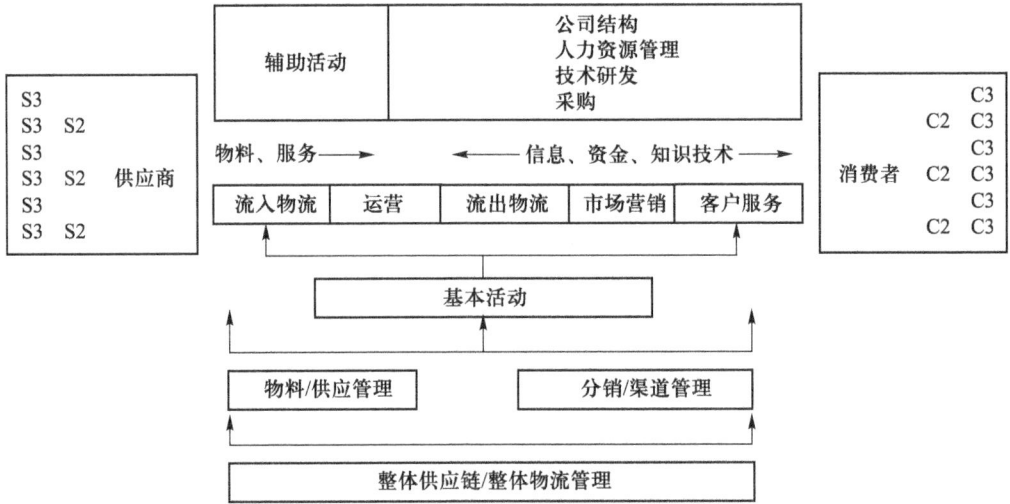

图 1 - 1　扩展的供应链

（二）供应链的定义

一条供应链包括上游原材料供应商到下游最终客户的多个组织，如图 1 - 2 所示的麦片制造商的供应链。尽管这是一条简单的供应链，却也包含了麦片制造商向农户购买谷物并加工成麦片，向瓦楞纸制造商购买瓦楞纸箱及向标签制造商购买半成品的标签用于包装，再将包装好的麦片通过分销商、食品店，最终卖到客户手中等多项交易活动。在现实中，如何有效处理诸多交易活动中的物流和信息流是供应链管理的核心问题。

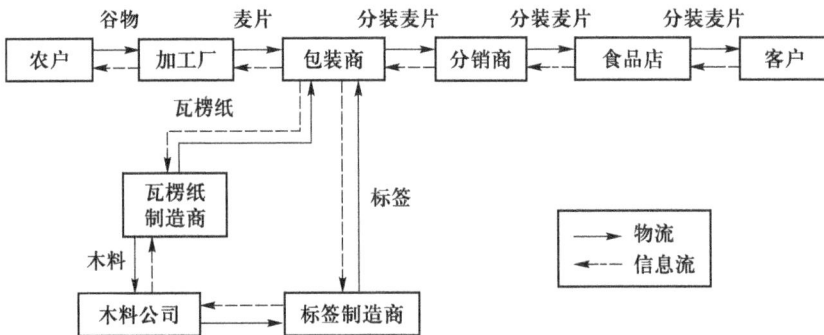

图 1 - 2　麦片制造商的供应链

在供应链概念的形成和发展过程中，不同时期的不同学者和组织从不同角度对供应链给出了定义。

英国著名物流专家马丁·克里斯多夫（Martin Christopher）教授在 20 世纪 90 年代所著的《物流与供应链管理》一书中最早对供应链进行了如下定义：供应链是指在不同的过程和活动中，通过上游和下游的连接，以产品或服务的形式向最终消费者提供价值的组织所构成的网络。马丁·克里斯多夫教授举例说明，衬衣制造商是供应链的一部分，它的上游是化纤厂和棉纺厂，下游是分销商和零售商，最后到最终消费者。按此定义，这条供应链上的所有企业都是相互依存的，但实际上它们却彼此并没有太多的协作。这也正是供应链整合所要解决的关键问题。

美国西北大学著名教授苏尼尔·乔普拉（Sunil Chopra）在和彼得·迈因德尔（Peter Meindl）合著的《供应链管理：战略、计划和运作》（第6版）中指出：供应链由直接或间接地实现顾客需求的所有阶段组成，供应链不仅包括制造商和供应商，而且包括运输商、仓储商、零售商，甚至包括顾客本身。在每一个企业中，供应链包括满足顾客需求的全部功能，如新产品开发、市场营销、生产运营、分销、财务和客户服务等。苏尼尔·乔普拉教授在描述供应链概念时指出，供应链与其用"链"不如用"网"或"网络"更准确，同时也强调了顾客在供应链中的重要性，指出顾客是一条完整供应链中必不可少的部分。

美国供应链管理专业协会（CSCMP）在术语表中对供应链的定义是：（1）从未经加工的原材料起始，到使用制成品的最终用户为止，供应链将很多公司链接在一起；（2）在从原材料采购一直延伸到产成品向最终用户交付的物流过程中，物料和信息的相互交换。供应链涉及生产与交付最终产品和服务的一切环节。

我国《物流术语》国家标准（GB/T18354—2006）中对供应链的定义是：生产及流通过程中，涉及将产品或服务提供给最终用户活动的上游与下游组织所形成的网链结构。

供应链是社会化大生产的产物，是重要的流通组织形式和市场营销方式。它以市场组织化程度高、规模化经营的优势，有机地连接生产和消费，对生产和流通有着直接的导向作用。供应链通过前馈的信息流与反馈的物流和信息流，将供应商、制造商、分销商、零售商及客户连成一个整体。供应链是由所有加盟的节点企业所组成的网链结构，每个企业就是一个节点，节点企业与节点企业之间是一种供需关系，其总目的是满足最终用户的需求。

综上所述，所谓供应链（Supply Chain），是指核心企业在满足客户需求的过程中，通过对物流、信息流、资金流和工作流的协调和控制，将原材料供应商、制造商、分销商、零售商直至最终用户联系在一起并成为一个整体的多功能网链结构。

二、供应链结构模型

通过以上对供应链定义的介绍可以看出，满足客户的需求是供应链的主要目的，而供应链中的节点企业在满足客户需求的过程中不断谋求发展，共同做大供应链整体利益这块蛋糕。因此，供应链的结构可以用图1-3来表示。

图1-3中所有参与供应链的企业被称为节点企业，其中处在供应链核心地位的被称为核心企业（一般是生产制造企业，也可以是大型零售企业，如美国的沃尔玛）。节点企业在需求信息驱动和信息共享的基础上，通过供应链的职能分工与合作（生产、分销、零售等），以物流、资金流或工作流为媒介实现整个供应链的不断增值。供应链从整体来看是动态的，不同节点企业之间通过信息流、物流、资金流和工作流相互联系。四大流程有各自不同的功能和流通方向。

三、供应链的类型

随着供应链理论和实践的不断发展，供应链已在企业的经营管理中凸显出重要地位和作用，并形成了具有明显特点的供应链模式和结构。根据不同的划分标准，可以将供应链划分为不同的类型。

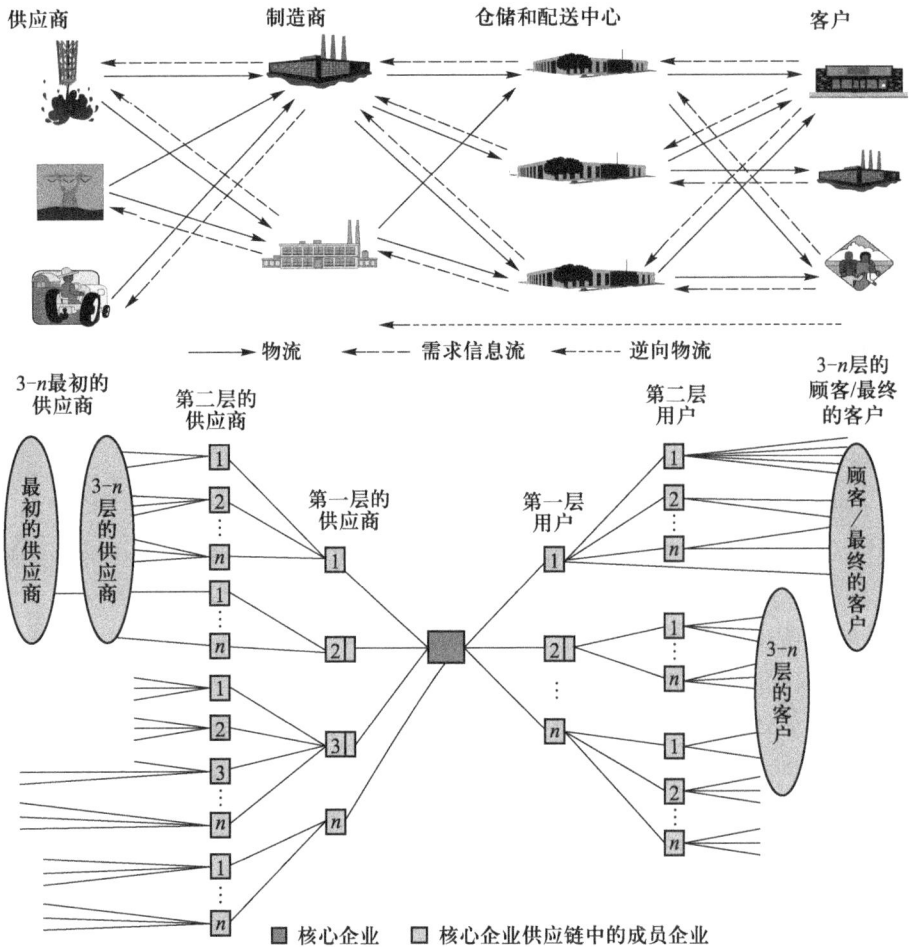

图1-3 供应链的结构

（一）根据供应链的结构形态划分

根据供应链的结构形态划分，可将供应链分为以下类型。

1. "V"型供应链

"V"型供应链是供应链结构形态中最基础的一种。这种供应链以大批量、单一物料存在方式为基础，经过企业加工转换为中间产品，再提供给其他企业作为原材料。生产中间产品的企业往往客户要多于供应商，呈发散状。例如，原料经过中间产品的生产和转换，成为工业原材料，如石油、化工、造纸和纺织等企业，这些企业生产种类繁多的产品，满足众多下游客户的需求，从而形成了"V"型供应链。"V"型供应链如图1-4所示。

2. "A"型供应链

"A"型供应链是一种典型的会聚型供应链，其主要目标是按订单完成生产。"A"型供应链的业务本质上是由订单和客户驱动的，即为了满足相对少数的客户需求和客户订单，需要从大量的供应商手中采购零部件和通用设备，并进行大规模装配。由于"A"型供应链受订单和客户驱动，所以通常把管理的注意力聚焦于精确计划和分配满足订单生产所需的物料和能力方面，采用 JIT① 生产方式。"A"型供应链如图 1－5 所示。

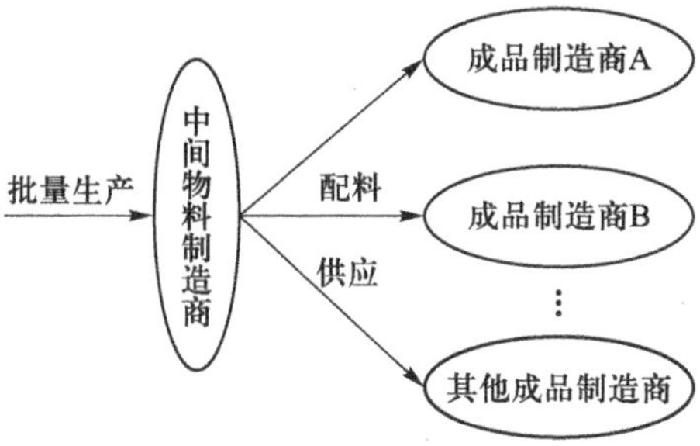

图 1－4　"V"型供应链 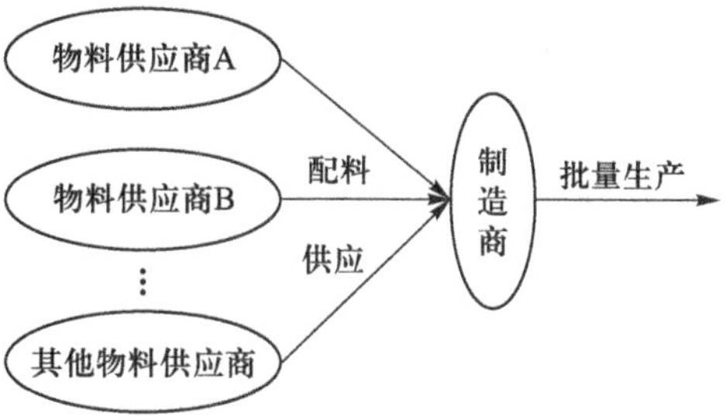　　　　　图 1－5　"A"型供应链

3. "T"型供应链

"T"型供应链介于上述两种供应链模式之间，其特点是既会聚又发散。采用"T"型供应链的企业通常根据订单确定通用件，从与自己相似的供应商公司采购大量的物料，通过制造标准化来降低订单的复杂程度，为大量终端客户和合作伙伴提供构件和套件，即通过有限元件的组合形成无限的产品类别。如医药保健品、电子产品和食品、饮料等行业，以及为总装配提供零部件，如为汽车、电子器械和飞机主机厂商提供零配件的企业等。

"T"型供应链的管理难度最大，在现实的经济活动中，有很多企业处于这样的供应链结构中。这类企业往往需要投入大量的金钱用于供应链的解决方案，尽可能限制提前期来稳定生产而无须保有大量库存。因此要求供应链必须及时掌握市场信息，尽可能准确估计市场需求的变化趋势，根据市场的变化，及时做出反应，抓住市场机遇，合理安排生产和供应。"T"型供应链如图 1－6 所示。

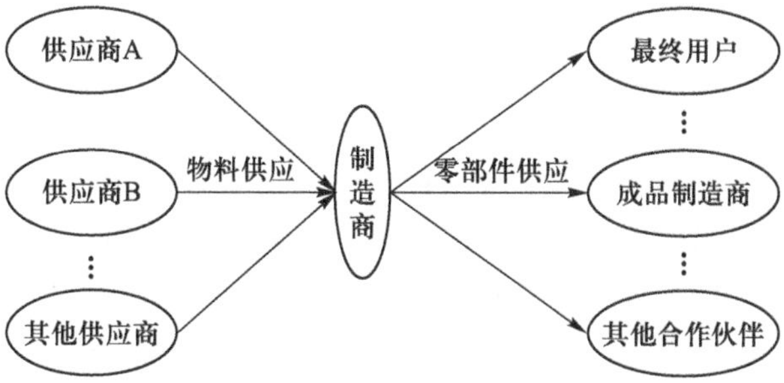

图 1－6　"T"型供应链

（二）根据供应链的驱动源划分

根据供应链的驱动源划分，可将供应链分为以下类型。

1. 推动式供应链

推动式供应链的运作以产品为中心，以生产制造商为驱动原点，这种传统的供应链管理方式是以生产为中心，以最大限度提高生产率，降低单位产品成本来获得利润为目标。通常，生产制造企业根据自己的 MRP－II/ERP 计划来安排从供应商处购买原材料、零部件等，进而生产出产品，并将产品经过各种渠道，如批发商、分销商等逐级推至客户端。推动式供

---

① 准时生产制（Just-in-Time，JIT）。

应链上制造商对整个供应链起主导作用，是供应链上的核心或关键成员，而其他环节如分销商和零售商则处于被动接受地位。这种供应链管理方式在运作和实施上相对较为容易，但是因为生产商和客户之间环节过多，对客户的需求远不如流通领域的零售商和分销商了解得清楚。所以，推动式供应链上企业之间的集成度较低，对需求变动的响应能力较差。

在这种供应链模式下，由于上游企业无法充分掌握供应链下游，尤其是最末端的客户需求，会导致一旦下游有微小的需求变化，反映到上游时这种变化将被扭曲并逐级放大，即"需求变异加速放大"现象，也称为长鞭效应。为了应对这种长鞭效应，供应链的每个节点企业都提高自身的安全库存量，通过储备较多的库存来应付需求变动，而上游供应商往往维持比下游供应商更高的库存水平，因此导致整个供应链上的库存水平较高，响应客户需求变化的速度较慢。传统的供应链模式几乎都属于推动式供应链，如图1-7所示。

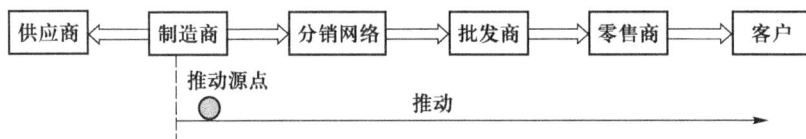

图1-7　推动式供应链

2. 拉动式供应链

拉动式供应链的运作是以客户为中心，以市场和客户的实际需求为驱动原点，以需求信息流为主导的供应链。拉动式供应链管理需要整个供应链能够对客户和市场的需求做到更快的跟踪、调查和预测，从而提高整个供应链上产品和资金的周转效率，减少流通过程中不必要的浪费，降低成本。特别要求供应链上的成员间有较强的信息共享、协同、响应和适应能力。例如，目前发达国家采用协同计划、预测、补货（CPFR）策略和系统，来实现对供应链下游成员需求的快速响应，使信息获取更及时，信息集成和共享度更高，数据交换更迅速，缓冲库存量及整个供应链上的库存总量更低，获利能力更强等。拉动式供应链是现在主要的供应链类型，虽然整体实施效果较好，但对供应链上节点企业的管理和信息化程度要求较高；同时，对整个供应链的协同和集成运作的技术条件和基础设施也要求较高。

以计算机公司为例，供应链中对计算机市场的预测和计算机的订单是企业一切业务活动的拉动点，生产装配、采购等计划安排和运作都是以它们为依据和基础进行的，这种典型的面向订单的生产运作可以明显减少库存积压、满足个性化和特殊配置需求，并加快资金周转。然而，这种供应链的运作和实施相对较难，如图1-8所示。

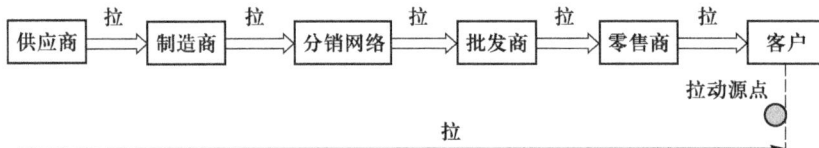

图1-8　拉动式供应链

3. 推拉式供应链

推拉式供应链是推拉结合的供应链。因为推动式供应链和拉动式供应链各自存在优、缺点，所以管理者在实践中寻求将两种形式加以结合，形成一种新的供应链模式，即推拉式供应链。在这种模式下，供应链的上游环节采用推动式，制造装配前的过程是以预测驱动生产和供应，供应商进行批量规模化生产；中下游环节则由客户需求拉动直至产品送到客户。在从原材料到最终客户的供应链各环节中，推动式与拉动式的接口处被称为推-拉边界，如图1-9所示。

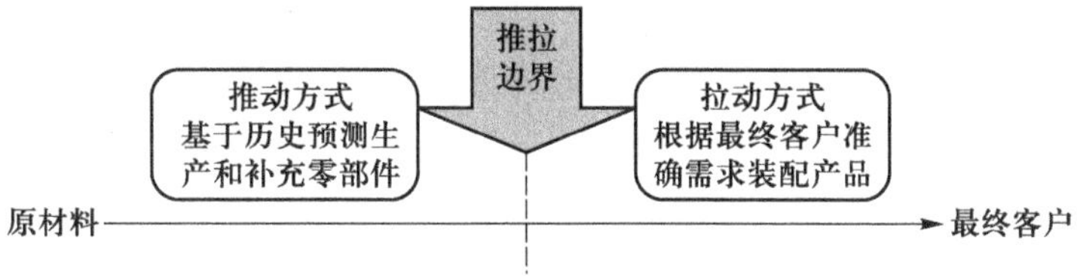

图1-9　推拉式供应链

戴尔公司PC生产线就是推拉式供应链的运作模式，如图1-10所示。其PC装配的起点就是推-拉边界，在装配之前的所有流程都是推动式流程，而装配和其后的所有流程都是拉动式流程，完全取决于客户的订单需求。这种推拉共存的供应链运作模式对制定有关供应链设计的战略决策非常有用。例如，供应链管理中的延迟生产策略就很好地体现了这一点，通过对产品设计流程的改进，使推和拉的边界尽可能延迟，便可有效地解决大规模生产与大规模个性定制之间的矛盾，在充分利用规模经济的同时实现大批量客户化生产。

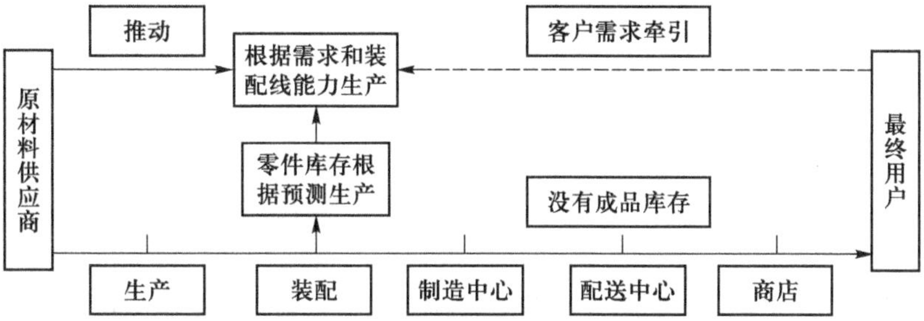

图1-10　戴尔公司PC生产线模式

（三）其他划分标准

供应链还可以根据其他标准划分为以下几种类型。

1. 稳定的供应链和动态的供应链

根据供应链存在的市场需求是否稳定，可以将供应链划分为稳定的供应链和动态的供应链。在相对稳定、单一的市场需求中构成的供应链稳定性较强，而在变化频繁、复杂的市场需求中构成的供应链动态性较高。这就要求在实际管理运作中，企业需要根据不断变化的市场需求来相应地改变供应链的构成。

2. 失衡的供应链和平衡的供应链

根据用户需求与供应链容量的关系，可以将供应链划分为失衡的供应链和平衡的供应链。任何一个供应链都具有一定的、相对稳定的设备容量和生产能力。外部需求处于不断变化的市场会造成企业供应链成本增加、库存增加、浪费增加等现象。这时供应链的容量不能满足用户需求，供应链就处于失衡状态；而当企业根据市场变化调节供应链结构，使供应链的容量能够满足用户需求，且企业在最优状态下运作时，供应链则处于平衡状态。

平衡的供应链可以实现供应链上各主要职能（采购/低采购成本、生产/规模效益、分销/低运输成本、市场/产品多样化和财务/资金周转快）之间的均衡，是一种较为理想的状态。

3. 效率型供应链和响应型供应链

根据供应链所支持产品的特性，可以将供应链划分为效率型供应链和响应型供应链。效率型供应链适合功能性产品的生产，主要体现供应链的物料转换功能，即以最低的成本将原材料转化成零部件、半成品和产成品，并完成在供应链中的运输、配送等活动；响应型供应链适合创新型产品的生产，主要体现供应链对市场需求的响应功能，即把产品分配到满足用户需求的市场，对未知的需求做出快速反应等。效率型供应链和响应型供应链的比较如表1-1所示。

表1-1 效率型供应链和响应型供应链的比较

	效率型供应链	响应型供应链
首要目标	最低成本满足需求	快速响应需求
产品设计策略	以最低生产成本获取最大化效益	模块化延迟生产创造差异化
定价策略	客户主导价格导致低利润	非客户主导价格导致高利润
制造策略	通过高利用率降低成本	保持生产能力灵活性，以应对需求/供应的不确定性
库存策略	降低库存减少成本	持有缓冲库存，以应对需求/供应的不确定性
提前期策略	缩短提前期，但不以牺牲成本为代价	积极缩短提前期，即使付出高成本代价
供应策略	以成本与质量为选择基础	以速度、灵活性、可靠性与质量为选择基础

4. 精益供应链和敏捷供应链

精益供应链来源于日本丰田汽车公司的精益生产，是精益思想在供应链管理中的运用。精益供应链专注于持续改进、消除供应链中的浪费和无价值活动。精益供应链的核心是力求消除包括库存在内的一切浪费现象，尽可能利用较少的资源创造较多的价值。精益供应链管理使得企业产品的流动率达到最大，同时使得供应商和客户之间的价值流所产生的浪费降到最小，从而适应市场对企业生产管理提出的低成本、高质量和高柔性的要求。

敏捷供应链是指在不确定、持续变化的环境下，为了在特定市场机会中获得最大化价值而形成的基于一体化的动态联盟和协同运作的供应链。敏捷性思想是敏捷供应链的核心，表现在优化整合企业内外部资源的基础上，更多地强调供应链在响应差异化客户需求方面的速度目标。敏捷供应链的实质是信息技术、先进制造技术和现代管理模式等综合技术支持下的多企业集成，是融合了多种管理思想和先进技术而发展起来的一套适合多变企业环境的全新的供应链管理模式。精益供应链和敏捷供应链的比较如表1-2所示。

表1-2 精益供应链和敏捷供应链的比较

	精益供应链	敏捷供应链
产品类型	标准产品	新产品
制造方法	精益生产	敏捷制造
流程整合	侧重于采购、生产环节	侧重于销售、配送环节
生产计划	订单确定	不同客户的大规模定制
产品生命周期	通常大于2年	通常3个月到1年
市场	当前市场	新市场
组织结构	静态的紧密联盟	虚拟组织，动态联盟
供应商选择	考虑成本和质量	考虑速度、柔性、可靠性和质量

四、供应链的特征

（一）系统性

供应链是由不同的相关企业和组织组成的有机体，具有共同的目标。所以说，供应链是一个大的系统，系统内又有若干子系统或子链。

（二）复杂性

供应链往往由多个、不同类型甚至不同国家的企业组成，使得其节点企业的跨度较大，所以供应链的结构模式比一般单个企业的结构模式更为复杂。

（三）动态性

供应链的动态性主要体现在供应链中的节点企业由于不断适应市场需求变化的需要，而有效地调整企业战略和经营模式。

（四）用户需求响应性

用户需求是供应链形成、发展和重构的基础，也是在供应链的运作过程中，信息流、物流、资金流和工作流四大流程运作的驱动源。

（五）交叉性

供应链中的节点企业之间存在一对多、多对一，甚至多对多的复杂联系，所以节点企业可以是这个供应链的成员，同时也可以是另一个供应链的成员，众多的供应链形成交叉结构，增加了协调管理的难度。

综上所述，供应链是一个复杂的大系统。要想全面了解和掌握供应链系统，必须认清不同情况下供应链系统的特征以及不同供应链类型的特点，这样才能有目的地选择适合本企业的供应链运作模式和管理模式。

第二节　供应链管理概述

一、什么是供应链管理

（一）供应链管理的定义

在迈克尔·波特教授提出的"价值链"（Value Chain）基础上，马丁·克里斯多夫（Martin Christopher）教授在其所著的《物流与供应链管理》一书中首次对供应链管理给出了较明确的定义：从供应链整体考虑，为了以较低的成本提供超额客户价值而进行的供应链上游供应商关系管理以及下游客户关系管理活动。

到了20世纪90年代中后期，关于供应链管理的研究文献以及与其相关的学术组织大量出现。随着供应链管理理论与实践的不断发展，供应链管理的定义也逐步演变，其内涵不断深化，外延日益丰富。

道格拉斯·M.兰伯特教授在其所著《供应链管理：流程、伙伴和业绩》（第4版）中指出：供应链管理是从终端客户到原始供应商的组织网络中的关系管理活动，利用关键的跨职能业务流程为客户和其他利益相关者创造价值。

美国供应链管理专业协会（CSCMP）在术语表中对供应链管理所下的定义是：供应链管理包括对所有涉及采购与转换的活动以及所有物流管理活动的计划与管理。重要的是，它也包括对供应商、中间商、第三方服务提供商以及客户等渠道伙伴的协调与协同。本质上，供应链管理整合了公司内与公司间的供应与需求管理。

同时，CSCMP 指出了供应链管理的边界和关系：供应链管理是一个集成功能系统，其主要职责是将公司内及跨公司的主要业务职能和业务流程连接成一个聚合和高效的业务模式。它包括了所有的物流管理活动以及制造运作，并驱动营销、销售、产品设计、财务与信息技术内部与相互间流程与活动的协调。

我国《物流术语》国家标准（GB/T18354—2006）对供应链管理的定义是：对供应链涉及的全部活动进行计划、组织、协调与控制。

综上所述，在定义供应链的基础上，本书给出一个供应链管理的定义：供应链管理是核心企业为有效满足最终客户的需求并使供应链的所有成员实现共赢，从而对供应链成员企业内部职能和供应链上下游环节的业务流程进行整合协调，使得供应链系统运作达到最优化，成本最小化。

（二）供应链管理概念要点分析

1. 客户需求驱动

最终的客户需求是供应链形成、发展、重构的基础，也是在供应链的运作过程中，物流、信息流和资金流的驱动源。在供应链管理模式下，供应链的运作是以订单驱动方式进行的，而客户订单又是在客户需求的驱动下产生的，而后才能驱动产品制造、采购订单直至供应商。这种逐级驱动的订单驱动模式，便于供应链的各个环节之间保持协调一致，努力以最小的供应链总成本最大限度地满足最终客户的需求。

2. 信息充分共享

供应链系统的协调运作是建立在供应链成员之间高质量的信息传递与共享基础之上的。及时、准确、可靠的信息可以帮助各成员之间建立良好的沟通，做出正确的决策。信息技术的应用为供应链管理提供了强有力的支撑，供应链信息可视化极大地提高了供应链的运作效率。

3. 业务流程整合

供应链管理是核心企业对企业内部及供应链成员之间物流、信息流、资金流的协调与控制过程，需要首先打破企业内部各职能部门之间的界限，同时还要打破供应链成员之间的企业界限，这样才能将企业内部和外部的主要业务职能和流程整合成一个有机和高效的业务模式，实现供应链的一体化运作。

4. 运作系统优化

供应链是一个由核心企业和上下游成员企业构成的复杂系统，是将各环节链成一个整体的功能网络结构。供应链的功能是系统运作所体现出的整体功能，是供应链各成员功能的集成。因此，供应链管理的目标是实现供应链系统的整体功能最优化，提高供应链系统的整体效益。

5. 实现互利双赢

供应链是核心企业与上下游成员为了适应新的竞争环境而组成的利益共同体。供应链成员之间通过建立协商机制，谋求互利共赢的目标。供应链管理改变了企业的竞争方式，将企业之间的竞争转变为供应链之间的竞争，强调供应链成员之间建立战略合作伙伴关系，以强强联合或优势互补的方式，在供应链运作中达到互利共赢的目的。

二、供应链管理的主要流程

供应链管理是核心企业进行内部和外部协同的过程,涉及内部各相关职能和上下游成员企业,是一项复杂的系统管理工作。一方面,从供应链管理涉及的主要活动来看,包括对供应链的战略、计划和运作的管理,对供应链的各项职能和环节的关系管理,以及对供应链的绩效管理等。另一方面,从供应链管理涉及的流程来看,主要为全球供应链论坛(GSCF)提出的 SCM 八大流程框架。

全球供应链论坛(GSCF)是由一群来自非营利公司的管理人员和一组学术研究人员组成,自 1992 年以来定期举行会议,目的是不断改进和完善供应链管理的理论和实践。1996年 2 月,全球供应链论坛的 SCM 框架在物流管理委员会联合主办的为期三天的执行研讨会上被提出,并在 1997 年和 1998 年 GSCF 主席道格拉斯·M. 兰伯特教授等所写的文章中首次发表。这八个 GSCF 流程是跨职能的,并在供应链中关键成员之间跨组织实施。全球供应链论坛发展 SCM 框架的动机是为从业人员提供供应链管理实践指导,以及协助学者进一步研究供应链管理。

全球供应链论坛 SCM 框架如图 1-11 所示。具体来看,图 1-11 展示了一个制造商的供应链网络结构,其中包括两层客户和两层供应商、信息和产品流,以及必须在供应链上的每个组织内实现的八个供应链管理流程。所有的流程在本质上都是跨职能和跨公司的,供应链上的每个组织都需要实现相同的业务流程,否则,很难将组织跨越边界连接起来。图中制造商所具备的六个业务职能代表了大多数公司中的典型职能,但也并不涵盖所有行业。现实中,几乎任何一条供应链都要比图 1-11 中所展示的复杂得多,下面将八个 GSCF 流程做简要的介绍。

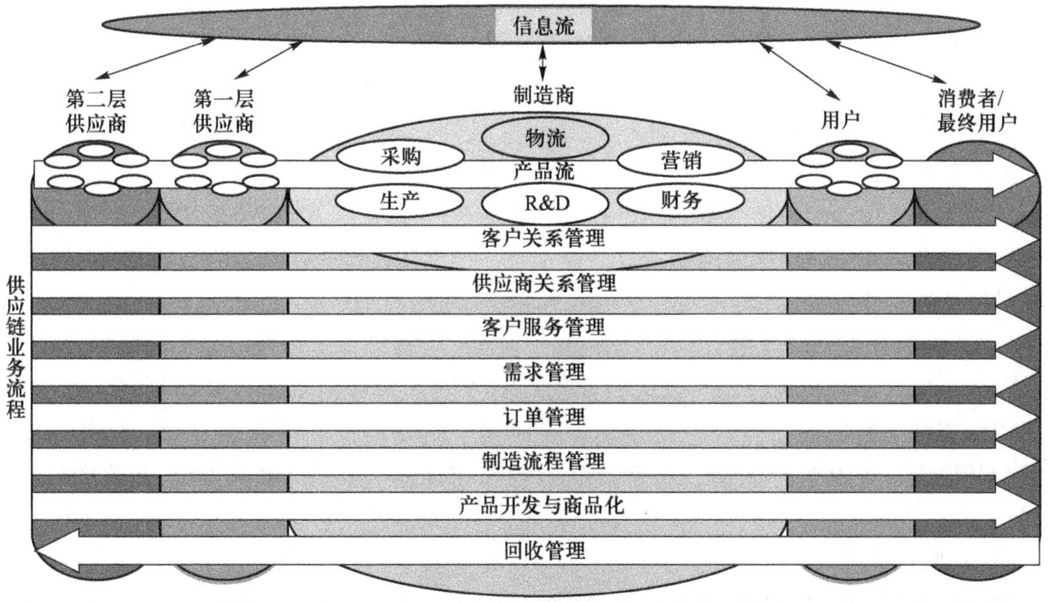

资料来源:改编自Douglas M. Lambert, Martha Cooper and Janus D.Pagh,"Supply Chain Management: Implementation Issues and Research Opportunities",The International Journal of Logistics Management 9, No.2, 1998, P.2.

图 1-11 供应链管理:整合管理业务流程贯穿整条供应链

(一)客户关系管理

客户关系管理过程为如何开发和维护与客户的关系提供了框架。识别、管理关键客户和客户组是公司业务使命的一部分。其目标是根据随时间推移而显示出来的客户价值进行细分，并通过提供定制化的产品和服务来增加目标客户的客户忠诚度。跨职能的客户团队定制产品和服务协议（PSAs），用以满足大客户的需求，同时实现公司的利润目标。对于其他客户，团队开发为部分客户提供有价值并满足公司利润目标的PSAs。

（二）供应商关系管理

供应商关系管理过程为如何发展和维护与供应商的关系提供了框架。顾名思义，这个过程非常类似于客户关系管理。就像一个公司需要维护与关键客户的密切关系一样，它还需要与关键供应商培养这种关系。公司根据供应商提供的价值与一小部分供应商维持密切关系，而和其余供应商保持更传统的关系。

（三）客户服务管理

客户服务管理作为客户关系管理过程的一部分，是为处理客户团队开发的PSAs而实施的管理过程。客户服务经理监督客户服务情况，如果在履行承诺方面出现问题，他们会主动代表客户进行提前干预，目标是在问题影响客户之前把问题解决。客户服务经理将与其他流程团队合作，如供应商关系管理团队和制造流程管理团队，以确保在PSAs中做出的承诺能够按计划交付。

（四）需求管理

需求管理是平衡客户需求和供应链能力的一个供应链管理流程。运用正确的流程，管理层就可以主动地将供应与需求匹配起来，并使得计划的执行受到的干扰最小。这个过程并不局限于预测，它还包括同步供应和需求，减少可变性和增加灵活性。

（五）订单管理

订单履行过程不仅仅是填写订单，它包括设计一个网络所必须包含的所有活动，从而使公司满足客户要求，同时最大化其利润。

（六）制造流程管理

制造流程管理是包含了为了获取、实施和管理供应链中的制造灵活性，将产品移入、移出工厂的所有必需活动的供应链管理过程。制造灵活性反映了以尽可能低的成本及时生产各种产品的能力。为了达到期望的制造灵活性水平，计划和执行必须超越制造商组织边界，延伸到供应链的其他成员。

（七）产品开发与商业化

产品开发和商业化为公司与其客户及供应商共同开发和推出新产品提供了一个框架。该过程的有效实施不仅能使管理层在整条供应链中协调新产品的有效流通，还能帮助供应链的其他成员通过提升制造、物流、市场营销和其他必要活动的能力来支持产品的商业化。

（八）回收管理

回收管理是在公司内及供应链关键成员间与回收、退货、逆向物流等有关的供应链管理活动过程。这个过程的正确实施不仅使管理人员能够有效地管理反向的产品流，而且能够识别、减少不必要的返回机会，并控制诸如集装箱之类的可重复使用性资产。

三、供应链管理的运作原则

供应链管理的运作原则如图1-12所示。

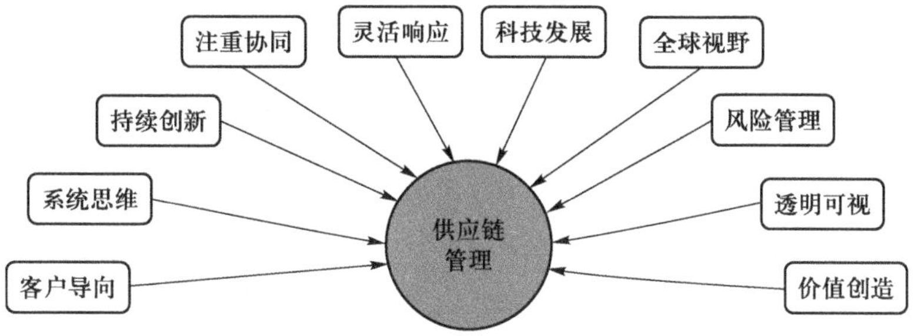

图1-12 供应链管理运作原则

（一）客户导向

了解客户是谁以及客户的需求是什么是供应链管理的源头。无论何时，客户购买产品或服务都是为了解决他们所面临的问题、满足某种特定的需求。所以，供应链管理者必须充分了解客户的问题和需求，从而确保自身企业能比其他竞争者更好、更快、成本更低地满足客户的需求。

（二）系统思维

供应链管理需要对供应链这种端对端的系统有充分的认识。供应链系统是人、流程和技术的整合，只有这些资源协同运作才能使企业提供客户想要的产品和服务。系统思维要求管理者对供应链系统内的系列因果关系有清楚的认知。因为供应链是一个非常复杂的系统，而且供应链运作的过程中又经常会出现一些不可预知的问题，从而导致系统中某一部分的一个小变化往往会对整个系统产生不可估量的影响。

（三）持续创新

目前全球商业环境飞速变化，因此供应链管理也需要持续创新从而跟上时代发展的脚步。企业要想在行业里保持领先地位，超越竞争对手，就必须不断改善供应链管理流程，运用先进的管理方法来达成目标。尤其在新科技广泛运用的环境中，科技创新往往是颠覆传统行业的创新。所以企业的经营不仅需要考虑当下如何低成本高效率地胜过竞争对手，更要预见未来行业的发展变化，保持企业的创新活力。

（四）注重协同

供应链管理不能在真空中进行，管理者不仅要在组织内部实行跨职能的协同，更需要和组织外部的供应商和客户建立良好的战略合作伙伴关系，而不是以自我利益为重的短期交易关系。从长期来看，缺乏信任和共同目标的供应链合作将会给各方带来不利影响，而建立在信任基础上的多方协同运营，共担风险，共享收益才能实现多赢格局，使供应链整体利益最大化。

（五）灵活响应

供应链管理中的不确定性因素很多，所以要求供应链运营具备较强的灵活性。灵活性是衡量供应链在面对变化和突发事件时反应的迅速程度，如销量突然增加或减少、供应链条断裂等。提高供应链的灵活响应性需要供应链具备额外的能力，如有多个供应商和有备选的运输方式等。由此看来，提高供应链的灵活性需要投入更多的成本，但也会带来特定的价值。关键是企业要根据自身的运营情况在两者之间权衡利弊，做出正确的决策。

（六）科技发展

当今，信息技术的广泛运用不仅改变了人们的生活方式，也改变了企业的经营模式。人们运用各种移动终端在网上下订单、支付货款、追踪货物的传递路径以及处理退换货等。与此同时，科学技术的快速发展也改变了供应链的运作模式，从最初的仅仅注重实体货物运输到现在的集物流、资金流、信息流等为一体的综合性系统运营，尤其是以信息技术为支撑的流程再造。所以在供应链管理中，管理者应该充分了解科技进步所带来的深远影响，明确如何将新科技运用到供应链运作的每一步，从而更好地创造顾客价值。

（七）全球视野

由于信息技术和交通运输的不断发展，现在的企业可以在全球范围内及时地共享信息和便利地送货物。从某种角度上来说，不论企业提供什么样的产品和服务，都是处在一个全球化的市场中。作为一名供应链运营者，必须具备全球视野，从全球范围来考虑影响供给和需求的因素，也要放眼全球，思考企业的竞争优势和竞争对手。也许能真正带给企业威胁的竞争对手在地球的另一边，而你却从未知晓。

（八）风险管理

供应链是一个相当复杂的系统，尤其在全球化运营的模式下。高绩效的要求、综合技术的运用以及全球供应商和客户的管理等，都需要供应链经理时时刻刻关注可能出现的各种风险。哪怕一个小小的问题，如原料到达延迟就可能对整个供应链的运行带来一系列的影响，如缺货、停工、罚款等。所以在供应链管理中，要注重对风险的识别和管控，尽量减少可能出现的威胁。风险管理是避免或减少供应链运行中不确定性因素带来损失的关键环节，有效的风险管理为供应链在不确定性环境中的运营提供了更多的机会。

（九）透明可视

供应链管理中正确高效决策的制定一定是基于真实（或尽量接近真实）的数据和信息的，而不是凭借直觉、经验和猜测。当然，要做到这一点是需要投入较高成本的。企业在构建供应链时，需要使其具备获取大量数据并能进行科学有效分析的能力来支持决策系统。基于此，供应链可视化的价值就在于可以优化供应链运营流程，减少风险成本损失。

（十）价值创造

供应链管理的终极目标就是价值创造——在正确的地点、正确的时间，用正确的质量和数量的产品或服务，以最低的成本来满足客户的需求。价值创造也是整个供应链管理运作的首要目标及核心。

四、供应链管理与传统管理的区别

供应链管理模式是顺应市场竞争环境不断变化的必然结果。供应链管理不仅能充分利用企业的外部资源快速响应市场需求，而且能避免自己投资带来的建设周期长、风险高等问题，赢得产品在成本、质量、服务、经营效率等各方面的优势，从而增强企业的竞争力。所以，供应链管理与传统管理相比有着较大的区别，如图1-13所示。

（一）供应链管理强调过程管理

传统管理将供应链中的采购、制造、分销、配送等职能分割开来运作，由于这些职能部门都具有自己独立的目标和计划，从而使得目标和计划之间经常发生冲突。而供应链管理把供应链中所有的节点企业看作一个整体，涵盖了整个物流的从供应商到最终用户的采购、制造、分销、零售等职能领域。供应链管理达成了一种协调统一的管理机制，将横向的组织结构进行衔接、协调和合作，实现了企业内部向企业外部过程管理的转变，将供应链上下游各个合作企业的业务进行统筹管理。

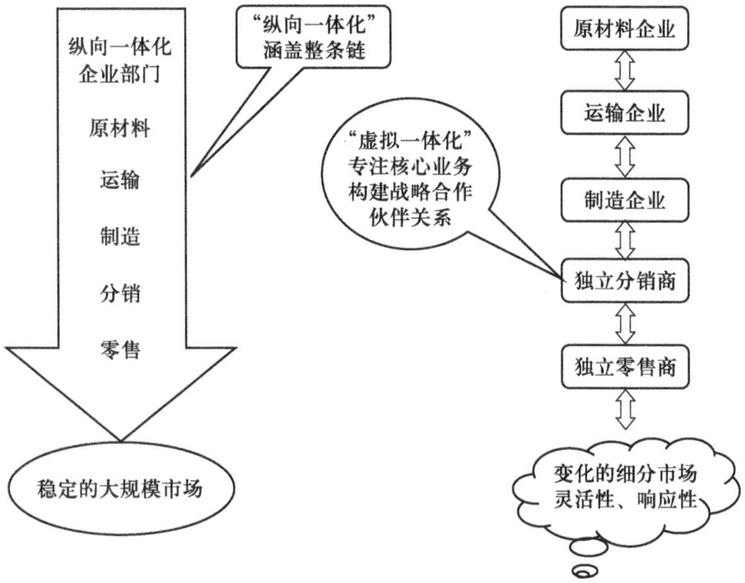

图 1-13 供应链管理与传统管理的区别

（二）供应链管理强调客户管理

供应链管理把客户需求当做整个供应链运作的驱动源点。因为客户是主要的市场驱动力，主导企业的生产和销售活动。客户的需求、客户的购买行为、客户的意见等都是企业要谋求竞争优势所必须争夺的重要资源。由此，供应链管理由传统管理中以产品管理为核心转变为以客户管理为核心。供应链管理的最终目标也就是要最大化满足客户多样化、个性化的需求。

（三）供应链管理强调关系管理

在传统管理中，企业之间的关系是交易和竞争对手的关系，企业主要考虑自身眼前的既得利益，因此不可避免地会出现为了自身利益而牺牲其他企业利益的现象。而供应链管理的本质不仅仅是通过传统的业务合同实现企业之间的往来，而是通过与合作企业建立战略合作伙伴关系来实现高水平的客户服务。供应链管理通过协调供应链成员之间的关系，同时增加供应链成员各方的利益，从而形成一种互利共赢的局面。

（四）供应链管理强调信息管理

在传统管理中，企业为了维持生产的正常运行，提高服务水平，应对各种不确定性而保有高库存，由于需求信息在供应链下游向上游的传递过程中被逐级放大，从而造成"长鞭效应"，进而给企业带来过高的库存成本，降低了供应链整体效率。供应链管理则是用信息代替库存，将企业持有的实物库存变成"虚拟库存"，直到供应链的最后一个环节才交付实物，从而大大减少了企业持有实物库存的风险，降低了供应链的总库存成本。所以，用及时、准确的信息代替实物库存，建立一套完善的信息共享机制成为供应链管理的重要内容。

第三节 供应链管理模式的产生及发展

一、21世纪社会经济环境的主要特征

由于全球经济和科学技术的不断发展，全球化市场的形成以及全球化信息网络技术变革

的加速，20 世纪 90 年代以来，围绕新产品的市场竞争也日趋激烈。技术进步和客户需求多样化使得产品的寿命周期不断缩短，企业面临着降低成本、提高产品质量、缩短交货期和改进服务的压力。所有这一切都要求企业对不断变化的市场做出快速响应，以能够满足用户需求的、定制的"个性化产品"去赢得市场，赢得竞争。进入 21 世纪，企业所面临的社会经济环境主要有以下特征。

（一）国际化与全球化进程加剧

进入 21 世纪，科学技术的不断进步为经济国际化和全球化提供了各种必要的物质保证。其中，信息技术发展的突飞猛进成为推动经济全球化的重要驱动力。企业运用网络通信、数据库、标准化等技术可以很容易地实现信息网络化、全球化，使得各种信息超越组织和国家的界限，在世界范围内有效地传递和共享。信息技术的发展，打破了时间和空间对企业经济活动的限制，使得世界上的所有企业都被各种经济关系紧密地联系在一起，互相依存。

在这种经济国际化和全球化的市场竞争环境下，企业面临着更为严峻的生存和发展挑战。企业之间的竞争由过去单一的同质竞争，转变为在竞争中谋求合作，进一步加强企业之间的联系。而供应链正是将不同的企业，包括供应商、制造商、分销商等有效地集成在一起，形成一个利益共同体，从而密切节点企业的合作关系，实现充分的信息共享。因此，21世纪的全球竞争已经不仅仅是企业和企业之间的竞争，而是企业供应链之间的竞争。

（二）突发事件不断涌现

进入 21 世纪以来，一些难以准确预测的、给人们的生活和工作带来重大影响的突发事件层出不穷，成为人们普遍关心的焦点，如地震、海啸、火灾、空难、恐怖爆炸等。无论什么性质和规模的突发事件，势必在不同程度上给各类企业造成经济损失。因此，这也必然对企业的供应链管理提出更高的要求，要求企业在面临突发事件时能快速反应，做出相应的调整。例如，2011 年，即时生产的问题逐渐显现，泰国洪水暴发造成很多在泰国设厂的生产型企业供应链断裂，包括日本的丰田、本田、尼桑等，平均每天损失 6000 多的订单量，每月损失高达 5 亿美元。受泰国洪水、美国码头工人罢工、日本大地震以及其他类似事故而造成供应链断裂的影响，更多的企业开始采取风险防控和制定应急预案等措施。一些企业也将单一采购源变为多采购源，一些大的生产制造商往往要求供应商增加存储量以备不时之需。

（三）高新技术的应用领域不断拓宽

由于全球的高速信息网络使所有信息都极易获取，而敏捷的教育体系也使越来越多的人能在越来越少的时间内掌握更多的新技术。因此，越来越多的企业将会参与到同一个市场机会的竞争中去，从而大大加剧了国际竞争的激烈程度。21 世纪的主要特色之一，就是以计算机及其他高新技术为核心的创新生产技术在企业中的应用。例如，在世界各国尤其是工业发达国家的生产和服务中，计算机辅助设计、辅助制造、计算机柔性制造系统、自动存储和分拣系统、自动条形码识别系统等得以广泛应用。对于企业来说，高新技术的应用虽然初始需要巨大的投资，但一旦投入使用见效后，就会给企业带来多方面的竞争优势。高新技术应用的效益不仅仅体现在降低劳动成本、节省人力上，更重要的是提高了产品和服务的质量，降低了废品和材料损耗率，缩短了对用户需求的响应周期。顺应这种发展趋势，高新技术应用的领域将会在 21 世纪进一步拓宽。

（四）客户的要求越来越高

激烈的市场竞争在带给客户越来越多、越来越好的商品的同时，也使得客户的要求和期望值越来越高。随着广大消费者知识水平的提高，消费者的价值观也发生了显著变化，需求结构普遍向高层次发展，主要体现在以下三个方面：一是对产品的花色、品种规格、需求数量呈现多样化、个性化的需求，而且这种多样化的需求具有很高的不确定性；二是对产品的质量、功能和售后服务的要求日益提高，而且这种要求提高的标准又是以不同客户的满意程度来衡量的，产生了判别标准的不确定性；三是要求在满足个性化需求的同时，也要有超高的性价比。由此，制造企业逐渐得出结论，最好的产品需要用户和制造商共同设计完成，这样才能将客户的需求完全融入产品的设计理念中。而供应链管理正是秉承这种思想，使得客户、供应商、制造商等所有相关者得以紧密联系在一起，共同完成一项工作任务。这样才能使生产出来的产品能够真正满足客户的需求和期望。

（五）新产品研发的难度加大

在激烈的市场竞争中，越来越多的企业认识到新产品的研发对企业未来发展的重要性。因此，大量企业不惜重金投入，但是资金利用率和投入产出比却往往不尽人意。究其原因，主要是产品研制开发的难度越来越大，特别是那些大型、结构复杂、技术含量高的产品。因为在企业新产品的研发过程中，一般都需要各种先进的设计技术、制造技术、质量保证技术等的综合运用。目前，企业研发的新产品不仅涉及的学科广，而且多数是多学科交叉的产物，因此如何成功地解决难度高的新产品开发问题是企业诸多工作的重中之重。

（六）可持续发展的要求

进入 21 世纪以来，随着国际社会维持生态平衡和环境保护的呼声越来越高，全球变暖、臭氧层被破坏、酸雨、热带雨林和可耕地不断减少、核废料、能源储备减少等诸多环保问题备受社会各方的关注。当今，全球制造和国际化经营趋势越来越明显，各国政府也将环保问题纳入国家发展战略，相继制定出各种各样的政策法规，用来约束本国及外国企业的经营行为。随着发展中国家工业化程度的提高，如何在全球范围内减少自然资源的消耗便成为全人类能否持续生存和发展的大问题。能源、淡水、原材料、技术工人、资金等资源越来越少，势必会对企业的生产造成很大的制约，而且这种影响在将来会更加严重。所以，在市场需求变化莫测，制造资源日益短缺的情况下，企业如何着眼于长远、可持续发展，是企业制定战略时必须考虑的重大问题。

二、21 世纪企业管理模式的转变

管理模式是一种系统化的指导与控制方法，通过它将企业中的人、财、物和信息等资源，低成本、高质量、快速、及时地转换为市场所需要的产品和服务。因此，成本、质量和时间便成为企业赖以生存和发展的三个核心活动：成本是企业的生存之道，质量是企业的立足之本，时间是企业的发展之源。而企业的管理模式也是围绕这三个方面不断发展的，为了做好这三方面的工作，企业一直在寻找最有效的管理模式。

（一）"纵向一体化"管理模式

传统管理思想与现代管理思想的差异源于两种管理思想体系的差异。在传统管理中，由于生产力水平不高，管理的环境没有现在复杂，人们对管理本身的认识还不够成熟。因此，传统管理思想的特征集中表现以下四个方面：一是突出个体观念，即管理的对象总是针对某一孤立的个体，对管理问题的处理常常是就事论事，缺乏全局考虑观念；二是突出物本观念，即偏重于对设备、厂房、物料等的管理，而忽视对企业中人的管理；三是突出简单决策观念，即决策是直观的、经验的、线性思维的决策；四是突出战术管理观念，即管理问题的分析、管理措施的制定、管理方法的调整大都局限在企业内部，缺乏和企业外部之间的联系。

从管理模式上看，传统的"纵向一体化"管理模式是指企业出于对制造资源的占有需求和对生产过程直接控制的需要，为了最大限度地占有市场份额，通过扩大自身规模或参股到供应商企业，与为其提供原材料、零部件和半成品的企业构成一种所有权关系，牢牢控制用于生产和经营的各种资源，形成了从原材料、零部件和半成品到产成品一条龙的生产方式。更有甚者，有的企业还把分销甚至零售环节的企业也纳入企业自身业务范围之内，最后形成了一个无所不包的超级组织。在计划经济时期，我国企业基本上就是采取的这种"大而全""小而全"的企业管理模式。受其影响，这种模式下企业的产品开发和市场销售能力都非常弱，而加工体系则相当庞大。这种"两头小、中间大"的企业经营模式在市场经济环境下是无法适应客户需求的不断变化，从而做出快速响应的。

（二）不同时期的企业生产管理系统

企业生产管理系统在不同的时期有着不同的发展和变化。20 世纪 60 年代以前，企业主要通过确定经济生产批量、订货点、安全库存等方法，来保证生产的稳定进行。但在企业的生产实践中，由于没有区分独立需求和相关需求的差异，使得这些方法的使用并没有达到理想中的效果。到了 20 世纪 60 年代中期，物料需求计划（Material Requirements Planning，MRP）的出现，较好地解决了相关需求的问题。在 MRP 的基础上，人们经过不断地探索，又相继推出了如制造资源计划（Manufacturing Resources Planning，MRPII）、准时生产制（Just-in-Time，JIT）及精益生产（Lean Production）等新的生产方式，如图 1-14 所示，这些生产方式在西方发达国家企业中得到了广泛运用。

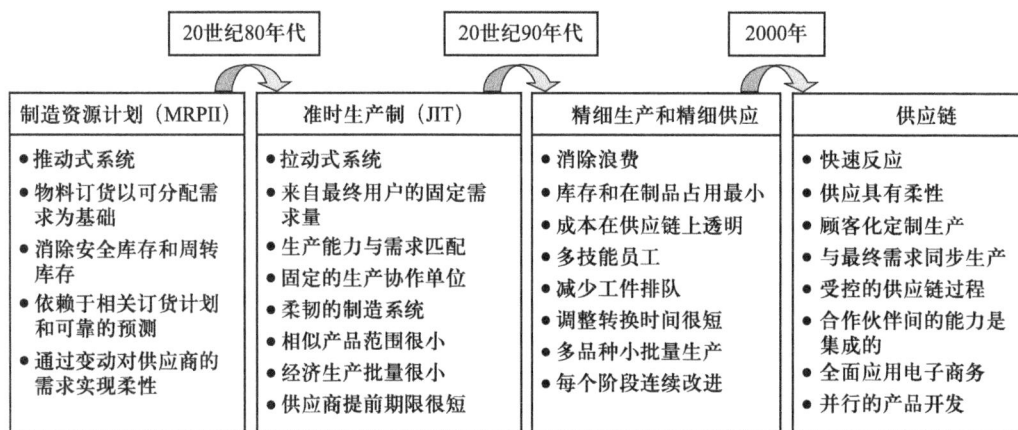

20世纪80年代	20世纪90年代	2000年	
制造资源计划（MRPII）	**准时生产制（JIT）**	**精细生产和精细供应**	**供应链**
●推动式系统 ●物料订货以可分配需求为基础 ●消除安全库存和周转库存 ●依赖于相关订货计划和可靠的预测 ●通过变动对供应商的需求实现柔性	●拉动式系统 ●来自最终用户的固定需求量 ●生产能力与需求匹配 ●固定的生产协作单位 ●柔韧的制造系统 ●相似产品范围很小 ●经济生产批量很小 ●供应商提前期限很短	●消除浪费 ●库存和在制品占用最小 ●成本在供应链上透明 ●多技能员工 ●减少工件排队 ●调整转换时间很短 ●多品种小批量生产 ●每个阶段连续改进	●快速反应 ●供应具有柔性 ●顾客化定制生产 ●与最终需求同步生产 ●受控的供应链过程 ●合作伙伴间的能力是集成的 ●全面应用电子商务 ●并行的产品开发

图 1-14　企业生产模式的演变

科学技术的飞速进步带来生产力的快速发展，到了 20 世纪 90 年代，顾客消费水平不断提高，需求日益多样化，加上社会政治经济环境的巨大变化，使得企业之间竞争加剧。传统的生产与管理模式已经不能适应这种外部市场环境的变化。在这期间，企业虽然采取了许多先进的单项制造技术和管理方法，如计算机辅助设计（CAD）、企业资源计划（ERP）、柔性制造系统（Flexible Manufacturing Cell，FMC）等，但在经营的灵活性、快速响应性方面还是存在一定的局限性。究其根本原因，在于这些制造技术和管理方法仍然受传统管理模式的制约，并没有在管理思想上有本质的突破。

在 21 世纪的新兴市场环境下，企业的经营活动都要围绕着对客户需求的快速响应展开。而要很好地做到这一点，仅仅依靠单个企业所拥有的资源和力量是远远不够的。企业和企业之间要通过建立良好的战略合作伙伴关系，整合多方的资源来共同达到这一目的。

（三）"横向一体化"管理模式

20 世纪末期，"纵向一体化"的管理模式在新的市场环境下逐渐暴露出了种种弊端。因此，以美国企业为首的大量西方企业渐渐开始放弃这种传统的经营管理模式，进而选择一种新的管理模式——"横向一体化"管理模式。

"横向一体化"管理模式的核心思想是：充分利用和整合企业的外部资源，继而达到快速响应市场需求的目的。企业只专注于自己最具有核心竞争力的业务，而将非核心业务部分全部外包给其他企业。福特汽车公司的 Festiva 车就是一个很好的例子：Festiva 车由美国人设计，其发动机产自日本的马自达厂，并由韩国的制造厂生产其他零件和装配，最后再在美国市场上销售。

"横向一体化"的管理模式，使得企业之间形成了一条从供应商到制造商再到分销商的"链"。相邻节点企业表现出的需求与供应关系把所有企业依次连接起来，便形成了一条完整的供应链。供应链上的节点企业必须做到同步、协调运行，才能使链上的所有企业共同受益。供应链管理这一新的管理模式便应运而生。

三、供应链管理的发展历程

20 世纪 90 年代以前，企业出于获取和控制生产资源的目的，主要采取"纵向一体化"的管理模式，具有竞争优势的核心企业通过投资自建、投资控股或兼并等方式扩大企业经营规模，实现多元化经营。然而，"纵向一体化"的管理模式导致企业规模过大，资源配置效率低，管理效率下降，企业对市场反应迟钝。进入 20 世纪 90 年代，越来越多的企业认识到其弊端后，为了节约投资、提高资源的利用效率，转而采取专注于发展核心业务的"横向一体化"战略。供应链管理就是适应这一形式产生和发展起来的。供应链管理利用现代信息网络技术，通过重构企业业务流程，与供应商以及客户建立良好的战略伙伴联盟，从而大大提高了企业的竞争力，使企业在复杂的市场环境中立于不败之地。供应链管理的发展历程大致可分为以下几个阶段。

（一）传统供应链管理

供应链管理模式是 20 世纪 80 年代末，在美国哈佛大学教授迈克尔·波特提出的"价值链"理论基础上形成和发展起来的。1980—1989 年是供应链管理的萌芽阶段，也是传统的供应链管理阶段，如图 1-15 所示。此时供应链上成员企业之间的竞争是产品数量和质量上的竞争，本着"为库存而生产"的理念，在企业内部也是基于各自独立的职能化管理。传统的供应链管理是一种层级式的、静态的、信息不透明的管理模式。虽然有了供应链管理的雏形，但仍然存在不少缺陷。此时的供应链管理还处于企业内部供应链管理阶段，缺乏和上游企业以及下游用户之间的关系管理。

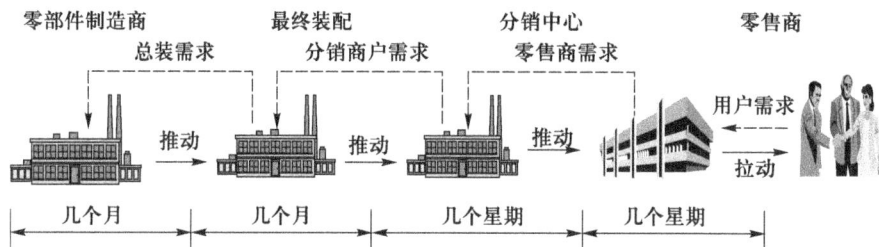

图 1 - 15 传统供应链

（二）精细供应链管理

进入 20 世纪 90 年代，随着市场竞争的加剧，企业的竞争动力从"产品制造推动"转向"客户需求拉动"，从原材料生产制造到销售，整个供应链条上的企业活动都由最终客户需求拉动，包括采购订单、生产计划、库存运输、人力资源、财务和销售服务等。1990—1995 年是供应链管理的初步形成阶段，精细供应链的出现，使不确定性对供应链的负面影响大大降低，生产和经营过程更加透明，生产周期得以缩短。在这个阶段，由于计算机的广泛应用和信息技术的发展，企业有了更好的管理工具，例如：精益生产（LP）、敏捷制造（AM）、柔性制造系统（FMS）以及计算机集成制造（CIMS）等。在这种管理模式下，企业集中资源进行优势生产，并利用社会分工将非核心业务外包给协作企业完成。这种对企业外部资源的充分利用减少了因市场波动带来的不确定性，使企业能快速响应市场需求。基于物料需求计划（MRP）发展起来的制造资源计划（MRPⅡ），在 20 世纪 90 年代形成的企业资源计划（ERP）软件系统，在制造企业得到广泛应用，使得企业生产过程各环节的链接从物料供应、生产制造逐步扩充到整个企业各部门，乃至企业外部资源的链接。

在精细供应链管理阶段，如图 1 - 16 所示，供应链中各个企业的经营仍然以自身利益最大化为目标，相关各企业（部门）之间时有利益冲突，从而导致供应链管理的整体效率不高，无法从系统高度出发来实现供应链整体的竞争优势。加之，信息流不能在供应链中得以有效传递，也给提高整体供应链的绩效带来了阻碍。

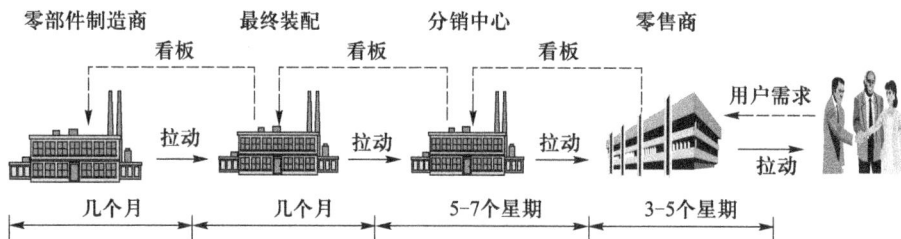

图 1 - 16 精细供应链

（三）集成化敏捷供应链管理

1996—2000 年是集成化敏捷供应链管理阶段，如图 1 - 17 所示，在新的经济一体化竞争环境下，供应链管理也在逐步得到发展和完善。20 世纪 90 年代以来，企业竞争的内涵已经从产量的竞争、成本的竞争、质量的竞争发展到时间的竞争。为了寻找新的利润源，进一步挖掘企业降低产品成本和满足客户需求的潜力，人们开始从仅仅管理企业内部生产过程转向产品寿命周期中整个供应链系统的管理。不少学者研究指出，产品在其寿命周期中供应环节的费用（包括储存和运输费用）在总成本中所占的比例越来越大，因此企业通过有效的供应链管理能够大幅度地降低成本、增加收益。由此，集成化敏捷供应链管理应运而生。该管理模式将供应商、制造商、分销商、零售商及最终用户整合到一个统一的、联系紧密的功能网链中，以形成一个极具竞争力的战略联盟，在优化整合企业内外部资源的基础上快速响应多样化的客户需求。

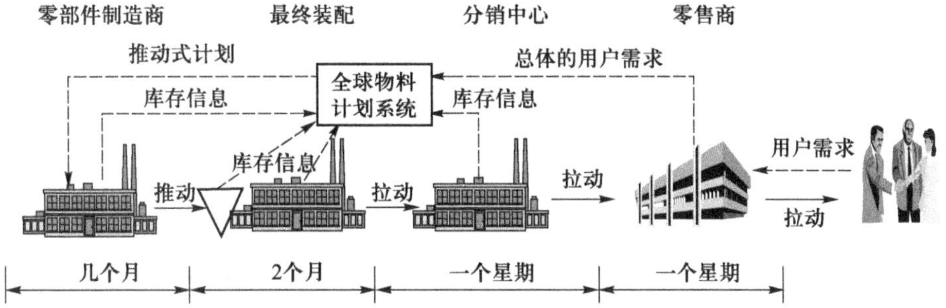

图 1-17 集成化敏捷供应链

（四）客户化敏捷供应链管理

进入 21 世纪，经过了十几年发展起来的供应链概念和思想逐步形成了一些理论、方法和相应的计算机管理软件系统，在供应链建模技术、供应链管理技术和供应链管理支持技术等方面已经取得了巨大的进展，供应链管理模式日益丰富，正朝着集中计划与分散执行相结合的模式发展，供应链管理在不断深入发展。

2000 年以来，在以供应链竞争为主的经济环境中，为了寻找新的竞争优势，企业必须本着"为订单而生产"的理念，将客户化生产和供应链管理融为一体，通过客户化供应链管理来提升供应链的市场应变能力和整体竞争力。在这个阶段，企业开始关注如何做好供应链成员之间的协同，特别是与下游成员业务之间的协同。企业正是通过与供应商和客户间的协同运作，从而更准确地把握要从供应链商那里得到什么，以及要为客户提供什么。客户化的敏捷供应链管理强调在敏捷供应链的基础上，进一步加大对客户个性化需求的满足。供应链的前一阶段为供应链通用化过程，按照推动模式组织通用模块或部件的生产、包装和配送；后一阶段为客户个性化需求体现过程，即从事产品的差异化生产，以拉动模式对产品定制单元进行生产、装配和运送等，如图 1-18 所示。

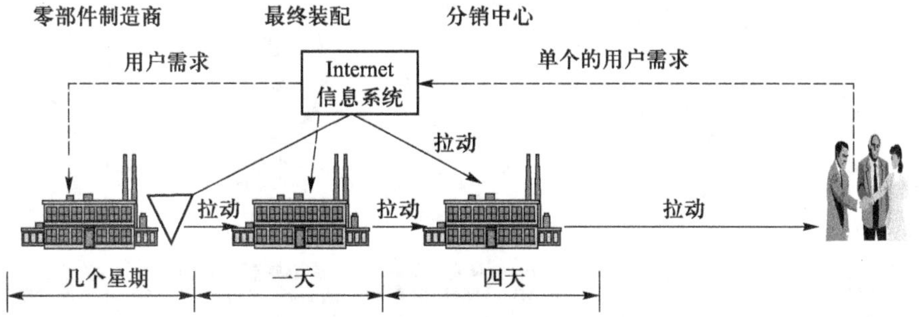

图 1-18 客户化敏捷供应链

（五）数字化供应链管理

在过去的十年中，整个商业世界都踏上了数字化时代的转型节拍。作为企业运营的关键所在，供应链的数字化构建也成为不可或缺的一环。云计算、物联网、大数据等数字化技术的出现将企业供应链的运营从"串联"改造为"并联",多个步骤可以同时进行,信息得以在对的时点甚至更好的时点被对的员工或者更多员工所取得。这种"并联"模式大大加强了企业内外部的互联互通,更进一步提升了企业与供应商、客户之间,甚至整个生态系统的协同关系。

在数字化时代,企业需要通过对供应链进行长期改善,打造无可取代的运营生态系统,才能把数字化的价值发挥到极致。在企业内部,运营生态系统可以通过数字化技术实现供应链各个环节间的无缝连接,提高供应链各环节的可视和协调,有效控制风险,提高整个供应链的透明度。在企业外部,运营生态系统可以将相应信息和突发问题实时反馈给客户或上游供应商,做到及时与客户沟通,快速解决客户问题,提高客户满意度。此外,生态系统便于企业积极收集外部数据,为企业提供更多洞察和有价值的信息。

在这个阶段,企业不仅借由数字化技术来提升供应链整体降本增效的核心能力,而且通过对整个运营模式的长期转型投入,构建互联、智能、快速、扩展的全方位数字化供应链生态系统,进而创造企业永续的竞争优势。图1-19、图1-20分别展示了数字化供应链转型的五个阶段和五个业务战略。

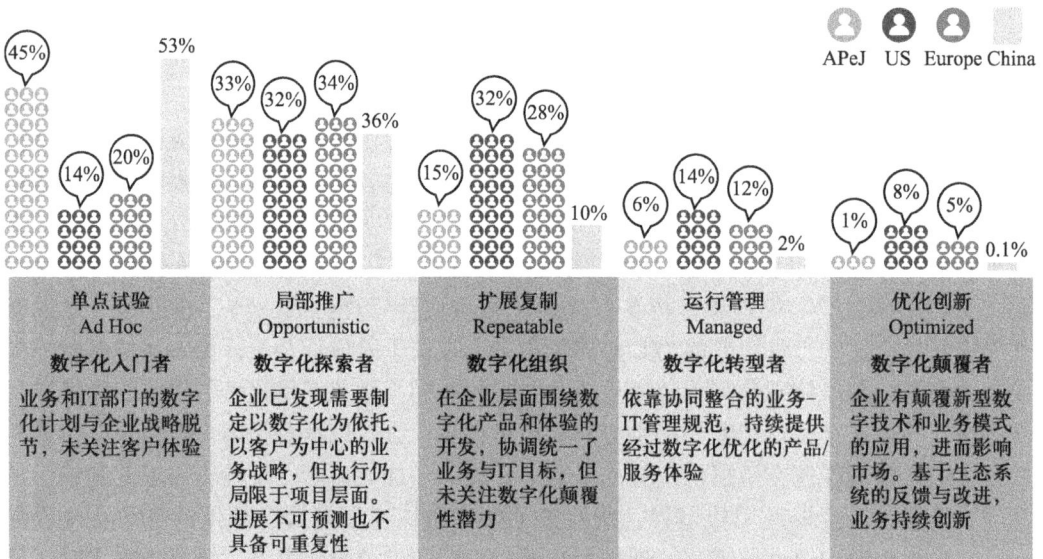

图1-19 数字化供应链转型的五个阶段

图1-20 数字化供应链转型的五个业务战略

四、实施供应链管理的意义

海尔集团创立于 1984 年，是一家全球领先的美好生活解决方案服务商。在持续创业创新过程中，海尔集团始终坚持"人的价值第一"的发展主线。海尔集团董事局主席、首席执行官张瑞敏提出"人单合一"模式，以其时代性、普适性和社会性实现了跨行业、跨文化的融合与复制。

在不同的战略发展阶段中，海尔集团始终注意并抓住不同时代顾客需求的热点，通过创新全力满足。在国际化发展战略阶段之初，他们又敏锐地意识到以最快的速度满足用户的个性化需求成为当前消费者的需求热点。为满足国际化的市场需求，海尔意识到必须对企业内部组织流程进行改造，整合企业内外部资源，重新规划内外部供应链，实施有效的供应链管理。

供应链管理的实施，使海尔集团通过整合内部的资源获得更优的外部资源，不断提升企业的核心竞争力，从资不抵债、濒临倒闭的集体小厂发展成为引领物联网时代的生态系统，成为 BrandZ 全球百强品牌中第一个且唯一一个物联网生态品牌。2018 年，海尔集团全球营业额达 2661 亿元，同比增长 10%；全球利税总额突破 331 亿元，同比增长 10%；生态收入达 151 亿元，同比增长 75%。海尔集团已成功孵化上市公司 4 家，独角兽企业 2 家，准独角兽及瞪羚企业 12 家，在全球设立 10 大研发中心、25 个工业园、122 个制造中心，拥有海尔、卡萨帝、统帅、美国 GE Appliances、新西兰 Fisher&Paykel、日本 AQUA、意大利 Candy 等智能家电品牌；日日顺、盈康一生、卡奥斯 COSMOPlat 等服务品牌；海尔兄弟等文化创意品牌。

作为中国企业，海尔集团在供应链管理实践中的优异表现，被 2019Gartner 供应链全球高管峰会充分肯定。由此可见，企业实施供应链管理的意义主要体现在以下几个方面。

（一）供应链管理能加强企业之间的合作

由于社会分工的存在，现代企业的大部分产品需要多个企业协同完成。例如，一架波音 747 飞机由 400 多万余零部件构成，然而这些零部件的绝大部分并不是由波音公司自己生产的，而是由分布在 65 个国家的 1500 个大企业和 15 000 个中小企业提供的。在这些合作生产的过程中，众多的供应商、生产商、分销商、零售商构成了冗长、复杂的供应链流通渠道，致使企业之间的合作效率极低。供应链管理的实质是将供应链上的所有节点企业整合为一个紧密的整体，并对合作伙伴进行协调、优化管理，使企业之间形成良好的合作关系，提高企业之间的合作效率。

（二）供应链管理能提高客户的满意度

供应链管理是真正面向客户的管理，客户的需求是供应链的驱动源点。与传统的管理模式不同，供应链管理把客户作为个体来进行管理，并及时把客户的需求反映到生产上，能够做到对客户需求的快速响应。正因为如此，供应链管理不仅能较好地满足客户的需求，而且还在不断挖掘客户潜在的需求。供应链管理中的客户关系管理（Customer Relationship Management，CRM），就是根据客户的历史记录，分析客户的潜在需求，进而在企业新产品的设计之初就充分考虑客户需求的管理系统。

（三）供应链管理能给企业带来新的利润

实践表明，进入 21 世纪以来，供应链管理的思想与方法已经在越来越多的企业中得以应用，并且取得了很大的成就。相关调查显示，通过实施供应链管理，企业可以降低供应链管理的总成本，提高生产率，缩短订单提前期，提高准时交货率等，最终提高企业的经济效益。

本章小结

第一节　供应链概述

总结

在供应链概念的形成和发展过程中，不同时期的不同学者和组织从不同角度对供应链给出了定义。本节在介绍定义的基础上，进一步深入解读供应链的结构、类型和特征。

关键术语

供应链　价值链　供应链结构　供应链类型

第二节　供应链管理概述

总结

随着供应链管理理论与实践的不断发展，供应链管理的定义也逐步演变，其内涵不断深化，外延日益丰富。本节在定义的基础上展开，进一步介绍供应链管理的内容、运作原则和程序。

关键术语

供应链管理　运作原则　实施程序

第三节　供应链管理模式的产生及发展

总结

本节回顾了供应链管理产生和发展的历程，通过深入分析21世纪经济社会的环境特点和全球市场的竞争特点，指出供应链管理是21世纪企业管理模式转变的必然结果。

关键术语

"纵向一体化"　"横向一体化"　精细供应链　敏捷供应链　数字供应链

问题讨论

1. 价值链和供应链的联系和区别是什么？
2. 日益激烈的全球竞争和供应链概念演变的关系是什么？
3. 为什么越来越多的企业管理者意识到供应链管理的重要性？
4. 你认为供应链管理者所应具备的知识和技能是什么？
5. 学习回顾了供应链管理产生和发展的历程，你能预测未来供应链发展的趋势吗？

客观题

1. 简述供应链的概念和供应链的结构特征。
2. 试比较推动式供应链、拉动式供应链和推拉式供应链的区别。
3. 何谓供应链管理？简述供应链管理与传统管理的区别和联系。
4. 简述企业实施供应链管理的原则和步骤，并以制造企业为例，分析我国企业实施供应链管理的意义。
5. 简述供应链管理的主要流程。

第二章 供应链设计与构建

本章学习目标

1. 理解供应链战略和竞争战略的匹配。
2. 理解供应链的目标。
3. 了解供应链决策的阶段及重要性。
4. 掌握供应链的基本结构模型。
5. 了解供应链设计的原则和步骤。
6. 掌握供应链节点企业的分类及作用。
7. 了解供应链构建的原则和步骤。

导入案例

山东京博物流股份有限公司：智慧物流供应链一体化

山东京博物流股份有限公司（以下简称"山东京博物流"）成立于2002年，是一个以危化品物流为核心，集海上运输、铁路货运、公路汽运、管道运输、港口储运及电商物流、金融供应链物流、外贸物流、汽车后市场于一体，坚持"转方式、调结构、创新发展"的现代物流企业。

随着我国互联网和供应链的蓬勃发展和互相渗透，物流业正经历从产业供应链、平台供应链到供应链生态圈的演进升级。供应链管理模式的不断创新，有力促进了商贸融通和实体经济发展。智慧物流将引领供应链变革，带动互联网深入产业链上下游，以用户需求推动产业链各环节强化联动和深化融合，助推"协同共享"生态体系加快形成。

山东京博物流作为有着近20年行业经验的企业，不断创新管理思维，迎合供应链发展，坚持高质量服务和总体低成本的最佳平衡是现代物流和供应链管理的原则之一。公司致力于用先进的物联网技术与专业的物流运输服务能力，打造新供应链生态圈，为物流行业提供高效公共服务，引领行业的发展。

山东京博物流构建的智慧物流供应链一体化平台是以安全、风控为基础，以一站式服务和联融思维为核心，借助物联网＋大数据＋现代信息化手段，依托核心物流服务向供应链上下游扩展的国内领先一站式"供应链一体化智慧平台"，实现对供应链信息流、物流、资金流、商流的整合，建设开放性的京博物流智慧物流生态体系。平台主要由以下三大系统组成：供应链电商平台、OTM智慧物流平台、无车承运平台。

1. 公司投资建设的MRO工业品电商平台，利用O2O模式，实现工业备品备件的集采、代理、自营、撮合等交易模式，同时实现供应商的生命周期管理及质量考核体系，以咨询行业资讯和维保服务为特色，配套线下展厅产品展示与技术交流场景，依托共享仓储＋物流配送＋金融的三角支撑，做区域最专业的制造业供应链整合与服务平台。

2. 智慧物流平台（OTM）由三部分组成：智能调度中心、客户中心、承运中心。控制台是平台的核心，以Oracle Transportation Management系统为基础、以视频监控平台、主动安全防御平台结合车载终端搭建涵盖物流全过程的信息平台，以Hadoop技术为核心建设大数据分析平台，承担运行数据收集、分析、运算及建模，物流过程可视化；智能调度、输出运输方案，车辆运行安全监控及分析。以SASS云技术为核心建设客户和承运商模块，为他们提供便利的信息化工具。客户中心是客户的入口与门户，主要功能包含：发布需求，获取报价及运输方案，跟踪货物，进行供应链深度融合。承运中心是运输资源的入口，整合社会运力资源，为承运商提供管理工具以及汽车后市场等服务。

3. 利用"捷运互联"无车承运平台整合车源，做精做透大宗商品行业，推行全程物流服务，搭建物联网＋金融商贸物流一体化的供应链物流生态圈，作为大宗商品"孵化器"，孕育煤炭、钢铁、纸张、粮油等大宗商品。基于客户提出的复杂、多元化的运输需求，系统通过对所有运输、仓储资源的监控和调配，自动生成最优运输方案，无缝处理复杂的运输线路，包括跨运力（陆海空、铁路、内河）跨中转，降低人工成本和沟通成本。

山东京博物流公司充分利用公司资源优势，以安全、风控为基础，以一站式服务和联融思维为核心，借助物联网＋大数据＋现代信息化手段，依托核心物流服务向供应链上下游扩展，建立国内领先的一站式"供应链一体化智慧平台"，实现对供应链信息流、物流、资金流、商流的整合，汇集物流生态大数据，通过大数据分析技术，洞察客户需求，提供所需服务，实现供应链上下游的共享协同、供给侧分析预测、仓储布点及线路优化、用户信用评价、金融服务等，优化线下产业链，为企业提供各种供应链增值服务，从而打造一站式、开放性的京博物流智慧物流生态体系。

资料来源：中国物流与采购网 2020-01-02

第一节　供应链战略

一、竞争战略与供应链战略

（一）竞争战略

竞争是企业成败的关键。竞争决定对企业经营业绩有所贡献的各种活动是否适当。而竞争战略则是要在竞争发生的产业宏观舞台上追求一种理想的竞争地位。竞争战略旨在针对决定产业竞争的各作用力建立有利的、持久的地位。

哈佛大学商学院迈克尔·波特教授在他1980年出版的《竞争战略》一书中，将竞争优势的两种基本形式与企业寻求获取这种优势的活动范围相结合，引导出了在产业中创造高于平均经营业绩水平的三个基本战略：成本领先战略、差异化战略和集中战略。集中战略有两种变形，即成本集中和差异化集中。这些基本战略如图2-1所示。

每一种基本战略都涉及通向竞争优势的迥然不同的途径以及为建立竞争优势采用战略目标范围来框定竞争类型的选择。成本领先和差异化战略在多个产业细分的广阔范围内寻求优势，而集中战略在一个狭窄的单个细分市场中寻求成本优势（成本集中）或差异化优势（差异化集中）。推行每一种经营战略所要求的具体实施步骤因产业的不同而差别很大，正如特

	竞争优势	
	相对低成本	差异化
广景目标	1. 成本领先	2. 差异化
狭景目标	3A. 成本集中	3B. 差异化集中

图2-1 三种基本战略

定产业中可行的基本战略互不相同一样。基本战略概念的深层含义是竞争优势为任何战略的核心所在，而创造竞争优势要求企业选择它所要获取的竞争优势类型以及活动于其中的范围。

一个企业的竞争战略界定了该企业相对其竞争对手而言，需要通过自身的产品和服务满足的客户需求组合。比如，沃尔玛公司的目标是以高可获得性提供低价格、质量适中的多种多样的产品。而McMaster-Carr公司销售MRO产品。它通过产品目录及网站销售50多万种不同产品。该公司的竞争战略是给客户提供便利性、可获得性和响应性。McMaster-Carr公司并不靠低价来竞争，其战略的核心是响应性。由此可见，沃尔玛公司和McMaster-Carr公司的竞争战略是不同的，竞争战略是建立在客户是优先选择产品价格、交货时间、产品多样性还是质量的基础上，各企业的竞争战略都将基于客户偏好来确定。竞争战略针对一个或多个客户群体设定目标，目的在于提供能够满足客户需求的产品和服务。

（二）供应链战略

供应链战略就是从企业战略的高度来对供应链进行全局性规划，确定原材料的获取和运输、产品的制造和服务的提供，以及产品配送和售后服务的方式与特点等。传统的企业战略一般只考虑自身的发展，很少考虑如何利用供应链其他成员的能力去创造一种难以被复制的能力，或者自己的战略如何影响供应链的其他成员。供应链思想的出现使企业管理者发现有许多机会去构建一种独特的基于供应链的商业模式，通过整合供应链上各个成员的资源，给最终用户创造更多的价值。供应链思想对企业战略决策的影响如表2-1所示。

表2-1 供应链思想对企业战略决策的影响

战略决策领域	普通战略	供应链改进战略
环境	把环境变化当做威胁 单独面对环境的变化	把环境变化当做机遇和挑战 协同伙伴共同应对环境的变化
资源	管理公司的资源 加大自身的投入 保持好的供应商关系	开发和管理供应链能力 可能时协调客户资源 建立优秀的供应链联盟

续表

战略决策领域	普通战略	供应链改进战略
目标	客户满意 实现一定程度的竞争优势 实现盈利 实现股价上涨	帮助供应商满足最终客户需求 帮助第一层客户使其更具竞争力 建立可持续提高的竞争优势 实现可持续的盈利
响应	考核内部活动绩效 监测供应商绩效 与客户和供应商的单向信息流	考核流程和供应链绩效 分享绩效数据来推动改进 与客户和供应商的双向信息流

所以，供应链战略管理所关注的重点不是企业向顾客提供的产品或服务本身给企业增加的竞争优势，而是产品或服务在企业内部和整个供应链中运动的流程中所创造的供应链整体价值的增值。

二、供应链战略与竞争战略的关系

要理解竞争战略和供应链战略的关系，首先要了解典型组织的价值链。因为每一个企业都是用来进行设计、生产、营销、交货以及对产品起辅助作用的各种活动的集合。所有这些活动都可以用价值链表示出来，如图 2-2 所示。

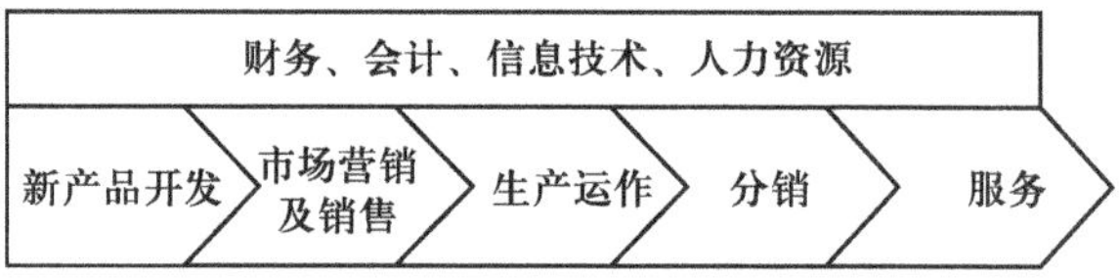

图 2-2 企业的价值链

一定水平的价值链构成是企业在一个特定产业内的各种活动的组合，而竞争者价值链之间的差异则是竞争优势的一个关键来源。价值链包括价值活动和利润。价值活动是企业所从事的物质上和技术上的界限分明的各项活动。价值活动可以分为两大类：基本活动和辅助活动。基本活动，如图 2-2 底部列的五种基本类型，是涉及产品的生产及其销售、转移给买方和售后服务的各种活动。而辅助活动则是辅助基本活动的开展并通过提供外购投入、技术、人力资源以及各种企业范围的职能以相互支持。所有的辅助活动和基本活动之间联系紧密，并共同支持整个价值链的运作。

在企业实践中，竞争战略的实现需要企业价值链各职能战略的相互配合。产品开发战略决定了企业将要开发哪些新产品，同时还要决定新产品开发是在企业内部完成还是外包完成。市场营销战略关注如何对市场进行细分，产品如何定位、定价和促销。供应链战略则关注原材料的获取，物料的运转，产品生产、分销，售后服务等，以及这些流程是否外包。除了这些核心职能，企业的信息技术、财务、人力资源等支撑职能也要制定相应的战略。只有不同职能的战略相互匹配、相互支持，企业竞争战略目标才能实现。

在以上所涉及的各项职能战略中，本书的核心内容是供应链战略。具体来说，供应链战略包括对供应链主要结构的制定，还包括关于库存、运输、运作设施和信息流的供应链设计决策。供应链战略还涵盖了传统企业战略体系中的采购供应战略、生产运作战略和物流战略等内容。由于企业之间的竞争实际上是企业供应链之间的竞争，因而企业竞争战略与供应链战略的匹配就显得至关重要。

竞争战略与供应链战略的匹配就意味着竞争战略与供应链战略要有共同的目标，即竞争战略所要满足的客户需求要和供应链战略建立的供应链能力之间保持一致性。比如，戴尔的竞争战略是锁定那些重视在几天内收到个性化配置计算机的客户。由于品种繁多、创新程度高、要求交货迅速，戴尔的客户需求具有很高的不确定性。因此，戴尔只有选择灵活的、具有很高响应性的供应链战略，才能满足客户的需求。如果供应链的运行特点与期望的客户需求不匹配，企业将要么重构供应链以支撑竞争战略，要么调整其竞争战略。对于一个企业而言，要想实现竞争战略与供应链战略很好的匹配，必须做到以下三点。

第一，所有的职能战略要和竞争战略相互匹配，从而形成协调统一的企业总体战略。任何一个职能战略必须要能支持其他的职能战略，帮助企业实现总体的竞争战略目标。

第二，企业内不同的职能部门必须有效地配置本部门的资源和合理设计业务流程，以便使各职能部门能够成功执行这些战略。

第三，整体供应链战略的设计和其中各环节的作用必须保持一致，这样才能达到支持供应链战略的目的。

总之，企业要想赢得战略匹配，必须保证自身供应链的能力能够支持企业满足目标客户群需求的能力。

供应链战略和竞争战略的匹配，不能仅限于核心企业，还要向整个供应链延展。实际上，供应链各环节的竞争战略目标常常是有冲突的，如果各环节之间缺少协调，一则会导致供应链各环节因追求自身利益最大化，从而不能保证供应链整体利益最大化；二则会导致供应链各环节的交接界面成为延误客户服务的主要障碍。因此，有必要通过供应链战略和各环节竞争战略的匹配，使得供应链各环节都关注整个供应链，评估其竞争战略对其他环节及交接界面的影响，努力使整个供应链利益最大化。

这里以大家都比较熟悉的7-11便利店和山姆会员店为例做一个比较分析。从表2-2可以看出，7-11便利店和山姆会员店客户的需求偏好是不同的。目标客户的需求偏好决定了公司战略的定位，同时也决定了其供应链的类型。显而易见，通过上一章所学的知识可以看出，7-11便利店的供应链更强调响应性，而山姆会员店的供应链则更强调效率性。因此，这两家公司的供应链结构是不同的，所需发展的供应链能力也是不同的，如图2-3所示。但有一点是相同的，那就是7-11便利店和山姆会员店之所以能在各自的市场中取得成功，是因为二者的供应链战略目标和其公司战略目标是一致的，而供应链的能力是支持公司战略的，也就是供应链战略和公司战略是匹配的。

表2-2　7-11便利店与山姆会员店客户需求比较

客户需求偏好	7-11便利店	山姆会员店
需求数量	少	多
价格敏感度	低	高
购物距离	近	远
便利程度	高	低
商品种类	多	少
购物时间	短	长

图 2-3 供应链战略和公司战略的匹配

三、供应链战略范围拓展

在讨论供应链战略和竞争战略的匹配时，有一个很关键的问题就是，在供应链的各个环节，战略匹配应用的范围有多大。战略匹配范围指的是企业内部的各个职能部门以及供应链的各个环节。如果企业每个职能部门的各项业务都独立设计自己的战略，那么战略匹配就被限制在供应链某个环节职能部门的业务范围内；如果供应链所有环节的职能部门能够协同设计战略，那么战略匹配就会拓展到整个供应链，如图 2-4 所示。不同的战略匹配范围决定了不同的供应链绩效，下面就战略匹配范围与供应链绩效之间的关系进行具体分析。

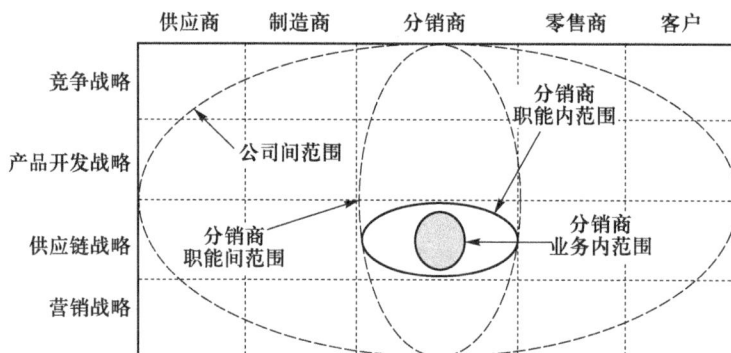

图 2-4 供应链上的战略匹配范围

（一）部门业务内范围——局部成本最小化

供应链每个环节的每个业务部门都独立设计战略。在这种情况下，生成的战略组合得到最大供应链盈利的可能性最小，因为不同的职能部门和不同的业务部门有着相互冲突的目标。在 20 世纪五六十年代，这种有限的战略匹配范围是比较普遍的现象。虽然供应链上每个环节的各个业务部门都试图最大限度地降低自己的成本，但由于范围比较狭窄，忽视对其他环节业务部门的不良影响，导致缺乏协同行动，最终使供应链整体盈利降低。

（二）企业职能部门内范围——职能成本最小化

随着在管理实践中逐渐意识到的战略匹配仅限定在企业职能部门业务范围内存在的缺陷，管理人员开始寻求使一个职能部门内的所有业务保持一致的目标。按照职能内成本最小化的原则，企业试图在一个职能部门内整合所有的业务。供应链的所有职能部门包括供应、制造、仓储及运输，联合制定它们的战略以使总职能成本最小化。这样做的结果往往是，虽然选择了一个成本较高的地方供应商，但是库存成本和运输成本的减少大于对较高单位成本的补偿。

（三）企业职能部门间范围——企业利润最大化

随着时间的推移，职能内战略匹配的主要缺陷也开始显现，即不同职能部门可能会有相互矛盾的目标。比如，由于企业的市场营销部门专注于增加营业收入，而生产和分销部门则重点考虑降低成本，因此这两个部门采取的行动通常相互冲突，从而损害了企业的整体业绩。于是，企业管理人员意识到了要将战略匹配范围进一步拓展到涵盖整个企业所有职能部门的重要性。在职能部门间范围里，目标是使企业利润最大化。而要想达到这个目标，所有部门制定的战略都要相互支撑，并且和竞争战略相匹配。

（四）企业间范围——供应链剩余最大化

在实践中人们发现，仅仅强调企业利润最大化的目标会导致供应链各环节之间的冲突。例如，在某条供应链上，供应商和制造商有时都希望对方持有较高的库存以提高自身的利润。在双方都以自身利益最大化为前提下，强势的一方会不顾库存最佳持有量的原则，迫使对方持有较高库存。结果就会导致供应链剩余减少，双方的利益都受到损失。而这时如果将战略匹配范围拓展到企业间，就会通过协调选择一个不同的解决办法：不是迫使一方持有不合理的库存，而是双方通过合作来降低所需要的库存量，即后面章节要讲到的联合库存管理思想。在这种思想指导下，双方通过努力合作和信息共享，可以减少库存以及总成本，进而增加供应链剩余。也就是各个企业共同做大整个蛋糕，形成双赢或多赢的局面，不断提高供应链整体的竞争力。

企业间范围的战略匹配极其重要，因为竞争的焦点已经从企业对企业变成了供应链对供应链。企业的供应链合作伙伴完全可以决定这家企业的成败，因为企业已经紧紧地和供应链联系在一起。

（五）敏捷企业间范围

以上探讨的战略匹配范围都是在静态环境下的，也就意味着，供应链的参与者与客户的需求不会随时间而变化，但这种情况和现实是不相符的。在现实情况中，由于产品的寿命周期越来越短，客户需求变化的速度越来越快，企业必须不断提高自身的响应速度。而且一家企业可能需要和多家企业合作，所以各企业的战略和运作必须足够敏捷，以便在不断变化的环境中维持战略的匹配。

敏捷企业间范围指的是企业在与不断发生变化的供应链各环节合作时，获得战略匹配的能力。企业必须考虑有关的各个供应链，每个供应链的每个环节都存在许多不断变化的参与者。另外，随着客户需求不断发生变化，企业必须有能力成为新的供应链的一部分，同时要保证战略匹配。特别是当竞争环境更具动态时，这种敏捷水平就变得更加重要。

第二节　供应链的决策

一、供应链的目标

供应链由直接或间接地满足顾客需求的各方组成，不仅包括制造商和供应商，而且包括运输商、仓储商、零售商，甚至包括顾客本身。在每一个组织中，例如制造企业中，供应链包括接受并满足顾客需求的全部功能，如新产品开发、市场营销、生产运作、分销、财务和客户服务等。供应链的各环节通过物流、信息流和资金流彼此相连。这些流动经常是双向的，可能通过其中一个环节或一个中介来进行管理。一个供应链并不一定包含所有的环节，恰当的供应链设计不仅取决于客户的需求，而且取决于各环节所起的作用。

供应链这个术语形象地描述了产品或原材料从供应商到制造商、分销商，再到零售商直至客户这一链条移动的过程。供应链的活动过程，也包含了信息流、资金流和物流的传递过程。实践证明，任何一个供应链的主要目的都是为了满足客户的需求，并在满足顾客需求的过程中为自己创造利润。由此可知，供应链的目标是供应链整体价值最大化。供应链所产生的价值应为最终产品对顾客的价值与满足顾客需求所付出的供应链成本之间的差额。

鉴于不同顾客对产品的价值评价不一，可根据大部分顾客愿意支付的价格来估计价值。产品价值与客户愿意支付价格之差则是消费者剩余。剩余的供应链盈余也称供应链盈利，即来自顾客的总收益与供应链消耗的总成本之差[①]。

例如，一个顾客到沃尔玛超市花 40 元人民币购买一瓶沐浴露，这 40 元代表供应链获得的收入。沃尔玛超市以及供应链的其他环节发生了诸如信息传递、生产、包装、库存、运输、资金的转移等成本。顾客支付的 40 元与生产并分销沐浴露产生的成本之间的差额形成了供应链盈利或剩余。供应链盈利或剩余是供应链所有环节共享的总利润。供应链盈利越多，供应链就越成功。而且供应链成功的标准应该由供应链的总体盈利而不是单个环节的盈利来衡量。因此，为了获得更多的供应链盈利，供应链上的成员企业开始共同努力做大供应链的整个蛋糕。

上文用供应链盈利定义了成功的供应链，接下来就是要寻找价值、收入和成本的来源。对于任何一个供应链而言，收入的唯一来源是顾客。对于产品价值而言，其来源可能包含诸多因素。以上面在沃尔玛购买沐浴露的顾客为例，价值得以实现的来源主要包含以下因素：沐浴露的功效、顾客去沃尔玛购物路程的远近以及在超市中找到该沐浴露的可能性等。在沃尔玛，购买沐浴露的顾客是唯一为供应链提供正现金流的一方，所有其他的现金流只不过是供应链内部的资金交换，假设不同环节有不同的所有者，当沃尔玛付款给供应商时，它正花费顾客提供的部分资金，并把这部分资金传递给供应商。在一个供应链中，所有信息流、物流、资金流都会产生成本。因此，供应链能否成功的关键就在于是否能对这些流进行有效的管理。有效的供应链管理包括对供应链资产的管理，对物流、信息流和资金流的管理，以实现供应链总盈利最大化。

---

① 苏尼尔·乔普拉，彼得·迈因德尔. 供应链管理（第 5 版）. 陈荣秋等，译. 北京：中国人民大学出版社，2013.2

二、供应链的决策阶段

成功的供应链管理需要制定许多与信息流、物流和资金流有关的策略。每一个策略的制定应该都能提高供应链盈利，而且每种决策都应该考虑决策时间范围内不确定性所带来的影响。这些决策根据每个决策的发生频率和决策所能影响到的时段划分为三个阶段。

（一）供应链设计阶段

在供应链设计阶段，企业需要决定今后若干年内供应链的结构。供应链设计决策应该是长期的，因此，企业在做出这些决策时必须考虑未来几年内市场状况的变化情况。这其中包括决定供应链的配置是什么样的，如何分配资源，以及每个环节采用什么样的业务流程等。具体而言，企业做出的供应链设计决策包括是通过内部来执行供应链的功能还是将业务外包出去，生产和仓库设施的选址和能力，产品在不同地点制造或储存，不同的阶段采用不同的运输方式，以及所采用信息系统的类型等。企业一定要确保供应链配置在这一阶段支持它的战略目标并增加供应链剩余。

对于食品企业来说，从食品原料到加工生产再到物流运输，直至出现在消费者的手中，每一个环节都可能造成不可逆转的食品安全隐患，因此食品企业的供应链管理必须以"零误差"为标准，供应链的设计更是需要一整套完善的硬件支持和监管体制来实现管理目标。

作为连续三年蝉联"信赖100"和"中国食品七星奖"称号的食品制造企业养乐多以"不断探索生命科学，为世界人类的健康和美好生活做贡献"为己任，通过建立独一无二的冷链系统支持"零瑕疵"体系。作为对低温保存有特殊要求的活性乳酸菌饮品，养乐多的物流运输系统是一条建立在"冰点"上的精密链条。为了更好地保持乳酸菌的活性和数量，养乐多的产品从工厂到各地分公司再到各大连锁卖场、超市等销售终端，全程保存温度都严格设定在2℃～10℃的条件下。目前养乐多的冷链物流分两部分，从工厂到分公司的环节，是委托符合资质的第三方物流来执行并进行严格监管。而从分公司到零售终端，则是养乐多自设的物流来运输和配送，以加强对门店的管理。据了解，养乐多分公司的员工每周至少一到两次拜访零售终端，如不能满足冷链要求，则立即停止供货，以此保证整条冷链不"断裂"，从而保障每一瓶到达消费者手中的养乐多产品都是品质如一。养乐多设立的品质管理室，配备有多名拥有专业资质的检测人员，从原料的选定、购入、灭菌、培养、调和、灌装到最后的包装等各个生产过程，都按照严格的质量标准进行管理和对产品进行严格检验，确保每一瓶产品的可追溯性。养乐多所采取的从源头到餐桌的全程全链管理方式以及严格的企业自律为国内的食品企业如何进行供应链管理提供了重要例证。

（二）供应链计划阶段

在供应链计划阶段，企业做出决策时考虑的期限是一个季度到一年。在这一阶段，企业的供应链计划应该在之前供应链设计阶段给定的供应链配置内制定和执行。计划的目标是供应链剩余最大化，供应链剩余是在设计阶段建立的限制条件下、在计划期内产生的。企业计划阶段要对下一年不同的市场需求进行预测，其具体的决策包括：市场定位，转包生产决策，库存政策以及营销、定价、促销的时间安排和规模等。计划阶段建立了供应链在一定时期运作需要遵循的规则。在计划阶段，企业一定要考虑决策期间需求的不确定性、汇率波动和竞争状况等，而且应该设法将柔性融入设计阶段，以优化供应链绩效，从而界定一系列管理短期运营的运营政策。

（三）供应链运作阶段

在供应链运作阶段，企业做出的决策考虑的时间范围是周或日。在这一层面，供应链配置应该是固定的，计划政策也已经制定。供应链运作阶段的目标是以最有效的方式来处理源源不断的顾客订单。在这个阶段，企业按单个订单分配库存或安排生产，设置履行订单的时间，生成仓库提货清单，按订单确定发运模式和发货，确定卡车的交货时间表，发出补货订单。和前两个阶段相比，因为供应链运作阶段的决策是在短期做出的，所以需求信息的不确定性较低。在设计和计划策略的约束条件下，供应链运作阶段的目标是进一步减少不确定性，优化供应链整体绩效。

供应链的设计、计划和运作对供应链的盈利和成功具有很大的影响。供应链的设计决策限制或保证了供应链计划决策的实现，而供应链计划决策对于有效的供应链运作也起限制或者保证作用，三个阶段相辅相成，密不可分。美国的沃尔玛、亚马逊和日本7-11便利店的成功都是建立在良好的供应链设计、计划和运作基础之上的。

沃尔玛是一家美国的跨国零售企业，总部设在阿肯色州本顿维。沃尔玛是美国《财富》杂志2014—2018年评选的全球最大500家公司排行榜中的第1名，也是供应链设计、计划和运作方面成功的典范。公司运营之初，沃尔玛大量投资于运输和信息基础设施，以推动物流和信息流的顺畅运作。沃尔玛大量的零售店铺是围绕分销中心设立的，为零售店频繁的补货提供了便利。频繁补货使沃尔玛比竞争对手能更有效地满足客户的需求，做到供给和需求相匹配。沃尔玛在信息共享、与供应商合作降低成本，以及提高产品可获得性方面已处在业内领先水平。公司2018年年报显示，沃尔玛年销售收入为5144.05亿美元，全年归属于普通股东的净利润为66.70亿美元，全球拥有员工超过两百万人。这对于在1980年年销售收入只有10亿美元的公司而言，销售额的增长速度是惊人的。

源于美国，兴于日本的日本7-11便利店同样运用卓越的供应链设计、计划及运营实现了企业的增长和盈利。该公司采用响应性强的补货系统和先进的信息系统保证各个便利店产品的供应，及时满足客户的需求。各个店铺可在一天中的不同时间段调整商品的组合，以准确满足顾客不同的需求。日本7-11便利店利用大量的产业链数据和智能算法形成智能配对，将177家工厂、157个配送中心和万家便利店门店连接起来，利用产业路由器的商业模式共享研发、共享采购、共享物流、共享IT、共享金融，最终形成一个最深的价值洼地，不断地积累B端和C端的用户。据统计，该公司的销售额从1974年的10亿日元猛增到2018年的5.7万亿日元，其中公司整体实现盈利达4120亿日元。

我国企业中也有成功的案例：国美电器利用低成本高效率供应链实现差异优势。国美开放型低成本高效率供应链以采购、物流、信息为三大核心支撑，而主要优势则体现在采购价格上。据了解，国美通过介入上游产业链的方式掌握定价权和主动权，实现了差异化产品的包销定制，其中OEM、ODM、一步到位价、包销买断、反向定制等成为主要采购模式，这不仅能突出产品的差异性属性，更可以满足消费者个性化、差异化需求。值得注意的是，今年国美销量增幅最大的冰、洗、空三大品类，采用差异化包销定制模式的占比非常大。

2018年，随着"家·生活"战略的不断深化，国美向"家·生活"转型，吸引了众多新伙伴加入国美"朋友圈"。2018年下半年，国美启动"柜电一体"项目后，陆续与国内排名前三的品牌欧派家居、志邦家居、金牌橱柜签订战略合作项目，在全国门店中引入推广橱柜厨电一体化业务，目前开业门店中平均单店月销售已突破100万。2018年10月份，国美与欧洲最大的整体厨房连锁零售品牌 IXINA 正式签约，成为 IXINA 在中国的唯一战略合作伙伴。随后，国美更是牵手拼多多，先是国美电器官方旗舰店登录平台，随后双方又在大件物流的仓配一体化业务上展开合作，合作规模之大极具想象空间。

业内人士认为，各大优质家装品牌之所以不断成为国美的供应商，一方面表明他们看好国美的商业模式，另一方面，国美 32 年来形成的强大的供应链体系，已成为国美新业务"引流"的重要砝码。国美零售总裁王俊洲表示："过去，国美与众多品牌厂商建立了深厚的战略合作伙伴关系。当下，国美愿与各大品牌厂商携手，共同为消费升级、民族品牌成长、人民美好生活而努力。"他认为，步入创始以来第 32 个年头的国美，已经过了"而立之年"，伴随着环境剧变和转型阵痛，国美将和供应商携手共进、互利共赢，助力国民消费升级，成为国人瞩目的"家·生活"整体解决方案提供商，为中国消费者奉上期待已久的消费盛宴。

研究与分析机构 Gartner 公布的 2019 全球供应链实力 25 强排行榜中，阿里巴巴作为唯一一家中国企业闯进榜单。2019 年 8 月 16 日，在阿里供应链开放日上，阿里巴巴宣布升级供应链平台能力，将打造一个端到端全数字化的供应链网络，帮助各行业零售商家优化供应链管理。在过去的十年，凭借在大数据和算法上的优势，阿里供应链平台沉淀了一套服务各种零售业务的能力，从商品的生产规划、销售到流通、配送，全链路帮助行业和商家通过供应链管理来降本增效。盒马、天猫超市、天猫国际以及天猫、淘宝深度合作的品牌商和供应商，均成为阿里供应链平台的受益者。目前，阿里供应链平台的能力已经运用于阿里旗下 25 个业务板块，服务超过 3 万家商家。未来，这一平台将向全行业商家开放。业内人士指出，阿里在供应链领域的领导力，来源于帮助企业建设数字化供应链、提升营运效率的能力。而随着阿里供应链平台的升级，未来将有更多行业和商家受益于这张数字化大网。

以上成功案例很好地说明了供应链决策的重要性，而一些公司失败的例子也可以归因于未能有效地设计合适的供应链或有效地管理供应链的信息流、物流和资金流。事实证明，如果一个公司不能根据不断变化的环境来调整其供应链的模式，将会使公司效益遭受很大的损失。

众所周知的智能手机商苹果公司也曾一度陷入存货危机。1996 年，苹果公司库存成品价值高达 7 亿美元，年库存周转率还不到 13 次。由于苹果创始人乔布斯的"一个人，一张桌子，一台计算机，就能改变世界"的偏执理念，使得苹果公司一度陷入死亡线。为了挽救苹果公司，乔布斯所采取的关键行动之一就是解决供应链管理问题。现在，苹果公司通过实施需求导向的务实设计创新、差异化销售渠道、精简库存、外包非核心业务及构建供应链联盟等策略，开发了供应商、公司和顾客之间的快速连接，证明了不单纯依靠低成本策略的供应链也是可以取得让人羡慕的成就的。

戴尔公司是另一个根据不断变化的科技和客户需求对其供应链设计、计划和运营做出改进从而获得巨大成功的典范。1993—2006 年，通过供应链构建，戴尔公司不但以合适的成本快速地为顾客提供个性化计算机，而且其销售额和利润也得到了巨大增长。2006 年，戴尔公司的年销售总额为 560 亿美元，其净利润高达 35 亿美元。这一重大成功得益于供应链设计的两个关键特点：一是戴尔公司决定绕开经销商和零售商，直接将产品销售给最终客户；二是戴尔公司根据顾客预订，采用集中生产、分散库存的方式以降低最终装配所耗费的时间。这两大特点支持公司实行快速而低成本的定制，使得戴尔公司以少量的零部件库存为客户提供大量不同的计算机配置。

尽管取得了巨大成功，不断变化的市场环境还是向戴尔公司提出了新的挑战。戴尔公司供应链设计的目标是提供高定制化的计算机，而市场环境转变为低水平定制。而且，随着计算机硬件功能的不断增强，客户开始满足于较少的品种类型。因此，戴尔公司根据直接销售和按订单生产两种情况调整了供应链模式。2007 年，公司开始通过零售连锁店如美国沃尔玛和中国国美电器销售个人计算机。同时，公司还将大部分装配工作外包到成本较低的地区，以按备货生产替代按订单生产。戴尔公司花费了大量精力调整其供应链模式进而满足不断变化的环境，虽然这些调整是否能够改进公司的绩效还有待实践的验证，但也进一步证明了供应链的决策（设计、计划和运作）对于公司的成败具有重要作用。要保持一家公司的竞争优势，其供应链就必须适应不断变化的技术和顾客期望。

第三节 供应链的设计

一、供应链的基本结构模型

为了更好地学习供应链的设计和构建，了解和掌握供应链的结构模型是十分重要的。从供应链结构模型的发展来看，主要经历了从简单模型到复杂模型、从单产品模型到多产品模型、从确定型模型到随机型模型的发展过程。下面重点介绍两种基本的供应链结构模型。

（一）链状结构模型

根据前面阐述的供应链定义可知，供应链上的各成员企业构成链条结构中的各个节点，物流、信息流、资金流则构成供应链的连线。由此，首先给出一个简单的供应链结构模型，如图 2-5 所示，称为链状模型 I。在链状模型 I 中，产品的最初来源是自然界 A，如油田、矿山、橡胶园等，经过供应商 B、制造商 C 和零售商 D 的若干级传递，最终到达用户 E。而在用户消费的过程中产生的废弃物或废旧物再回到自然界，完成物质资料的循环。

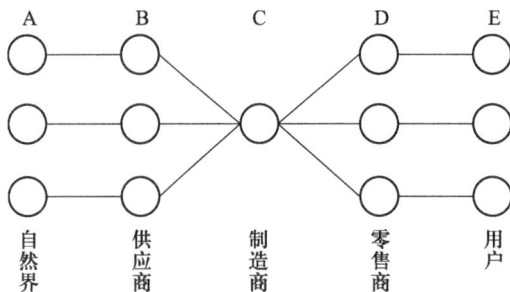

图 2-5 链状模型 I

模型 I 是一个最简单的静态模型，仅仅反映了供应链的基本组成和结构，如果将其进一步抽象化就成了链状模型 II，如图 2-6 所示。在模型 II 中，链状模型 I 中的企业都被抽象为一个个节点，并用字母或数字来表示。节点以一定的方式和顺序连接成一串，构成一条供应链。在链状模型 II 中，若假定 B 为制造商，则 A 为供应商，C 为分销商。若假设 C 是制造商，则 B 为供应商，D 为分销商。在链状模型 II 中，产品的最初来源（自然界）、最终去向（用户）以及产品的物质循环过程都被隐含简化掉了，只注重供应链中间过程的研究。

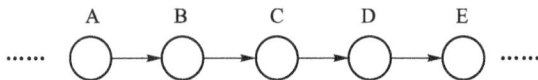

图 2-6 链状模型 II

1. 供应链的方向

在供应链流程中有物流、信息流和资金流。正常情况下，物流的方向一般都是从供应链的上游向下游流动，即从供应商流向制造商，再流向分销商，最终到达用户。所以在供应链的研究中，一般将物流的方向定义为供应链的方向，以确定供应商、制造商和分销商之间的顺序关系。链状模型Ⅱ中的箭头方向即表示供应链的物流方向。而逆向物流则是在消费过程中产生的废弃物或废旧产品的回收，逆向物流是相对物流的方向而言的。

2. 供应链的级

在链状模型Ⅱ中，如果将 C 认定为制造商时，可以把 D 认为一级分销商，E 为二级分销商，并依次定义三级分销商、四级分销商。同样的，可以相应地认为 B 为一级供应商，A 为二级供应商，并可以依次往后定义三级供应商、四级供应商等。一般来讲，一个企业应尽可能考虑多个供应商或分销商，这有利于从整体上了解供应链的运行状态。

（二）网状结构模型

现实中的产品供应关系是十分复杂的，一个企业一般会与多个企业保持联系，也就是说，在链状模型Ⅱ中，C 的供应商可能不止一家，而是有 B_1，B_2，…，B_n 等 n 家，分销商也可能有 D_1，D_2，…，D_k 等 k 家。同样从动态角度考虑，C 也可能有 C_1，C_2，…，C_m 等 m 家，这样一来链状模型Ⅱ就转变成为一个网络模型，即供应链的网状结构模型Ⅲ，如图 2-7 所示。从理论上讲，这种网状模型可以涵盖世界上所有的企业，所有的企业都被看作是其中的一个节点，并且认为这些节点之间存在联系。网状模型对各种供需关系的表述性很强，适合从宏观上把握供需关系。

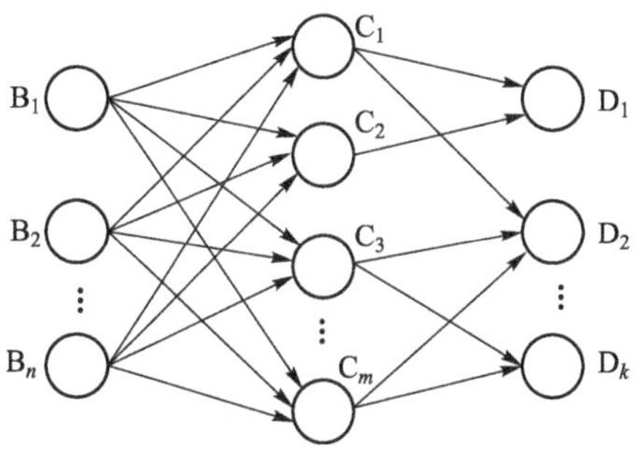

图 2-7　网状结构模型Ⅲ

1. 入点和出点

在网状模型中，物流的流动是有方向的，它从一个节点流向另一个节点，从某些节点流入，又从某些节点流出。因此，我们把这些物流流入的节点称为入点，物流流出的节点称为出点。入点相当于油田、矿山、橡胶园等原材料提供商，出点则相当于客户。如图 2-8 所示，其中箭头指向的节点为入点，箭头发出的节点为出点，即 A 节点为入点，G 节点为出点，依次类推。

在图 2-8 中，有的企业既是入点也是出点，为了简化供应链的表示，将代表这个企业的节点一分为二，变成两个节点：一个为入点，另一个为出点，并用实线将其框起来。图 2-9 所示的是包含入点和出点的企业，A_1 为入点，A_2 为出点。

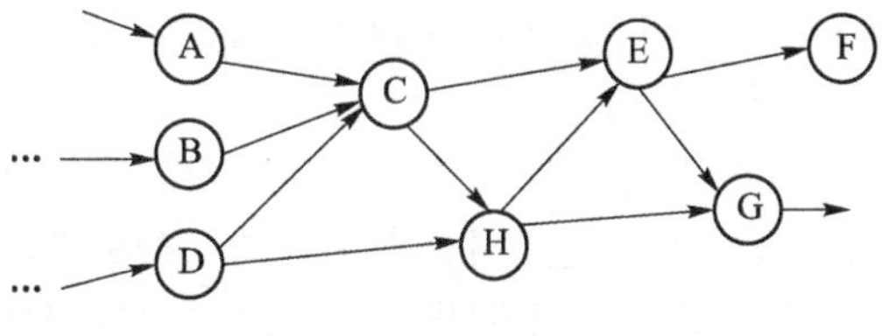

图 2-8　入点和出点

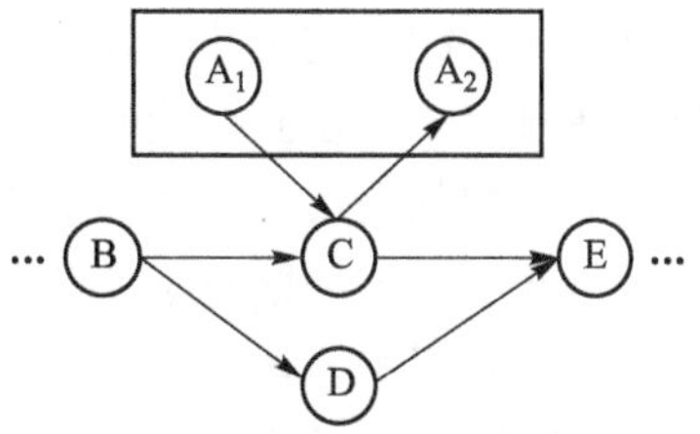

图 2-9　包含入点和出点的企业

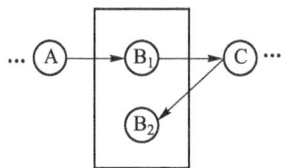

图2-10　包含供应商
和分销商的厂家

同样，有的企业对于另一企业既为供应商又为分销商，也可以将这个企业一分为二（甚至一分为三或更多），变成两个节点：一个节点表示供应商，一个节点表示分销商，也用实线将其框起来。图2-10所示的是包含供应商和分销商的厂家，其中B_1是C的供应商，B_2是C的分销商。

2. 子网

在现实中，有些企业的规模非常大，内部结构也十分复杂。该企业与其他企业相联系的只是其中某一个部门，而且部门内部也存在着产品供应关系。这样一来，仅仅用一个节点就不能表示这些复杂的关系，所以要将表示这个企业的节点分解成很多但之间相互联系的小节点，如将C分解成C_1、C_2、C_3、C_4，我们把这些小节点构成的一个网称之为子网，如图2-11所示。引入子网概念后，图2-11中C与D的联系，就只需考虑C_1与D的联系，而不必考虑C_2、C_3、C_4与D的联系。子网模型适合于描述企业集团的组织结构。

3. 虚拟企业

虚拟企业是由一些独立企业为了共同的利益和目标，在一定时间内结成的相互协作的共同体。虚拟企业结盟的时间有时非常短暂，甚至仅仅为了完成一个单一的客户订单。一旦虚拟企业的目标已经完成或共同利益不再存在，虚拟企业就不复存在。

图2-12中虚线包含的部分，即C_1—C_4表示的是虚拟企业的节点。从表面看上去，虚拟企业的节点和子网的节点图示很相似，但由于虚拟企业没有实体边界存在，所以C_1—C_4用虚线包含；而子网有实体企业边界，故C_1—C_4用实线包含。

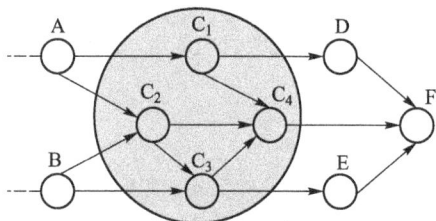

图2-11　子网模型

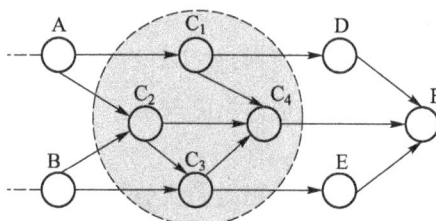

图2-12　虚拟企业

4. 核心企业的网状结构模型

核心企业在供应链的组建及运行过程中起着主导作用。在核心企业网状供应链中，核心企业的管理理念及组织结构、价值认同方式、信息模式等对整个供应链的方方面面都有着绝对性的影响，从某种程度上说这一供应链就是围绕核心企业的运作而建立起来的。具有这种地位与能力的核心企业往往是那些控制了产品的核心技术，或拥有知名品牌，或有极强研发能力和渠道控制能力的企业。在这种情况下，图2-7的供应链网状模型中，C_1—C_m成员企业的位置就只有一个核心企业C，并且核心企业C在供应链的设计和运行过程中起着主导作用，供应链上的其他成员企业围绕着企业C展开经营活动。

一般情况下，这种核心企业往往是生产企业，但也并不局限于此。它既可以是像通用公司、宝洁公司和海尔公司一类的生产企业，也可以是像耐克公司、李宁公司一类的非生产企业。这种特殊的供应链表现在供应链的组织结构图上时，一个明显的特点就是供应链的核心一般只有一个节点。

二、供应链设计的原则

为了保证供应链的设计和构建能很好地贯彻和实施供应链管理思想，在供应链的设计过程中，企业应遵循一些基本的原则。基本的设计原则包括以下几个方面。

（一）自顶向下和自底向上相结合的设计原则

在设计方法中，常用两种设计方法，即自顶向下和自底向上的方法。自顶向下的方法是从全局到局部的方法，而自底向上的方法则正好相反，是从局部到全局的方法；自顶向下重在分解，而自底向上则重在集成。当企业设计一个供应链系统时，常常是先由高层主管部门做出战略规划与决策，其依据自然来自市场需求和企业发展规划，然后再由下层部门负责实施完成。因此，供应链的设计应该是自顶向下和自底向上两种方法的完美结合。

（二）简洁性原则

简洁性原则是供应链设计的一个重要原则。因为，只有供应链的每个节点都是简洁的、具有活力的、能快速实现业务流程组合的，才能使供应链具有灵活、快速响应市场的能力。比如供应商的选择就应该遵循少而精的原则，而生产系统的设计更是应以精益思想为指导，这样企业才能推动、实施准时化采购法和准时生产，进而努力实现从精细的制造模式到精细的供应链这一目标。

（三）协调性原则

建立战略合作伙伴关系的合作企业关系模型是实现供应链最佳效能的保证，因为供应链业绩的好坏取决于供应链合作伙伴关系是否和谐。和谐是描述系统是否形成了充分发挥系统成员和子系统的能动性、创造性及系统与环境的总体协调性的标准。只有和谐而协调的系统才能发挥最佳的效能。

（四）互补性原则

为了能够充分利用外部资源，供应链合作企业的选择应遵循强强联合的原则。每个企业只专注于各自核心的业务，而将非核心业务委托合作企业完成。这些类似单元化企业具有面向目标、自我组织、自我优化、动态运行和快速响应的特点，能够实现供应链业务的快速重组。

（五）不确定性原则

许多学者在研究供应链运作效率时都提到了不确定性问题，不确定性在供应链中确实随处可见。而不确定性的存在会导致需求信息的扭曲，由此影响供应链上节点企业的各项决策。因此，要减少信息传递过程中的信息延迟和失真，就必须对各种不确定性因素对供应链运作的影响进行预测。减少不必要的中间环节，增强透明性，提高预测的精准度和时效性对降低不确定性的影响都是极为重要的。

（六）创新性原则

在供应链的设计过程中，创新性原则是一个很重要的原则。因为没有创新性思维，就不可能有创新的管理模式。企业的供应链设计，要敢于打破各种陈旧的思维框架，用新的角度、新的视野审视原有的管理模式和体系，进行大胆的创新设计。进行创新设计要注意几点：一是创新必须在企业的总体战略规划的指导下进行，并与战略目标保持一致；二是创新要和市场需求紧密结合，综合运用企业的能力和优势；三是创新要发挥企业全体人员的创造性，集思广益，并与其他企业共同协作，发挥供应链整体优势；四是创新要建立科学的供应链和项目评价体系及组织管理系统，进行技术经济分析和可行性论证。

（七）战略性原则

从供应链的战略管理高度考虑，供应链的设计应具有战略性视野。供应链系统应成为实现企业战略目标的载体，由此减少供应链管理中不确定性带来的影响。除此之外，供应链设计的战略性原则还体现在供应链发展的长远规划和预见性，供应链的系统结构发展应和企业的战略规划保持一致，并在企业战略指导下进行。

三、供应链设计考虑的因素

企业在设计供应链时必须综合考虑多方面的因素，包括市场覆盖范围、产品特征、客户服务目标等。

（一）市场覆盖范围

为了确定市场覆盖范围，管理者必须考虑顾客购买行为、分销类型、供应链成员以及取得成功所必需的控制程度等因素。

1. 顾客购买行为

为了设计一个能够最有效运作的供应链，企业必须事先了解细分市场中潜在客户的购买动机。这一分析使企业设计人员能够确定目标细分市场，识别潜在的客户，并确定这些客户如何制定采购决策。

2. 分销类型

基本的分销方式有三种类型：密集分销、选择性分销和独家分销。

在密集分销方式下，企业通过大量的零售商或批发商销售产品。密集分销适用于如饮料、方便面、面包、洗发水和烟草等产品。因为对于这些产品而言，影响客户采购决策的首要因素是方便性。

在选择性分销方式下，销售某种产品的经销商数量通常是有限的，但还没有达到独家专卖的地步。通过选择合适的批发商和零售商，企业能够将管理的注意力集中在有盈利潜力的客户身上，并与之建立起牢固的关系以确保产品的市场销量。选择性分销适用于如服装、家具、电视机、音响设备、和体育设备等产品。因为这些产品要求有专门的服务和售后支持。

独家分销是指单个经销商被授予在某个地理区域内具有销售产品的独家特许权。独家分销适用于如汽车、某些重要的电器、某些重要的家具以及那些享有很高品牌忠诚度的产品（如服装、化妆品、体育用品等）。通常，当制造商希望批发商或零售商能更积极地销售或者在渠道控制比较重要的情况下，制造商会采取独家分销的方式。独家分销可以提高产品的形象，并且使企业能够制定更高的零售价格。有时候为了向一家以上的零售商或分销商提供独家分销，制造商会采用多个品牌。相对于零售层次，独家分销更频繁地发生在批发层次。

一般来讲，独家分销适用于直接渠道（从制造商到零售商），密集分销则更可能涉及拥有两个或更多中间商的非直接渠道。

3. 供应链成员

有了客户需求和确定的分销类型，管理层必须为供应链选择成员。选择供应链成员时所考虑的因素包括财务实力、能力、业务发展的潜力以及供应链的竞争力等。

4. 控制程度

在许多情况下，为了维护企业长期盈利的目的，企业可能需要对供应链的其他成员施加控制，确保产品质量或售后服务。

（二）产品特征

在分析产品的特征时，应考虑以下几个方面的因素：产品的尺寸、产品的价值、产品的技术性、产品的可替代程度、产品的易变质性、产品的季节性、市场接受的程度和市场集中程度。

1. **产品的尺寸**

产品尺寸的大小会影响运输成本的高低以及市场的销售范围。体积大、重量重的产品运输成本较高，使得销售市场相对比较局限。相反，对于体积小、重量轻的产品，由于单位产品分摊的运输成本相对较低，因此，产品的销售市场相对比较宽广。

2. **产品的价值**

高价值产品往往要求较短的供应链，因为单位价值很高的产品涉及大量的库存投资。所以，企业应尽量减少供应链环节使库存总投资最小化。相反，单位价值较低的产品，通常采用较长的供应链，并适用密集分销方式。除此之外，产品的价值还会影响库存持有成本以及对运输所提出的要求。例如，低价值的杂货产品可采用铁路发送，储存在户外的仓库里；而高价值的零部件和产品，像流行的时尚商品等，则需要通过空运来运输，使在途库存最小化，降低库存持有成本和降价损失同时满足货物运达的时效性。

3. **产品的技术性**

高技术产品通常需要较多的售前和售后服务，如计算机、高级音响、昂贵的照相机和视频设备、进口赛车以及多种工业品等，这些产品不仅需要由销售员在现场进行产品的展示，还需要储备适当的维修备件。一般来讲，高技术产品适宜采用直接渠道和选择性或独家分销策略。

4. **产品的可替代程度**

产品的可替代程度与客户的品牌忠诚度是呈负相关的。当客户的品牌忠诚度很低时，该产品就容易被替代。而当客户的品牌忠诚度很高时，该产品就不容易被替代。一般来讲，可替代程度较高的产品适合采用密集分销，企业需要在销售现场进行产品的展示。同时，为了获得批发商或零售商的支持，制造商通常会提供更多的优惠。

5. **产品的易变质性**

产品的易变质性指由于客户需求的变化或技术的进步而造成的产品过期或淘汰。易变质的产品通常采用直接的方式销售，要求企业的供应链具有快速的响应性，从而减少潜在的库存损失。

6. **产品的季节性**

对某些产品来说（如各种节日用品），销售量在一年中的某段时期会达到高峰；另外，有些产品只有在特定的时期才能生产，如新鲜水果和蔬菜等。这两种情况都可能导致季节性的库存。在这种情况下，制造商需要自行投资扩建仓库，或使用第三方企业的物流设施，或让中间商持有库存，而制造商向提早进货的批发商或零售商提供季节性折扣。

7. **市场接受的程度**

市场接受的程度决定了企业所需要投入的销售力量。具有市场影响力的制造商在推出新产品的同时，如果进行大量的市场推广工作，通常市场的接受程度会比较高，中间商也乐意销售该产品。

8. 市场集中程度

当产品的市场分布广并且分散时，企业采用中间商销售方式较为有效。例如，在食品加工行业，许多企业通过中间商来销售产品。而当市场集中在某个地理区域时，采用直接方式销售，较短的供应链则相对更有效率。

(三) 客户服务目标

通常可以从以下三个方面来评价客户服务：产品的可供性、客户订货提前期的长度和稳定性以及销售方和客户之间的信息沟通。在设计供应链时，管理者应该在仔细研究客户需求的基础上确定合适的客户服务水平。

1. 产品的可供性

特定订货提前期内的库存可供性是衡量客户服务的重要指标之一。衡量库存可供性指标的常用计算方法，是在某段特定时期内完整发货的订单数量占收到的总订单数量的百分比。

2. 客户订货提前期的长度和稳定性

订货提前期是指在客户订单下达和收到产品之间经历的时间。订货提前期的长度和稳定性将影响整个供应链所持有的库存量。所以，订货提前期的长度和一致性是供应链设计时需要考虑的重要因素。对于供应链下游的多数客户来说，提前期的稳定比提前期的长度更重要。

3. 销售方和客户之间的信息沟通

信息沟通是指企业向客户提供及时信息的能力，包括订单状态、订单跟踪、延期订单状态、订单确认、产品替换、产品短缺等。供应链成员是否具有良好的信息系统是供应链设计时需要考虑的一个重要因素。使用自动化的信息系统，通常可以提高供应链的效率，同时减少发货、拣货、包装、贴标和文件等方面出现的差错。

四、供应链设计的基本步骤

不同的供应链虽然具有各自的特点，但其设计过程都有不少相同之处。根据生命周期法的一般原理，供应链设计的过程一般要经过分析核心企业所处的市场竞争环境、分析核心企业现状、分析供应链设计的必要性、明确供应链设计目标、分析组成供应链的各类资源要素、提出供应链的设计框架、评价供应链设计方案的可行性、产生新的供应链及检验新供应链这九个步骤。然后进入实施过程，如图 2 – 13 所示。

(一) 分析核心企业所处的市场竞争环境

对市场竞争环境进行分析，目的在于找到哪些产品的供应链需要开发，现在市场需求的产品是什么，有什么特别的属性，对已有产品和需求产品的服务要求是什么；通过对市场各类主体，如客户、零售商、生产商和竞争对手的专项调查，了解产品和服务的细分市场情况、竞争对手的实力和市场份额、供应原料的市场行情和供应商的各类状况、零售商的市场拓展能力和服务水准、行业发展的前景，以及诸如宏观政策、市场大环境可能产生的作用和影响等。这一步的工作成果是有关产品的重要性排列、供应商的优先级排列、生产商的竞争实力排列、客户市场的发展趋势分析以及市场不确定性的分析评价的基础。

```
┌─────────────────────────────────┐
│  分析核心企业所处的市场竞争环境  │
└─────────────────────────────────┘
                 ↓
┌─────────────────────────────────┐
│  分析核心企业现状（现有供应链分析）│
└─────────────────────────────────┘
                 ↓
┌─────────────────────────────────┐
│      分析供应链设计的必要性      │
└─────────────────────────────────┘
                 ↓
┌─────────────────────────────────┐
│      明确供应链设计的目标        │
└─────────────────────────────────┘
                 ↓
┌─────────────────────────────────┐
│   分析组成供应链的各类资源要素    │
└─────────────────────────────────┘
                 ↓
┌─────────────────────────────────┐
│      提出供应链的设计框架        │←──┐
└─────────────────────────────────┘   │
                 ↓                     │
┌─────────────────────────────────┐   │
│    评价供应链设计方案的可行性     │   │
└─────────────────────────────────┘   │
                 ↓                     │
             ◇ 可行? ◇──否──────────────┤
                 │是                    │
┌─────────────────────────────────┐   │
│        产生新的供应链            │───┐│
└─────────────────────────────────┘   ││
                 ↓                  ◇工具和│
┌─────────────────────────────────┐技术方法◇
│        检验新供应链             │───┘│
└─────────────────────────────────┘   │
                 ↓                     │
             ◇ 理想? ◇──否──────────────┘
                 │是
┌─────────────────────────────────┐
│     完成供应链的设计并实施       │
└─────────────────────────────────┘
```

图 2-13　供应链设计的基本步骤

（二）分析核心企业现状

对核心企业现状进行分析，目的在于了解企业内部的情况。这一步骤的工作主要侧重于对核心企业的供应、需求管理现状进行分析和总结。如果核心企业已经有了自己的供应链管理体系，则需要发现在供应链的运作过程中存在的问题。对供应链管理现状进行分析，以便发现哪些方面已出现或可能出现不适应时代发展的端倪，同时挖掘现有供应链的优势。本阶段的目的不在于评价供应链设计标准中哪些更重要和更合适，而是着重于研究供应链设计的方向或者设计定位，同时将可能影响供应链设计的各种要素分类罗列出来。

（三）分析供应链设计的必要性

这一步骤是针对存在的问题提出供应链设计项目，并分析其必要性。

（四）明确供应链设计的目标

这一步骤是根据基于产品和服务的供应链设计策略提出供应链设计的目标。其主要目标在于获得高品质的产品、快速有效的客户服务、低成本的库存投资、低单位成本的费用投入等几个目标之间的平衡，最大限度地避免这几个目标之间的冲突。同时，还需要包括以下一些目标，如进入新市场、开发新产品、开发新分销渠道、调整老产品、改善售后服务水平、提高客户满意程度、建立战略合作伙伴联盟、降低成本、降低库存和提高工作效率等。这些

47

设计目标往往在很大程度上存在冲突，所以这些目标的实现级次和重要程度要视不同企业的具体情况而定。

（五）分析组成供应链的各类资源要素

这一步骤要对供应链上的各类资源，如供应商、客户、原材料、产品、市场、合作伙伴与竞争对手的作用、使用情况、发展趋势等进行分析。在这个过程中要把握可能对供应链设计产生影响的主要因素，同时对每一类因素产生的风险进行分析、研究，给出规避风险的各种方案，并将这些方案按照所产生作用的大小进行排序。

（六）提出供应链的设计框架

明确供应链的各类组成后，接下来就要确定供应链上主要的业务流程和管理流程，描绘出供应链物流、信息流、资金流、作业流的基本方向，提出供应链设计的基本框架。在这个步骤中，供应链中各组成成员如生产制造商、供应商、运输商、分销商、零售商及客户的选择和定位是必须解决的问题。另外，组成成员的选择标准和评价指标应该基本得到完善。

（七）评价供应链设计方案的可行性

供应链设计框架建立之后，需要对供应链设计的技术可行性、功能可行性、运营可行性、管理可行性进行分析和评价。这不仅是供应链设计策略的罗列，而且是进一步开发供应链结构、实现供应链管理的关键的、首要的一步。在供应链设计的各种可行性分析的基础上，结合核心企业的实际情况以及对产品和服务发展战略的要求，为开发供应链中技术、方法、工具的选择提供支持。同时，这一步还是一个方案决策的过程，如果分析认为方案可行，就可继续进行下面的设计工作；如果方案不可行，就需要重新进行设计。

（八）产生新的供应链

供应链的设计方案确定以后，就产生了与以往有所不同的新供应链。因此，这一步骤需要解决以下关键问题。

（1）供应链的详细组成因素，如供应商、设备、作业流程、分销中心的选择与定位、生产运输计划与控制等。

（2）原材料的供应情况，如供应商、运输流量、价格、质量、提前期等。

（3）生产设计的能力，如需求预测、生产运输配送、生产计划、生产作业计划和跟踪控制、库存管理等。

（4）销售和分销能力设计，如销售/分销网络、运输、价格、销售规则、销售分销管理、服务等。

（5）信息化管理系统软、硬平台的设计，包括系统结构设计、性能设计、实现技术、系统安全保障设计及系统运行环境设计等。

（6）物流通道和管理系统的设计等，包括运输、存储和配送等环节的设计。

在供应链设计中，需要广泛地应用许多工具和技术，如归纳法、流程图、仿真模拟、管理信息系统等。

（九）检验新供应链

供应链设计完成以后，需要对设计好的新供应链进行检测。借助一些方法、技术对供应链进行测试，检验或试运行。如果模拟测试结果不理想，就返回第六步重新进行设计；如果没有什么问题，就可以进入供应链管理的实施过程了。

第四节 供应链的构建

为了提高供应链管理的绩效，除了必须有一个高效的运行机制，建立一条高效、精简的供应链，也是极为重要的一环。虽说供应链的构成不是一成不变的，但是在实际经营中，不可能随意改变供应链上的节点企业。因此，作为供应链管理的一项重要环节，无论是理论研究人员还是企业实际管理人员，都非常重视供应链的构建问题。

一、供应链企业的分类及作用

企业通过分析、选择供应链的结构，实施供应链管理，可以达到降低成本、改善顾客服务、减少库存、提高响应能力、增强企业综合实力的目的，实现自身和社会资源的优化配置。企业在不改变基础设施和业务的情况下，在实施供应链管理前后有着截然不同的效果。从前面的分析中可以看出，供应链不是企业之间简单的组合，而是通过协调与合作形成的一个有机统一体。在供应链这个有机统一体中，每个企业都是供应链的组成部分，但是不同的企业发挥着不同的作用，正是这种差别决定了企业的不同角色。在供应链的构建过程中更要针对不同的企业角色，遵循一定的构建原则。

（一）供应链节点企业的分类及作用

根据供应链节点企业在供应链中的地位、重要程度，可以将企业分为供应链管理的核心企业和非核心企业。

1. 核心企业

核心企业指在供应链管理中占核心地位，对供应链的业务起主导作用，其参与或退出都会使供应链产生明显变化，在本行业中具有较强实力和行业地位，或者拥有决定性资源的节点企业。

核心企业在供应链上占有主导地位，理所当然地成为供应链构建的倡导者。核心企业通过对供应链外部环境的分析，设计合理的组织结构和有效协调激励机制完成对供应链的构建。在供应链的构建过程中，核心企业不仅需要从组织结构的调整和构建上给予其他节点企业以指导帮助，更为重要的是，核心企业要在管理理念和员工思想的转变上给予其他节点企业以引导。通过这种引导，使之适应供应链管理的要求，在意识层面保证供应链的有效运作。

2. 非核心企业

非核心企业指在供应链中不起主导作用，扮演被动响应角色的企业。虽然非核心企业通常处于被管理的地位，不具有主导性，但供应链毕竟是一个有机整体，一个节点企业出问题将会影响整条供应链的运行质量，因此，非核心企业对供应链运作的影响也不容忽视。通常来说，非核心企业对供应链的影响主要体现在优势互补、人才互动和技术创新的协助等三个方面。

在供应链构建过程中，核心企业在选择非核心企业时充分考虑了非核心企业的优势特征。因而，在供应链构建后的运作过程中，非核心企业可以在核心企业不足的地方进行补充。而核心企业则集中精力在最擅长的领域从事业务，不擅长的业务则由非核心企业协同完成。这使得供应链整体优势得以完善，竞争力进一步提升。

（二）供应链企业群体的分类及作用

根据供应链上核心企业的个数，可以将供应链的企业群体分为卫星式企业群体和团队合作式企业群体。

1. 卫星式企业群体

卫星式企业群体中只有一个核心企业，供应链的表现形式为以核心企业为中心的卫星式，如图 2-14 所示。

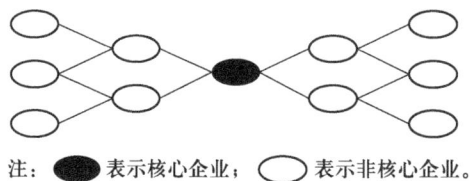

注：● 表示核心企业；○ 表示非核心企业。

图 2-14 卫星式企业群体

卫星式企业群体组成的供应链形势比较稳定，唯一的核心企业对供应链的运作具有较强的决策权和控制力。核心企业不仅对供应链在最终产品市场上竞争力的提高起到关键作用，还能够帮助非核心企业参与到新的市场中去。因为通过与相对强势的核心企业的合作，非核心企业可以相对容易地利用核心企业的资源，提高自身的竞争力，所以非核心企业具有较强的合作意愿。因为核心企业的强势，所以在供应链的权利、利润分配上通常会向核心企业倾斜，这又进一步激发了核心企业的合作意愿。因此，由卫星式企业群体组成的供应链一般比较稳定，在供应链决策中产生严重分歧的可能性较小，有利于供应链的管理。但在供应链可持续发展方面，通常只有具有市场前瞻性的核心企业才会在供应链的技术改造、流程重组、结构调整方面投入大量精力，而非核心企业对供应链改进的意愿并不强烈，还需要核心企业推动才能达到与其同步。

2. 团队合作式企业群体

团队合作式企业群体中不止一个核心企业，供应链的表现形式是以核心企业为主线，以其他节点企业为旁支的团队式，如图 2-15 所示。

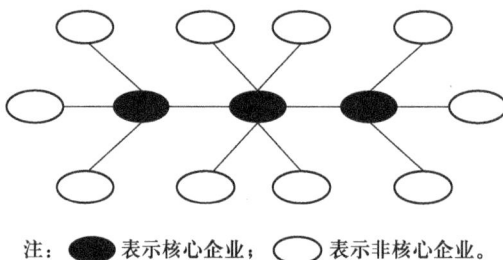

注：● 表示核心企业；○ 表示非核心企业。

图 2-15 团队合作式企业群体

由团队合作式企业群体组成供应链的一个最大特点就是通过多个核心企业间的强强联合，可以实现优势互补，给企业带来巨大的收益。但是在决策方面，由于核心企业的势均力敌，难免有碰撞和摩擦，增加合作的难度，加上矛盾调和的困难，使得整条供应链的稳定性不强，供应链上任何两个企业的合作破裂都会影响整个企业群体的稳定，甚至导致整条供应链合作的失败。不过，在推动供应链继续发展方面，作为主线核心企业的前瞻性意识比较强烈，可以群策群力，对供应链整体的带动性也比较强。

二、供应链构建的影响因素

供应链的构建主要受到四个因素的影响：战略目标、战术方案、计划模式和运作数据，这四个方面又可以进一步细分为若干具体影响因素，如图 2-16 所示。在构建供应链的过程中，应该以这四个因素为出发点，在对其进行详细分析和分解的基础上，进行供应链模型的构建。四个关键因素中运作数据是最基础层级的因素，往上是计划模式和战术方案，这三个因素都是构建供应链的基础层级因素，而战略目标是高层级的因素，是对所构建的整个供应链模型进行整体评估和控制的因素。四个关键因素按照金字塔形排列，共同形成了供应链构建的影响因素模型。

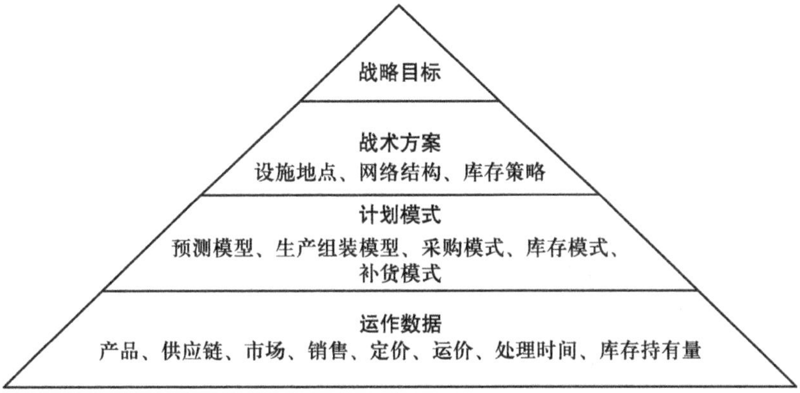

图 2-16　供应链构建的影响因素模型

三、供应链构建的原则

（一）响应客户

客户是供应链中唯一真正的资金流入点，也是唯一的一个收入来源。因此，供应链的构建要考虑客户优先的原则。客户服务由客户开始，也由客户终止，客户最能感受到供应链中复杂的相互影响的全部效应。供应链的构建必须具有高度柔性和快速响应能力，能够满足客户多样化的现实需求和潜在需求。

（二）明确定位

供应链由原料供应商、制造商、分销商、零售商、物流与配送商及消费者组成。一条富有竞争力的供应链要求组成供应链的各成员都具有较强的竞争力，每个成员不管为整条供应链做什么，都应该是专业化的，而专业化就是优势。在供应链中总会有处于从属地位的企业。任何企业都不可能包揽供应链的所有环节，企业必须明确自己在供应链中的优势定位，根据自己的优势来确定自己的位置，制定相关的发展战略。

（三）防范风险

由于受到自然和非自然因素的影响，供应链的运作实际上也存在着不确定性，存在着风险。其中，供应链中的库存控制就是一个方面。库存是保险，是对抗不确定性的一项措施。为了达到为客户服务的目标，必须维持足够的库存，即安全库存。这样即使上游过程出现问题，也不至于影响客户服务。因此，在供应链的构建中应当对各种风险因素进行度量和说明，了解各种不确定性因素在系统范围所产生的影响，并制定相应的防范措施。

四、供应链构建的基本步骤

供应链是由供应商、制造商、分销商、零售商通过物流、信息流、资金流相互连接而成的有机系统。其中的供应商或者分销商往往会有很多家，节点企业之间在战略、资源、能力等方面相互依赖，构成了较复杂的"供应—生产—销售"网，即供应链网。构建供应链需结合具体供应链的特点，按照一定的基本步骤进行。每条供应链都是一个有机的组织，供应链的成员企业需要明确自己在供应链上的定位与角色，实施相应的发展战略，发挥积极作用，提高整条供应链的效益与效率。供应链的构建过程主要有以下七个步骤。

（一）明确企业在原有供应链中所处的位置

现代供应链具有复杂性与交叉性的特点，是一个供应链网。供应链节点企业的组成跨度不同，供应链往往由多个、多类型的成员企业构成。一个企业由于业务的多样化，在一条供应链中是核心企业，但是在另一条供应链中可能就不是核心企业了，而是非核心的其他节点企业。成员企业可通过对业务的梳理来整理企业现阶段所拥有的供应链。

（二）确定企业的核心业务与核心能力

根据供应链成员企业的业务，确定核心竞争力，通过突出自己拥有的核心能力来加强竞争力，而把非核心业务外包给其他企业，确保核心业务良好、高效运营。

（三）选择并确定适合本企业的供应链

根据企业产品和服务的特性，选择并确定适合本企业的供应链。不同行业的不同企业处在不同类型的供应链上，而一个企业内部由于业务的不同，可能会需要好几条不同的供应链。不同业务需要配备不同的供应链，但有时不同业务却可以共用一条供应链。

总体来说，根据成员企业产品或服务的性质将其分为功能性产品、创新性产品，而与之相对应，选择效率型供应链和响应型供应链相互匹配。

（四）明确企业在新供应链中的定位

明确企业在新供应链中的定位并判断企业是否有能力成为核心企业。由于供应链是在企业间的合作中经过磨合形成的，所以企业之间表现为一种战略伙伴关系，而不像企业集团的建立，可以通过行政手段。供应链是通过供应链上所有企业的共同利益所产生的凝聚力把成员企业联系起来的。

判断一个企业能否成为供应链上的核心企业，需要考虑的因素有企业规模及其在行业中的影响力、企业创新能力、企业的商誉、企业的文化价值观、企业的信息化程度以及企业战略目标。

（五）修正原有供应链并制定发展战略

如果企业在现阶段还没有能力成为供应链上的核心企业，或是有更具实力的企业已经在主导供应链，那么该企业作为供应链上的非核心企业，应根据核心企业的战略与本企业战略的一致性程度以及财务现状等来确定是否终止进行该项业务。如果继续该项业务，则积极配合供应链的有效运作，参与供应链协调策略、供应链评价体系等的制定，与核心企业形成紧密战略联盟，从供应链中分得利益。在满足供应链服务要求的基础上使成本最小化。同时加强自己的核心业务，稳固自己的地位，抓住机会，开拓新的供应链。

如果通过前四步的分析，企业发现有能力成为核心企业，则可以考虑以整合价值链为起点建立以本企业为中心的供应链。把握供应链的主动权，就能更有效地处理供应链间节点企业的协调，提高供应链的整体实力。

（六）核心企业供应链构建

核心企业供应链构建主要考虑以下几点。

1. 合作伙伴与合作方式的确定

要确定合作者能提供价廉质优的产品和服务，同时要求合作方企业信息化程度达到实施供应链管理的要求，并对合作方的合作范围、方式、协作服务的质量要求等有明确的协议，以避免可能发生的纠纷。

2. 供应链战略的制定

只有组织供应链上的成员共同商讨供应链构建问题，以整条供应链为出发点，保证整条供应链的运行效率，才能真正保证每一个供应链合作伙伴的利益。这样有利于明确供应链战略与目标，形成共识，成为一个效率团体，从而提高供应链的竞争力。

3. 合理的供应链评价体系

建立可量化的供应链评价标准，通过一定的方法、技术进行测试，检验已设计实现的供应链流程，不断对其进行调整与优化。

（七）动态调整

无论是否成为供应链的核心企业，随着企业核心竞争力的发展与市场竞争的变化，企业都应不断调整自身在供应链中的定位，制定相应的供应链发展战略，从而不断地优化供应链。

综上所述，供应链构建的步骤形成了一个动态的环路，如图2-17所示。它为供应链成员企业如何进行供应链构建与决策提供了一个基本的参考，通过分析企业在所处供应链中的不同位置，在供应链构建中采取不同的措施，从而使成员企业在供应链中发挥最佳的作用。

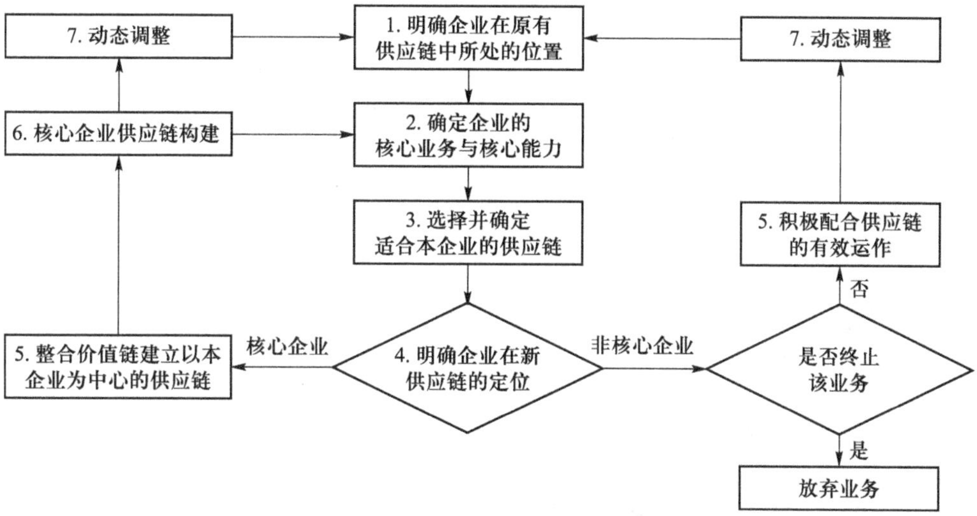

图 2-17 供应链构建的基本步骤

本章小结

第一节 供应链战略

总结

本节分析了供应链战略和竞争战略的关系，进一步讨论了供应链战略五个层次的匹配范围。

关键术语

竞争战略　供应链战略

第二节　供应链的决策

总结

本节介绍了供应链的目标，分析了供应链决策的三个阶段，并举出正反两方面的企业供应链管理实践案例来说明供应链决策的重要性。

关键术语

供应链目标　供应链设计阶段　供应链计划阶段　供应链运作阶段

第三节　供应链的设计

总结

本节在介绍了供应链基本结构模型的基础上，重点阐述了供应链设计的原则和步骤。

关键术语

链状结构　网状结构　供应链方向　设计原则

第四节　供应链的构建

总结

本节在介绍了供应链节点企业类型的基础上，分析了影响供应链构建的主要因素，重点阐述了供应链构建的原则和步骤。

关键术语

核心企业　非核心企业　构建原则

🔄 问题讨论

1. 供应链目标和企业战略目标一致吗？
2. 经济全球化带给供应链决策的影响是什么？
3. 试讨论全球供应链中风险对供应链决策的影响。
4. 你认为供应链设计需要考虑哪些主要因素，结合某一行业具体说明。
5. 试分析导致目前企业供应链重构的驱动因素。

🔄 客观题

1. 试述供应链决策的重要性和决策阶段。
2. 试比较供应链战略和竞争战略的联系和区别。
3. 简述供应链的基本结构模型。
4. 简述供应链设计的原则和步骤。
5. 简述供应链构建的原则和步骤。

第三章　供应链合作伙伴关系管理

本章学习目标

1. 理解供应链合作伙伴的定义。
2. 了解战略合作伙伴关系的形成及意义。
3. 掌握客户关系管理的定义和功能。
4. 熟悉客户关系管理和客户服务管理的流程。
5. 掌握供应商关系管理的定义。
6. 了解供应商关系管理产生的背景。
7. 熟悉供应商关系管理的流程。

导入案例

格力国美探新定制模式

时间追溯到 2014 年，国美成为格力家用中央空调主力销售卖场；2015 年，双方举办多场主题活动，创下单场销售额突破 3 亿元的战绩；2016 年，国美打造三次"超级福利日"，格力累计销售额近 10 亿元。

业内人士认为，在过去数年间，依托国美门店的渠道优势、场景化体验、优质服务，格力品牌在国美渠道的销售额持续增长，年均 25% 的销售增速更是传为行业佳话，这都是国美与格力通力合作的成果。

在国美与格力的合作中，除了销售业绩持续攀升，还有一段"铁娘子"携手的佳话。

2017 年 2 月 24 日，国美杜鹃女士与格力董明珠女士会晤，两位商场"铁娘子"共同签署了一份 200 亿元的战略合作协议，诞生 2017 年空调第一大单，瞬间震动业界。两位传奇女强人还通过直播送福利，近 4000 万人关注了"亚洲千亿女子天团"直播，一时间成为大众热议话题。

随着近两年里用户需求的升级，国美与格力开始探索全新的厂商定制模式。2017年，双方重磅推出明星产品"舒享风"系列。连续两年内，5个型号年销售规模突破10亿元。凭借着差异化的产品定制模式，国美和格力取得了品牌与销量的双丰收。

在国美32周年庆典上，格力电器总裁助理胡文丰表示："在过去几年里，得益于与国美密切合作，格力业务取得了大幅增长。对格力而言，国美始终是我们在全国连锁行业的重要战略合作伙伴。"

国美内部人士认为，格力是国美供应商合作史上的一个缩影。历经32年风雨历程，国美摸索出一条以用户利益为根本，携手共进，互利共赢的厂商合作道路，获得了国内外合作品牌的认可和点赞，这也成为国美最宝贵的财富。

零售产业巨变，多合作模式促共赢

32年的商海沉浮，大浪淘沙。时代在变，互联网从无到有，再到移动互联网时代的跨越；消费者在变，从单一家电消费，升级成为品质消费，再到如今的整体家装消费。如今，整个家电连锁产业发生了翻天覆地的变化。

国美内部人士表示，近年来，国美也在改变：从中国家电连锁经营模式的开创者，转型成线上线下一体化"共享零售"的企业，向"家·生活"整体方案提供商转变。唯一不变的是，国美与品牌厂商间"互利共赢"的合作模式，以及彼此间宝贵的友谊。

海尔副总裁李华刚认为："国美与海尔合作18年，时代变迁，不变的是双方的情谊。无论是哪种环境下，大家一直相互理解、相互支持、相互信任，这一点是难能可贵的。我一直把海尔跟国美的合作当作厂商合作的典范，这是双方多年努力得来的，互利共赢的结果更值得我们珍惜。"

据了解，海尔在国美渠道上的销量也逐年增长。2018年海尔旗下卡萨帝零售同比增幅52%以上，均价行业第一，拉动海尔整体份额、均价提升，实现逆势增长……

对于国美的转型，众多国内家电厂商表示，国美对于行业的思考与自家企业发展不谋而合。国美上述人士表示，在零售时代结识的海尔、格力、华为、A.O.史密斯集团等诸多"老朋友"，成为国美变革道路上最坚强有力的支持者。

A.O.史密斯集团高级副总裁兼中国区总裁丁威认为："国美平台能力很强，国美转型对我们而言是巨大的利好消息，对整个家电行业都是一个利好，在战略转型过程中，A.O.史密斯集团会坚持把与国美的合作项目当作最优先级来推进和管理。"

资料来源：证券日报2019年1月7日

第一节　供应链战略合作伙伴关系

一、供应链合作伙伴关系

供应链合作伙伴关系（Supply Chain Partnership，SCP）一般是指：在供应链内部两个或两个以上独立的成员之间形成的一种协调关系，以保证实现某个特定的目标或效益。建立供应链合作伙伴关系的目的，在于通过提高信息共享水平，减少整个供应链产品的库存总量、降低成本和提高整个供应链的运作绩效。

尽管建立和维持良好的伙伴关系需要投入大量的时间和资源，但是越来越多的企业已经认识到合作伙伴对企业未来持续发展的重要性。正因为如此，明确何种合作关系会带给企业预期的收益以及如何去管理供应商和客户关系来实现合作目标是企业目前的重中之重。

全球供应链论坛（Global Supply Chain Forum）的成员企业早在1992年首次召开会议时就一致认为，企业需要在如何建立有效的合作伙伴关系方面做进一步的深入研究，后来在成员企业实践经验的基础上构建了一个合作伙伴关系模型。这个模型在之后多次伙伴关系促进会议的讨论中得到了完善，如图3-1所示。讨论过程中，经理们陈述了他们合作愿望背后的驱动因素，并研究了促进合作的条件。该模型能够帮助他们决定合作伙伴的类型，并完善所需的管理活动和流程。事后，如果合作伙伴对这种关系不满意，他们将判断驱动因素或促进条件是否已经更改，或者合作活动是否处于适当的级别。

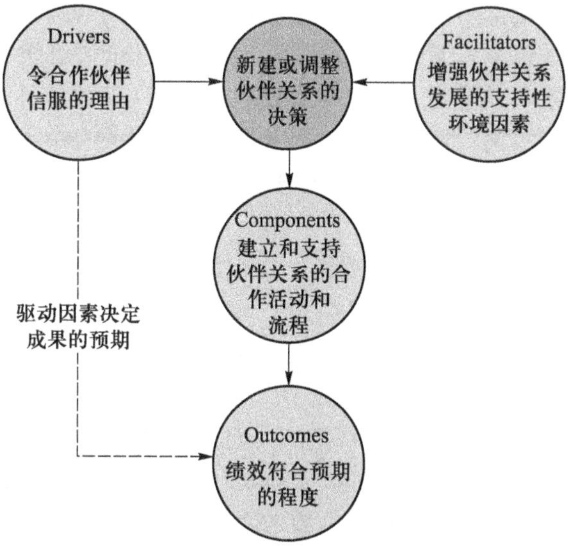

资料来源：Douglas M. Lambert, Margaret A. Emmelhainz, and John T. Cardner, "So You Think You Want a Partner?" Marketing Management, Summer 1996.

图3-1　合作伙伴关系模型

全球供应链论坛（Global Supply Chain Forum）就供应链合作关系做了深入研究后指出：真正意义上的合作伙伴关系是一种基于相互信任、开放、共享风险和共享收益，能够产生竞争优势的定制业务关系。在这种关系下企业的经营业绩要比伙伴关系缺失下企业共同工作所能取得的业绩更好。

该研究把供应链合作伙伴关系分成了三种主要类型，三种类型呈现出双方承诺水平逐渐递增的趋势。

第一种：在有限的时间和范围内达成特定供应链活动的合作协议；

第二种：在长期的协议框架里整合更为广泛的特定供应链活动；

第三种：在无预定结束期限内重要运营层面的整合协议。

二、战略合作伙伴关系的形成

随着市场需求不确定性的增强，供应链合作各方要尽可能削弱需求不确定性的影响和风险。这就要求伙伴关系不应该仅考虑企业之间的交易价格本身，更应关注很多其他的方面。尤其是供应链合作伙伴关系的潜在效益，往往在伙伴关系建立后三年左右甚至于更长的时间才能转化成实际利润或效益。所以，企业只有着眼于供应链管理整体竞争优势的提高和长期的市场战略，才能从供应链的合作伙伴关系中获得更大效益。

（一）战略合作伙伴关系的产生背景

战略合作伙伴，是指能够通过合资合作或其他方式，能够给企业带来资金、先进技术、管理经验、提升企业技术进步的核心竞争力和拓展国内外市场的能力，推动企业技术进步和产业升级的国内外先进企业。

最早的战略合作伙伴关系出现在日本。20 世纪 70 年代至 80 年代日本企业的崛起引起了美国学者的关注，他们通过观察，发现日本企业与其供应商在产品研发上的紧密合作关系，或者说特殊的合同关系，是日本企业超越美国企业的关键因素。对此日本通产省也承认，日本制造业竞争力强的缘由，是日本有独特的零部件外协合作关系系统。

自 20 世纪 90 年代末以来，无论是国家层面还是企业层面，都根据自身利益及其在国际体系中的位置，努力寻求与其他国家或企业结成某种战略伙伴关系，谋求在更多方面的合作和发展。如美俄、法俄、日美、日俄、俄印，以及中俄、中美、中加等先后建立了各种形式的战略合作伙伴关系。在企业层面，以我国企业为例，山东浪潮集团与美国微软公司缔结全球战略合作伙伴关系，以国际视野为本土客户服务；中国电力与埃森哲的战略合作，范围将涵盖企业战略设计、组织机构规划和流程重组等领域，与谷歌双方达成战略合作关系，在搜索、资讯、广告等方面进行全方位战略合作。建立战略合作伙伴关系已经成为新形势下政治和经济发展的新的运作模式。

（二）企业关系的演进过程

从国内外学者对供应链管理的研究文献中，我们可以清楚地看到，企业间的战略伙伴关系是其研究的主要方向之一。供应链管理模式就是在区别于传统企业关系的新型企业合作关系基础上建立的，是近年来企业管理模式发展的新趋势。从历史上看，企业关系大致经历了三个发展阶段，如图 3－2 所示。

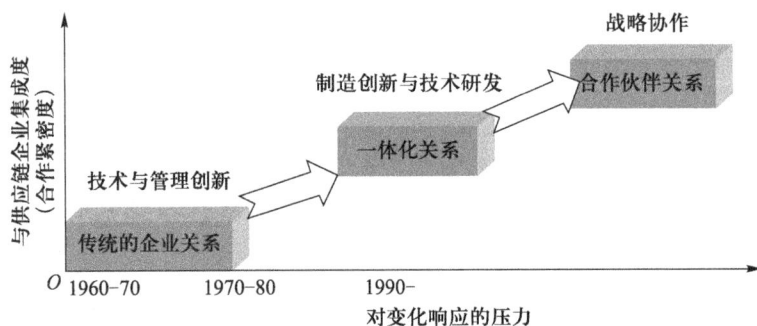

图 3－2　企业关系演变过程

从传统的企业关系过渡到创新的合作企业关系模式，经历了从以生产物流相结合为特征的物流关系（20 世纪 70 年代到 80 年代），到以战略协作为特征的合作伙伴关系这样的过程（20 世纪 90 年代）。在传统的观念中，供应链管理就是物流管理，企业关系主要是买－卖关系。基于这种企业关系，企业的管理理念是以生产为中心的，供销处于次要的、附属的地位。企业间很少沟通与合作，更谈不上企业间的战略联盟与协作。

20 世纪 90 年代的 JIT 和 TQM 等管理思想在企业关系演变中起着催化剂的作用。为了达到生产的均衡化和物流同步化，必须加强部门间、企业间的合作与沟通。但是，基于简单物流关系的企业合作关系，可以认为是一种处于作业层和技术层的合作。在信息共享（透明性）、服务支持（协作性）、并行工程（同步性）、群体决策（集智性）、柔性与敏捷性等方面都不能很好地适应越来越剧烈的市场竞争的需要，企业需要更高层次的合作与集成，于是产生了基于战略伙伴关系的企业模型。

具有战略合作伙伴关系的企业体现了企业内外资源集成与优化利用的思想。基于这种企业运作环境的产品制造过程，从产品的研究开发到投放市场，周期大大缩短了，而且顾客导向化（Customization）程度更高，模块化、简单化产品、标准化组件的生产模式使企业在多变的市场中柔性和敏捷性显著增强，虚拟制造与动态联盟加强了业务外包这种策略的利用。企业集成即从原来的中低层次的内部业务流程重组（BPR）上升到企业间的协作，这是一种最高级别的企业集成模式。在这种企业关系中，市场竞争的策略最明显的变化就是基于时间的竞争（Time-Based）和价值链（Value Chain）的价值让渡系统管理，或基于价值的供应链管理。

三、战略合作伙伴关系的意义

战略合作伙伴关系是一种基于高度信任，伙伴成员间共享竞争优势和利益的长期性、战略性的协同发展关系，它能对外界产生独立和重大的影响，并为合作各方带来深远的意义。

（1）增强了合作各方的国际竞争力。随着经济全球化的加快，21 世纪的市场竞争已不再是企业与企业间的竞争，而是利益群与利益群之间以及价值链与价值链之间的竞争。竞争优势已不能在单个企业产生，而只能通过各伙伴联合做出贡献才能创造。战略合作伙伴关系正是顺应经济全球化的发展趋势，打破了合作的地域界限、行业界限，不再区分国内与国外。其应变能力、抗风险能力已提升至国际水平。其结果是，战略合作关系产生出的竞争能力，比单独运营的企业所能达到的能力更强大。

2018 年 8 月，Gravity Supply Chain 宣布与微软合作，以实现其软件即服务（Software as a Service，SaaS）解决方案的加速交付。Gravity Supply Chain 为组织提供实时的供应链端到端可见性。其软件还为公司的全球采购、供应链和物流网络提供预测性见解、规范性行动和自动化决策支持。同时，Gravity Supply Chain 将利用微软的 Azure 云平台，以更快的速度继续为其客户部署市场领先的差异化 SaaS 解决方案。Gravity Supply Chain 首席执行官 Graham Parker 表示：“我们的软件支持一些世界领先公司的供应链数字化，使他们能够增加收入机会和提高客户参与度。随着全球进入数字经济时代，我们与微软的合作伙伴关系也对我们启发当今供应链的使命提供了助力。”微软同样对该合作带来的机会深怀期待，微软新加坡商业合作伙伴和中小企业部门总监 Gerald Leo 表示：“Microsoft Azure 为高水平的组织效率提供支持，可促进数据驱动的决策制定。这使得 Microsoft Azure 成为 Gravity Supply Chain 部署创新型 SaaS 供应链解决方案的完美平台，从而有助于客户以数字方式转变其供应链，从而受益于更高的生产力和更明智的决策。”Gerald Leo 还表示：“Gravity Supply Chain 和微软之间的合作将使 Gravity Supply Chain 能够采用微软的智能云平台，并将其与供应链专长相结合，提供面向未来的最先进系统。”

（2）推动资源互补，实现合作多赢。资源是有限的，又是分散的。有限的、分散的资源必须进行有效整合与充分利用，其产生的效益才会大于各自单独使用时所获得的效益总和。建立战略合作伙伴关系，最重要的价值标准是，各伙伴方具有自己的优势资源并能够做出贡献，即伙伴间将各自特有的资源带入合作关系，与其他伙伴的资源组合起来，便会产生一种协同效应，组合起来的资源比组合之前更有价值、更加稀有和更难以效仿。

2019年9月17日，中国建设银行与小米金融在京召开了"小米零钱卡"和"米金宝"产品发布会暨战略合作签约仪式。中国建设银行营运业务总监牟乃密、小米联合创始人兼高级副总裁、小米金融董事长兼CEO洪锋出席了发布会并签约。此次战略合作后，中国建设银行与小米金融将围绕服务民生、发展普惠金融建立战略合作伙伴关系，共同推动多维度、多层级的全方位金融合作，打造金融与科技融合发展新标杆。按照合作协议，双方将发挥各自在产业资源、金融资源、产品服务等方面优势，实现资源共享、优势互补、互利共赢，构建稳固、可持续的战略合作伙伴关系，共同推进结算、支付、消费金融、理财与基金、电子账户、信用卡、保险等多个业务领域深度合作，打造国有金融控股集团与创新型互联网领军公司的合作典范。业内人士认为，本次战略合作意味着中国建设银行和小米金融强强联手，以双方在科技和金融领域的优势推动金融、科技融合及普惠金融的落地，为用户提供便捷的金融服务，满足用户线上等综合金融服务需求。

第二节　客户关系管理

一、客户关系管理概述

（一）界定客户的新内涵

客户是对产品或服务提出购买需求的主体，如企业的客户是消费者，分销商的客户是零售商，制造商的客户是分销商等，这是在传统管理中的认识。在现代管理理念中，客户的外延更加广泛，即便是没有购买关系，但只要一方从另一方处获得了服务，双方即形成了服务—被服务的关系，被服务的一方成为服务方的客户。因此，在供应链管理环境下，客户是指产品或服务的供给方所服务的需求对象。基于此，供应链中的客户既包括终端消费者，也包括供应链上游企业所服务的下游成员企业，还包括供应链企业成员内部上游部门所服务的下游部门。

现代客户管理中的客户包括营销学中的顾客和企业内部上下游的工作人员。

（1）客户不一定是产品或服务的最终接受者。处于供应链下游的企业是上游企业的客户，他们可能是批发商、零售商和物流商，而最终的接受者是消费产品和服务的人或机构。

（2）客户不一定是用户。处于供应链下游的批发商、零售商是生产商的客户，只有当他们消费这些产品和服务时，他们才是用户。

（3）客户不一定在企业之外。内部客户日益引起重视，它使企业的服务无缝衔接起来。由于背景、地位、文化的差异，内部客户对于不能获得预期保质、保值的服务通常不予正面抗议，而将责任或不便转嫁给企业外部的客户，导致客户服务质量低下。

因此，在供应链环境下，个体的客户和组织的客户都统称客户，因为无论是个体或是组织都是接受企业产品或服务的对象，而且从最终的结果来看，"客户"的下游还是客户。由此可见，客户是相对于产品或服务提供者而言的，他们是所有接受产品或服务的组织和个人的统称。

在市场环境发生深刻变化的今天，客户的需求也发生了新的变化，呈现出一些新的特点。客户可以根据自己的好恶来消费，强调个性化。这种变化对企业的影响是彻底的。企业可大量生产的产品越来越少，客户化定制产品越来越多。以往靠一个企业、一个产品就能为客户提供满意的服务，现在却需要众多企业的协调一致才能做到。另外，精神满足式消费日益重要，需求感性化趋势明显，即时性要求越来越高，对产品和服务的期望也越来越高。而且，客户是在比较中选择产品和接受服务的。

（二）什么是客户关系管理

目前关于客户关系管理（Customer Relationship Management，CRM）并没有一个标准的定义，不同的研究机构有着不同的表述。最早提出该概念的美国 IT 咨询公司 Gartner Group 认为：所谓的 CRM 就是为企业提供全方位的管理视角；赋予企业更完善的客户交流能力，最大化客户的收益率。美国供应链管理专业协会（Council of Supply Management Professionals，CSCMP）给出的定义：CRM 是服务于前端（下游）市场和销售功能的信息系统，和提供后端（上游）整合的 ERP 系统相反。

后来，一些机构和学者又从不同的角度对 CRM 的概念进行了阐述，主要有以下一些观点。

CRM 是通过赢得、发展、保持有价值的客户，从而增加企业收入，优化盈利性，提高客户满意度的商务战略。CRM 通过获得更多的客户线索，更广泛地共享客户信息，协同工作，增加收益，提高给客户的价值，实现企业和客户的"双赢"。图 3-3 展示了 2010—2017 年全球 CRM 销售收入的增长情况。

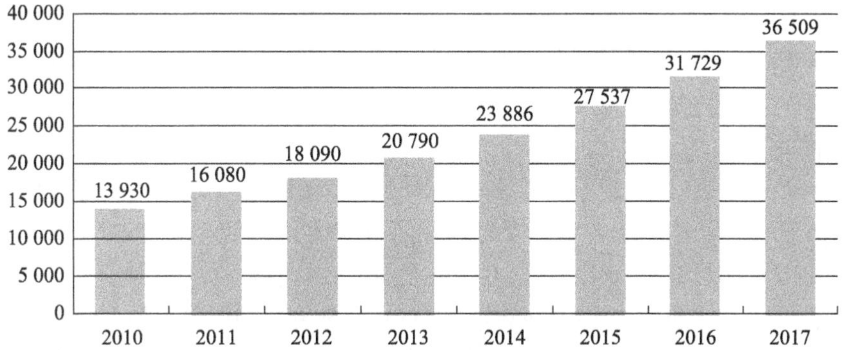

资料来源：superoffice. com

图 3-3　2010—2017 年全球 CRM 销售收入的增长情况

CRM 是一种旨在健全、改善企业与客户之间关系的新型管理系统，即企业利用信息技术，通过有意义的交流来了解并影响客户的行为，以提高客户招揽率、客户保持率、客户忠诚度和客户收益率。它是一种把客户信息转换成良好的客户关系的可重复性过程，利用激励因素来刺激客户进一步消费，并激发其"感激"心理，对保持长期的销售和提高客户保持率十分重要。

CRM 是建立在信息技术平台上，分析并影响拥护消费行为的管理技术。具有以下特征：（1）确定客户满意度；（2）对客户构成进行分；（3）深度分析利润构成；（4）分析的连续性；（5）巩固与现有客户的忠诚度。

以上定义对"客户关系"的概念理解是明确的，一致的，即"客户关系"是客户与企业发生的所有关系的综合，是企业与客户之间建立的一种相互有益的关系。综上所述，可以将 CRM 理解为理念、战略、技术 3 个层面，正确的战略、策略是 CRM 实施的指导，信息系统、IT 支持是 CRM 成功实施的手段和方法。总而言之，CRM 是企业为提高核心竞争力，达到竞争制胜，快速成长的目的，树立客户为中心的发展战略，并在此基础上展开的包括判断、选择、争取、发展和保持客户所需的全部商业过程；是企业以客户关系为重点，通过开展系统化的客户研究，通过优化企业组织体系和业务流程，提高客户满意度和忠诚度，提高企业效率和利润水平的工作实践；也是企业在不断改进与客户关系的全部业务流程，最终实现电子化、自动化运营目标的过程中，所创造并使用的先进的信息技术、软硬件和优化管理方法、解决方案的总和。

（三）客户关系管理的产生与发展

客户关系管理起源于 20 世纪 80 年代的美国，最初并不叫 CRM，而是被称为"接触管理" CMS（Contact Management System）。1986 年，ACT 公司研发出一种接触管理软件，其本质上是一个分类数据库，有效地存储和管理客户联系信息。与此同时，Goldmine 和其他供应商也在 80 年代也发布了 CMS 程序。而后十年，个人计算机的普及和服务器/客户端体系结构的出现为软件开发的爆炸性增长铺平了道路。

20 世纪 90 年代初，CMS 向真正的 CRM 软件迈出了重要的第一步。像 Brock Control Systems 这样的早期创新者帮助推动了 CMS 向销售人员自动化（SFA）的演进。SFA 采用了数据库营销的许多特性，将它们自动化，并把它们与 CMS 结合起来。这为企业提供了更多有用的客户信息。它还自动执行业务任务（如库存控制）和销售任务（如客户交互跟踪）。

1993 年，汤姆·希贝尔（Tom Siebel）离开 Oracle 创建了 Siebel 系统。在 Oracle 工作期间，汤姆·希贝尔（Tom Siebel）曾试图说服首席执行官拉里·埃里森（Larry Ellison）将他们的内部销售应用打包成一个独立的产品出售，但未能成功。Siebel 系统很快成为市场上领先的 SFA 提供商。

到 1995 年，SFA 和 CMS 已经发展到与现代 CRM 软件非常相似的程度。然而，这个新兴的产品仍然没有一个合适的名字。当时使用了许多术语，如企业客户管理（ECM）和客户信息系统（CIS）。到 1995 年年底，CRM 脱颖而出。一些人将此归因于技术研究公司 Gartner Group，而汤姆·希贝尔（Tom Siebel）也被认为是可能的消息来源。

20 世纪 90 年代后期，Oracle 和 Baan 这样的企业资源管理（ERP）供应商进入了 CRM 市场，希望利用他们的规模和 ERP 的介入成为主导，使 CRM 行业发生了巨大的变化。与其他向 CRM 转型的软件公司不同，SAP 进入市场的唯一目的是利用新兴的应用程序。所有这些竞争促使 CRM 供应商增加了更多的营销、销售和服务应用程序，从而为客户提供更广泛的服务。

1999 年是 CRM 行业繁忙的一年。大量引人注目的高价值收购巩固了整个市场，而新兴的 e - CRM 供应商更是使激烈的竞争加剧。通过使用内部网、外联网和 internet，e - CRM 供应商提供了一定程度的组织内协作，这是 CRM 行业以前没有的。CRM 还首次涉足移动市场，推出了 Siebel 掌上设备。同年，在旧金山一间只有一间卧室的公寓里，一个小团队和两只狗创造了 SaaS。像原子技术炸弹一样，后来被称为 Salesforce 的软件将永远改变这个行业。

针对小型企业的 Salesforce 最初被大型供应商忽视。在马克·贝尼奥夫的领导下，Salesforce 最终成长为与 Siebel Systems 等 CRM 行业巨头竞争的企业。

进入21世纪，保罗·格林伯格所著的《光速下的客户关系管理》一书提出了一个更全面的客户关系管理系统来管理所有的业务关系。这逐渐成为整个 CRM 行业的普遍想法。2005年前后，软件巨头微软以 Dynamics CRM 进入 CRM 市场，而 Oracle 也收购了 Siebel 和许多其他企业应用程序供应商。

2007年，Salesforce 开创了 CRM 行业的又一个重大变革。Force.com 向世界推出了基于云的 CRM。随后，Social CRM 随着 ComcastCares 的引入而在市场上胜出——这是一种更关注交互而非交易的应用。大多数大公司迅速效仿，进而巩固了 Social CRM 的地位。

21世纪第一个十年结束到现在，基于云的和 SaaS 的 CRM 解决方案继续集成更多的功能，如客户服务和 Social CRM。基于云的和 SaaS 的 CRM 解决方案之所以备受关注，主要是由于它们较低的初始成本和易于与移动设备集成的特性。Salesforce 和 Microsoft Dynamics 大约占有目前50%的市场份额。今后，市场上仍然不断会有新的供应商加入，使得 CRM 系统的功能不断完善，如图3-4所示。

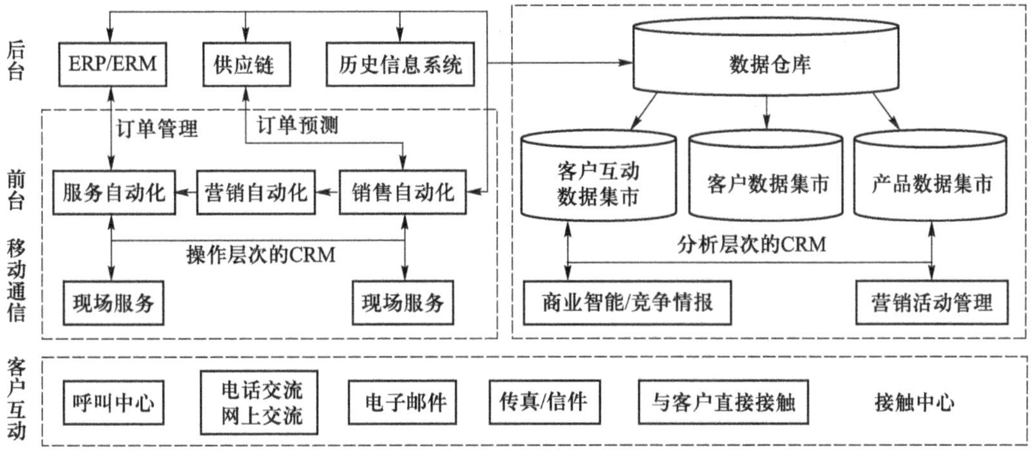

图 3-4 CRM 的功能模块

二、供应链管理环境下的客户关系管理

（一）供应链管理环境对客户关系管理的影响

现代客户关系管理的对象已延伸到直接客户的范畴以外，将企业的代理、媒体合作者、供应商、员工等统统包括了进来。因此，供应链管理中的 CRM，是一般客户关系管理思想和管理系统的延伸。供应链的运作离不开客户的需求，在客户需求的驱动下才能产生围绕物流的信息流和资金流。供应链管理的发展就是要通过信息资源的共享，努力消除长鞭效应，降低企业的市场风险。CRM 有助于实现客户信息的充分共享，避免需求波动带来的市场波动。供应链管理环境对 CRM 的影响，主要表现在以下四个方面。

1. 营销机制变化的推动作用

营销机制的变化，迫切需要 CRM 能力的提高。

2. 数据挖掘功能的完善

建立在数据库基础上的决策支持系统，在数据挖掘技术的推动下，增强了决策支持的能力，为供应链管理人员和分析人员提供有效决策所需的基础数据。数据仓库使供应链管理分析人员的工作从数据收集转变成真正的数据分析。因而，CRM 系统成为供应链管理决策支持系统的一部分，如图 3 - 5 所示。

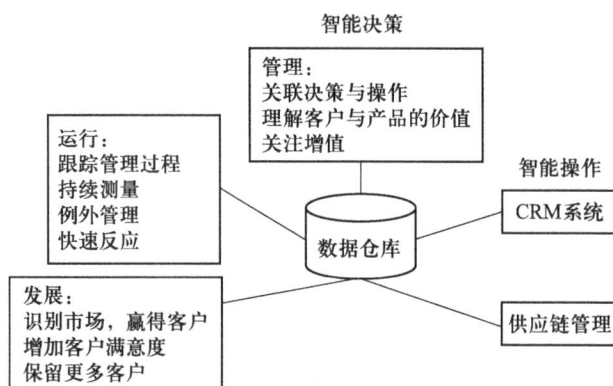

图 3 - 5　供应链管理与 CRM 系统的集成模式

3. 强化了因特网在 CRM 系统中的核心地位

借助于因特网建立具有共同愿景、利益的共同体。

4. 建立有效的客户反应机制

有效的客户反应是供应链节点企业相互协调、密切合作，快速、低成本地满足消费者需求的一种方式，它是供应链管理正常运作的基本目标。

（二）供应链管理环境对客户关系管理的要求

供应链客户关系管理的原则就是以客户为中心，及时响应客户需求，实现客户满意，赢得客户忠诚，提高客户价值。供应链成员企业间应注重客户关系管理，结成合作伙伴关系，再凭借一体化的供应链管理实现最终客户需求的最大满足。因此，供应链客户关系管理应满足以下五个方面的要求。

1. 将最终客户与供应链连接起来

这意味着在供应链成员企业之间要共享交易数据，要利用发达的信息技术在供应链成员企业间构建共享的数据库。如一个生产商或分销商可以利用客户关系管理收集客户需求信息，这些来自供应链终端的客户信息可以为供应链上游成员企业提供指导产品开发与产品制造的信息。通过将客户与供应链连接起来，实现客户信息在供应链上的传递、交流，供应链就能快速响应客户需求。

2. 实施动态管理并及时反馈需求信息

在变幻莫测的市场环境下，通过营销策略和信息技术掌握确切的需求，使供应链上的供应活动建立在可靠的需求信息的基础上。同时，动态管理可以使企业及时把握新市场机会，发掘潜在客户，获得更多的市场份额。

3. 全面管理企业与客户发生的各种关系

在供应链上的客户关系不仅包括生产商或分销商同最终客户的关系，还包括供应链上成员企业间的合作伙伴关系。而在这两类关系中，不仅包括单纯的销售过程中所发生的关系，如合同签订、订单处理、发货、收款等，而且也包括在企业营销、售前及售后服务过程中发生的各种关系，如联合开发、技术支持等。对企业与客户间可能发生的各种关系进行全面管理，将会显著提升企业的营销能力，降低营销成本，控制营销过程中可能导致客户抱怨的各种行为。

4. 与客户保持良好互动

企业可以选择客户喜欢的方式同客户进行双向沟通，既可方便地获取所需信息，又可使客户得到更好的服务，获得心理满意，从而保留更多的老客户，并能吸引更多的新客户。

5. 建立一种面向流程的观点

如果供应链不是围绕客户建立的，就会限制客户关系管理带来的利益。而建立以客户为中心的供应链必须本着一种面向流程的观点。面向流程的观点打破了以功能划分的组织边界，使组织将精力集中于最终结果，围绕的是客户而不是企业内部组织的活动。

（三）供应链客户关系管理的内容

供应链中所有的企业都是生产和服务过程中的一个节点，上游企业与下游企业之间均存在着客户关系。同时，由于合作，这种客户关系是相互的。供应链上的供应商为生产商提供原料、零部件，生产商参与供应商的产品开发、技术改进，两者之间互相存在对彼此产品或服务的需求；生产商向分销商提供品质优良、市场前景光明的产品，分销商则为生产商提供强大的销售渠道、销售力量的支持，两者之间亦存在相互需求。因而，供应链中成员企业间是互为客户的关系。基于此，供应链客户关系管理应当包括供应链上核心企业（生产商）与其上游企业（上游供应商）的关系、与其下游企业（零售商、批发商、分销商）的关系以及供应链成员企业与最终客户之间的关系管理，如图 3 – 6 所示。

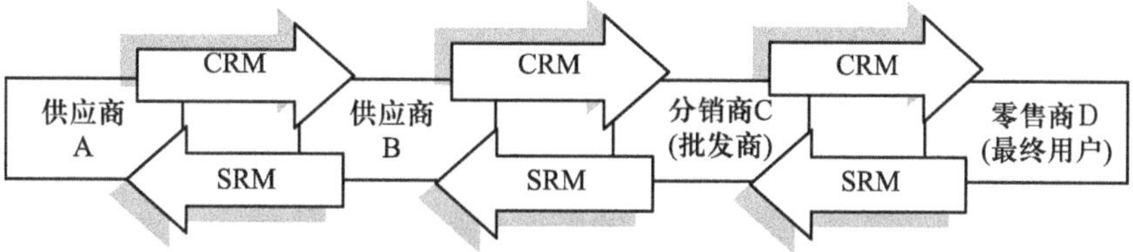

图 3 – 6　供应链客户关系管理（CRM）和供应商关系管理（SRM）

1. 供应链成员间的客户关系管理

传统的营销模式下，供应链中供应商与生产商、生产商与分销商、批发商与零售商、零售商与最终客户之间是一种零和博弈关系，一方的获益往往以另一方的利益受损为代价。供应链中重视合作伙伴间的客户关系管理，在关系营销模式下，供应链成员间合作就转变为以相互信任、相互协调为基础的合作，形成了一种"双赢"的联盟，一方的成功是以自身的核心优势来为另一方的成功服务的。

最终客户是供应链的利润来源，而供应链中成员间的客户关系也为最终的利润贡献力量，因此说任何一条供应链都应该是基于客户的。这里的"客户"不仅包含最终客户，也包括供应链上所有的成员企业以及供应链成员企业内部各部门。这就要求所有供应链成员主动获取客户需求信息，分析客户的结构与行为，并相互传递、共享这些信息。

供应链成员企业通过客户关系管理结成一个整体，通过这种无缝连接，来对最终客户进行全方位的分析。这样，可以使供应链成员对市场的理解与认识达成一致，可以降低成本，使每个成员从中获利。只有协调的供应链成员间的关系，才能保证供应链协调运行，也才能够实现供应链各成员共同为最终客户提供最大化的价值。

供应链成员间的客户关系管理可以从以下两方面来理解。

1）供应商与生产商之间的客户关系管理

在生产商和供应商之间的关系中，一般而言，生产商处于主导地位，原料、零部件供应商处于辅助地位。随着竞争逐渐激烈，要求两者之间由原来的价格博弈关系，转向寻求资源共享的合作伙伴关系。在这种合作伙伴关系下，生产商同供应商具有统一的市场目标，可以通过供应商效率的提高所带来的成本优势为生产商创造更多的客户价值，同时生产商的先进技术及管理模式也可与供应商共享。两者利益共享，共同承担研发、生产制造的风险，从而分散风险，提高企业在市场上的竞争力。通过结成紧密的合作伙伴关系可以使供应商成为生产商企业内部采购、研发、生产部门的延伸。例如，本田公司与其供应商之间就是这样一种长期相互信赖的客户关系。如果供应商达到本田公司的业绩标准就可以成为它的终身供应商。本田公司则为其供应商提供多方面的支持：帮助供应商改善员工管理，提高生产率和产品质量并提供塑造、焊接、模铸等方面的技术支持等。双方都能从这种稳固的合作关系中获益。

2）生产商与分销商之间的客户关系管理

随着科学技术的进步和经济的发展，产品的生命周期越来越短，生产商面临着要提高产品质量、降低产品成本、提供个性化服务、提高服务水平的竞争压力。而分销商也面临客户多样化需求、市场竞争激烈的压力。两者只有结成合作伙伴关系，才能共享资源、增强竞争力，从而为客户提供更为完善的服务。在这种合作关系下，分销商将最终客户对产品或服务的反馈意见反映给生产商，生产商可以根据市场需求改进产品设计、制造个性化产品；同时，生产商可以为分销商提供强有力的技术支持、完善的售后服务，还可为分销商提供人力、咨询等服务，共同开拓市场。通过两者之间共享有价值的信息，可以增强客户的信任感和忠诚度，使得两者围绕着共同的经济利益来共同应对市场的挑战。宝洁公司与沃尔玛之间就是这样一种合作关系。宝洁加强与沃尔玛的协作与信息沟通，建立了复杂的电子数据交换（EDI）系统连接，从而能随时掌握沃尔玛的库存状况、销售的动态、需求数量等信息，对产品给予改进；沃尔玛也能及时补充货物数量，降低库存，从而降低成本，实现低价经营的策略。这种伙伴关系使得两公司能很好地协作，给双方都带来了很多好处。

2. 供应链最终客户关系管理

在传统营销模式下，以产品为导向，最终客户的需求往往被忽视，即使有些企业注意到了满足客户需求的重要性，也往往处于一种支配地位，对于客户需求采取一种居高临下的态度。而在关系营销模式下，客户需求、客户满意被提到了相当重要的位置。企业开始注重同客户间的双向交流，注重在产品之外，通过服务使客户获得情感上的满足，从而获得客户忠诚。这样供应链上生产商或分销商直接对最终客户的客户关系管理也就由原来的单向控制转变为双向交流。生产商或分销商通过仔细倾听最终客户的需求，并将这种需求通过快速反应机制及时、准确地反馈给供应链的上游，可以提供满足客户需求的产品或服务，赢得客户满意和客户忠诚；可以通过对最终客户进行面对面的服务，直接面对客户的咨询，直接处理客户反映的问题，这将有助于客户价值的提高；还可以针对客户的个性化需求，为客户提供定制化的产品和服务。大规模定制可以确定客户的真实需求，并根据客户的选择，按照订单制造，从而降低库存成本，提高生产效率，提高客户的满意度，进而增加企业的利润。客户因此将从生产商或分销商处不但得到优质的产品，更得到真实的效用和需求的满足。这样生产商或分销商就同供应链的最终客户间建立起持久、长远的"双赢"关系。例如，戴尔（DELL）公司通过其供应链以及客户关系管理的整合获得了竞争优势。DELL公司设立呼叫中心，通过免费电话，使客户可以对产品提出个性化的要求，公司按照不同的客户需求生产交货，并结合个性化需求来简化物流流程，改善公司运营系统。通过满足客户的个性化需求，DELL 公司赢得了声誉，也赢得了市场。

3. 跨国供应链客户关系管理

从电话、传真到电子数据交换，互联网和通信技术的发展为供应链的跨国协调提供了低成本的工具，也为跨国供应链客户关系管理提供了便利条件。计算机和互联网在国际范围内的普及使跨国的产品设计、生产及配送流程信息在企业与企业间或组织内部各部门间更加透明，企业间的信息交流以及最终客户信息的获得也更加便捷。跨国供应链客户关系管理的内容同一般供应链客户关系管理相同，仍然是供应链的核心企业（生产商）与其上游企业（上游供应商）和下游企业（零售商、批发商、代销商）或最终客户之间的关系管理。但由于其关系各方可能分布在全球各地，这种空间上的区隔以及由此带来的信息传递的时滞，都会增加供应链关系协调、整体管理的难度，所涉及的国际经济合作以及国际贸易方面的内容也增加了管理的复杂性，因而跨国供应链客户关系管理内容也有其自身需要注意的特点。同时，跨国供应链上企业产品的原料采购、生产、销售等过程可能发生在不同的国家，产品的整个供应链流程跨越国界。这就造成跨国供应链客户关系管理的复杂程度、链上成员企业间的合作和协调的难度都将大大增加。而且，跨国供应链客户关系管理由于涉及的关联对象更为复杂，可能涉及不同国家、地区的企业的合作，提供产品或服务的对象也可能是不同国家的消费者，这样，管理中可能会遇到更大的不确定性。不同国家文化间的冲突，加大了企业同客户之间交流沟通的难度，这对企业在跨国供应链中的协调和管理能力也将提出很大的挑战。

三、供应链客户关系管理的流程[①]

通常，企业情愿花费大量的财力来吸引新的客户，也不愿意进一步培养和增强与现有客户的关系。然而，对于大多数公司而言，在现有的客户中往往孕育着最佳的商机。在企业利润增长、客户忠诚度、客户满意度和向客户提供的商品价值之间是存在着直接的、强有力的联系的。

客户关系管理是全球供应链论坛（GSCF）提出的 SCM 框架中的八大流程之一。兰伯特教授指出，客户关系管理之所以成为一个关键的供应链管理流程是基于以下几个方面的考虑：竞争压力；要成为一个低成本、高质量的供应商，必须提高成本效益；客户的赢利能力各有不同；客户留存率会对赢利能力（利润率）造成显著影响。客户关系管理流程为如何与客户建立并保持关系提供了一个架构，其目的是根据客户们长期以来所表现的价值来对他们进行细分，并通过定制的产品及服务协议来增加客户们的忠诚程度。

客户关系管理流程既有战略层面的因素，又有运营层面的因素。基于这一原因，该流程将被分成两部分，如图 3-7 所示。在战略子流程当中，公司将设立流程并从战略的角度去管理它，而运营流程则是具体的实施过程。在企业内部实施战略子流程是对该公司和供应链上的其他成员进行整合的一个关键步骤，而在运营层面上发生的则是企业的各项日常工作。战略子流程是由来自营销、销售、财务、生产、采购、物流及研发等部门高级主管所组成的管理小组来领导实施的。在运营层面，专职的客户小组将负责管理该流程的日常工作。小组之外的本企业其他员工也许会执行该流程的一部分，但该小组必

---

① 道格拉斯·M. 兰伯特. 供应链管理：流程、伙伴和业绩（第 3 版）［M］. 王平，译. 北京：电子工业出版社，2012.

须保持在管理方面的控制权。

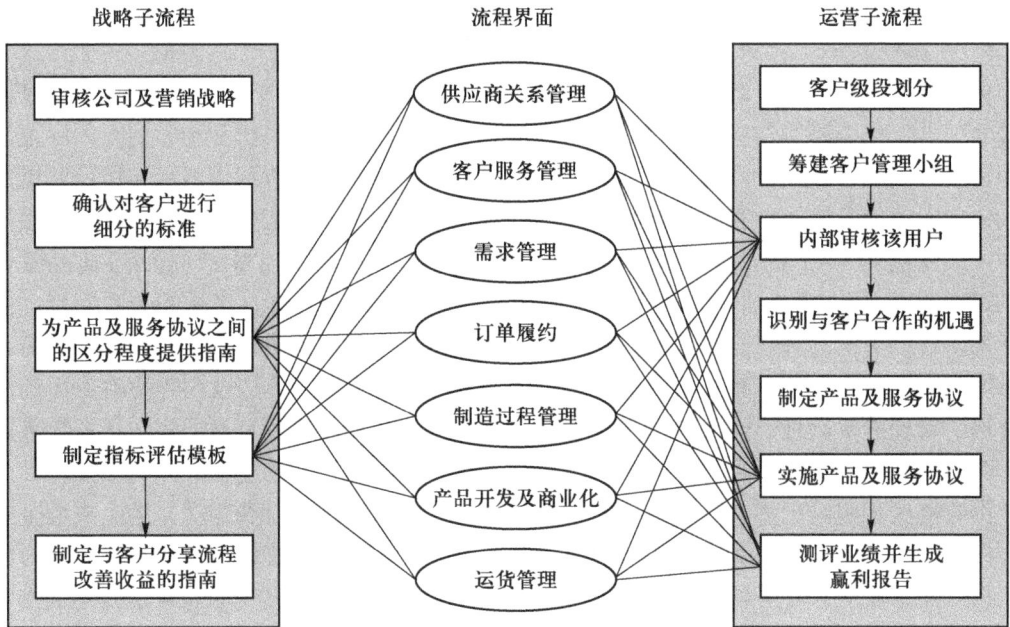

图 3 - 7　客户关系管理流程

（一）战略级客户关系管理流程

在战略层面，客户关系管理流程为如何建立并管理与客户之间的关系提供了一个操作构架。其中的一个目的就是将来自供应商及客户的专业知识进行对接，以支持其他应链管理流程的实施。为了识别并把握改进的机会，这种对接是极其关键的。战略层面上的客户关系管理流程由五个子流程组成，如图 3 - 8 所示。

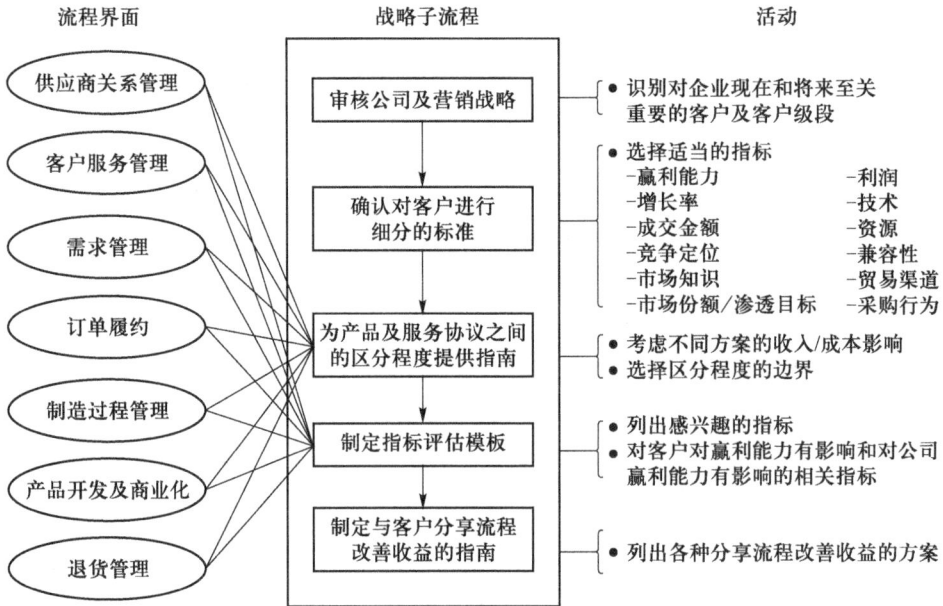

图 3 - 8　战略级客户关系管理流程

1. 审核公司及营销战略

客户关系管理流程管理小组将审核企业战略及营销战略以确定那些对企业现在及将来的成功至关重要的市场和目标细分市场。所谓战略，是为以下诸项提供方向性指导的陈述：（1）将要服务的市场以及目标细分客户；（2）将其业务与其竞争者的业务进行区别的定位思路；（3）通向市场的渠道；（4）将要开展的诸项活动的规模和范围。

2. 确认对客户进行细分的标准

在第二个子流程中，管理小组将确认对客户进行细分的标准，这些客户已经在第一个子流程中谈到的市场和目标市场中被确定下来。例如，一家（生产）企业可能认为从事日用品零售行业的客户是它的一个重要细分市场，但对于这家企业的成功来说，并不是所有的日用品零售商店都是同等重要的。对市场的进一步划分将为企业提供一些新的指南，以决定哪些客户有资格享有经过"量身打造"的产品及服务协议，哪些客户将被划入不同的细分市场，并为每个细分市场提供标准但仍有价值的产品及服务协议。每个细分客户的产品及服务协议必须有明显的不同，否则将无法对细分客户加以区别。一些可能用来对客户进行细分的指标包括：赢利能力、增长率、成交金额、竞争定位问题、对市场知识的掌握能力、目标市场份额、利润水平、技术含量、资源与能力、战略兼容性、配送渠道及采购行为。作为该子流程的一部分，流程管理小组还要制定相应的公司战略来与那些不够资格享有"量裁"的产品与服务协议的细分客户打交道。

3. 为产品及服务协议之间的区分程度提供指南

在第三个子流程中，流程管理小组将为产品及服务协议之间的区分程度提供指南，包括制定不同的、用来区分每组细分客户的方案，并考虑每个方案将会对营业额及成本造成的影响。这样做的结果，是可以依据客户的潜力向客户提供不同的定制等级，其目的是提供一些可以增强企业及其客户赢利能力的产品及服务协议。对某些客户而言，产品及服务协议中的某些内容应当被加强；而对另一些客户而言，产品及服务协议中的某些内容则应当被削弱。这样做是为了将一个公司的资源与客户对本公司的长期价值和短期价值进行匹配。由客户提供的赢利报告，是做这些决定时的关键因素。为了发现并把握在定制产品与客户服务协议时所能带来的机遇，这个子流程的流程管理小组还应当与其他流程建立起一定的联系。

在3M公司，产品及服务协议包括：3M公司和客户双方代表姓名、职务、电话及电子邮件地址的联系方式；与运输相关的细节，如交货期、最小订货数量、驾驶员指南、意向沟通与预约方式；提单（依有无采购订单而不同）；托盘规格；采购订单确认书；订单执行状况，包括联系人姓名、订单执行情况在线查询网站及用户名称和密码；询价细节；市场开发资金的提供能力；营销环节中的促销折让幅度；无货接单（backorder）的接受条件以及如何对之进行处理；其他合同条款。对关键客户来说，其产品及服务协议是定制的。对每组细分客户来说，每项参数将会有一个标准值。

4. 制定指标评估模板

制定指标评估模板包括：列举出感兴趣的指标，并将这些指标与客户对企业赢利能力的影响和企业对客户赢利能力的影响联系起来。客户关系管理流程负责确保所使用的流程指标与其他所有流程的评估指标不产生冲突。管理层还需要确保所有内部及外部的衡量标准是一致的，因此产生的行为也是适当的。

5. 制定与客户分享流程改善收益的指南

在最后一个战略子流程中，流程管理小组将制定与客户分享流程改善收益的指南。其目的是使流程改善工作成为公司及其客户"双赢"的方案。如果所有参与方不能从改善流程的诸项努力中得到好处，要想使他们全力以赴是非常困难的。客户关系管理流程小组还必须用财务术语来量化流程改进的收益。

总的说来，战略层面上客户关系管理的目标是识别市场及客户定位、为划分细分客户提供标准、为客户小组提供用来定制产品及服务协议的指南、制定评估指标纲要，以及提供如何与客户分享流程改进收益的操作指南。

（二）运营级客户关系管理流程

在运营层面上，客户关系管理流程涉及起草与实施产品及服务协议的工作。它将包括七个子流程：划分细分客户、筹建客户/细分客户的管理小组、对该客户或细分客户进行内部审核、识别与客户合作的机遇、制定产品及服务协议、实施产品及服务协议、评估业绩并生成赢利报告，如图3-9所示。

拓展阅读

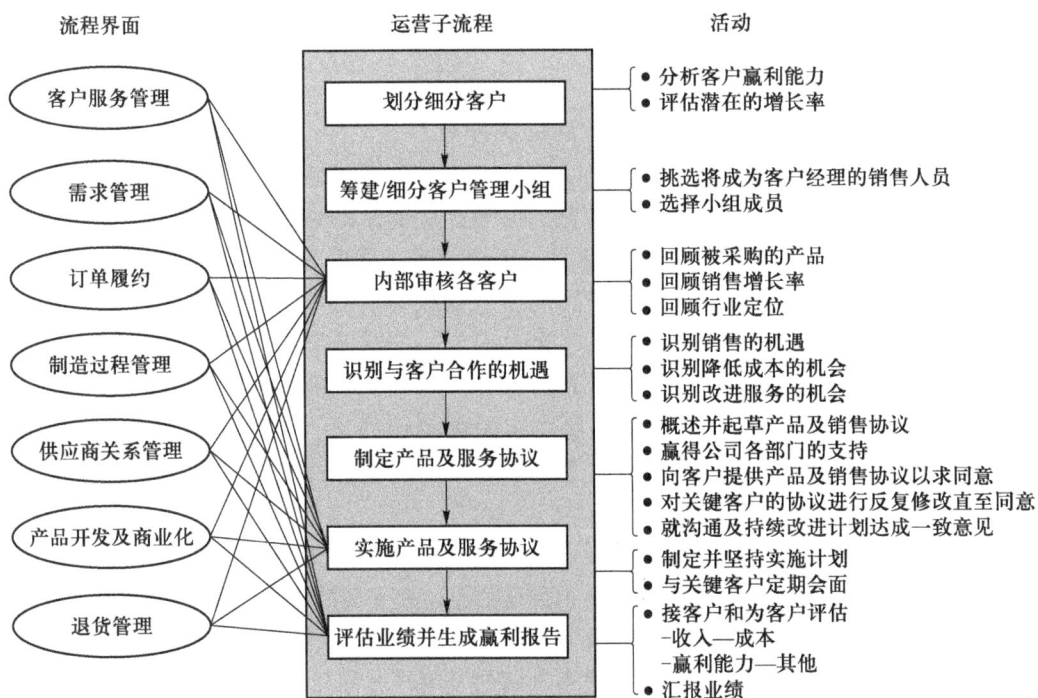

图3-9 运营级客户关系管理流程

1. 划分细分客户

并非所有的客户对企业的成功都是同等重要的，所以企业经营的目的就是要发现那些希望得到并值得特殊对待的客户，以便能根据他们的需要来量裁企业的产品及服务，并实现该企业需要从这些客户处获得的目标利润。在第一个运营子流程中，客户小组将根据在战略流程上设定的甄选标准对客户进行细分。其中一个关键的指标是每个客户目前以及潜在的赢利贡献能力，其他可以用来划分细分客户的甄选标准包括：竞争定位、市场知识、市场份额目标/市场渗透目标、利润率、技术能力、资源、兼容性及交易等级。表3-1揭示了一个大型企业，如何根据客户们对该企业的赢利贡献能力来对目标客户进行的细分。为企业带来利润最多的客户被划分为铂金客户，随后是黄金、白银、铜和铅（不给企业带来利润）客户。铂金客户仅占全体客户总数的8.4%，但他们却能为企业带来65%的税前收入。在另外一个极端，不给企业带来利润的客户却占全体客户总数的34.3%，还使得公司的税前收入减少了6%。管理层必须知道这些没有为企业带来利润的客户中，哪些有可能被转化为赢利客户，哪些几乎是不可能的。在客户关系管理流程中，这一信息可以用来对客户的优先级进行划分。

表3-1　根据税前利润贡献做出的客户细分

客户分类	账户比例（%）	税前利润比例（%）
铂金	8.4	65
黄金	17.1	25
白银	18.2	11
铜	22.0	5
铅（不带来利润）	34.3	-6
合计	100.0	100

2. 筹建客户/细分客户管理小组

在这一子流程中将组成客户或细分客户管理小组，该小组中的销售人员可能会成为客户经理或细分客户经理。管理小组是跨职能部门的，其代表应来自每个职能部门，如营销、研发、生产、物流、信息系统、财务，以及在某些情况下的采购等部门。某些成员被选进管理小组可能是因为他们的存在对保持与某一具体客户的关系非常重要。例如，如果双方公司的动机是合作开发新产品，那么来自双方公司研发部门的人员将在这个管理小组中起到重要作用。在存在关键客户的情况下，要为每个具体的关键客户设定专门的管理小组，他们需要与关键客户的供应商管理小组定期碰面。在大多数情况下，除了分配给客户的专职代表外，客户管理小组的其他成员都在其各自的部门内有一全职职位。对沃尔玛这样的超大型客户来说，高露洁这样的供应商将会为其指定专门的管理小组成员。这些人专职在客户关系管理小组中工作，其工作地点也与该客户的公司总部距离非常近。在细分客户的情形下，一个管理小组要为一组细分客户制定和管理一个标准的产品及服务协议。

3. 内部审核各客户

每个客户小组按采购的产品种类、销售增长情况以及在行业中所处的位置等方面对他们的客户或细分客户进行审核。企业给该客户带来的价值，有赖于该客户的管理小组理解及满足该客户需求差异的能力。在某些情况下，客户愿意为最紧要的优先要求付出较高的价格。当这些优先要求无法得到满足时，他们很可能会将一部分或全部业务转移给其他的供应商。可以通过以下一系列活动，将理解客户的优先要求与该企业的赢利贡献能力联系起来：理解客户优先要求（下一个子流程的目的）；设计用来满足这些优先要求的产品与客户协议；让客户及公司内部的其他部门了解这项提议的价值；衡量每个客户和细分客户对公司赢利能力的影响。

4. 识别与客户合作的机遇

为了了解客户，管理小组必须向"正确的人"问"正确的问题"。就一个企业型的客户而言，必须向客户企业中的许多个人了解情况，以全面获得有关该客户的需求、行为、决策过程、价格敏感程度及喜好等方面的信息。这项工作的一个主要目的是识别出经常被忽视了的客户优先要求，并找出对双方都有利的方法对其做出反应。一旦该管理小组对客户有了一定的了解，他们将与客户或细分客户进一步合作，在销售成本及服务等方面寻找改进机会。由于这些机会可能会在整个业务中的任何一个环节出现，所以，客户管理小组需要与其他的供应链流程管理小组打交道。在供应链管理中，同等重要的是如何给第一层以外的客户创造价值。例如，一个元器件供应商必须要了解购买该元器件的制造商的商业动机，制造商的经销商购买并销售他的产品的商业动机，以及最终用户的商业动机。

5. 制定产品及服务协议

在第五个子流程中，每个客户管理小组将为他们的客户或细分客户制定产品及服务协议。该协议被用来将客户的要求、企业的能力，以及企业从该客户处获取的目标利润进行匹配。每个小组首先要列出产品及服务协议的提纲，并编制协议的草案，然后从企业内部的各个职能部门获得鼎力支持。他们将该草案提交给关键客户，测试其能否被接受，并与客户一道对该协议进行完善和修改，直到达成一致意见。在这里，关键的一点是这些为关键客户备制的产品及服务协议要包括双方的沟通计划和持续改进计划。对细分客户而言，销售人员向他们提供为每组细分客户备制的产品及服务协议。这个子流程将客户及企业自身的经营目标相对接，从而使得双方的目标都切实可行，并能被双方所理解和接受。

6. 实施产品及服务协议

在第六个子流程中，管理小组实施产品及服务协议，其中包括定期举办与关键客户的计划协调会。产品及服务协议中某些定制的特殊条款会影响其他的供应链管理流程，因此客户关系管理小组需要为那些流程提供输入信息。客户关系管理小组必须与其他供应链流程管理小组协作，确保该产品及服务协议能够被按计划实施，并组织例会与客户一道审核流程实施进度及效果。该产品及服务协议的实施可能需要投资一个新的信息系统，整改一个交易活动，或者雇用一个新雇员来专职负责项目计划或其他方面的工作。

7. 评估业绩并生成赢利报告

在最后一个运营层面的子流程里，管理小组将收集并汇报客户管理流程绩效指标，并确保这些指标与其他流程的绩效指标不冲突，同时编制客户赢利报告，为每个客户及企业内部的高层主管提供信息，帮助他们评估并推广该关系的价值。这里所讲的价值是以成本、销售影响及相关的投资等来衡量的，否则所付出的一切努力将无法得到回报。其他流程管理小组也会把与客户相关的业绩指标通报给客户关系管理小组，由客户关系管理小组将这些指标与企业的赢利能力以及客户的赢利贡献能力挂钩。如亨氏（英国）生成的赢利报告，能够总结泰斯科（Tesco）和桑伯利（Sainsbury）这类客户为亨氏带来多少利润。此外，亨氏还能为每个关键客户生成报告，说明亨氏为他们带来多少利润。这类赢利报告是一种强有力的工具，它能在两家公司的流程管理小组之间促成以事实为依据的贸易洽谈。

（三）小结

客户关系管理为如何建立并保持与客户的关系提供了一个操作结构，其中包括如何在企业与客户之间制定并实施产品及服务协议。这是一个关键的供应链管理流程，它与供应商关系管理流程一道，构成了用来维系供应链上各公司之间关系的纽带。供应链管理实质上就是关系管理，因此，一个企业的成功与否，在很大程度上取决于对与客户和供应商之间商业关系的管理能力；同时，高层主管之间的私人关系也是谈成生意的必要条件，可以用来获得维系公司间关系所需的认可和资源。当然，高管之间一定还会存在着多个一对一的、"因地制宜"式的私人关系。客户关系管理取得成功的先决条件包括：相互信任、账目公开、有意促成此事的高级执行官、关键环节的接触及可迅速取得的成效。

客户关系管理与对相关公司的财务产生影响，这是衡量每个客户关系成功与否的最终标准。因此，每个企业都应该具有必要的能力，能够确定客户关系管理和供应商关系管理对增加收入、成本及追加投资等方面所造成的影响，并根据这些影响来衡量这两种关系管理的业绩。对供应链的管理应该是逐个关系和逐个链接地进行。拥有适当的与流程改进相关的成本与利润信息，并且愿意与他人分享收益，久而久之，这样的供应链结构就会逐渐向低成本、高效率方向演化。

第三节　供应商关系管理

一、什么是供应商关系管理

供应商关系管理（SRM）正如 CRM 是用来改善与客户的关系一样，SRM 是用来改善与供应链上游供应商的关系的，它是一种致力于实现与供应商建立和维持长久、紧密伙伴关系的管理思想和软件技术的解决方案，它是旨在改善企业与供应商之间关系的新型管理机制，实施于围绕企业采购业务相关的领域，目标是通过与供应商建立长期、紧密的业务关系，并通过对双方资源和竞争优势的整合来共同开拓市场，扩大市场需求和份额，降低产品前期的高额成本，实现双赢的企业管理模式；同时它又是以多种信息技术为支持和手段的一套先进的管理软件和技术，它将先进的电子商务、数据挖掘、协同技术等信息技术紧密集成在一起，为企业产品的策略性设计、资源的策略性获取、合同的有效洽谈、产品内容的统一管理等过程提供了一个优化的解决方案。

二、供应商关系管理产生的背景

供应商关系管理是一种以"扩展协作互助的伙伴关系、共同开拓和扩大市场份额、实现双赢"为导向的企业资源获取管理的系统工程。企业业务对外的两个最重要的出口就是广义的"买"和"卖"。在"卖"的方面，企业为了使自己的产品和服务赢得市场、赢得客户，更为重视这方面的管理和市场投入力度。随着这种趋势的发展，从 20 世纪 90 年代中期开始，管理软件供应商纷纷推出了 CRM 产品，企业也开始利用这种管理思想和这一工具来更好地开拓市场、提高客户的忠诚度，争取新客户和维护老客户。

然而，在"买"的方面，在与供应商的关系方面，却一直未能引起企业的重视，也许是由于买方市场的原因，买家认为只要我有购买需求，就会有卖家找上门来，就会人为我提供服务，企业无须下太多的功夫去关心与供应商之间的关系。然而，在 21 世纪，随着资源在全球化范围内调配，企业间业务联盟的进一步发展，供应链业务紧密连接趋势越来越强等，企业与供应商之间的关系变得越来越重要，当企业发现彼此的贡献可以融合成一种新能力和产生综合效益时，使得顾客的忠诚度得以重新建立起来，这隐含着与供应商共享合作与创新。这种与供应商合作创造的市场价值，是业务伙伴合作中的一个重要的问题，就像与客户之间的伙伴关系一样，与供应链上供应商之间的关系也将转变企业间彼此合作的伙伴关系。

在 20 世纪 80 年代末的西方市场，服装行业与食品行业的供应链也在一些运作模式上共谋合作，例如，快速反应 QR（Quick Response）和有效客户响应 ECR（Efficient Customers Response）完全改进了整个供应链的响应能力和范围。今天，就像与客户之间的伙伴关系一样，与供应商之间的伙伴关系转变成为彼此合作的方式，这种合作的成果足以运行整个社会。例如，当微软与英特尔结合力量共同发展微电脑晶片与作业系统时，他们一起改写了个人电脑工业的版图；许多零售商和分销商及制造商紧密地高效率、运用高科技的伙伴关系，使得诸如从剪羊毛到挂到衣架上的成衣这样的业务过程只需尽量少的步骤和尽量短的时间，节省了原先整个过程中的不必要的程序和减少了金钱的损失。

三、供应链供应商关系管理的流程

进入 21 世纪，在企业不断推进供应链管理的大环境下，供应商关系管理展现了一个全新的机遇。它涉及和关键供应商建立伙伴关系以降低成本，并在双方承诺长期合作和分享成功的基础之上，创新产品，为双方创造价值。供应商关系管理也是全球供应链论坛（GSCF）提出的 SCM 框架中的八大流程之一，如该流程名字所表示的，它是客户关系管理的一个镜像反映。兰伯特教授指出，正如需要与关键客户建立密切关系一样，企业需要与一小部分供应商"打造"非常密切的关系，而与其他的供应商则保持一般的关系。

供应商关系管理流程中既有战略成分，又有运营成分。因此，和客户关系管理流程一样，兰伯特教授也将该流程分成两个部分，即战略子流程和运营子流程。在战略子流程中，企业设定该流程，并从战略角度来管理该流程。而运营子流程中的主要任务是具体实现已设定的流程，如图 3-10 所示。在企业内部率先实施战略子流程，是整合企业和供应商过程中的一个必要步骤。各种日常活动则发生在运营层面上。战略子流程是由一个管理小组来领导的。在运营层面上，每个关键供应商和每组非关键的细分供应商都有一个管理小组，这些小组由来自营销、财务、生产、采购和物流等几个不同部门的经理组成。在战略层面上，流程小组负责设定战略流程，并监督其实施过程。在运营层面上，供应商小组负责该流程的日常监督管理。

（一）战略级供应商关系管理流程

在战略层面上，供应商关系管理流程为如何与供应商建立并保持关系提供了一个操作构架。它是由五个子流程组成的，如图 3-11 所示。

1. 审核公司、营销、制造和货源组织战略

为了识别出对公司目前和未来成功至关重要的细分供应商，供应商关系管理流程小组将审核公司战略以及营销、制造和货源组织战略。供应商网络是企业健康发展的一个重要组成部分，因为它将会影响产品质量、产品供应能力、新产品投放市场时间和接触关键技术的机会等。管理层通过审核这些战略，可以发现需要与哪种类型的供应商建立长期的关系。例如，在高露洁公司，口腔保护事业部的管理人员通过剖析财务目标，得出必须与关键供应商建立密切伙伴关系的结论。管理人员相信，这样的关系将有助于实现产品创新，从而能够帮助企业完成财务目标。

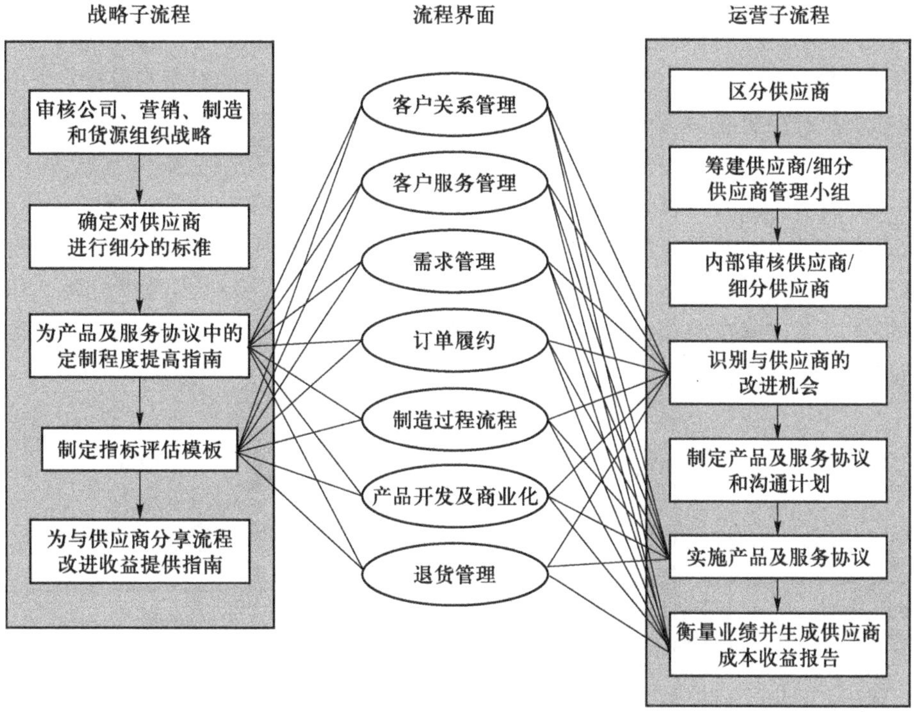

战略子流程 流程界面 运营子流程

图 3-10 供应商关系管理流程

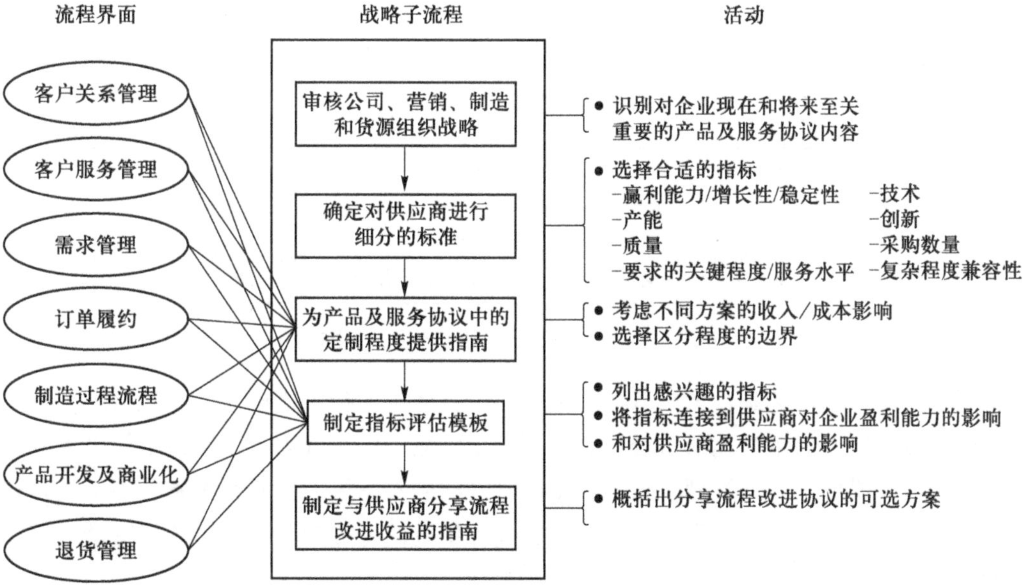

流程界面 战略子流程 活动

图 3-11 战略级供应商管理流程

2. 确定对供应商进行细分的标准

在第二个子流程中,管理小组将确定对供应商进行细分的标准。细分的结果用来确定企业应该与哪些供应商制定量身打造的 PSA (Product and Service Agreement,产品及服务协议),以及哪些供应商应该被细分并为他们提供标准的 PSA。这类 PSA 是为满足企业的目标,并为供应商产生合理的利润而制定的。一些可能被使用的标准包括：赢利能力、成长及稳定性、所需的服务等级和关键程度、供应商实施流程的复杂性和兼容性、从供应商处采购的数量、供应商能够提供的产能、供应商产品创新的文化底蕴以及供应商对所需质量水平的预期。

可口可乐公司在实施供应商关系管理流程中，给出了如图3-12所示的矩阵，它是在战略层面上制定的，用来指导对供应商进行细分。可口可乐的战略供应商关系管理小组认为，供应风险和增值潜力应当该被选为划分细分供应商的标准。在供应风险方面需要考虑13个因素，而在增值潜力方面需要考虑12个因素。可以先在每个因素上对供应商进行评价，而后基于每个因素（对各自维度）的相对重要程度，为每个供应商打出两个分数，依照这些分数可以将供应商放置在矩阵中相应的位置。战略流程管理小组还为矩阵中四个象限所代表的公司归纳出了相应的特点。

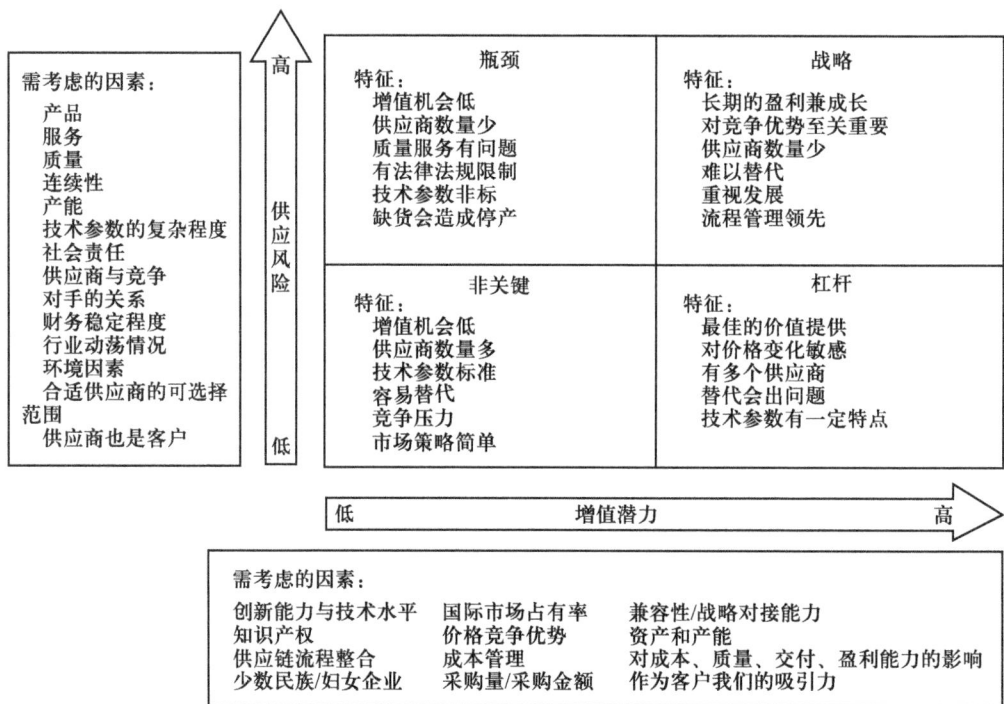

图3-12 可口可乐的供应商细分矩阵

为了将实施供应商关系管理所取得的进展和成就翔实地提供给可口可乐的员工，可口可乐公司的全球供应商关系管理项目经理制定了一个供应商关系管理的季度通讯简报。该简报中的主题涵盖了供应商关系管理框架、最新的管理活动及结果、供应商关系管理工具和如何衡量供应链关系管理的成功。可口可乐还与在细分供应商过程中识别出的关键供应商举行合作伙伴会议。

3. 为产品及服务协议中的差分度提供指南

在第三个子流程中，管理小组将为 PSA 中的差分度（Degree of Differentiation）制定指南。

这项工作包括制定不同的差分方案，并考虑每个方案对收入和成本影响。为了完成这一工作，流程管理小组必须考虑每个差分方案对质量和成本的影响，并为每个方案的定制程度确定边界。为了进一步理解所期望的差分度，并准备好设计一个有助于实施过程的支持系统，该小组必须与其他几个供应链管理流程的流程管理小组密切沟通。例如，需求管理流程的管理小组希望与关键供应商分享在与客户实施 CPFR 过程中得到的需求信息。为了成功实现需求管理，要求在信息技术方面进行投资。

4. 制定指标评估模板

制定指标评估模板的工作包括罗列出感兴趣的指标，并将它们与供应商对企业赢利能力的影响以及企业对供应商赢利能力的影响挂钩。供应商关系管理流程的流程管理小组要确保用来衡量供应商业绩的指标与其他流程所使用的指标之间没有冲突。管理层还应当保证所有的内外部指标将产生一致的、适当的行为。

5. 制定与供应商分享流程改进收益的指南

在最后的这个子流程中，流程管理小组将制定与供应商分享流程改进收益的指南，其目的是使流程改进措施成为公司和供应商双赢的解决方案。如果双方没有同时从该流程中得到好处，那么将很难得到供应商对公司经营目标的鼎力支持。供应商管理小组必须寻找途径，用财务数据量化这些流程改进收益。美食富美国公司（Masterfoods，USA）的供应商，可以先 100% 获取成本节约项目的年度收益，直到他们收回在该项目的全部投资，然后还可以继续获得双方同意的部分利润。只有在供应商的成本和目标利润得到保障后，100% 的改进收益才会流向美食富美国公司。这样做的目的是使供应商不断改进，避免其变得自我满足。

总之，在战略层面上，供应商关系管理的目的是识别出重要的产品及服务，提供细分供应商的划分标准，为供应商提供定制产品及服务协议的指南，制定指标评估模板，并提供与供应商分享收益的指南。

（二）运营级供应商关系管理流程

在运营层面上，供应商关系管理流程包括起草和实施产品服务协议（PSA）。运营级供应商关系管理流程由七个子流程组成：区分供应商；筹建供应商/细分供应商管理小组；内部审查供应商/细分供应商；识别与供应商的改进机会；制定产品及服务协议和沟通计划；实施产品及服务协议，以及衡量业绩并生成供应商成本/赢利报告，如图 3-13 所示。

1. 区分供应商

在第一个运营子流程中，将按照在战略流程中制定的标准对供应商进行细分。管理层做出行业分析，包括使用 SWOT（优势、弱势、机遇和威胁）分析来帮助区分供应商。例如，没有任何一家供应商能够为温蒂国际提供足够的鸡肉。温蒂国际的一个供应商属于低成本供应商，占温蒂国际 60% 的采购量，并指导温蒂国际与其他的鸡肉供应商寻找降低成本的机会；另外一个供应商，他占有温蒂国际采购总量的 30%，是研发方面的领袖，负责为温蒂国际提供新产品，但是这个供应商也不能满足温蒂国际的全部需求，必须与温蒂国际其他的供应商分享其产品创新成果。为了补偿该供应商在研发方面的投入，它将得到第一年新产品总需求量的 40%。最后，温蒂国际将采购总量的 10% 分配给少数供应商，以满足公司对供应商多样性方面的要求。该子流程的输出是识别出哪些供应商对公司是关键的，哪些供应商应该被细分。

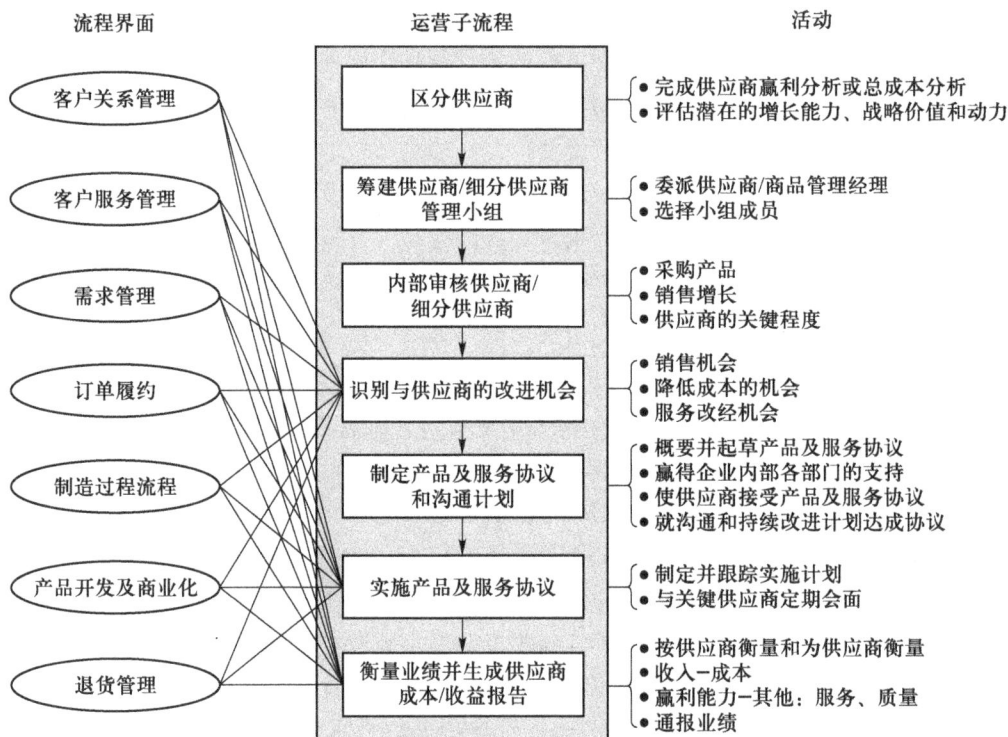

图 3-13　运营级供应商管理流程

2. 筹建供应商/细分供应商管理小组

这个子流程将组建供应商或细分供应商管理小组，包括指定某采购人员为供应商或细分供应商关系经理。该供应商管理小组是跨部门的，由来自每个部门的代表所组成。在关键供应商的情况下，每家供应商都被指派一个专职的管理小组，该供应商管理小组与来自该供应商的一个客户管理小组定期会面。在细分供应商的情况下，每个小组将管理一组细分供应商，并制定和管理标准的 PSA。每个供应商/细分供应商管理小组由一个经理和来自不同部门的成员组成。

3. 内部审核供应商/细分供应商

每个供应商/细分供应商管理小组将审核各自的供应商和细分供应商，确定他们在供应链中所起的作用。每个供应商管理小组都要与他们负责的供应商或细分供应商合作，识别改进机会。该小组还要检查其他的供应链管理流程，在企业内部以及在供应商和细分供应商之中挖掘改进机会。

4. 识别与供应商的改进机会

当各小组对供应商有了一定的了解之后，他们将与供应商或细分供应商一道来挖掘改进的机会。这些机会可能出现在任何一个供应链管理流程之中，所以管理小组需要与其他每个流程打交道。

5. 制定产品及服务协议和沟通计划

在第五个子流程中，每个小组将为他们的供应商和细分供应商制定 PSA。就关键供应商而言，该小组将与其磋商对双方都有利的 PSA，然后再从供应商内部的各个部门获得支持。他们将与供应商协作，直到达成协议中的各项规定。在为关键供应商准备的 PSA 中包括沟通方案和持续改进计划也是非常重要的；就非关键的细分供应商而言，小组需要为每个细分供应商制定一个标准的 PSA，这类 PSA 中的条款是作为一个供应商的基本要求，而且是无法讨价还价的。

6. 实施产品及服务协议

在第六个子流程中，供应商管理小组实施 PSA，并与关键供应商定期举办计划会。其他一些供应链流程管理小组可能会受到 PSA 中定制条款的影响，供应商关系管理小组要提供相关信息。供应商关系管理小组必须与其他流程一道工作，确保按原定的方案实施 PSA。管理小组还要与供应商定期会面，监督流程的实施和绩效表现。

7. 衡量业绩并生成供应商成本/收益报告

在这个最后的运营子流程中，供应商管理小组收集并汇报流程业绩指标。为了生成供应商成本/收益报告，还要收集其他流程的相关指标。这些报告提供的信息能够用来衡量该关系的价值，并有助于将其提供给每个供应商和企业内部的高层主管。该关系提供的价值应该以成本、对销售的影响及需要多少投资等形式进行衡量；否则，所付出的努力将得不到认可，也不会得到充分的回报。其他流程小组也会向供应商关系管理小组提供与供应商相关的业绩信息，并由该供应商小组将这些业绩信息与企业的赢利能力及供应商的赢利能力挂钩。

供应商关系管理为如何与供应商建立并保持关系提供了一个操作构架，其中包括制定企业和供应商之间的 PSA。供应商关系管理是一个重要的供应链管理流程，它与客户关系管理流程一道，为连接供应链上各公司提供了重要的纽带。供应链管理是关于关系的管理，而且供应链应该是一个链接接着一个链接、一个关系接着一个关系地被管理的。衡量每个关系成功与否的最后标准，是它对相关公司造成的财务影响。因此，每个公司都必须有能力，根据供应商关系管理和客户关系管理对本公司递增的收入和成本造成的影响，来衡量两个流程的业绩。只有认识到这一点之后，才有可能制定出改善供应链业绩的方案，商讨如何分享成本和收益，使所有相关公司都有足够的动力来参与该流程。

四、供应链管理中 CRM 和 SRM 的集成

在供应链管理实践中，客户关系管理（CRM）已成为不可或缺的重要一环。强大的 CRM 系统能让供应链经理细分各层客户、规范销售流程、减少销售周期时间及实现有效沟通来达到高度差异化的客户体验，这些都是当今成功企业的标志。但是，正如企业注重发展和维系与关键客户的密切关系一样，他们还必须培养与供应链另一端供应商的紧密的、跨职能的关系。例如成功的汽车制造商丰田和本田公司，就是在很大程度上利用供应商关系管理的能力，利用供应商关系管理（SRM）系统，剔除不良供应商，保持低库存，从而降低成本，更快更好地服务客户。

（一）CRM 和 SRM 的镜像关系

CRM 和 SRM 除了称谓和服务供应链的位置不同之外，其主要功能和目的是存在共性的。这两个系统里都储存了客户（供应商）的概要信息、过去的交易内容、业务流程、治理文档和市场信息等。正如客户生命周期价值在 CRM 中展示了客户的相关性和价值，供应商记分卡在 SRM 中也起到了同样的作用。一些 CRM 中的最佳实践方法可以直接应用于 SRM 的执行中。

（二）集成 CRM 和 SRM 系统，提升企业商业能力

CRM 和 SRM 构成了整个供应链的关键环节，如图 3 - 14 所示。对于每个供应链中的供应商，最终衡量成功的客户关系管理过程的标准是个体客户或细分客户盈利能力的提升。对于每个客户，最全面的衡量成功供应商关系管理过程的标准是一个供应商或关键供应商对公司盈利能力的影响。供应链管理的目标是通过发展伙伴关系来增加每个组织的盈利能力，而最大的潜在障碍是未能就如何分配通过共同努力而取得的成果达成协议。供应链的整体绩效是由所有成员逐年盈利能力的综合提高所决定的。

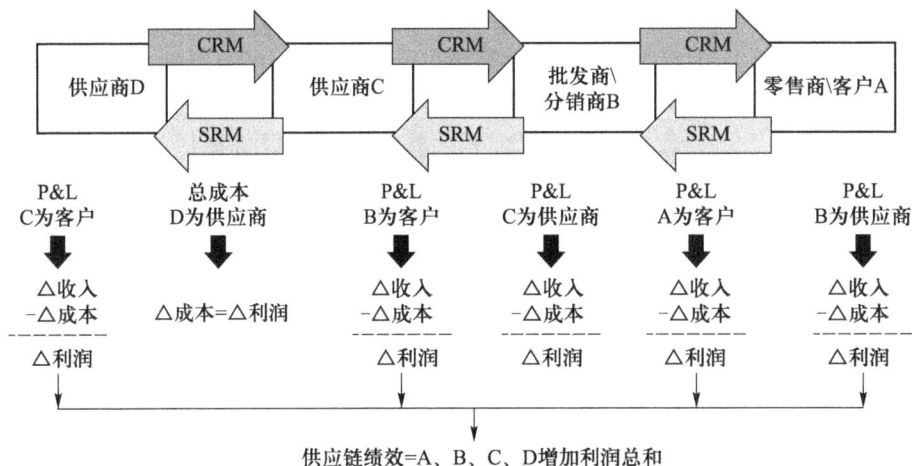

资料来源：Adapted from Douglas M. Lambert and Terrance L. Pohlen，"Supply Chain Metrics，" The International Journal of Logistics Management，Vol. 12，No. 1 （2001），p. 14.

图 3 - 14　CRM 和 SMR：重要的供应链管理连接

基于 CRM 和 SRM 系统的共性，在供应链管理中将两者联系起来并有效整合增强其协同性将会给企业带来更大的商业价值。具体来说，企业及其供应商共享来自客户端的信息会产生巨大的潜在价值。例如，当企业收到来自当前或潜在客户的报价和需求信息，它就可以立即与几个可信任的供应商共享数据，使用集成的 CRM - SRM 系统来最小化响应时间，而最后的客户响应可以通过供应商和企业的联合输入进行微调。

除此之外，企业还将受益于有效的维护和维修活动。当客户要求现场服务，企业使用集成的 CRM - SRM 系统可以立即采取行动和分配相关资源。有了更深层次的关系和共享的知识，企业就可以对可用的库存水平做出合理的判断，并向客户承诺实际的修复时间。同时，供应商可以根据使用记录直接为客户安排预防性维护。

下游企业在这种集成的 CRM - SRM 环境中的收益包括更广泛的收入基础、更低的客户服务成本、更高的客户保留率和市场相关性。而上游企业将能够有效管理供应商，管理生产时间和成本，并更快地进行创新。其结果对客户和供应商都是双赢的局面。

（三）利用技术来协调和简化集成 CRM 和 SRM 系统

技术可以为企业提供其客户群体无与伦比的可见性。云托管的数据增加了价值链中的透明度。由于产品目录、定价细节和客户购买偏好在云中的可得性，授权用户只需登录互联网就可以获取数据，这减少了库存积压的浪费、提高了库存周转率。

技术可以使 SRM 团队与关键供应商合作，定制产品和服务协议，以满足企业和选定的

供应商的需求。目前，技术巨头提供的流行的 SRM 解决方案是 Oracle 的 PeopleSoft 供应商关系管理和 SAP 供应网络协作。这有助于实现交易的自动化和协调化，如数据流、订单处理、发票以及库存控制等。在这种情况下，企业可以与少数关键供应商建立紧密的、跨职能的关系，而与其他供应商保持更传统的买卖关系。例如，丰田认为所有的供应商都是战略性的，并以相同的核心理念来对待他们。但在深度合作方面，特别是在研发领域，丰田将战略共同发展的合作伙伴和其他的供应商区分开来。丰田一直致力于不断改善其相关活动，帮助零部件制造商提高他们的生产力，并赚取更多的供应商利益。实际上，与原始设备制造商保持良好工作关系的供应商能够提供更好的客户体验。

（四）集成 CRM 和 SRM 的案例分析

实践中，有多种方法可以证明集成 CRM 和 SRM 的强大效果。下面介绍一个数字驱动的集成 CRM – SRM 系统，它为汽车零部件行业带来了流动性。

到 2017 财年，印度乘用车的年复合增长率为 7%，达到 379 万辆。图 3 – 15、3 – 16 描绘了 2011—2017 财年印度乘用车产量及汽车零部件行业营业额。

资源来源：SIAM　　　　　　　　　　　　　　　　（'000 units）

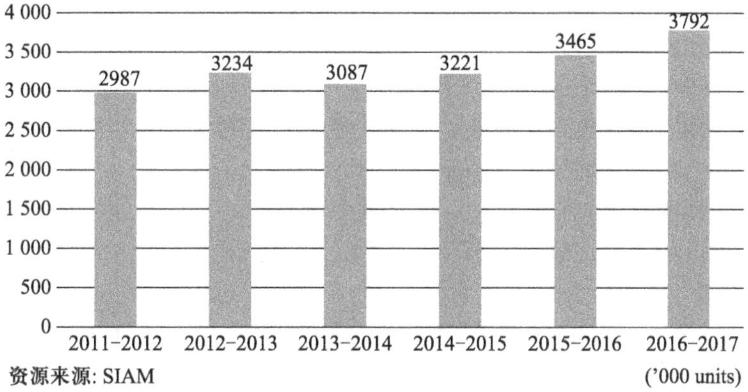

图 3 – 15　2011—2017 财年乘用车产量

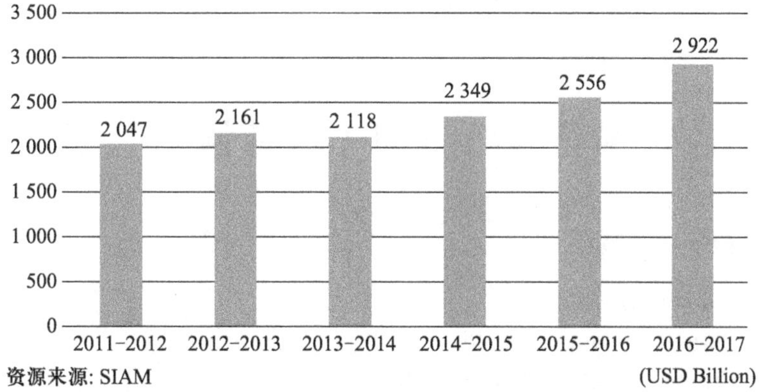

资源来源：SIAM　　　　　　　　　　　　　　　　（USD Billion）

图 3 – 16　2011—2017 财年汽车零部件行业营业额

如图 3 – 15、图 3 – 16 所示，不断增长的乘用车可供销售数量，自然带来对汽车零部件需求的增加。与此同时，糟糕的路况、不正确的驾驶方法和恶劣的天气也导致了需求的增长。然而，汽车零部件行业却常常被逾期订单所困扰。大多数汽车制造商的售后服务水平不论在质量上还是数量上都达不到客户的预期要求。因此，维修便成为一个对消费者来说低效、耗时的活动，而不满的客户经常转向未经授权的汽车修理厂寻求帮助。为了解决这种情况，汽车制造商可以集成他们的 CRM 和 SRM 系统，以提供有效解决客户痛点的售后服务方案。

大多数车辆的挡风玻璃上都贴有射频识别（RFID）标签。这是一种跟踪机制，通过标签可以在制造商的主数据库中识别车辆。这里的解决方案是使用一个移动应用程序（App），它可以将客户直接连接到服务中心，然后再连接到相应的零部件供应商。当汽车出现故障如零件损坏、未知噪声等问题时，司机可以使用 App 扫描 RFID 标签，获取车辆详细信息，包括制造日期、保修范围和最近的授权服务中心列表。接下来，客户可以使用 App 点击照相或拍摄缺陷视频用以描述问题，并选择一个特定的服务中心，或者允许应用程序选择最近的投诉提交中心提交问题。当服务中心接收到问题反映，其服务专员可以通过初步审查来判断是否有足够的信息找到问题的根本原因。

如果损坏的零部件可以直接替换，服务专员通过查询确定备件库存并和客户约定维修时间，以便之后一旦汽车开到服务中心就可以马上维修。如果备件库存没有该部件，服务专员则立即向供应商发出订单并更新问题处理结果。

如果碰到的问题比较复杂，服务中心能做的事情之一是：在车辆尚能行驶的情况下，服务专员可以要求客户在一个特定的日期和时间，将车辆开到服务中心进行检查并实时共享相关信息给供应商试图找到问题的根源。当供应商告知服务中心问题的根本原因后，服务中心可以在 App 上以推送通知的形式向客户告知相应的维修方式和费用估算。客户可以自由地决定下一步如何处理。当客户到访服务中心时，投诉的实时状态、实际的问题描述、预计的维修时间和预计的费用将自动显示在 App 屏幕上。

有了如上所述清晰可见的维修过程，制造商和服务中心可以确保客户的满意度。而供应商则可以识别和改进经常出现故障的部件，从而提高生产效率和服务质量。

（五）未来趋势

伙伴关系是供应链的命脉。在当今规模驱动、技术密集型的全球商业活动中，企业必须专注于 CRM – SRM 集成，以实现完全的可见性和可控性。未来的经理必须能够了解集成 SRM 和 CRM 实施的效益。为了获得竞争优势，企业必须确定最适合自身行业需求的集成实现机会。行业规范、产品属性、客户忠诚度、供应商基础都是企业 CRM 与 SRM 相互作用的控制因素。事实证明，企业通过连接不同的网络业务关系可以创造巨大的价值。

第四节　客户服务管理

一、客户服务管理概述

（一）什么是客户服务

客户服务（Customer Service）又称顾客服务。服务作为市场营销的第五个因素，从产品的整体概念中延伸出来，服务的对象及内容出现了新的变化。它不仅包括对现实顾客的服务，还包括对潜在顾客的服务；不仅要提高顾客的现实的（售后的）满意程度，还要提高预期的（售前的）满意程度。把服务作为第五个因素，进一步体现了市场营销的核心思想，即以消费者为中心。服务可以使企业创立个性，增加竞争优势，有效地增加企业新销售和再销售的实现概率。

现代市场营销主张要识别和细分顾客的具体需求，然后整合资源去满足不同顾客群体的需求。从顾客的角度来看，应该是方便地、容易地获得自己想要的产品，这种方便性、容易性就是顾客服务的基本要求。

客户服务的内容和方法随企业而变化，不同企业、不同学者由于考虑的角度不同，对客户服务有不同的理解。从市场营销角度来看，客户服务是直接影响顾客需求和客户忠诚度的首要因素。从客户服务的过程来看，客户服务是销售满足顾客需求的一系列活动，通常始于订单录入，止于产品送达顾客。有时，还会以设备服务、保修或其他技术支持的形式继续下去。从客户服务的特性角度，客户服务可以提高顾客订购产品的速度和可靠程度。

本书从过程这个角度来定义客户服务，将客户服务看成是企业为了满足顾客对产品及相关服务的需求而整合资源，进行产品提供的整个过程。

（二）什么是客户服务管理

客户服务管理（Customer Service Management）是指企业为了建立、维护并发展顾客关系而进行的各项服务工作的总称，其目标是建立并提高顾客的满意度和忠诚度，最大限度地发展顾客。

客户服务是一个过程，是在合适的时间、合适的场合，以合适的价格、合适的方式向合适的客户提供合适的产品和服务，使客户合适的需求得到满足、价值得到提升的活动过程。

客户服务管理是了解与创造客户需求，以实现客户满意为目的，企业全员、全过程参与的一种经营行为和管理方式。它包括营销服务、部门服务和产品服务等几乎所有的服务内容。

客户服务管理的核心理念是企业全部的经营活动都要从满足客户的需求出发，提供满足客户需求的产品或服务，以客户满意作为企业经营的目的。

客户服务质量取决于企业创造客户价值的能力，即认识市场、了解客户现有与潜在需求的能力，并将此导入企业的经营理念和经营过程中。优质的客户服务管理能最大限度地使客户满意，使企业在市场竞争中赢得优势，获得利益。因此，实施有效地提高客户感知/感受价值策略是客户服务人员非常重要的职责。

二、供应链客户服务管理的流程

在目前竞争如此激烈的市场环境中，企业有必要积极主动地管理客户服务管理流程，以便在某些事件对客户产生不良影响前做出正确响应。兰伯特教授指出，在供应链管理环境下，"积极主动"是区别客户服务管理流程与物流管理中客户服务活动的关键所在。客户服务管理流程负责管理客户关系管理流程中客户小组制定的产品及服务协议。在客户服务管理流程中，需要制定标准的响应程序，用来对重复性事件做出反应；需要在适当的位置设立协调机制，用来处理无规律的事件；需要开发信息管理系统，为信号激活系统提供透明的信息。客户服务管理流程的目的，是建立必要的基础设施与协调机制来实施产品及服务协议，并提供一个与该客户进行沟通的重要界面。

如图 3 - 17 所示，客户服务管理流程既含有战略层面上的因素，又含有运营层面上的因素。在战略层面上，管理小组制定出管理该流程的一个大纲；在运营层面上，该小组负责实施该大纲。战略子流程通常涉及较长的时间范围，并与企业战略休戚相关。战略子流程将为流程的实施确定一个构架。在企业内部实施战略级客户服务管理流程，是将企业内部的业务流程与供应链上的其他成员公司的业务流程进行整合的首要步骤。而运营子流程侧重于在日常工作中完成客户服务管理工作。图 3 - 17 还表示了各子流程与其他供应链管理流程之间的界面。这些界面可能采取数据传输的形式，也可能采取与其他流程管理小组分享信息的形式，帮助解决共同面临的问题。

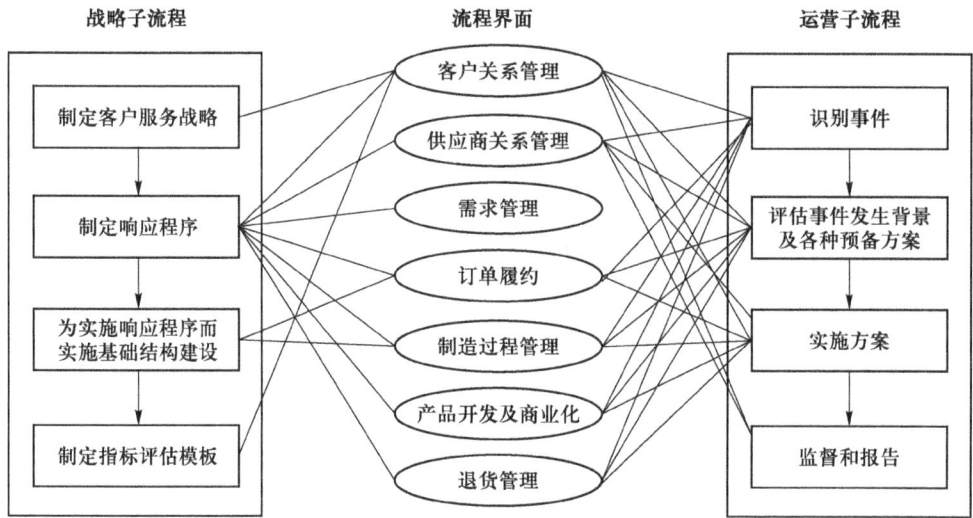

图 3 – 17　客户服务管理流程

客户服务管理流程不应该与持物流观点的客户服务相混淆，后者代表的是产生时间与地点效用的物流系统业绩指标。换句话说，该指标被用来衡量企业物流系统能够满足现有客户的需求以及吸引新客户的能力。从物流的观点出发，客户服务提供的是营销与物流之间的关键界面。而客户服务管理流程包括监督和管理产品及服务协议，并作为唯一的一个与客户接触的界面来为其他部门提供客户信息。

（一）战略级客户服务管理流程

战略级的客户服务管理流程包括四个子流程，这四个子流程将与实施产品及服务协议所必要的程序和组织部门打交道。在这个层面上，流程小组将负责计划监视每个产品及服务协议中对客户所做的承诺以及如何处理意外情况。图 3 – 18 表示了每个战略级客户服务管理子流程、组成每个子流程的活动，以及各子流程与其他七个供应链管理流程之间的界面。战略流程小组有责任通过建立有效的客户服务管理流程来实现这一目标。

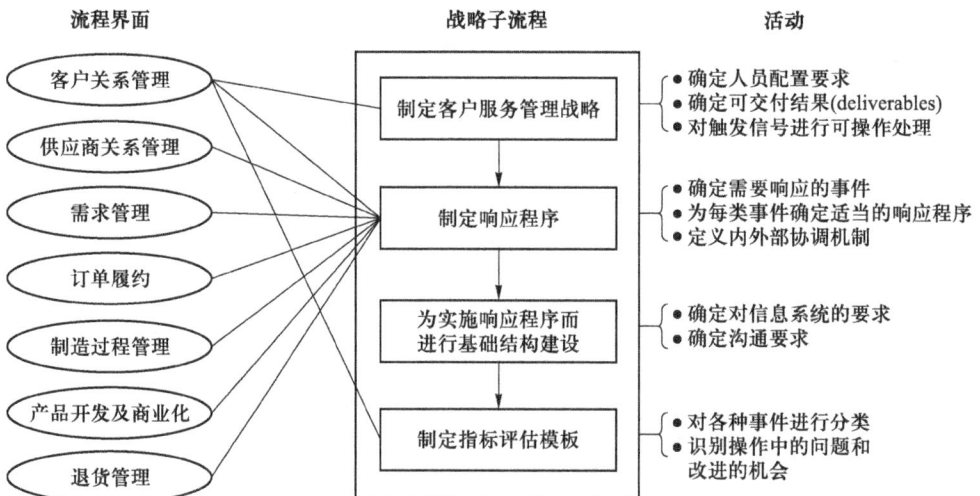

图 3 – 18　战略级客户服务管理流程

1. 制定客户服务管理战略

战略级客户服务管理流程的重点是制定客户服务管理的总体战略，确保企业兑现产品及服务协议中做出的各项承诺。企业已经确定的目标市场将会影响客户服务管理战略的制定。例如，阿迪达斯－泰勒高尔夫有限公司将残疾人高尔夫爱好者分为 0～10 的不同级，这些高尔夫爱好者对他们公司的高尔夫产品有一些较复杂的技术问题要问。为了解决这一目标市场的特殊要求，该公司的网站提供了详细的技术信息。该网站对这个客户群体可能遇到的典型问题都给出了明确的答案，这些答案已成为该公司零售商们的宝贵资源。客服经理理解参加巡回赛的高尔夫球员对交货时限的严格要求，因此他们持续地监测为比赛定制的高尔夫球杆的订单生产过程，以确保能够按时交货。

在这一子流程中，客户服务管理流程小组先识别出客户服务管理流程可能实现的结果，对导致采取行动的触发信号进行可操作化处理，并确定对客服人员的具体要求。为了做到积极主动，触发信号必须能够识别没有按计划进行的任务。这种情况下，为了在事件影响客户之前能够采取正确的改正措施，客服经理必须尽早了解情况。该流程的可交付结果是一些标准化的响应程序，用于处理产品及服务协议的监督执行过程中所发生的标准化事件。该子流程的具体输出信息是一组相关事件的清单，其中包含相应的触发信号以及预期方案。在实施第一个战略子流程时，客户服务管理小组必须与客户关系管理小组进行交流。产品及服务协议将随着客户的重要性、客户的需求以及企业能力的变化而发生变化。因此，管理层需要制定一个层次化的客户服务战略。

接下来，流程管理小组需要确定客户服务的管理结构，明确人员的配置、监管机制，以及需要的技术资源，并将现有的资源与单个客户或细分客户的重要性进行匹配。该子流程通过与客户关系管理流程的接触，选择出恰当的方式来履行产品及服务协议中对客户做出的承诺。

壳牌英国分公司开发了一个"客户关系实施方案包（Customer Relationship Implementation Solution Pack，CRISP）"，为全球业务提供统一的解决方案。CRISP 为建立授权等级、客服所需人员、基础设施和可交付结果提供了一个构架。CRISP 对客户投诉进行分类，并确保对这些投诉做出正确响应，因此壳牌建立了一个响应程序数据库，帮助所有电话服务中心工作的人员采取一致的响应和行动。此外，客服经理可以使用这些信息，为避免将来可能发生的服务问题寻找解决方案。

2. 制定响应程序

在第二个子流程中，客户服务管理流程小组对各种需要做出响应的事件进行分类，并为每类事件制定响应程序。这包括建立为做出响应而需要的内外部协调机制，并对客户响应和内部响应加以区别。该子流程要求企业清楚地划分客户，并有效地配置资源。基于与每个客户签订的产品及服务协议，有一些过程需要定期监测。在这些过程中设定了一些触发事件，一旦条件成熟，将触发响应程序。换句话说，如果预定的条件得到满足，就会触发一个响应事件。最好的情况是，当一个事件被触发后，客户服务流程小组有足够的时间来解决问题，以至于客户都没有受到影响，这是积极管理客户关系一个组成部分。根据产品及服务协议中做出的承诺，客服经理需要监测每个客户或每个细分客户的情况。对于每个事先预计可能会发生的事件，要为企业制定相应的响应程序。例如，吉列（阿根廷）公司系统地监测从吉列公司到零售商的产品流，以及每个零售商店内的产品流，避免对最终消费者的销售产生不良影响。吉列公司对执行产品及服务协议期间可能发生的每个事件，都制定了相应的响应程序。图 3－19 给出了一个响应程序的例子。图中的大箭头表示，一个无法解释的销售额减少已经构成一个事件，将触发响应程序。带有 S 形底部的正方形代表数据记录，菱形代表决策点，圆角的长方形代表的是可交付结果。

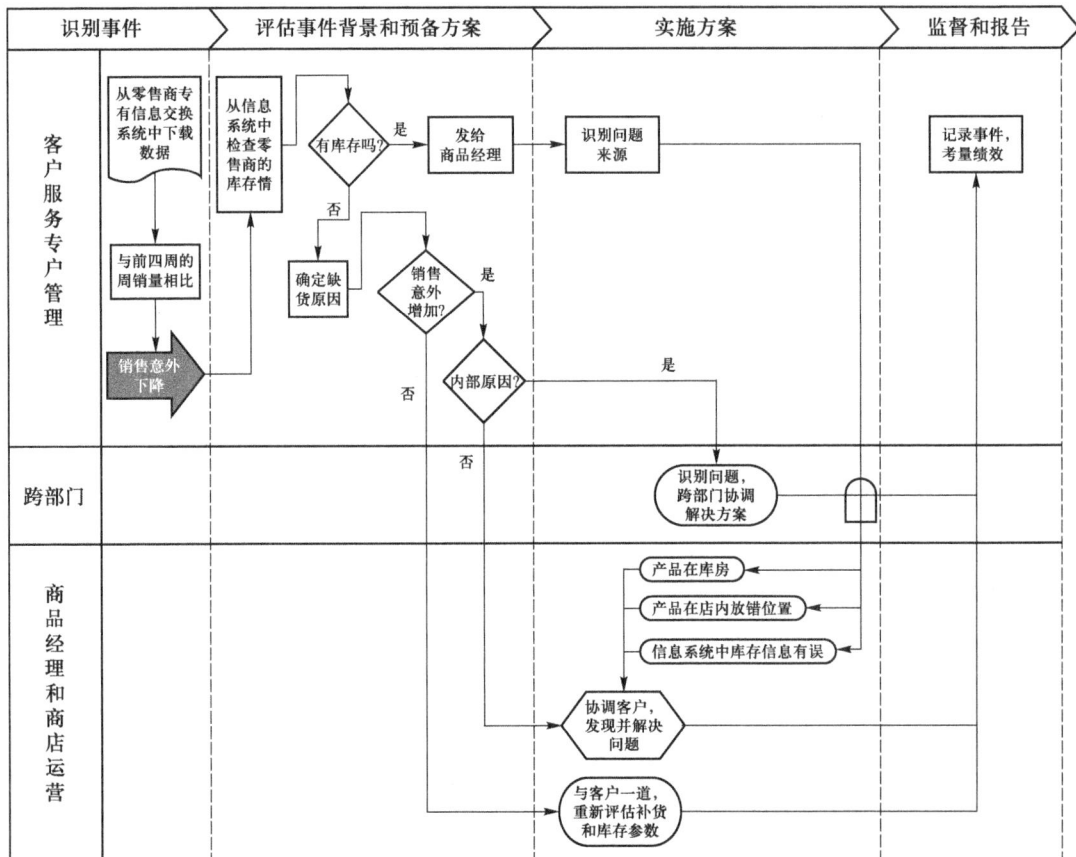

识别事件 | 评估事件背景和预备方案 | 实施方案 | 监督和报告

资料来源: *Based on discussions with Pablo Bottinelli, Gillele Argintina*

图 3-19　销售量下降的标准响应过程

图3-19的流程图给出一个商店的销量下降后所触发的标准响应过程。每周，客户经理都下载零售商的交易数据，它包括销售点数据、库存水平和订单。第一步是将该周销售额和前四周的相比较。对比过程中，如果发现无法解释的销售额下滑现象，表明这已经构成了一个触发事件。作为标准反应，需要确定零售商的信息系统是否显示店里还有足够的库存。如果店里没有库存，要么是销量比预期的要高，要么是吉列公司发生缺货，无法按期为客户补货。如果信息系统表明存在可用库存，那么需要派人到现场检查，看看信息系统中有库存的显示结果是否真实，店里的产品是不是没有摆放在正确的位置（顾客不能找到它，因此销量下降），还是库房中的产品没有被及时的摆到货架上。不论发生的是哪一种情况，都需要与客户配合采取适当的改正措施。这个例子表明，企业间的信息分享能够使企业为最终客户带来更好的服务。

摩恩公司同样一也制定了详细的、战略层面的响应程序。例如，如果一个供应商的生产环节需要多停产一段时间，客户服务经理将联系那些订单受到影响的客户，以尽可能符合事实的方式通知客户即将出现的问题以及预期的结果，并向他们提供解决方案。典型的响应程序是书面的，并且被安排在对客户服务经理的培训活动当中。摩恩的客户服务管理流程小组通过评估一个事件可能对其客户带来的危害程度，确定一个事件是否需要一个响应程序。摩恩公司的客户关系管理流程小组根据一个事件对客户影响的严重程度，决定是否将该事件定为触发事件，并制定相应的响应程序。在为一个事件确定适当的响应程序时，摩恩发现内外部沟通至关重要。必要时，摩恩会组建一个响应管理小组，负责与客户的信息交流，以维护产品的信誉以及公司的信誉。该响应小组可能由来自营销、物流、商业企划、销售及其他受到影响的部门代表组成。

3. 为实施响应程序而进行基础结构建设

客户服务管理流程小组确定了与有关事件相对应的响应程序之后，需要确定实施这一响应程序的组织架构。该小组需要确定处理事件时所需信息的来源，拟定用来协调企业内外部沟通的协议。为管理产品及服务协议，客户服务管理流程小组必须确定所需的信息技术以及沟通需求。这些信息系统必须能够识别与履行产品服务协议承诺相关的问题。如果受到信息技术的限制，则必须重新评估产品及服务协议中受影响的条款，并将这些条款修改至可执行的水平。

客户服务跟踪软件可以用来识别何时存在不满意的情况，并记录此类情况，在第一时间确定将要采取的行动方案，然后，指定一个具体的客户服务经理专门负责，并对整个过程进行跟踪，直至提供出有效的方案。例如，一汽大众汽车有限公司（一个由中国第一汽车公司和德国汽车制造商大众与奥迪合作成立的大型合资企业）一直使用SAP，在同一个平台上执行所有的客户服务职能，从客户联络中心到销售、服务及营销进行整合。该系统使客户服务经理能够得到最新的产品信息，能在任何时间、任何地点解决客户的问题。摩恩公司也使用SAP对一组"工作清单"进行制度化，将重复发生的流程信息自动送到需要对此信息采取行动的企业内外部相关部门。他们还雇用了一个流程管理专家，来帮助他们规划一个适当的管理与技术方面的基础架构，以执行响应程序、图示响应过程，并确定适当的工作步骤，对事件做出响应。

4. 制定指标评估模板

客户服务管理流程小组将制定指标评估模板，衡量及监测流程业绩，并设定业绩改进目标。在整个企业内部应该使用一种统一的方法来制定这些指标。客户服务管理流程的指标应该能为管理人员提供必要的信息，发现在监督执行产品及服务协议过程中存在的问题以及改进的机会。这些指标不但可以用来管理该流程，而且还可以用来提高流程的效率。该小组将与客户关系管理小组进行交流，以确保所制定的指标与公司的目标相一致。挑选出来的指标要能反映客户的看法和期望。这些指标还应该能够反映客户服务管理对企业效益的影响，如对资产回报率，和最终对以经济增加值来衡量的财务绩效的影响。

实施客户服务流程管理流程可以产生较好的需求预测及需求计划，这会降低安全库存水平。产生这些收益的原因，是由于提高了客户在产品及服务协议中对这些指标的信任度。对公司履约能力充满自信的客户，不太可能为了防止缺货而增加订单数量。同样，搜集到的数据有助于改善识别和消除质量控制问题的能力。因发货不全或交货误期造成的发票争议将会减少，使应收账款的情况得到改善。客户服务管理流程还能使客户的参与水平得到提高，从而改进产品开发成果，优化资产投资计划和提高设备利用率。尽管供应链上的其他活动和流程也会影响这些综合指标，负责客户服务管理的小组需要清楚该流程是如何影响企业财务业绩的。只有确立了潜在的财务影响，才能证实将来在该流程中投资的价值，并能确定如何对出色的流程改进业绩进行奖励。

一旦该小组了解了客户服务管理对经济增加值所带来的影响，它就应该为将要执行的活动制定评估指标，并将这些指标与原来的财务指标挂钩。这些指标能够使管理层对企业创造的价值进行测量。典型的流程指标包括：在客户受到影响前发现并更正事件的数量，客户询问的数量和类型，没能履行产品及服务协议承诺的数量及相关成本，与客户服务代表接触的难易程度，以及有效地对客户要求做出响应的能力。

总之，企业应该实施那些能够对整个供应链赢利能力产生积极影响的流程，而不是只对供应链上某个企业的赢利能力有积极影响的流程，这对企业来说是非常重要的。在整个供应链范围内使用"已对接"的指标有很多优势，将使每个企业都能够鼓励其他的成员公司采取正确的行动。供应链管理的最根本目的就是提倡对整个供应链都有益处的行为，同时在成员公司之间共享风险和回报。如果某个企业的管理层采取的决定仅对自己企业的"经济增加值"指标有积极的影响，而对其关键的供应链或客户的"经济增加值"有消极的影响，那么这两个公司应在一起共同制定一份协议，明确规定如何在两个企业之间分享收益。这样一来，两个企业的流程管理小组都会有动力来执行该流程改进项目。

（二）运营级客户服务管理流程

在运营层面上，客户服务管理小组将负责执行战略流程小组制定的流程。图 3-20 显示了四个运营级子流程，每个子流程上的活动，以及每个子流程与其他供应链管理流程之间的界面。

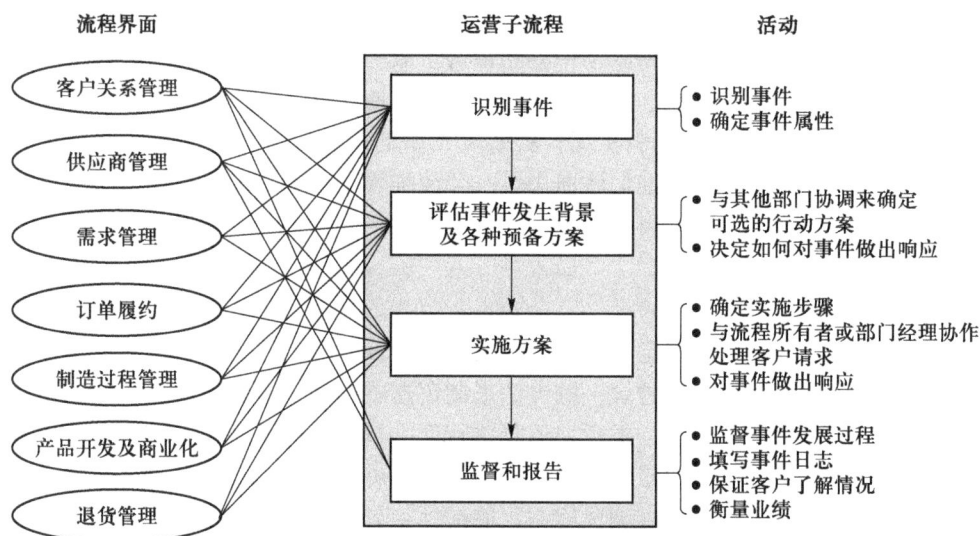

图 3-20　运营级客户服务管理流程

1. 识别事件

成功地实施产品及服务协议的一个关键，是客户服务管理流程小组能够及时识别客户服务事件。为了识别事件，有必要对运营层面上的活动进行系统的监测。客户服务事件的典型例子包括：错过了工期、缺货、零部件质量问题、技术问题、请求修改订单、没有及时收到供应商发出的材料，以及产品没有按照计划及时生产等。该小组需要对公司的运作有一个完整的了解，并要尝试去预见某一特定的事件，可能会给客户及公司内部的运作带来的影响。

例如，摩恩公司将任何在包装、质量或装运期方面有特殊要求、不同于正常补充库存类的大订单或重要订单都看成是触发事件。当这样一个订单进入系统后，一个跨部门的管理小组将会收到警报，然后，该小组会与销售和营销人员一起工作，向内部通报这个客户需求。在满足客户特殊要求时，内部沟通机制对识别可能遇到的障碍是至关重要的。

2. 评估事件发生背景及各种预备方案

当一个事件被识别出来后，客户服务管理流程小组将对可以用来管理该事件的各种方案进行评估和筛选，目的是将该事件可能对客户及公司内部运作造成的干扰尽量降到最低。如果该事件已经有标准响应程序，就不需要进行评估。对非标准事件来说，流程小组要与来自会受到影响的部门的专家和对实施响应方案会有所贡献的人一道，考虑制定一组预选行动方案。此外，还需要与可能会受到备选方案影响的流程进行交流。就摩恩公司来说，客户服务经理负责收集信息，以便对各种可能被用来处理该事件的预备方案进行有效的评估。在评估事件背景及各种预备方案时，另外一个必须要考虑的问题，是全面地了解客户及摩恩公司在运作能力方面的局限性。例如，摩恩的客户服务经理曾经向一个公司客户提出告诫：他们有关降低现有订单订货数量的决定，有可能造成推迟发货这一负面影响，因为客户要求必须是整车发货。另外，推迟发货还会进一步影响到（客户）商店里的库存水平。

3. 实施方案

对选出方案的实施工作是属于协作密集型的，因为其他商业流程的所有者以及部门经理们常常需要参与到方案的实施过程当中。可能的方案包括加快供应商的材料供应，从现货市场购买材料，为未计划的生产运营制定时间表，安排一个超过最低起订量的小批量生产计划，或者加快对一个客户的订单生产。在阿迪达斯－泰勒高尔夫有限公司，一个理想的响应或许是将这个客户介绍给该公司零售网上的另外一家成员公司。虽然某客户服务经理可能有能力对一个事件做出这种响应，但高尔夫行业供应链的性质决定了必须把这个客户重新介绍给原来的零售商。零售网络中对"跨越中间环节"这类行为的恐惧使得阿迪达斯－泰勒必须认识到他们所选择的方案将给其他供应链成员带来的潜在影响。

4. 监督和报告

客户服务管理流程应包括对该流程业绩的监督和报告。这将包括识别可能的流程改进机会，避免某些未来事件的发生，或者是改善对这类事件的响应。该子流程还包括在数据库中记录该事件，以备将来检查该事件是否在重复发生。此外，还能监督该事件的演变过程，了解对该事件的响应程序已经被执行到何种程度。该子流程的一部分任务就是要把如何处理这些问题的信息通知给客户。这一步需要对流程的业绩进行评估，并将其结果反馈给客户关系管理小组和供应商关系管理小组。最有效的反馈信息应该以一种连续的方式提供，并能为流程改进提供的建议和指南。

（三）小结

客户关系管理流程的管理小组制定的产品及服务协议，是由客户服务管理流程的管理小组负责实施的。客户服务管理流程包括战略子流程和运营子流程，重点是确定一些触发信号。在问题还没有被客户发现之前，这些触发信号能够识别出那些可能演变成问题的情形。积极地解决可能发生的服务事件，对于实现产品及服务协议中对客户的承诺是非常关键的。对于那些复发事件，需要制定标准的响应程序；对于无规律的事件，也需要制定正确的响应机制。在企业部门之间建立的信息系统和协调机制能有助于客户服务管理流程的实施。

一个精心策划的客户服务管理流程的实施方案以及对该流程"无间隙"的执行，将会通过增加收入、降低费用、减少库存、改善资产利用率和改善产品供应能力等方面，对企业的"经济增加值"指标带来极大的好处。客户服务经理通过监督产品及服务协议的实施，尽可能地减少服务失败情况的发生。客户服务管理流程的实施，将提高运营的灵活性，并有助于建立一个有效的系统及基础组织架构，以便在事件影响客户之前，管理层就能对它们做出迅速或积极的响应。客户服务管理流程使管理层能够发现有效的办法来改善内部和外部的协作，而这些协作正是为了履行对客户的承诺。

🔄 本章小结

第一节　供应链战略合作伙伴关系

总结

本节介绍了供应链合作伙伴关系的基本理论内容，并阐述了战略合作伙伴关系的形成及其意义。

关键术语

供应链合作伙伴关系　战略合作伙伴

第二节　客户关系管理

总结

本节在介绍客户关系管理的定义及其实践演进路径的基础上，重点阐述了供应链客户关系管理的流程。

关键术语

客户　客户关系管理

第三节　供应商关系管理

总结

本节在介绍供应商关系管理的定义及其产生背景的基础上，阐述了供应链供应商关系管理的流程，重点讨论了企业未来集成 CRM 和 SRM 的发展趋势及其给企业带来的效益分析。

关键术语

供应商　供应商关系管理

第四节　客户服务管理

总结

本节在介绍客户服务管理的定义及其影响因素的基础上，重点阐述了供应链客户服务管理的流程。

关键术语

客户服务　客户服务管理

🔄 问题讨论

1. 合作伙伴类型的划分依据是什么？
2. 试分析 CRM 在供应链管理中的地位和作用。
3. 试讨论 CRM 和 SRM 的联系与区别。
4. 你认为客户服务管理需要考虑哪些主要因素，结合某一行业具体说明。
5. 试分析集成 CRM 和 SRM 系统给企业带来的效益。

🔄 客观题

1. 简述供应链合作伙伴的定义。
2. 如何界定客户的新内涵。
3. 何谓客户关系管理？简述客户关系管理的流程。
4. 何谓供应商关系管理？简述供应商关系管理的流程。
5. 何谓客户服务管理？简述客户服务管理的流程。

第 二 篇

运营篇

【结识结构】

第四章 需求预测与计划

本章学习目标

1. 理解需求预测的概念。
2. 理解需求预测的定量和定性方法。
3. 掌握定量预测中的时间序列预测方法。
4. 了解供应链综合计划。

导入案例

沃尔玛的需求预测系统

世界上第一家沃尔玛于 1962 年开设在美国阿肯色州，其创始人山姆·沃顿将其从一家小商店发展为全世界著名的零售巨头。现在沃尔玛以四种不同的概念进行零售，分别是沃尔玛折扣店、购物广场、社区店和山姆会员店。沃尔玛作为每年营业额超过 2180 亿美元的零售商，它一直以来坚持的理念是让顾客满意和"保持低价格"。它的商品成本比竞争对手低 5%~10%，这形成了沃尔玛最重要的竞争优势。这得益于它良好的供应链运营管理模式，通过全盘管理、网络化运营的方式来管理供应链中的合作伙伴。

沃尔玛很早就意识到了供应链计划与预测的重要性，在战略上实施协同计划和预测。它的补货系统（CPFR）针对所有的商品进行未来销量的短期预测，由此来指导采购员下补货订单。这个系统会及时收集短时间内的销售数据，精确地计算出哪类库存单位（SKU）在什么地方销量较好，供应链上下游及时分享信息，然后据此来调整补货节奏。这个系统的实施促成了沃尔玛准时制供应链的构建，不管对于沃尔玛还是其供应商，都节约了大量的库存维护成本。

沃尔玛还建立了一个数据仓库。通过一台中央服务器，收集所有的历史数据，并且进行分析以更好地了解当下的供应链状况，做出最优化的决策。系统应用之初，只收集了销售和运输状况的数据，在系统逐步优化的过程中，还收集了库存、预测、人口统计、降价、退货等市场方面的数据。这个庞大的数据库会按照每一件商品、每家商店以及每一天进行分类。除此之外，沃尔玛也会收集合作伙伴及竞争对手的数据。如果其竞争对手新开设一家商店，沃尔玛会分析它的设立对其销售产生的影响。沃尔玛对 3500 家合作伙伴会共享信息并开放，向买家、中间商、物流提供商等提供实时数据。

这个数据挖掘软件是由 NeoVista Software 开发的。沃尔玛是第一个在全球实现 24 小时计算机网络化监控的企业。当顾客到沃尔玛的商店购物，结账通过 POS 机打印发票的同时，该信息就能同步到生产计划、采购计划和供应商的计算机实时显示。那么供应链的各环节就能根据这些数据变化，及时完成本职能的工作，减少了不必要的沟通成本和时间。

通过数据挖掘软件发现了一些有趣的事情。例如，每家商店的购买模式都十分不同，以及全年都保持较高库存的护齿产品和宠物食品的销售模式也十分不同。这一发现应用于沃尔玛的自动订货和供给系统。沃尔玛将 7 亿种商品进行组合分析，实现了将正确的商品、在正确的时间、以合适的价格运送到正确的商店，卖给顾客。沃尔玛通过不断提高预测的准确性，取得了零售行业内无法比拟的竞争优势。

(资料来源: http://www.doc88.com/p−848697019 9580.html)

第一节　需求预测概论

一、供应链中需求预测的作用

从宏观社会整体的角度上看，供应链需求预测的本质是对需求与产生需求的社会经济活动进行分析，并提前对未来的需求进行推断。经济的发展逐步市场化、国际化、信息化，不确定性的动态因素越来越多。因此，供应链的规划与设计中越来越关注供应的需求量及其需求结构的问题。供应链需求预测的最终目标，是为了给各类社会经济活动提供制定生产计划的依据，使之能够提前准备各类资源，持续保障产品与服务的供应能力，达到供需之间的平衡，使得社会经济活动高效率运转。在一段时间内，如果供给不能满足需求，会抑制社会经济的需求；如果供给超过需求，会造成生产资源的浪费。因此，要借助于定性和定量的分析手段，了解社会经济活动对于供给的需求强度，进行有效的需求管理，引导社会投资有目的地进入各个领域，这将有利于社会供应链系统协调运作。

从微观企业个体的角度上看，在制定供应链计划之前，必须进行需求预测这一基础步骤。推动式供应链模式中，以制造商为驱动源点，供应链运作的推动流程都是基于对顾客需求的预测。拉动式供应链模式中，以顾客为驱动源点，供应链运作的拉动流程都是基于当下的市场需求。在推动流程的实施过程中，供应链管理人员必须提前进行采购、生产、物流等活动的计划，考察其预期水平；在拉动流程的实施过程中，供应链管理者也要计划可获得的库存与产能水平，再根据实际需求数量运作。所以说，不论是推动还是拉动供应链模式，供应链管理人员必须要进行的首要工作都是对未来的客户需求情况进行预测。

以推式供应链为例，迪卡侬的门店会收集每个 SKU 的历史销售数据，根据这些数据进行对未来的销量的预测，向对应的配送中心申请供货数量。配送中心根据此需求管控每个 SKU 的库存数量。再追溯到上游的迪卡侬工厂，也要进行需求预测，确定产量并排定生产计划。同时，每一个 SKU 的需求会在工厂进一步拆解为对服装布料、拉链等原材料的需求，这也将作为工厂采购决策的依据。基于同样的道理，迪卡侬的供应商也要进行需求预测。

从以上的例子中我们可以看出，需求预测的结果影响着每一个供应链节点的运作。不过问题是，当供应链中每一个环节都独立进行预测时，这些预测值之间往往存在很大的差异，从而导致需求与供给不匹配。供应链本身存在着长鞭效应，容易产生客户的订货量和生产的产量远远高于实际的需求量的现象，各环节进而囤积产品，占用资金，导致整条供应链的运行效率降低。同时企业供应链环节越多，此效应越明显，整条供应链的管理将变得很复杂。虽然长鞭效应无法避免，但可以使用某些方法或技术，使供应链各环节进行协作预测，降低供应链运作的不确定性，使之更好地响应顾客需求并有效地服务于顾客。

一般而言，需求管理是将市场上的需求信息转化为企业生产运营系统所能接收的特定信息，是供应链系统的计划与控制的出发点和依据。因此，需求管理是供应链管理中的重要内容，是企业生产经营的首要环节，而需求预测则是需求管理的运作核心。需求预测的首要步骤是明确需求的类型和性质。通常情况下，需求可分为市场需求、生产需求和采购需求。在进一步分析时，把市场需求转化为生产需求和采购需求。在供应链的网络结构中，上游企业的市场需求也就是下游企业的采购需求。当需求在企业的节点与节点之间传递的过程中，容易引起信息失真导致的需求偏差，从而增加整个供应链运作成本。因此，只有根据供应链终端客户的需求来制定各个环节的运作计划，才能真正发挥出供应链需求管理的作用。这就要求对市场需求进行准确预测，通过运用定性与定量的预测工具，结合供应链管理理论，实现一体化协同运作。

二、什么是需求预测

预测是对未发生或还不明了的事件进行预先的推测，是对将来事件的发生的结果的研究。一般而言，不确定的事件具有内在的特征，从本质上，变化是预测的前提。没变化就没有预测，以预测掌握变化。首先，要了解变化的原因；其次，要知道变化的趋势；再次，从变化中找出原因；最后，从变化中找到规律以对未来进行推测。因此，需求预测就是在找需求变化的现象和趋势，以发现未来需求。

需求预测（Demand Forecast）是指对某种产品或服务在未来某个时间点的需求所做的预判。在企业中，需要充分利用现在和过去的数据，并考虑环境中一切未来可能的影响因素，再结合企业内部的实际状况，对需求尽可能完善地预测。预测过程需采用科学适当的分析方法，提出符合实际的需求结论，进而指导企业开展日常生产经营活动。

一般来说，需求预测至少可以在以下三个方面指导企业做决策。

（1）决定企业是否应该或能够进入某个市场；

（2）规划短期生产要素，如人力资源需求、原材料准备等；

（3）设备设施等长期产能的规划和投入。

某个产品或者服务的实际需求，是经济市场中众多因素共同作用的结果。其中，有的因素是企业自身可以控制或者决定的，有的因素属于客观环境的不确定性因素，是企业无法掌控的。这就决定了需求预测有着如下的特点。

（1）预测总是不精确的。预测探究的是还未发生的事件，不可能做到百分之百的精确。因此，在未来的预测事件发生后，通常要将预测的结果与实际值进行对比。那么在预测中就存在两个重要的指标，预测的期望值和预测误差。一般来说，预测的期望值直接用于指导企业进行计划决策，预测误差作为后期考核该预测方法的绩效评价。但是在许多预测分析的定量模型中，历史的预测误差本身会作为后阶段再进行需求预测的参考值之一。同时，对于预测期望值还需说明的是，该数值不一定是一个准确的数值，也可能是一个估计的范围。例如，某日化用品的零售商预测下个月的销量是 500 ~ 1500 件，而另一家零售商的预测在 900 ~ 1100 件。虽然两个零售商的预测区间中值都是 1000 件，但是很明显后者的预测精确度更高。并且由于预测期望值的范围不同，两个零售商采取的采购政策也不相同。

（2）长期预测往往比短期预测的精度和准确性低。对于时间较长远一些的事件，其不确定性较大，往往在预测时难以给出精度较高的期望值。企业的实践与对预测误差的研究也表明，跨越较长的时间段所做的预测，由于无法将市场未来瞬息万变的动态因素纳入预测过程当中，因此预测结果往往偏离实际更多。所以就标准差来说，长期预测的标准差比短期预测的标准差要大一些。针对这一特点，在企业实践中应如何应对呢？日本"7-11 便利店"正是利用预测的这种性质来改善其运作绩效的。在传统补货模式下，商店需要提前对未来一周的销量进行预测，以此为依据下订单。而该公司采用多批量快速补货流程，能在数小时内对订单进行响应。例如，如果商店经理在上午 10 点前下订单，那么当天晚上 7 点所需货物就可以得到交付。因此，商店经理对第二天晚上的销售情况进行预测时，预测时点比实际销售时点仅需提前不到 12 小时。对于临时发生、具有不确定性的影响产品销售的信息，如天气、突发性事故等，较短的预测提前期使得经理能够更加全面准确地预测。

（3）选取的颗粒度越大，往往预测的标准误差越小。颗粒度就相当于数据的范围，存在于组织、产品和时间三个维度。具体来说，组织维度可以分为全国、区域、分公司等；产品维度可以分为大的品类、小品类、SKU 等；时间维度可分为年度、季度、月度和星期等。例如，一家消费品公司预测全国对某商品的需求，从标准差看准确度要高于各地区的预测。单独看各地区的预测结果，标准差较大，但是看整体的综合数据，正负的偏差会相互抵消，造成全国范围内的预测结果反而标准差较小、准确度提高的现象。

（4）企业越靠近供应链的上游或者离消费者越远，往往越不容易得到准确的预测。造成这一现象的主要原因是供应链中的长鞭效应。在供应链的上游的企业，与最终用户相隔较远，订货量等信息经供应链中的节点层层传递后，容易偏离最终用户的真实需求，波动幅度也越来越大。所以，当企业在供应链中的位置越接近上游，预测误差也会就越大。如果能够通过及时的信息获取，尽可能使用最终顾客的实际需求进行协作预测，就能在一定程度上帮助上游企业降低预测误差。

三、需求预测的步骤

需求预测的一般步骤如图 4 - 1 所示。

第一，了解预测的目标。需求预测是为管理者做决策服务的，所以首先应明确识别这些决策，也就是预测目的。即通过本次预测，解决企业的哪些问题。供应链常见的决策包括某一商品的生产数量、库存数量、采购数量等。不仅是一家企业，而是所有受供应链决策影响的各成员，都必须认识到决策与预测之间的关系，积极参与预测方案的制定。例如，天猫某店铺预测"双十一"的销量时，不论是店铺运营方，还是经销商或者生产厂家，供应链上的每一位成员都应针对本次购物节促销达成一致的预测，并在此基础上制定了协调一致的应对方案。

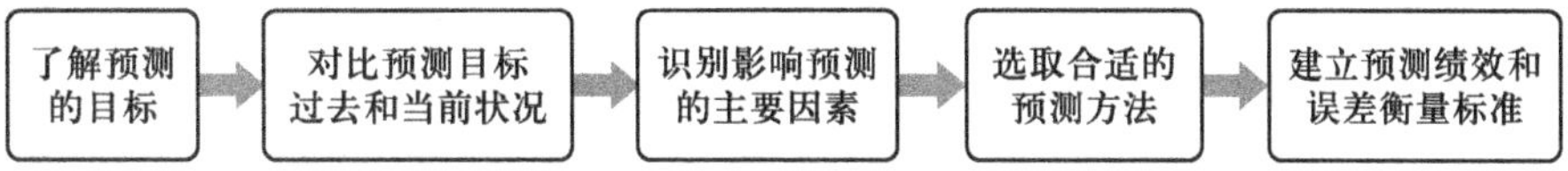

| 了解预测的目标 | → | 对比预测目标过去和当前状况 | → | 识别影响预测的主要因素 | → | 选取合适的预测方法 | → | 建立预测绩效和误差衡量标准 |

图4-1　需求预测的步骤

第二，对比预测目标过去和当前状况。要全面收集预测目标过去和当前的信息，评估应该选择何种预测方法。其中，历史资料会起到关键性作用。历史资料是指统计的历史数据，如往年的生产、销售、消耗、库存等各种数据，这是分析事物的发展趋势所必需的信息。对这些历史记录进行分析，可以看到数据的变化趋势，总结出一定的经验规律，由此变化规律可用来预测未来的情况。另外，当前的资料也会对预测起到参考作用。对预测对象进行实地考察，可以了解其所在的现实环境，纠正历史资料中过时的数据。

第三，识别影响预测的主要因素。分析历史数据时，还应了解哪些事件和因素会对消费者需求造成影响，并分析这些影响是正向的还是负向的。再将这些事件和因素加入预测模型中去。因而在分析的时候，不仅要考虑趋势性因素和季节性因素，同时也要考虑随机事件和随机因素对需求造成的影响。随机性因素根据诱发方式可分为两种：一种是企业的内部因素，一种是企业的外部因素。内部因素指企业自身行为引发的因素，例如，广告计划或促销活动、价格促销计划、产品补货提前期等；外部因素指并非由企业自身引起的因素，如竞争对手营销策略、天气因素、宏观经济因素等。

第四，选取合适的预测方法。针对不同的基础资料和预测目标，要采用合适的预测方法和模型。一般来说，分为定性预测和定量预测两种方法。定性预测建立逻辑思维模型，定量预测建立数学模型。针对具体的预测方法及模型，将在下一节中做详细介绍。

第五，建立预测绩效和误差衡量标准。预测的最后步骤是对预测进行全面总结，衡量预测的准确性，为决策提供服务。一是为了制定不同的决策方案，并总结各类方案的优缺点，供决策者比较和选择。二是在此次预测中，总结经验和不足的地方，可以用以后期的预测工作。针对定量预测，还要制定具体的误差衡量标准。如果预测值与实际值相差并不大，并在允许的误差范围内，则判定是达到理想的预测效果，能够立马采用；如果预测值和实际值差异较大，要针对差异修改模型、重新预测。若有必要还应调整预测方法并建立新的模型。

第二节　预测方法

一、定性预测

定性预测（Qualitative Forecast Method）是预测人根据理论、知识、经验和判断力对产品或事物的未来的趋势做出综合的判断。采用这种预测方法通常是因为没有足够的历史数据作为预测的支撑依据，例如，企业预测一批新产品的销量。有时候，即使有实际数据，也可能由于数据不可靠、数据时效性或关联性差等原因，对于未来数据走势不具备参考性，而使得企业采取定性预测的方法。定性预测可以基于个人的主观判断，也可以基于集体的交流讨论。

定性预测的方法主要有以下几种。

1. 用户调查法

如果预测的对象是新产品或者历史数据没有销量记载的产品，用户调查法是常用的方法。销售人员通过对潜在的顾客进行调查，利用信函、电话或访问等方式，先初步了解消费者对产品的期望与要求，据此分析本企业未来可能的市场前景及占有率，再对所有的调查信息进行综合处理，最后得到一个预测结果。

2. 德尔菲法

德尔菲法首先邀请相关领域的专家组建一个专家团队；然后，准备好已收集到的资料，并拟定向专家小组提问的问题；接着请专家先做首次预判，要求他们互不沟通信息，独立做出预测判断；之后，将这些结果匿名反馈给每位专家，再请专家修改最初的判断；最后，将得到的结果整理、归纳、处理，最终确定预测结果。

3. 部门主管集体讨论法

这个方法类似于德尔菲法，是综合"集体智慧"的方法。不过组织者一般是高级管理人员，他们召集各个部门主管开会讨论，会涉及供应链相关的采购、生产、销售、财务等部门，各位参会者可以站在各部门业务的角度，发表专业意见，并提出一个预测值。然后收集这些预测值，经简单的计算，如简单平均或加权平均，对所有人提出的预测值进行处理，最终得到一个预测结果。

二、定量预测

定量预测（Quantitative Forecast Method）是从历史数据着手，采用统计和数学方法通过建立预测模型来预估的方法。这种方式通过描述预测对象的运动规律，来推断出未来需求量的走势。定量预测要求建立在准确数据的基础上，但是根据不同的数据类型及建模原理，可分为两种不同的方法。

第一种是时间序列预测法。时间序列是指在时间上均匀分布并连续测量的定量观察的集合。时间序列涉及的领域广泛，例如，人的心率连续监测数据，每天的降雨量统计，公司股票的每日收盘价，某汽车厂每天的产量，等等，这些集合都属于时间序列。在管理预测领域，用到最多的时间序列是销量数据。对时间序列的分析，首先要保证数据具有至少一个模式，趋势和季节性模式是最常见的。其次，要保证数据的呈现具有一定的随机性，排除人为或其他特殊因素的干扰。在以上前提下，对这些历史数据的变化情况进行分析，发现其统计规律和特征，将其运用到未来的数据预测中。时间序列法包括简单算数平均法、加权算数平均法、移动平均法、简单指数平滑法、霍尔特指数平滑法以及温特指数平滑法等，具体的方法模型将在下一节详细介绍。

第二种是因果预测法。因果预测法假定需求预测与某些环境因素（如价格、经济状况等）高度相关，并找出需求与环境因素之间的数量关系，通过对环境因素的研究，根据某个环境因素的因变量，来预测未来的需求。举例来说，针对某种产品的需求主要取决于其所设定的价格，因此，只需要找出需求和价格之间的因果关系，就可以此来预测某种计划价格下可能产生的需求数量。在这个关系中，价格（可以设定为任何值的自变量）的变动引起了需求（对应于任何特定价格的因变量）的变动。不同的影响因素与需求之间形成不同的因果关系，据此建立不同的数学模型。因此因果预测模型又分为回归模型、经济计量模型及投入产出模型。由于这些方法计算量较大，一般都要借助计算机实现。

表4-1列举了时间序列法和因果预测法的优劣比较。

表4-1　时间序列法和因果预测法的优劣比较

	时间序列法	因果预测法
优势	1. 适合历史数据稳定的时间序列 2. 可以剔除较小的随机波动 3. 易于理解和使用 4. 适用于短期预测	1. 适用于长期或者中期的预测 2. 能够支持情景分析，改变影响因子以探索其对预测结果的影响
劣势	1. 需要大量历史数据 2. 对因素和事件的影响反应迟钝 3. 数据波动较大时，预测误差较高 4. 分析人员需要大量的时间和经验拟合模型，估计参数	1. 预测准确度依赖于因果变量之间关系的持续性 2. 对自变量的准确评估有很高要求 3. 分析人员需要投入更多时间进行建模，并且建模人员必须对统计学知识深入了解 4. 建模和模型维护成本较高

图4-2是对所有预测方法的总结。

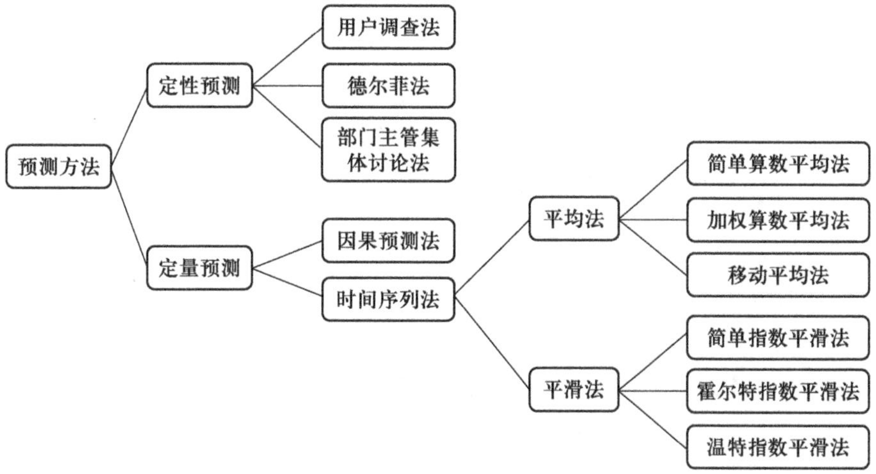

图4-2　需求预测的方法

第三节　时间序列预测法

时间序列被广泛应用于统计、信号处理、模式识别、计量经济学、分析金融学、天气预报、智能交通和轨迹预测、地震预报、脑电图、控制工程、天文学以及通信工程等诸多领域。这一方法在需求预测方面也有较强的应用性。该方法可分为平均法和平滑法两类。平均法是利用取均值的思想处理历史数据，再将此结果运用于后期预测。平滑法对不断获得的实际数据和原预测数据给以权数进行预测，它既不需要存储全部历史数据，也不需要存储一组数据。实际上，它也是一种特殊的加权移动平均。

时间序列分析的主要步骤：（1）描述，识别历史数据的模式，判断其需求趋势和季节性变化；（2）解释，理解数据背后的逻辑并完成建模；（3）预测，根据前期的模式预测短期趋势；（4）干预分析，单个事件如何改变时间序列。

时间序列预测法对短期预测精度最准，中期预测其次，长期预测最差。需求水平、需求趋势和季节性指数在每一次观察到实际需求之后都需要进行更新。该方法的优势在于其估计值中包含了所有观察到的新数据的信息。以下以需求水平、需求趋势和季节性指数三部分的混合型系统需求为例，说明在时间序列条件下的需求预测问题。先给出公式中的符号说明：

L_t：时期 t 的需求水平（剔除季节性因素影响的需求）；

T_t：时期 t 的需求趋势；

S_t：时期 t 的季节性指数；

F_t：时期 t 的预测需求（在时期 $t-1$ 或更早的时期预测的结果）；

D_t：时期 t 观察到的实际需求；

E_t：时期 t 的预测误差；

p：每个季节性周期内包含的时期数。

利用时间序列预测法在时期 t 对 $t+l$ 期进行预测，可以表达为：

$$F_{t+l} = (L_t + T_t l) S_{t+l} \qquad (4-1)$$

一、简单算术平均法

算术平均法适用于数据浮动小、较稳定的时间序列，并且认为时间序列的各个数据对平均值的影响是相同的。该方法直接将过去所有数据的算数平均值作为预测值，用公式表示为

$$系统需求 = 需求水平$$

计算方法如下：

$$L_t = \frac{\sum D_i}{t-1} (i = 1,2,3\cdots,t-1) \qquad (4-2)$$

未来所有时期的需求预测都相同，都等于当前对需求水平的预测，即

$$F_{t+1} = L_t 和 F_{t+n} = L_t \qquad (4-3)$$

在观察到时期 t 的实际需求之后，对需求水平的估计值进行修改，并以此作为未来需求的预测值，即

$$L_{t+1} = \frac{\sum D_i}{t} 和 F_{t+n} = L_{t+1} (i = 1,2,3\cdots,t-1) \qquad (4-4)$$

例 $4-1$：某种商品过去 6 个月的实际需求情况如表 $4-2$ 所示。

表 $4-2$ 某种商品过去 6 个月的实际需求

月份	1	2	3	4	5	6
实际需求	356	282	405	160	240	225

以计算 5 月份的需求预测值为例，根据公式 $4-2$ 可以直接得到

$$L_5 = (D_1 + D_2 + D_3 + D_4)/4 = (356 + 282 + 405 + 160)/4 = 301$$

在此基础上，由公式 $4-3$ 可得到

$$L_6 = L_5 = 301$$

由于 5 月份的实际需求为 240，因此根据公式 $4-4$，6 月的预测值应修正为

$$L_6 = (D_1 + D_2 + D_3 + D_4 + D_5)/5 = (356 + 282 + 405 + 160 + 240)/5 = 289$$

类似地，可以得到如表4-3的预测结果。

表4-3　某种商品过去6个月的实际需求及预测量、预测误差

月份	1	2	3	4	5	6	7
实际需求	356	282	405	160	240	225	—
预测量	—	—	—	—	301	289	278
预测误差	—	—	—	—	-61	-64	—

二、加权平均法

加权平均法认为不同时期的历史数据，其参考性不同，应该给予不同程度的关注。所以要先分析评价各历史数据的重要性，赋予相应的权重值，采用加权平均的预测方法。设置 W_i 为 D_i 对应的权数，用公式表示为

$$系统需求 = 需求水平$$

计算方法如下：

$$L_t = \frac{\sum W_i D_i}{W_i}(i = 1,2,3\cdots,t-1) \tag{4-5}$$

未来所有时期的需求预测都相同，都等于当前对需求水平的预测，即

$$F_{t+1} = L_t 和 F_{t+n} = L_t \tag{4-6}$$

在观察到时期 t 的实际需求之后，对需求水平的估计值进行修改，并以此作为未来需求的预测值，即

$$L_{t+1} = \frac{\sum W_i D_i}{W_i} 和 F_{t+n} = L_{t+1}(i = 1,2,3\cdots,t) \tag{4-7}$$

例4-2：以例4-1中的数据为例，某种商品过去6个月的实际需求情况如表所示，各月份数据赋予的权重如表4-4所示。

表4-4　某种商品过去6个月的实际需求及预测权重

月份	1	2	3	4	5	6
实际需求	356	282	405	160	240	225
权重	2	1	3	2	3	4

以计算5月份的需求预测值为例，根据公式4-5可以直接得到

$$L_5 = W_1 D_1 + W_2 D_2 + W_3 D_3 + W_4 D_4$$
$$= (356 \times 2 + 282 \times 1 + 405 \times 3 + 160 \times 2)/(2+1+3+2) = 316$$

在此基础上，由公式4-6可得到

$$L_6 = L_5 = 316$$

由于5月份的实际需求为240，因此根据公式4-4，6月的预测值应修正为

$$L_6 = W_1 D_1 + W_2 D_2 + W_3 D_3 + W_4 D_4 + W_5 D_5$$
$$= (356 \times 2 + 282 \times 1 + 405 \times 3 + 160 \times 2 + 240 \times 3)/(2+1+3+2+3)$$
$$= 295$$

类似地，我们可以得到如表4-5所示的预测结果。

表4-5 某种商品过去6个月的实际需求、预测权重、预测量及预测误差

月份	1	2	3	4	5	6	7
实际需求	356	282	405	160	240	225	—
权重	2	1	3	2	3	4	—
预测量	—	—	—	—	316	295	277
预测误差	—	—	—	—	−76	−70	—

三、移动平均法

当需求没有迅速增长或迅速下降，且没有季节性因素干扰时，可以采用移动平均法预测。移动平均法，选取一定历史时期的数据，从远到近按照一定跨度期进行平均，预测值取其平均值。随着预测日期的推移，选取的历史数据也向前移动。也就是说，每增加一个新时期的数据，就要去掉最早期的一个历史数据，再重新求平均值。最后得到的，接近预测期的最后一个移动平均值，即是预测值。这种方法适合于需求中缺乏需求趋势或季节性指数的情况，用公式表示为

$$系统需求 = 需求水平$$

该方法将最近 N 期的需求的平均值直接作为时期 t 的需求水平，这里所说的平均是移动平均，计算方法如下：

$$L_t = (D_{t-1} + \cdots + D_{t-N+1})/N \qquad (4-8)$$

未来所有时期的需求预测都相同，都等于当前对需求水平的预测，即

$$F_{t+1} = L_t \text{和} F_{t+n} = L_t \qquad (4-9)$$

在观察到时期 $t+1$ 的实际需求之后，对需求水平的估计值进行修改，并以此作为未来需求的预测值，即

$$L_{t+1} = (D_{t+1} + D_t + \cdots + D_{t-N+2})/N \text{和} F_{t+2} = L_{t+1} \qquad (4-10)$$

由移动平均法的算法公式可以看出，为计算新的移动平均值，只需要加入最新观察值并去掉最早的观察值；修正后的移动平均值作为下一个时期的预测值。同时，移动平均法对过去 N 期的数据所赋权重相等。

例4-3：以例4-1中的数据为例。使用4个月的数据（ $N=4$ ）进行移动平均法求解，可以借助 Excel 表格得到5、6、7月的预测值和5、6月的预测误差，如图4-3所示。

月份	实际需求	预测值	预测误差
1	356	—	—
2	282	—	—
3	405	—	—
4	160	—	—
5	240	301	−61
6	225	272	−47
7	—	258	—

图4-3 Excel中应用移动平均法的求解结果

四、简单指数平滑法

移动平均法虽然可以剔除早期相对陈旧的数据,以移动的方式将最近的数据纳入计算之列,但是它仍然存在两大缺陷:(1)所有历史数据的权重都相同;(2)只适用于相对稳定的需求模式。使用指数平滑法可以避免上述问题,指数平滑法赋予了最新的数据较高的权重,随着数据年龄的增加,其权重也相应降低。与移动平均法类似的是,指数平滑法也适用于缺乏需求趋势或季节性指数的情况,即

$$系统需求 = 需求水平$$

由于缺乏需求趋势和季节性指数,所以定义初始的需求水平L_0等于所有历史期数据的平均值,即

$$L_0 = \frac{1}{n} \sum_{i=1}^{n} D_i \tag{4-11}$$

未来所有时期的需求预测都等于当前对需求水平的估计,即

$$F_{t+1} = L_t 和 F_{t+n} = L_t \tag{4-12}$$

在观察到时期 $t+1$ 的实际需求之后,对需求水平的估计值进行修改:

$$L_{t+1} = \alpha D_t + (1-\alpha) L_t \tag{4-13}$$

式中,α 为需求水平的平滑指数,$0 < \alpha < 1$,一般来说它的值介于 0.1 和 0.2 之间。该式反映出需求水平的修正值是最新观察的实际需求D_{t+1}与上一期需求水平估计值L_t的加权和。具体来说,α 为最近一次的实际需求所占的比例,而($1-\alpha$)为之前的预测值所占的比例,那么上式也可以表达为

$$新的预测值 = \alpha \times 最近一次的实际需求 + (1-\alpha) \times 之前的预测值$$

由于某个时期需求水平估计值总是可以表示为当前实际需求与上一期需求水平的加权和,由此逐级迭代,公式如下:

$$L_{t+1} = \sum_{n=0}^{t-1} \alpha (1-\alpha)^n D_{t+1-n} + (1-\alpha)^t D_t \tag{4-14}$$

由此可见,需求水平(下一期的预测)当前的估计值是所有历史需求的加权平均。α 越大,则近期实际需求数据的权重越高,对预测结果的响应程度越高;α 越小,则近期实际需求数据的权重越小,对预测结果的响应程度越低,但更为稳定。

例 4-4:以例 4-1 中的数据为例,设定 α 值为 0.2,在 Excel 中求解,如图 4-4 所示。

月份	实际需求	预测值	预测误差
1	356	—	—
2	282	356	-74
3	405	341	-64
4	160	354	-194
5	240	315	-75
6	225	300	-75
7	—	285	—

α值
0.2

图 4-4 Excel 中应用简单指数平滑法的求解结果

五、霍尔特指数平滑法（Holt 模型）

霍尔特指数平滑法适用于系统需求组成中包含需求水平和需求趋势，但不受季节性因素影响的情况，此时系统需求被表达为

系统需求 = 需求水平 + 需求趋势

利用观察到的实际需求的数值 D_t 作因变量，时期 t 作自变量进行线性回归，得到需求水平和需求趋势的初始估计值，即

$$D_t = T_0 t + L_0 \qquad (4-15)$$

由于此时需求仅受趋势的影响，不存在季节性因素的变动，所以在需求和时间之间作线性回归是合理的。即需求和时间之间隐含着线性关系。因此，上式中的截距项度量的是时期 $t=0$ 的需求水平的估计值 L_0，斜率项度量的是需求趋势的初始估计 T_0。

给定时期 t 所对应的需求水平 L_t 和需求趋势 T_t 的估计值，则未来时期的预测可表示为

$$F_{t+1} = L_t + T_t \text{ 和 } F_{t+n} = L_t + n\,T_t \qquad (4-16)$$

同时，在观察到时期 $t+1$ 的需求 D_{t+1} 之后，应将需求水平和需求趋势的估计值做如下修正：

$$L_{t+1} = \alpha D_{t+1} + (1-\alpha)(L_t + n\,T_t) \qquad (4-17)$$

$$T_{t+1} = \beta(L_{t+1} - L_t) + (1-\beta)T_t \qquad (4-18)$$

式中，α 为需求水平的平滑指数，β 为需求趋势的平滑指数，$0 < \alpha < 1$，$\beta < 1$。由上面两个公式可以看到，需求水平和需求趋势修正后的估计值是最新观测值与上一期估计值的加权平均。

例 4-5：据智研咨询《2016—2022 年中国零售市场运行态势研究报告》显示，2007—2015 年社会消费品零售金额保持稳步增长。现取 2010—2015 年的相关数据，如表 4-6 所示。

表 4-6　2010—2015 年社会消费品零售金额　　　　　　　　　　　　　单位：亿元

年份	2010	2011	2012	2013	2014	2015
社会消费品零售金额	156998	181226	207167	234380	262395	300931

利用霍尔特指数平滑法对 2016 年社会消费品零售金额进行预测，其中 $\alpha = 0.1$，$\beta = 0.2$。

首先利用线性回归求得需求水平和需求趋势的初始估计值。以需求为因变量、时期为自变量，用 Excel 软件作数据回归分析，取截距项作为需求水平的初始估计值，取斜率项作为需求趋势的初始估计值，所得结果如下：

$$L_0 = 124811, T_0 = 28297$$

由公式 4-16 可得第 1 期（2010 年）的需求预测为

$$F_1 = L_0 + T_0 = 124811 + 28297 = 153108$$

而第 1 期观察到的实际需求预测为：$D_1 = 156998$，因此第 1 期的预测误差为

$$E_1 = F_1 - D_1 = 153108 - 156998 = -3890$$

当 $\alpha = 0.1$，$\beta = 0.2$ 时，利用公式 4-17 和 4-18 对第 1 期需求水平和需求趋势的估计值进行修正：

$$L_1 = \alpha D_1 + (1-\alpha)(L_0 + T_0) = 0.1 \times 156998 + 0.9 \times 153108 = 153497$$

$$T_1 = \beta(L_1 - L_0) + (1 - \beta)T_0 = 0.2 \times (153497 - 124811) + 0.8 \times 28297 = 28375$$

因此，可得第 2 期（2011 年）的需求预测为

$$F_2 = L_1 + T_1 = 153497 + 28375 = 181872$$

重复使用同样的方法计算，最终可以得到第 7 期（2016 年）的需求预测为 322818，详细计算过程及中间数据信息如表 4 - 7 所示。

表 4 - 7　2010—2015 年社会消费品零售金额
及 2016 年需求预测、误差情况

单位：亿元

年份	2010	2011	2012	2013	2014	2015	2016
社会消费品零售金额	156998	181226	207167	234380	262395	300931	—
需求水平估计	153497	181807	209869	237792	265656	294522	—
需求趋势估计	28375	28362	28302	28226	28154	28296	—
预测量	153108	181872	210169	238171	266018	293810	322818
预测误差	-3890	646	3002	3791	3623	-7121	

六、温特指数平滑法（Winter 模型）

温特指数平滑法适用于系统需求组成中包含需求水平、需求趋势和季节性因素影响的情况，此时系统需求被表达为

系统需求 = （需求水平 + 需求趋势）× 季节性指数

由于此时有季节性因素存在，所以设每个周期内所包含的时期数为 p，那么首先需要顾及初始的需求水平 L_0、需求趋势 T_0 以及季节性指数 S_1 和 S_p。事实上，这些初始估计值可以利用前面介绍过的静态时间预测法来获得。

给定时期 t 的需求水平 L_t、需求趋势 T_t 和季节性指数（S_1，…，S_{t+p-1}）估计值，则未来时期的预测可表示为

$$F_{t+1} = (L_t + T_t)S_{t+1} \text{ 和 } F_{t+l} = (L_t + l\,T_t)S_{t+1} \qquad (4-19)$$

在观察到时期 $t+1$ 的需求 D_{t+1} 之后，应对需求水平、需求趋势和季节性指数的估计值进行如下修正：

$$L_{t+1} = \alpha(D_{t+1}/S_{t+1}) + (1 - \alpha)(L_t + T_t) \qquad (4-20)$$

$$T_{t+1} = \beta(L_{t+1} - L_t) + (1 - \beta)T_t \qquad (4-21)$$

$$S_{t+p+1} = \gamma(D_{t+1}/L_{t+1}) + (1 - \gamma)S_t \qquad (4-22)$$

式中，α 为需求水平的平滑指数；β 为需求趋势的平滑指数；γ 为季节性指数的平滑指数；$0 < \alpha$，β，$\gamma < 1$。可以看出，需求水平、需求趋势和季节性指数修正后的估计值是最新观测值与上一期估计值的加权平均。

第四节　预测误差度量

一、预测误差度量概述

由于很多不确定因素影响着实际需求的结果，所以预测结果存在着不可避免的误差。预测误差，指预测值与实际值之间的偏差。它是一个数值概念，而不是指预测错误。误差有正负之分，若预测值大于实际值，误差为正；反之，误差为负。若正、负误差出现的概率大致

相等，则认为该预测模型是较理想的无偏模型。平均误差，是预测误差的平均值，它是计算预测误差的重要指标，常被用来评价预测精度。在实际应用中，平均误差可以检验预测数据与历史数据的匹配程度，也是预测后期该预测模型是否能继续使用的重要判断依据。有时候，平均误差也会用来评价不同预测模型的优劣。

本节将介绍平均绝对偏差（Mean Absolute Deviation，MAD）、平均平方误差（Mean Square Error，MSE）、平均预测误差（Mean Forecast Error，MFE）和平均绝对百分误差（Mean Absolute Percentage Error，MAPE）这四个常用的评价指标。

（一）平均绝对偏差

平均绝对偏差不区分误差的正负，只考虑偏差量，是指整个预测期内每一次预测值与实际值的绝对偏差的平均值。用公式表示为

$$\text{MAD} = \frac{\sum_{t=1}^{n} |A_t - F_t|}{n} \tag{4-23}$$

式中，A_t 表示时段 t 的实际值；F_t 表示时段 t 的预测值；n 表示整个预测期内的时段个数或预测次数。

MAD 能较好地反映与预测精度，但它不容易衡量无偏性。

（二）平均平方误差

对误差的平方和取平均值，即得到平均平方误差。沿用上式中的符号，MSE 用公式表示为

$$\text{MSE} = \frac{\sum_{t=1}^{n} (A_t - F_t)^2}{n} \tag{4-24}$$

MSE 与 MAD 类似，虽可以较好地反映预测的精度，但是无法衡量无偏性。

（三）平均预测误差

平均预测误差是指预测误差的和的平均值。用公式表示为

$$\text{MFE} = \frac{\sum_{t=1}^{n} (A_t - F_t)}{n} \tag{4-25}$$

式中，$\sum_{t=1}^{n} (A_t - F_t)$ 被称作预测误差滚动和（Running Sum of Forecast Error，RSFE）。如果 RSFE 和 MFE 的值都接近于零，那么预测模型是无偏的。所以说，MFE 能很好地衡量预测模型的无偏性，但是它不能反映预测值偏离实际值的程度。

（四）平均绝对百分误差

平均绝对百分误差用公式表示为

$$\text{MAPE} = \left(\frac{100}{n}\right) \sum_{t=1}^{n} \left| \frac{A_t - F_t}{A_t} \right| \tag{4-26}$$

MAD、MSE、MFE 及 MAPE 是几种常用的衡量预测误差的指标。但是在实际应用中，依靠单独一个指标很难全面地评价一个预测模型，往往要结合几种指标参考，评价模型的可靠性。

二、预测监控

关于预测的一个重要的理论基础是"不管过去、现在还是将来，一定形式的需求模式起着基本相同的作用"。然而，实际情况究竟如何呢？或者说，该模型过去能起到预测作用，现在是否仍然有效呢？这就需要依靠预测监控来了解。

检验预测模型是否有效，最简单的方法就是将最近的实际值与预测值进行比较，看偏差是否在可接受的范围以内；另一种办法是应用跟踪信号（Tracking Signal，TS）。跟踪信号是指预测误差滚动和平均绝对偏差的比值，即

$$TS = RSFE/MAD = \frac{\sum_{t=1}^{n}(A_t - F_t)}{MAD} \qquad (4-27)$$

式中各符号的意义同前。

每当实际需求发生，就计算一次跟踪信号。如果跟踪信号接近于零，说明预测模型仍然有效。所以在实际应用中，应设定一定范围的值，当跟踪信号在这个范围之内，说明预测模型可以继续使用。如果超出这个范围，就应该重新建立预测模型。

三、反馈

完成前面预测精度计算和预测监控工作之后，后续的工作就是建立适当的预测反馈回路，以此改善预测过程。反馈可以通过识别主要的误差来源改善预测准确性，如开发新技术、及时获取相关信息等。有的时候，越有可能产生戏剧性改善的，越有可能是复杂的预测技术，如计量经济学模型等。此外，通过关注管理活动本身，如有关价格变化、促销和包装变化等营销活动，在一定程度上，也能起到减少预测误差的作用。最后还需注意，在评估预测结果的时候，认识到从客观上讲不可能有完美的预测，也是很重要的。

第五节 综合计划

一、什么是供应链综合计划

第一节中提到，对于企业个体而言，需求预测是所有供应链计划的基础。在做出对需求的预测以后，企业要决定如何满足需求。这就涉及制定关于产能水平、生产水平、库存水平、外包和促销等决策。例如，企业是否应投资建立大型仓库以满足促销高峰时期的需求，在某商品的销售淡季应如何最大化利用闲置的生产线，等等。总的来说，供应链综合计划要回答这样一个问题：企业怎样才能最好地利用现有设施。

供应链综合计划的根本目的是制定出一段时间内各期的产能、生产计划、库存水平以及延期交货成本等各项策略，并制定出相应计划，以追求供应链整体效益的最大化。然而，每个企业在实施计划满足顾客需求的过程中，都会受到设备产能或劳动力等各方面的约束。能否在诸多限制条件下制定出高质量的供应链综合计划，将会对供应链整体的营利性产生重大影响。

供应链综合计划作为一个层次计划系统，包含了一系列的子计划，每一个子计划都需要决策，都对应着一个问题。因此，简单来说，供应链综合计划就是在诸多问题之间取得一个

平衡，使其维持在一个可以使供应链整体效益最优的状态，而这就需要对各种问题进行权衡。

二、供应链综合计划策略

如果制定供应链综合计划策略时，仅面临产能、库存和延期交货三个方面的问题，那么就需要综合计划人员必须在这三者之间进行权衡。要降低其中一项的成本，一般来说需要增加另外两项的成本。比如，要降低库存的成本，就要增加在产能和延期交货改善上的成本。所以，综合计划人员要取得整体成本的最优化，就应该在产能、库存和延期交货成本之间进行权衡。针对不同的具体情况，三种成本的水平有不同的相对水平，市场需求也是随着时间不断变化的。因此其中一项成本可以成为关键的杠杆，综合计划的制定就是调节这个关键杠杆来实现利润最大化。如果改变产能的成本较低，那么企业就可以更多地投入到生产的优化方面，而不用依靠建立仓库或者延期交货。如果改变产能的成本较高，那么企业应更多地投入到其他方面，比如增加库存或者将订单延期交货。

在这三项成本之间进行权衡，可以得到的三种不同的综合计划。资本的投入涉及劳动力数量、工作时间、库存、延期交货以及销售损失等，这些计划就是在以上要素之间进行权衡。实践过程中，综合计划人员一般会结合上述三者，制定混合式的策略。

（一）追逐策略——将产能作为杠杆

该策略强调根据需求情况调整自身产能，使产能与需求保持同步，即通过调整机器产能、员工数量等要素使生产与需求实现同步。实践过程中，由于短时间内很难改变产能和劳动力数量，所以通过该策略实现产需同步是比较困难的。相应地，在长期内实现产能和劳动力的改变是可能的，但实施的成本往往比较高，进而对工作人员的士气造成负面影响。在追逐策略下，供应链的库存水平较低，产能和劳动力数量的变动水平较高。因此，追逐策略适用于库存成本较高，而改变机器产能和劳动力数量成本较低的情况。

（二）柔性策略——将利用率作为杠杆

如果机器产能过剩（每周 7 天、每天 24 小时投入使用），那么劳动力在时间安排上就具有灵活性，则可以采用该策略。在这种情况下，劳动力数量固定不变，而工作时间具有活动的余地。调整工作时间使生产与需求保持一致便是该策略的核心思想。尽管该策略不要求在劳动力数量方面具有弹性，但是它避免了追逐策略中一些问题，尤其避免了改变劳动力数量调整产能的问题。在这一策略下，不但供应链的库存水平较低，同时机器设备的平均利用率较追逐策略也较低。因此，该策略适用于库存成本较高，而改变机器产能成本较低的情况。

（三）平衡策略——将库存作为杠杆

该策略下，机器和劳动力的产能保持不变的产出率，而产品不足或过剩导致库存水平随时间变化。在这种情况下，生产与需求并不同步，而是根据对未来需求的预测保留库存，或是将旺季的需求延期至淡季交货，但工作人员可以享受稳定的工作环境。该策略的缺点在于可能会累积大量的库存，而同时部分顾客的订单反而可能被延误。平衡策略下，产能保持相对较低的水平，且改变产能的成本也相对较低。因此，平衡策略适用于库存成本和延期交货成本相对较低的情况。

在实践过程中，计划人员最有可能采取的是以上三类策略相结合的定制化或混合化策略。

本章小结

第一节 需求预测概论

总结

需求预测是进行供应链计划的基础，其结果影响着每一个供应链节点的运作。本节介绍了需求预测的概念及其特点、步骤。

关键术语

预测 需求预测

第二节 预测方法

总结

需求预测的常用方法可分为定性预测和定量预测。定性预测的方法主要有：用户调查法、德尔菲法。定量预测的主要方法有：时间序列预测法和因果预测法。

关键术语

定量预测 时间序列法 因果预测法

第三节 时间序列预测法

总结

时间序列预测法是一类定量需求预测的常用方法，根据预测时对需求水平、需求趋势、季节性指数的考虑，可分为简单算数平均法、加权算数平均法、移动平均法、简单指数平滑法、霍尔特指数平滑法和温特指数平滑法。

关键术语

移动平均法 简单指数平滑法 霍尔特模型 温特模型

第四节 预测误差度量

总结

对预测误差的衡量，也是对需求预测绩效的考核。它可以用来检验预测数据与历史数据的吻合情况，也是判断预测模型能否继续使用的工具。

关键术语

平均绝对偏差 平均平方误差 平均预测误差 平均绝对百分误差

第五节 综合计划

总结

在对需求做出预测以后，企业要决定如何满足需求，即做出供应链综合计划。其策略将围绕产能、库存、延期交货成本三个方面展开。

关键术语

综合计划　追逐策略　柔性策略　平衡策略

问题讨论

1. 需求预测能对供应链管理起到怎样的指导作用？

2. 分析比较定性预测和定量预测法的特点及应用情景。

3. 如何通过预测误差来评价预测模型？

4. 已知某商品 2019 年 1—12 月的销售量如下表所示。要求：

（1）用加权算数平均法（权重如表中所示），计算 2019 年 11 月、12 月及 2020 年 1 月的预测销量。

（2）用移动平均法（分别取 $N=4$ 和 $N=6$），计算 2019 年 11 月、12 月及 2020 年 1 月的预测销量。

（3）比较上述两种方法，评价哪一种方法较好。

月份	1	2	3	4	5	6	7	8	9	10	11	12
销量	50	45	67	53	64	59	48	52	53	60	55	58
权重	1	1	1	1	1	1	2	2	2	2	2	2

5. 某汽车生产企业 2010 年至 2019 年的产量如下表所示，用简单指数平滑法预测 2020 年的汽车产量。（取 $\alpha=0.2$）

年份	2010	2011	2012	2013	2014	2015	2016	2017	2018	2019
产量/万辆	25	22	31	38	35	42	40	32	28	25

客观题

1. 列出需求预测的步骤。

2. 比较时间序列预测法和因果分析法各自的优劣势。

3. 有哪些时间序列预测方法？分别适用于什么情况？

4. 简述供应链综合计划的策略。

第五章　供应链生产计划与控制

📖 **本章学习目标**

1. 了解供应链管理环境下的生产计划与控制的特点。
2. 掌握供应链管理环境下的生产计划与控制系统模型与协调机制。
3. 能够应用约束力理论等思想对供应链生产与控制的过程进行改善。

✂ **导入案例**

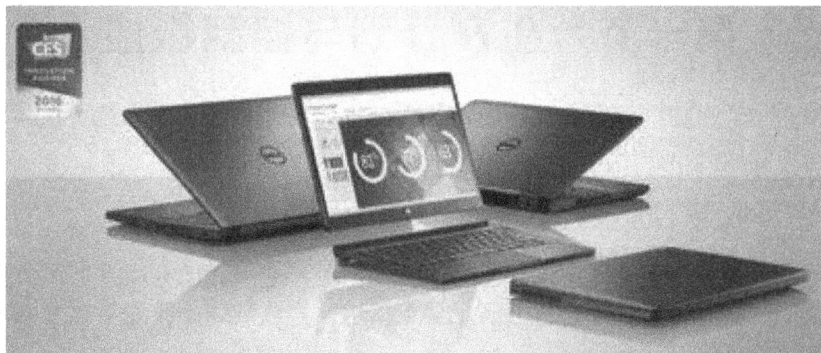

　　近年来，在全球计算机市场不景气的大环境下，戴尔公司却始终保持着较高的收益，并且不断增加市场份额。戴尔公司的成功源于其将先进的管理思想用信息技术在企业中的实现。

　　戴尔公司有一套较完善的 12Tradematrx 套件，它包括供应商关系管理、供应链管理、客户关系管理几个特殊应用模块，而供应链管理中的工厂生产计划更是发挥了很大的作用，它使戴尔公司的市场反应很快，能够每 3 天就做一个计划，并能实现自己基于直销方式的及时生产（JIT）。

戴尔公司在进行供应链管理中，体现了协调合作的思想，他们几乎每天都要与上游主要供应商分别交互一次或多次。在生产运营中，客户的需求有所变动时，戴尔公司也能很快反应，通过与供应商的协调合作进行调整。由于戴尔公司与供应商之间没有中间商的阻隔，所有来自客户的最新的消息都被以最快的速度及时反馈给供应商，以便供应商据此调整自己的生产计划。从接到订单开始，戴尔公司就快速反应，根据订单制定生产进度计划，并将物料需求信息传达给自己的供应商或者自己的后勤供应中心，并给工厂下达基于供应商的生产进度计划表，而供应商和后勤供应中心在指定的时间准时将材料运送到工厂，从而实现自己的实时生产。

戴尔公司的生产计划信息模块在最初就集成了五个方面的应用，并体现了企业对信息的实时跟踪与反馈。通过企业的工程材料加工和成本跟踪（EMPACT）的应用，跟踪企业的小批量订单，并将信息传入企业的运行数据仓库（ODS），它实时地支持生产决策，这主要是因为库中汇集了各种数据，并集成了历史数据用以预测分析。而同时，企业的订单管理系统将订单信息发给加工工厂，而加工进度跟踪编码系统会创建一个唯一的标签号，用以对订单的完成情况进行实时追踪。运行数据仓库与加工进度跟踪系统之间也不断进行信息数据的交换，两者也将生产的报告传至工厂的管理部，而它们同时会将调整的生产计划传回加工进度跟踪系统中。在整个信息系统中能够实现对订单的实时跟踪反馈，使企业的生产更符合最终客户的需要，从而使生产更加有效。

生产流程的规范性与信息技术的有效使用，使得戴尔公司的生产计划更贴近市场的需求，从而减少库存，提高企业的竞争力。

资料来源：CNKI: SUN: YHJS. 0. 2003 - 38 - 031

第一节 生产计划与控制概述

大到汽车，小到纽扣，其生产过程无不体现着生产计划与控制的思想。在本节中，首先对生产计划与控制做简单介绍。

一、什么是生产计划与控制

生产计划是为实现经营目标，并有效地向顾客提供高质量产品和服务而进行的一系列过程。一个企业如何在有限的资源条件下满足期望需求并实现利润是企业对这一系列过程进行严密计划与控制的目的。

相对应的，生产控制的对象是整个生产过程，该过程包括资金、设备、信息和人等要素。由于内外部环境的动态性，使得这些要素不断变化，另外，这些要素还遍布生产活动的各个环节和不同部门，因此，生产计划与控制是企业日常经营与管理的核心活动。

生产计划与控制的主要目的有两个：一个是解决生产过程中的流动问题，包括物资流动和产品流动；另一个是解决企业在利用生产能力和生产资源时出现的问题。到目前为止，已经有许多技术手段和信息系统被应用到生产计划与控制的过程中。

二、生产计划与控制思想的发展

在供应链管理环境下，生产计划与控制也应时而变。本节以计算机在生产管理过程中的发展与应用为分界点，将其发展过程分为两个阶段：传统阶段（计算机被大规模应用到生产管理过程之前）和快速发展阶段（计算机被大规模应用到生产管理过程之后）。

（一）传统阶段（20 世纪 80 年代以前）

在计算机产生及用于管理之前，企业主要运用甘特图及网络计划技术来编制计划，主要依靠经验或是"催""促""督""查"等较粗放的控制模式，这些方法大多准确性低，效率也不高。

（二）快速发展阶段（20 世纪 80 年代以后）

计算机技术的不断精进，使得越来越多的先进管理思想被应用到生产计划与控制中。目前企业主要依据以下思想和原理来制定生产计划。

1. MRP/MRP Ⅱ/ERP

（1）物料需求计划（Material Requirements Planning，MRP）用来辅助对从属性需求的库存进行管理。解决了何时需要，需要什么，需要多少的问题。具体流程为：通过产品出产的时间和数量计划，根据工序顺序反推出所有零部件的投入产出时间和数量，进而确定各个环节、各项需求等所需要的时间和数量，由此围绕物料的转化组织制造资源，实现准时生产。

（2）制造资源计划（Manufacturing Resource Planning，MRP Ⅱ）是在 MRP 系统基础上发展起来的一种更为完善和先进的管理思想和方法。它通过对物料、成本和资金的计划与控制，对物料流动和资金流动信息的集成，以及对财务和成本的分析，来控制和指导物流业务，从而形成一个完整的生产经营信息化管理系统。

（3）企业资源计划（Enterprise Resource Planning，ERP）是 MRP Ⅱ 系统经过扩充与进一步完善发展而来的。它与 MRP Ⅱ 一脉相承，其核心的闭环思想保持不变，两者的生产方式是"推动式"生产。但 ERP 系统站在更为广阔的视角——全球市场环境下，从企业全局角度对生产与经营进行计划，是制造企业的综合集成经营系统，在目前企业生产管理系统中占有很大市场。

2. JIT

准时生产方式（Just in Time，JIT）是日本丰田汽车公司在 20 世纪 60 年代实行的一种生产方式，主要通过控制零件的数量、时间等来缩短提前期，减少在制品库存，并不断改进，以此消除浪费。具体做法是将必要的零件以必要的数量在必要的时间送到生产线，并且只将所需要的零件、只以所需要的数量、只在正好需要的时间送到生产。

3. OPT/TOC

（1）最佳生产技术（Optimized Production Technology，OPT）吸收了 MRP 和 JIT 的长处，主要运用相应的管理原理和软件系统，来增加产销率、减少库存。其思想主要包含两个方面：一是实现物流同步化，缩短生产周期，减少在制品；二是将精力集中在控制生产瓶颈环节上，该环节决定了其他非瓶颈环节的生产安排。OPT 的计划与控制主要通过鼓－缓冲－绳子（Drum－Buffer－Rope）方法来实现。

（2）约束理论（Theory of Constrains，TOC）是 OPT 技术的发展和延续，其主要思想是增加产销率而非传统的减少成本，其目的是寻求各种条件下生产的内在规律。把企业看作是一个整体系统，覆盖企业管理的所有业务职能领域，从整体效益出发来考虑问题。

显而易见，传统的生产计划在生产中心、决策主体等方面存在一些局限。

①需求预测和需求管理独立进行。

②以企业自身的物料需求为中心展开，受单个企业的资源能力约束。

③原材料和外购零部件的管理缺乏战略观念，与供应商的供应物流协调不畅。

④计划的制定没有考虑供应商和分销商的能力。

实际上，在目前的市场环境中，没有一个企业能够独立生存，大多企业都需要根据其他相关的目标主体来进行决策。针对这种需求，供应链管理思想应运而生。显然，供应链上任何一个节点企业的生产计划都会影响其他企业的决策。因此，企业的生产计划与控制不但要考虑本企业内部的业务流程，更要从供应链的整体出发，进行全面的优化控制。

传统计划中以物料需求为中心的生产模式已经不适应目前的市场环境，只有跳出这种界限，以用户需求为导向，与供应商加强信息共享与协调，才能更好地面对瞬息万变的市场环境，快速获得柔性敏捷的市场响应能力。

三、传统的生产计划与控制模式和供应链管理思想

20世纪90年代以来，供应链已成为管理科学在生产系统领域最具挑战性的理论与应用工作[1][2]。传统的生产计划与控制模式大多是以顾客需求驱动为中心而展开的，只有建立面向供应链管理的生产计划与控制系统，企业才能真正从传统的管理模式转向供应链管理模式。

想要灵活高效地运用供应链思想为企业生产服务，就必须先了解传统的生产计划与控制模式和供应链管理思想的不同。其目的就是要找出传统的生产计划与控制模式和供应链管理思想不相适应之处，从而提出新的适应供应链管理的生产计划与控制模式，为供应链管理运行机制的建立提供保证。

传统的生产计划与控制模式和供应链管理思想的差异如表5-1所示。

表5-1 传统的生产计划与控制模式和供应链管理思想的差异

差异	现行生产计划与控制模式	供应链管理思想
决策信息来源	需求信息（用户订单、需求预测）和资源信息	多源信息（企业内部、供应商、分销商和用户）
决策模式	集中式决策	分布式、群体决策
信息反馈机制	链式反馈，按组织层级递阶	网络化管理，并行化信息传递
计划运行环境	相对固定的市场环境，计划缺乏柔性	不确定、动态性的市场环境，计划具有柔性和敏捷性

（一）决策信息来源

信息是生产计划制定的基础和依据，尤其是基础数据的获取，对生产计划的制定具有重要参考意义。在传统的生产计划系统中，信息主要来自两个方面：一是需求信息，即用户订单信息和需求预测信息；二是资源信息，这种类型的信息是生产计划决策的约束条件。综合

---

① Maloni M J, Benton W C. Supply chain partnerships: opportunities for operations research. European Journal of Operational Research, 1997, 101 (3): 419 – 429.

② Thomas D J, Griffin P M. Coordinated supply chain management. European Journal of Operational Research, 1996, 94 (1): 1 – 15.

二者得出生产计划的需求信息，从而为企业整体计划提供参考和依据。

在供应链环境下，资源信息不仅来源于内部，还来自供应商、分销商和用户，因此，具有多元性的特点。

（二）决策模式

在传统的生产计划系统中，大多为集中式决策，以此为计划提供支持。

在供应链环境下，决策模式是分布式的，是一个群体决策的过程。具体表现如下：在立体式的供应链网络中，有许多位于不同节点的企业，这些企业地位相同，每个节点企业有暂时性的监视权和决策权，且他们的决策受其他节点决策的影响，当其中一个企业的计划有变动时，那么其他企业也需要做出相应的调整和改变。

（三）信息反馈机制

在传统的生产计划系统中，信息从企业内部一个部门流向另一个部门，平行传递，从底层向高层垂直反馈，是一种与组织结构平行的信息传递模式。

在供应链环境下，不同的工作团队组成了多代理的组织模式，这削弱了传统的权利层级结构，而表现出网络化结构特征。信息沿着这个网络结构（供应链不同的节点方向）传递，并且为了保证供应链的同步化运作，供应链企业之间的信息交互频率也比传统的企业信息传递频率大得多，是一种并行化信息传递模式[①]。

（四）计划运行环境

在传统的生产计划系统中，MRP Ⅱ基本上是以固定的环境约束变量应对不确定的市场环境，在提前期和生产计划量方面缺乏柔性。

在供应链环境下，生产计划大多是按订单制造（MTO）而非按库存制造（MTS），这种生产模式动态性更强。另外，供应链环境下的生产计划与控制更多地考虑到了市场的不确定性和动态性因素，生产计划具有更高的柔性和敏捷性，以使企业能及时对市场做出快速响应，提高企业竞争力。

第二节　供应链管理中
生产计划与控制的特点

与传统生产计划与控制相比，供应链管理思想下，生产计划与控制面临着新的问题，也具有一些新特点。

一、供应链管理环境下的生产计划过程

（一）供应链环境下的新问题

供应链管理环境下，核心企业和其他战略合作企业在信息流、资金流、物流等方面的联系更加紧密。相对应的，在制定生产计划的过程中，主要面临以下三个方面的问题，如表 5 - 2 所示。

---

① Lee H L, Padmanabhan V, Whang S. Information distortion in a supply chain: The bullwhip effect. Management Science, 1997, 43 (4): 546 - 558.

表5-2 供应链管理环境下生产计划面临的问题

问题	问题含义
柔性约束	• 柔性是供需双方共同制定的一个合同要素 • 企业必须选择一个在已知的需求波动下最为合理的产量 • 供应链是首尾相通的，企业在确定生产计划时还必须考虑上游企业的利益
生产进度	• 供应链上游企业的供应要基于下游企业的生产进度完成情况 • 供应链下游企业的计划调整需要考虑到上游企业的生产进度
生产能力	• 企业在编制生产计划时有必要考虑上游企业的生产能力

（二）生产计划制定过程的新特点

在供应链管理模式下，生产计划的制定过程有了较大的改观，在原有的生产计划制定过程的基础上增添了新的特点[1][2]。

1. 强调纵向和横向的信息集成

（1）纵向指下游向上游的信息集成，横向指生产相同或类似产品的企业之间的信息共享。

（2）上游企业承接订单的能力和意愿反映到下游企业的生产计划中，共同以双方的信息为依据滚动编制计划，以保持生产活动同步。

（3）外包决策和外包生产进度分析集中体现在横向集成中。

2. 凸显了能力平衡在计划中的作用

（1）能力数据为主生产计划和投入产出计划的修正提供依据。

（2）能力数据是外包决策和零部件（原材料）急件外购决策的依据。

（3）在主生产计划和投入产出计划中所使用的上游企业能力数据，反映了其在合作中所愿意承担的生产负荷，从而为供应链管理的高效运作提供了保证。

（4）对本企业和上游企业的能力状态进行实时更新，提高生产计划的可行性。

3. 计划的循环过程突破了企业的限制

信息流跨越供应链上下游企业，从而形成了新的信息流闭环。

（三）生产控制的特点

供应链环境下的生产控制需要更多的协调机制（企业内部和企业之间的协调），其内容包括以下四个方面[3]。

1. 生产进度控制

（1）目的在于依据生产作业计划，检查零部件的投入和产出数量、出产时间和配套性，保证产品能准时装配出厂。

（2）由于协作生产和转包业务增加了控制难度，因此有必要对生产进度信息进行跟踪反馈。

---

① 陈志祥，汪云峰，马士华. 供应链运营机制研究——生产计划与控制模式. 工业工程与管理，2000（02）：22-25.
② 晏斌，胡吉. 供应链环境下生产计划的协调制定研究. 现代制造工程，2007（07）：25-28.
③ 陈志祥，汪云峰，马士华. 供应链运营机制研究——生产计划与控制模式. 工业工程与管理，2000（02）：22-25.

2. 供应链的生产节奏控制

（1）供应链的同步化计划有助于保证供应链上各节点企业以及这些企业内部各部门之间步调一致。

（2）严格控制供应链的生产节奏有助于提高供应链的敏捷性。

3. 提前期管理

（1）提前期管理有助于快速响应用户需求。

（2）缩短提前期、提高交货期的准时性可保证供应链获得柔性和敏捷性。

4. 库存控制和在制品管理

（1）多级、多点、多方管理的库存策略可提高供应链库存管理水平，降低制造成本。

（2）供应商管理库存（VMI）、基于 JIT 的供应与采购、联合库存（Pooling）等模式都能有效降低库存。

二、TOC 的应用

计划优化是供应链企业在计划工作过程中需要考虑的重要问题。其中，用的比较多的方法有约束理论、线性规划、网络计划模型等。本节将通过具体算例说明约束理论的应用。

TOC 理论是以色列管理大师古德拉在 20 世纪 80 年代提出的，在 20 世纪 90 年代逐渐形成更加完整成熟的体系。该理论要求企业要把有限的资源投入最紧要的环节，强调决策沟通与协作，以此协调优化整个生产系统。该思想目前被企业广泛应用于生产管理中，是供应链管理环境下生产计划与控制协调的重要优化方法。TOC 理论主要分为五个步骤。

步骤 1：确定系统的约束条件。

步骤 2：决定如何挖尽制约因素的潜能。

步骤 3：让其他资源都服从于前面的决定。

步骤 4：提升系统约束资源的能力。

步骤 5：如果在以上各步中，约束资源不再是约束资源，则回到步骤 1，不要让同一个问题一次又一次成为系统的约束条件。

例 5-1：一家特色包子店，销路很好，供不应求。日常生产情况如下：每个包子 2.5 元，其中原料 1.5 元，但每天打烊后，一些没卖完的半成品就要报废，这部分占一天原料价格的 5%。包子店每天经营 12 个小时，从早上 7 点到晚上 7 点，每天营业。除店长、收银台和服务环节外，制作流程每班有 3 名员工，每天 1 班 12 小时，员工隔天轮休。包子店每个月的营运费为 18400（包括房租、水电、人员工资等）。包子制作以手工和常规设备生产，手工是该店特色，一般难以在短期内快速掌握某些技能。整体生产流程如图 5-1 所示。

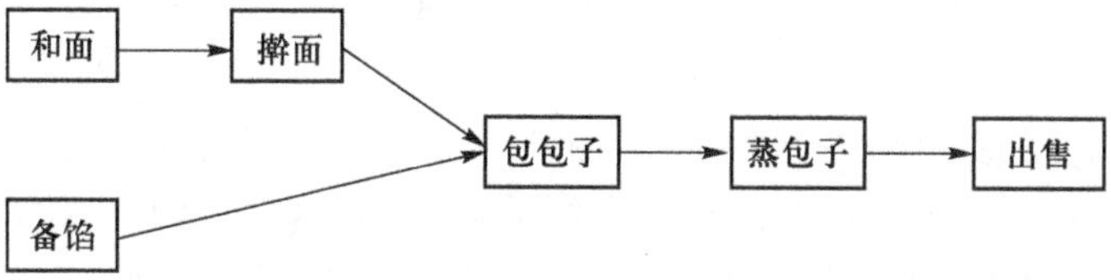

图 5-1 包子店生产流程图

目前包子店每天能卖 1200 个包子，则该店利润是多少？

按 TOC 思想进行计算：

利润 = 有效产出 − 营运费 = [2.5 − 1.5 × (1 + 5%)] × 1200 × 30 − 18400 = 14900(元)

为了实现店面的进一步发展，现需短期内把利润提高一倍，但营业时间仍保持不变，且不能大规模投资，不能扩大店面，不能增加设备人力等。

步骤1：确定系统的约束条件。

测出每个工序的单位时间产能（小时/份），并标注在生产工序产能图中，如图5−2所示。显然，包包子工序是制约因素，即瓶颈因素。

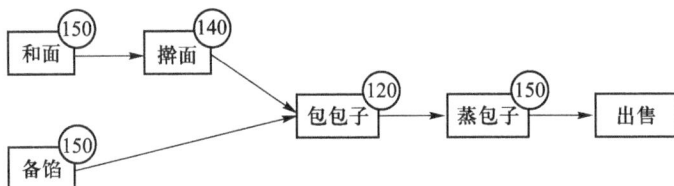

图5−2 包子生产工序产能图

步骤2：决定如何挖尽制约因素的潜能。

如果按每小时120个的瓶颈产能，一天可以产出1440个包子。假设做出的所有包子都可以卖出，而目前的实际情况是每天只能卖1200个包子，比原设想的少卖240个，那么问题出在哪里？其中一个原因可以很明显观察到：处于这些工序岗位的员工除了制作包子外，还需一部分时间来吃饭、休息、做开工和收工准备等，这部分时间经测算大约是1.5小时。而且这些活动都是无法避免的，但可以想办法弥补这部分时间，如可以找人顶班。本例中恰好店长具备这项技能，而且店长也正好能腾出1.5小时的时间来做临时替补。

这样一来，就挖掘了制约因素的潜能，但事实上即使采取了这样的措施，也只能卖到1300份。因为即使瓶颈工序12小时都不缺人，还是会出现由于前置工位缺陷而导致后续工序缺料问题等，如"擀面""和面"或"备馅"，或多或少地会出现一小会儿的产出不足，都有可能会使下一道工序停工。总的来说，至此，通过店长顶班，已经可以多销售100份，增加的利润为[2.5 − 1.5 × (1 + 5%)] × 100 × 30 = 2775元。

步骤3：让其他资源都服从于前面的决定。

要迁就瓶颈资源、挖尽它的潜能，就要解决瓶颈资源缺料问题。较为常用的是在瓶颈前设置一个工作堆，即"缓冲"（Buffer），这样就能确保前面工序的短暂中断不会导致瓶颈处也停工。设置了缓冲之后，它前面的工序除了要满足正常生产，还要为它准备缓冲。因此，前面工序的产能就必须大于瓶颈，否则无法为缓冲备料。有了这样一个缓冲后，每天的销售量就能达到1440个，比1300个又多了140个，可增加利润为[2.5 − 1.5 × (1 + 5%)] × 140 × 30 = 3885元。

缓冲具体是怎样设置的呢？一般可将缓冲分为三个区域（缓冲管理），由上至下分别标记为绿色、黄色和红色，如图5−3所示。当缓冲降低到黄色区域时，就开始投料；降低到红色区域时，前置工序需要赶工；超过绿色区域，则停止投料。此外，每道工序还要遵循一个原则：有料来时尽快做，没料时原地等一等。如此一来，就可以减少原料损失，按照案例中5%的损失计算，相当于可增加原料价收益为1.5 × 5% × 1440 × 30 = 3240元。

步骤4：提升系统约束资源的能力。

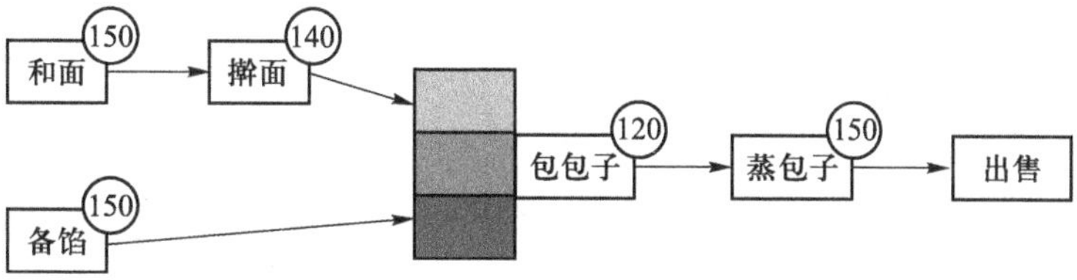

图 5-3　瓶颈工序缓冲设置图

在这一步中，需要为制约因素松绑，即需要提高瓶颈生产率，达到每小时制作 130 个包子。可采取这样一个思路：让其他人来做瓶颈部分的工作，这样一来，瓶颈的单位时间产出就增多了（实际上，还有另外一个思路，就是再投资一条包子生产线，但这个方法需要各种诸如场地、工人等资源，且投资回报率不确定，因此选用第一个思路）。这里，为了把瓶颈处（包包子工序）工作分出来，增设一个前置工序，交由备馅工序做。但由于备馅工序做这项工作不如原来由瓶颈工序做那样熟练，所以耗费时间相对较多，因此备馅和前置工序相加，每小时产出从 150 份降为 140 份，如图 5-4 所示。

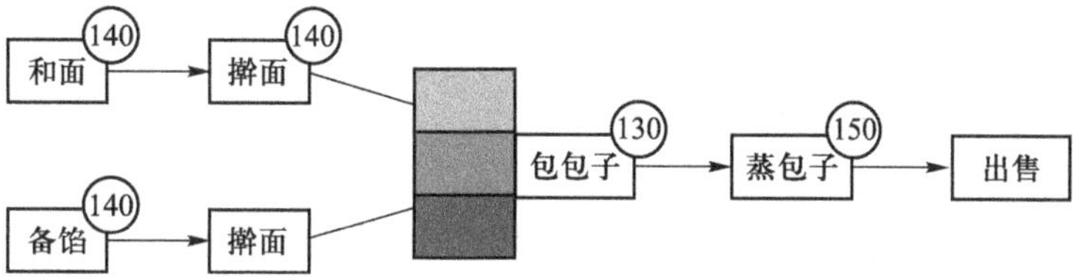

图 5-4　增设前置工序图

至此，整个系统的利润又增加了 $(2.5-1.5) \times 10 \times 12 \times 30 = 3600$ 元。

因此，每月的纯利润增加了 $2775 + 3885 + 3240 + 3600 = 13500$ 元。

经此优化，已实现了案例的改善目标，并且没有增加投资或涨价。

步骤 5：如果在以上各步中，约束资源不再是约束资源，则回到步骤 1，不要让同一个问题一次又一次成为系统的约束条件。

在成功完成前四步后，绝不能松懈，还要从头开始，看看是不是产生了新的制约因素，需要持续改进。另外，本例中设定为理想情况，即生产多少卖多少，但在现实中，这种情形并不多见。因此，本例只是提供这样一个五步骤的思路，在现实情境中，还需结合具体情况进行具体方案分析，但五步骤思路仍是可取的。

第三节　供应链管理中生产计划与控制系统模型构建

一、生产计划与控制总体模型建设构想

在集成化供应链概念出现之前，较完善的理论模型是一个三级集成计划与控制系统模型，即把主生产计划、物料需求计划和作业计划三级计划与订单控制、生产控制和作业控制三级控制系统集成一体。但集成化供应链思想的出现，对该模型有了以下几个方面的新

拓展。

（一）几个概念的新拓展

1. 对资源（Resource）概念内涵的拓展

传统的 MRP Ⅱ 只局限于企业内部的资源，因此 MRP Ⅱ 的核心是 MRP。而在供应链管理环境下，资源渠道和资源空间都有了较大的拓展。首先，资源渠道不再单一，涵盖了内部资源和外部资源。其次，资源优化的空间从企业内部扩展到企业外部。因此，供应链管理环境下的资源管理需要对供应链整体进行优化考虑。

2. 对能力（Capacity）概念内涵的拓展

在 MRP Ⅱ 系统中，生产能力作为企业资源的一种，常出现企业内部能力需求问题或企业内部能力平衡问题。而在供应链管理环境下，资源的范围和资源能力的利用范围都被扩展到供应链系统全过程中。

3. 对提前期（Lead Time）概念内涵的拓展

提前期是指制造商获得顾客订单到完成订单的时间。在 MRP Ⅱ 系统中视其为静态固定值。而在供应链管理环境下，更强调交货期而非提前期的固定与否，即供应链管理强调准时：准时采购、准时生产、准时配送。

（二）生产管理组织的新模式

在供应链管理环境下，生产管理表现为以团队工作为组织单元的多代理制，体现出开放性特征。一方面，企业内部是基于多代理制的团队工作模式；另一方面，在供应链中，企业之间合作生产，企业生产决策信息通过 EDI（Electronic Data Interchange）/Internet 实时传递，而企业也在 Internet 上建立一个合作公告栏，实时地与合作企业进行信息交流。

（三）生产计划信息的新变化

（1）开放性：用于决策的信息资源是开放多源的，不仅来自企业内部，还来自企业外部，并且企业之间也进行共享。

（2）动态性：模糊的提前期和模糊的需求量要求生产计划具有更多的柔性和敏捷性，生产计划信息随市场需求的更新而变化。

（3）集成性：集成了供应商、分销商甚至消费者和竞争对手的信息。

（4）群体性：企业的生产计划制定是一个群体协商决策过程，即企业不仅需要考虑自身能力和利益，还要考虑合作企业的需求和利益。

（5）分布性：信息源在空间上是分布的，不仅跨越部门和企业，有的甚至实现了全球化。通过各种信息分享工具进行有机集成与协调，确保供应链活动同步进行。

二、生产计划与控制总体模型构建

从图 5-5 模型中可以看出，在供应链管理环境下，供应商、零售商、分销商及核心企业之间的信息被集成起来，共同作用于企业生产计划与控制。

步骤 1：核心企业与供应商、零售商和分销商通过 EDI/Internet 进行信息共享、信息集成和数据交换。

步骤 2：核心企业在接收到相关信息后，决定采取何种生产方式。一种是自行生产，另一种是外包给合适的供应商进行生产。

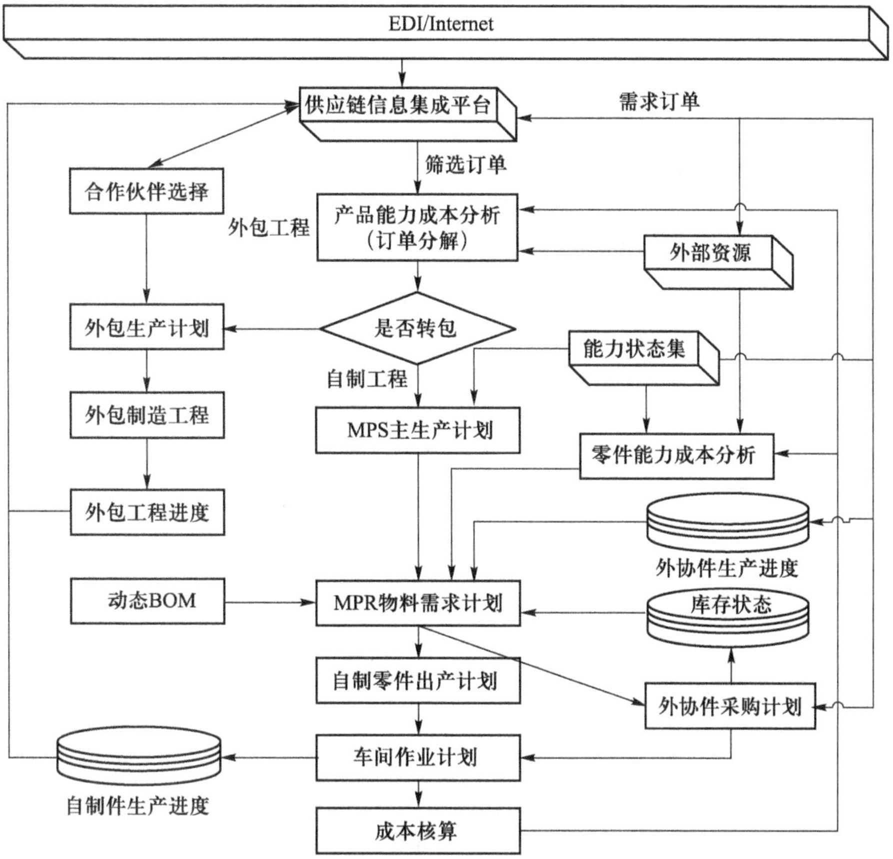

图 5 – 5　供应链环境下生产计划与控制总体模型[①]

步骤 3：若采取自行生产方式，则企业首先结合自身具体情况制定主生产计划。接下来，在 MPS、外协件生产进度和 BOM 的基础上生成 MRP。再据此生成车间作业计划，并进行成本核算。最后，在以上流程基础上得到的信息将被返回到成本分析处，另外自制生产进度的信息也将被反馈到供应链信息集成平台上，传递给上下游企业。

步骤 4：若采取外包生产方式，则外包企业在接受生产任务后，在整个生产过程中将其生产计划信息和生产进度信息等反馈到供应链信息集成平台上，传递给核心企业。

步骤 5：由物料需求计划、外协件库存状态共同生成外协件采购计划，并将这些信息反馈给外协件供应商，供应商据此修改外协件生产进度。

步骤 6：实时的商品库存状态数据生成动态的产品销售计划，将这些实时信息集成到供应链信息集成平台上，进行生产监控与调整，并将其以最快的速度反映到企业生产计划中去。

在供应链环境下，企业生产计划的制定受供应商供货能力的影响，而当市场需求发生变动时，企业需要做出相应调整，并及时反馈给上游供应商，以此减少需求变动导致的波动蔓延。结合上述总体模型流程分析，可以看出，该模型实现了信息化基础上的实时监控和调整，将上下游企业的信息深入到计划的每一个环节，使生产计划与控制系统能更符合客户需

---

① 陈晓红，邹湘娟，周艳菊. 供应链管理环境下的生产计划与控制. 中国计算机用户，2003（38）：45–46.

求，也更适应复杂多变的市场需要。

三、生产计划与控制总体模型应用：来自飞思卡尔的实践

飞思卡尔半导体（Freescale TM Semiconductor，原摩托罗拉半导体部）是全球领先的半导体公司，目前，主要为汽车、网络、无线通信、工业控制和消费电子等行业提供产品。飞思卡尔在全球 30 多个国家开展设计、研发、生产和销售业务。

飞思卡尔半导体天津封装测试厂是飞思卡尔半导体公司在全球的一个重要的生产基地。它拥有从晶粒测试、焊接、化学清洗、封装、切割成形、电镀、印字、测试、目检至包装的多道工序。作为中国最大的知名国际一体化半导体制造厂，飞思卡尔半导体天津厂承担了全公司 50% 的晶粒测试和 30% ~40% 的后段封装测试工作。

飞思卡尔在中国多个城市有分支机构，销售分支遍布热点城市。在苏州、上海、天津和北京有研发机构。近年来，飞思卡尔还协办全国大学生"飞思卡尔"杯智能汽车竞赛。

图 5-6 所示为飞思卡尔的组织结构。

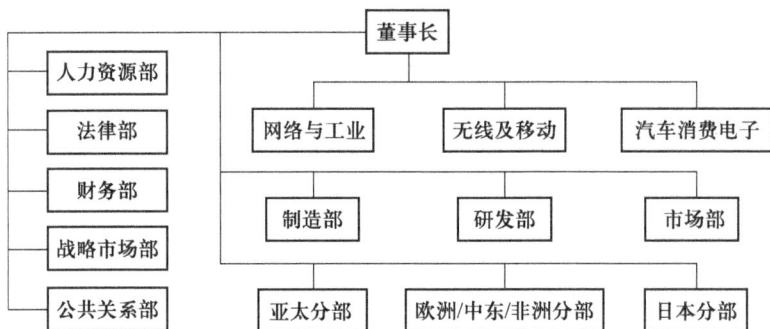

图 5-6　飞思卡尔组织结构图

如何做好生产计划管理工作，适应快速变化的市场，成为飞思卡尔亟待解决的问题。下面结合飞思卡尔半导体公司天津工厂的相关情况，对供应链环境下的生产计划与控制体系进行分析。

（一）供应链管理下飞思卡尔公司的计划管理体系结构

如图 5-7 所示，飞思卡尔的供应链管理体系呈金字塔结构，共分为三个层级：战略分析层、计划与决策支持层和运营及具体事务执行层。这三个层级在供应商、制造商和客户的基础上共同构成了公司的供应链管理体系。

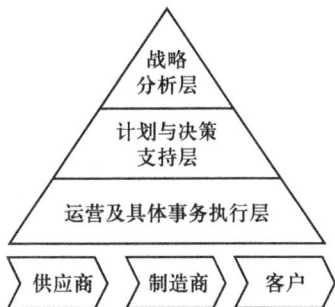

图 5-7　飞思卡尔供应链管理体系层级图

（1）战略分析层：位于供应链计划体系的最高层，对其他各个层次起指导作用。它主要负责企业的战略规划，其中包括企业的研发计划、生产计划、销售计划等，尤其在财务和经济效益方面做出规划和指导。

（2）计划与决策支持层：位于中间位置，主要目标是平衡生产率、控制库存量和未结订单量等。它包括了主生产计划，各工厂的计划与控制，需求预测和供需匹配，还包括了供应商的计划。这一层通过主生产计划来调节将要生产、采购的物料量和在制品量。

（3）运营及具体事务执行层：位于供应链计划体系的

最底层，主要负责计划的执行，关注整个生产过程中的具体事务，包括分销、原材料获得等活动。

飞思卡尔公司专门设立了供应链管理部门，该部门隶属于总公司的制造事业部。它就是图 5-7 中的计划与决策支持层。该部门主要负责对公司内部工厂、晶圆代工厂（Foundry）和封装测试代工厂（Subcontractor）的全球生产计划与控制进行管理。图 5-8 是供应链管理部门的组织结构图。

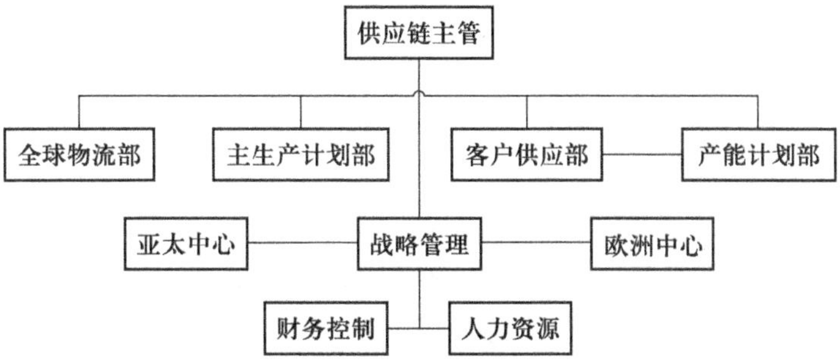

图 5-8　飞思卡尔供应链管理部门组织结构图

从图 5-8 中可以看出，该供应链管理部门在整个体系中起着承上启下的作用，在结构上体现了计划与决策支持层的管理思想，实现了从需求预测到具体生产计划与控制的转换。

（二）飞思卡尔公司总生产计划与控制流程

图 5-9 展示了飞思卡尔公司总计划流程。

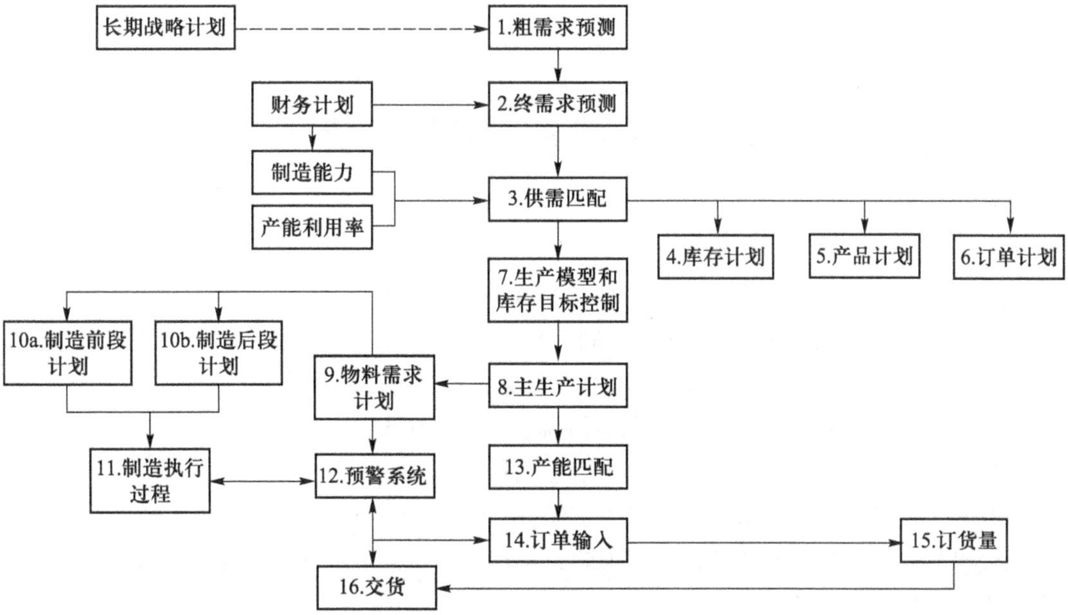

图 5-9　飞思卡尔公司总生产计划流程

（1）战略计划部门：主要负责资本投入，该部门以可扩展的制造能力为依据，并间接地影响订单履行。

（2）销售计划部门：确定何时何地减少剩余产能或应用富余资本投入扩大再生产。

（3）主生产计划部门：一方面以当前产能为依据，决定产品品类和数量，并决定交货期；另一方面，利用主生产计划驱动产成品自动转移，并影响物料需求。

（4）制造计划过程：一方面监控工厂的输入输出，平衡产程；另一方面在供应链管理部门提供信息的基础上，设置生产顺序的优先级。

（5）销售订单管理部门：以客户需求为导向，结合库存及在制品状态，最大限度满足客户需求，同时为客户提供交货状态。

（6）物流部门：及时准确地输送生产过程中的原材料、在产品和产成品等，以此确保生产过程的连续，及满足客户需求。

（三）R/3 生产计划系统在公司的应用

飞思卡尔公司目前应用 SAP R/3（Systems Applications and Products in Data Processing）系统来进行生产计划与控制管理。它是一个基于 B/S 架构的开放集成的企业资源计划系统软件，支持多公司间的业务处理，其功能多样，范围广阔，集成了企业财务、后勤（工程设计、采购、库存、生产销售和质量等）和人力资源等各个方面。

（1）R/3 将销售订单的需求量转换至主计划，新的客户需求量立即显示在主计划员面前。这是保证按时发货的最快途径。

（2）所有存货消耗量及货物入库事务处理同步地过账到总账科目。

（3）生产成本中心及时从生产作业活动得到贷方金额。分配到生产成本采集点的成本是同步发生的。任何时候都可以联机得到与生产有关的最新成本信息。

（4）R/3 优化并贯穿设计、销售、生产、分配和成本核算的工作流程。

第四节　供应链管理中生产系统的协调机制

一、协调控制机制与模式

供应链管理中生产系统的协调机制有以下两种划分方法。

（1）按协调职能的划分，可分为不同职能活动之间的协调与集成（生产－供应、生产－销售、库存－销售等协调）、同一职能不同层次活动的协调（多工厂协调）。

（2）按协调内容的划分，可分为信息协调、非信息协调。

另外，供应链的协调控制模式可分为以下几种。

（1）中心化协调。中心化协调是将供应链作为一个整体纳入一个系统，进而采用集中方法进行决策。这种协调模式忽视了代理的自主性，对不确定性的反应比较迟缓，很难适应市场需求的变化。

（2）非中心化协调。与中心化协调模式相反，这种协调模式强调代理的独立性，从而导致不能充分共享资源，且缺乏通信与交流，很难实现供应链同步化。

（3）混合式协调。在混合式协调模式下，各个代理既能各自独立运作，又能参与整个供应链的同步化运作，因此，该模式实现了独立性与协调性的协作统一。

二、供应链的信息跟踪机制

企业使用跟踪机制是为了保证对下游企业的服务质量，反过来说，服务跟踪机制能够为供应链提供协调辅助。其中，信息协调主要跟踪与反馈供应链上各个企业的生产进度，从而使整个供应链的生产过程达到协调优化。非信息协调主要采用 JIT 生产与采购、运输调度等来完善供应链运作的实物供需条件。

（一）跟踪机制的外部运行环境

供应链管理下企业间的信息集成主要从以下三个部门展开，如图 5 – 10 所示。

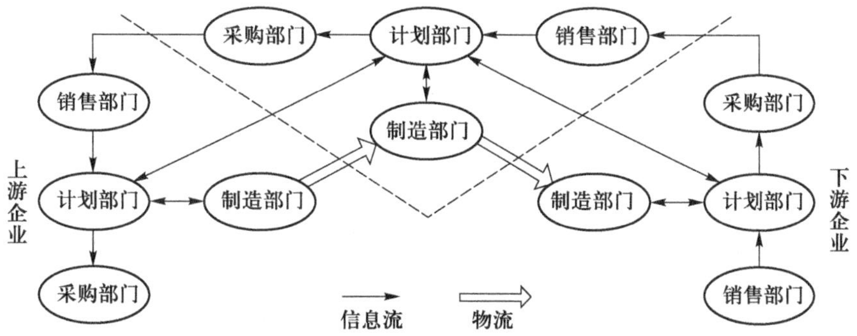

图 5 – 10 供应链跟踪机制运行环境

销售与采购部门：销售部门主要负责订单管理以及下游企业对产品的个性化要求；采购部门将需求信息以电子订单的形式传达给上游企业。

制造部门：主要负责产品生产、物资接收以及按计划供应配套件给下游企业。

生产计划部门：滚动编制生产计划；同时保证本企业对下游企业的供应与上游企业对本企业的供应。

（二）生产计划中的跟踪机制

订单建档：在接收到下游订单的基础上建立针对上游的订单档案。

订单分解：主要将订单分解为外包子订单和自制子订单。

订单规划：主要通过主生产计划规划子订单，一方面改变子订单在期限与数量上的设定，但另一方面保持子订单与订单的对应关系。

投入产出计划中涉及跟踪机制的步骤：子订单分解—库存分配—能力占用—调整—修正。

车间作业计划：在整个生产过程中不断地收集反馈订单生产数据，为跟踪机制流畅运行提供基础数据。

采购计划：按照子订单下达采购信息，子订单将采购和销售部门联系起来，并建立起了需求与生产间的关系。

（三）生产进度控制中的跟踪机制

生产进度部分的相应工作主要是在先前生产计划跟踪机制的基础上，在加工路线单中保留子订单信息。其中，优先保证客户供应，这需要保证子订单准时完工，因为子订单是订单的细化；修正订单相关计划记录，涉及每一个子订单，而且需要在精确实时的生产进度数据基础上进行修正。

以上内容是对协调机制的理论性阐述，想要在整个生产过程中实现各部门、各环节的协调，需要各个主体相互沟通，行动上协调一致。但实际上，它们往往各行其是，达不到理论上设想的效果，从而导致供应链协调不畅，整体生产效率低下。这其中还有很多其他原因，有文化上的，有制度上的，如果每个领域建立一套公平的绩效度量指标体系和相互衔接的跟踪机制，或许能够处理这些差异，从而促进不同部门间的交流沟通。下面以销售部门和生产部门为例，来说明目标和评价标准不同时，决策的差异性。

例5-2：现有X-Ⅰ、X-Ⅱ、X-Ⅲ三种型号的玩具小汽车，单位市场价为200元、150元、180元，假定市场可接纳供给的所有产品。三个加工中心A、B、C，加工这三种型号的玩具小汽车，如图5-11所示，每个加工中心所需的加工时间、物料成本（RM）等都显示在图中。注意每个加工中心都可以加工三种产品。那么到底应该生产哪种产品或哪些产品？

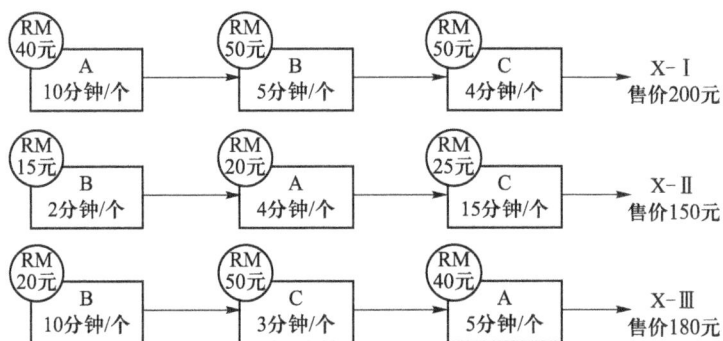

RM为添加的原材料、部件和零件，这里的加工中心A、B、C各仅有一个

图5-11 三种玩具小汽车的生产要求图

解：不同的目标可以得到不同的结论。

目标1：销售收入最大化。

销售收入最大化受限制性资源约束，具体计算如表5-3所示。

表5-3 销售收入最大化时的生产选择

产品	(1) 限制性资源	(2) 单位所需 时间（分钟）	(3) 每小时加 工件数	(4) 售价（元）	(3)×(4) 每小时的销售 收入（元）
X-Ⅰ	A	10	6	200	1200
X-Ⅱ	C	15	4	150	600
X-Ⅲ	B	10	6	180	1080

在本例中，销售人员不知道产品所需的加工时间，因此他们可能会以150元的销售价格努力销售产品X-Ⅱ。而当目标为销售收入最大化时，实际上应选择生产X-Ⅰ型小汽车。

目标2：单位毛利润最大化，具体计算如表5-4所示。

表5-4 单位毛利润最大化时的生产选择

产品	(1) 售价（元）	(2) 原材料成本（元）	(1)-(2) 单位毛利（元）
X-Ⅰ	200	140	60
X-Ⅱ	150	60	90
X-Ⅲ	180	110	70

由计算结果可知，单位毛利润最大为90元，即生产X-Ⅱ型小汽车。

目标3：总毛利润最大化，具体计算如表5-5所示。

表5-5 总毛利润最大化时的生产选择

产品	(1) 限制性资源	(2) 单位所需时间（分钟）	(3) 每小时加工件数	(4) 售价（元）	(5) 原材料成本（元）	(6) 单位毛利润（元）	(3)×(6) 每小时的毛利润（元）
X-Ⅰ	A	10	6	200	140	60	360
X-Ⅱ	C	15	4	150	60	90	360
X-Ⅲ	B	10	6	180	110	70	420

在本例中，我们以每小时的毛利润来度量毛利润的获取速度，以此作为判断毛利润最大化的指标。由表格计算可知，此时选择生产X-Ⅲ型小汽车最合适。

综上所述，我们得到三种不同结论。

（1）当以销售收入最大化为目标时，我们选择生产X-Ⅰ型小汽车。

（2）当以单位毛利润最大化为目标时，我们选择生产X-Ⅱ型小汽车。

（3）当以总毛利润最大化为目标时，我们选择生产X-Ⅲ型小汽车。

例5-3：四种不同型号的玩具小汽车X-Ⅰ、X-Ⅱ、X-Ⅲ、X-Ⅳ，生产要求如图5-12所示。由两个工人来生产，玩具厂实行3班轮换工作，每个班次有一个工人1和一个工人2，三班次每周有5天，每个班次8小时。生产所需时间和原材料（RM）成本都显示在图中。每周的运作费用是5000元。这里限制任何一种型号的小汽车的最大销售量与另一种型号的最低销售量之比不应超过10：1，例如，一种型号的小汽车最大销量是100个，那么另一种型号的小汽车最低销量不应低于10个。本例中假设两个工人没有经过交叉培训，只能在各自岗位上工作，市场需求是无限的，可接受生产的所有产品。那么，四种不同型号的小汽车各自应该生产多少呢？

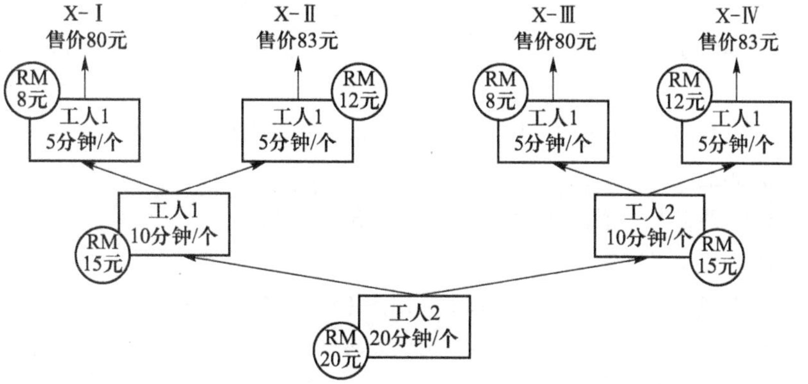

图5-12 四种玩具小汽车的生产要求图

本例中也有三个不同的目标,分别介绍如下。

目标 1:销售收入最大化,具体计算如表 5-6 所示。

表 5-6　销售收入最大化时的生产选择

产品	售价(元)	工人 1 生产单位产品所需时间(分钟)	工人 2 生产单位产品所需时间(分钟)	单位原材料成本(元)
X-Ⅰ	80	15	20	43
X-Ⅱ	83	15	20	47
X-Ⅲ	80	5	30	43
X-Ⅳ	83	5	30	47

由于 X-Ⅱ型小汽车和 X-Ⅳ型小汽车售价为 83 元,高于另外两种型号小汽车,所以销售人员会努力销售这两种产品,相对应的,四种型号的小汽车销售比例为 1:10:1:10。

从图中可知,每班的工人 2 是瓶颈,工人 2 生产每种型号小汽车的时间分别为 20 分钟(X-Ⅰ)、20 分钟(X-Ⅱ)、30 分钟(X-Ⅲ)、30 分钟(X-Ⅳ)。可利用的时间为 5 天/周×3 班/天×8 小时/班×60 分钟/小时 =7200 分钟/周。

设 x 为工人 2 生产每种产品的工作时间的公因子,有 $1 \times x \times 20 + 10 \times x \times 20 + 1 \times x \times 30 + 10 \times x \times 30 = 7200$。

解得 $x = 13.09$。

相对应可得四种型号小汽车的产量分别为 13 辆(X-Ⅰ)、131 辆(X-Ⅱ)、13 辆(X-Ⅲ)、131 辆(X-Ⅳ)。

因此,每周总收入 $= 13 \times 80 + 131 \times 83 + 13 \times 80 + 131 \times 83 = 23826$(元)。

每周毛利润 $= 23826 - (13 \times 43 - 131 \times 47 + 13 \times 43 + 131 \times 47) - 5000 = 5394$(元)。

目标 2:单位产品毛利润最大化,具体计算如表 5-7 所示。

表 5-7　单位产品毛利润最大化时的生产选择

产品	售价(元)	单位原材料成本(元)	单位毛利润(元)
X-Ⅰ	80	43	37
X-Ⅱ	83	47	36
X-Ⅲ	80	43	37
X-Ⅳ	83	47	36

由表格计算可知,X-Ⅰ型和 X-Ⅲ型小汽车单位毛利润最高,因此,四种型号小汽车的销售比例为 10:1:10:1。同理,工人 2 是瓶颈,可利用的时间仍然是 7200 分钟/周。

则有 $10 \times x \times 20 + 1 \times x \times 20 + 10 \times x \times 30 + 1 \times x \times 30 = 7200$。

可得 $x = 13.09$。

相对应可得四种型号小汽车的产量分别为 131 辆(X-Ⅰ)、13 辆(X-Ⅱ)、131 辆(X-Ⅲ)、13 辆(X-Ⅳ)。

因此,每周毛利润 $= 131 \times (80 - 43) + 13 \times (83 - 47) + 131 \times (80 - 43) + 13 \times (83 - 47) - 5000 = 5630$(元)。

目标 3:瓶颈资源利用率最大化,具体计算如表 5-8 所示。

表5-8 瓶颈资源利用率最大化时的生产选择

产品	(1) 工人2生产单位产品所需时间（分钟）	(2) 工人2每小时加工件数	(3) 售价（元）	(4) 单位原材料成本（元）	(3)×[(4)-(2)] 每小时的毛利润（元）
X-Ⅰ	20	3	80	43	111
X-Ⅱ	20	3	83	47	108
X-Ⅲ	30	2	80	43	74
X-Ⅳ	30	2	83	47	72

工人2是瓶颈，当工人2生产X-Ⅰ型号的小汽车时，每小时毛利润最大，因此，四种型号的小汽车生产比例为10:1:1:1。工人2可利用的时间仍然是7200分钟/周。

则有 $10 \times x \times 20 + 1 \times x \times 20 + 1 \times x \times 30 + 1 \times x \times 30 = 7200$。

可得 $x = 25.71$。

相对应可得四种型号小汽车产量分别为257辆（X-Ⅰ）、26辆（X-Ⅱ）、26辆（X-Ⅲ）、26辆（X-Ⅳ）。

每周毛利润 $= 257 \times (80-43) + 26 \times (83-47) + 26 \times (80-43) + 26 \times (83-47) - 5000 = 7343$（元）。

综上所述，我们得到三种不同结论。

(1) 当以销售收入最大化为目标时，我们可获得5394元毛利润。

(2) 当以单位毛利润最大化为目标时，我们可获得5630元毛利润。

(3) 当以瓶颈资源利用率最大化为目标时，我们可获得7343元毛利润。

上述两个例子都说明，企业在生产计划与控制的过程中，需要与销售部门沟通，以获取及时准确的生产信息，充分发挥供应链管理的优势。

本章小结

第一节 生产计划与控制概述

总结

MRP/MRPⅡ/ERP、JIT、OPT/TOC等计划方式被广泛应用于企业生产中。传统的生产计划与控制和供应链管理思想的差距主要体现在决策信息来源（多源信息）、决策模式（决策群体性、分布性）、信息反馈机制（递阶、链式反馈与并行、网络反馈）、计划运行环境（不确定性、动态性）四个方面。

关键术语

决策信息来源 决策模式 信息反馈机制 计划运行环境

第二节 供应链管理中生产计划与控制的特点

总结

供应链环境下的生产计划主要面临柔性约束、生产进度、生产能力三方面的问题，且具有如下特点：强调纵向和横向的信息集成，凸显了能力平衡在计划中的作用，计划的循环过程突破了企业的限制。供应链环境下的生产控制新特点主要体现在生产进度控制、生产节奏控制、提前期管理、库存控制和在制品管理方面。灵活运用TOC管理思想。

关键术语

能力平衡 提前期管理 库存控制 TOC

第三节 供应链管理中生产计划与控制系统模型构建

总结

理解集成化模型的构成，并运用该思想对具体案例进行分析。

关键术语

资源 能力 提前期 集成

第四节 供应链管理中生产系统的协调机制

总结

供应链信息跟踪机制的运行环境主要从销售部门、采购部门、制造部门、生产计划部门展开。跟踪机制被广泛应用于生产计划和生产进度中。

关键术语

中心化协调 非中心化协调 混合式协调 信息跟踪

问题讨论

1. 某工厂生产 A、B、C 三种产品，用到机器 X、Y、Z，下图列出了产品的加工流程、单位原材料（RM）成本、生产单位产品所需时间等。假设市场容量足够大。

（1）如果销售人员以佣金计酬，那么他们更愿意销售哪种产品？

（2）如果以单位毛利润最大化为目标，那么应该生产哪种产品？

（3）如果以企业总毛利润最大化为目标，那么应该销售哪种产品？

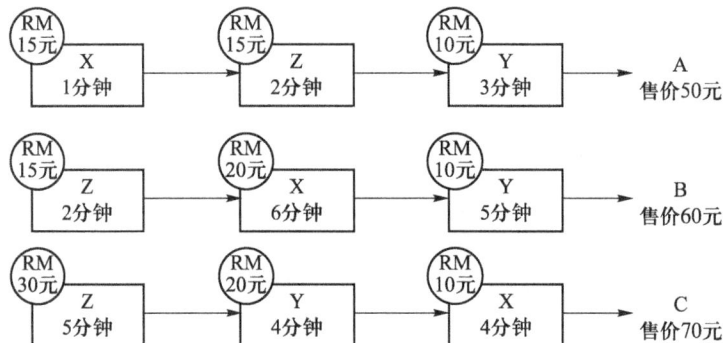

2. 解释非瓶颈是如何变成瓶颈的。

3. 分别指出供应链管理环境下生产计划与控制的具体特点。

客观题

1. 讨论缩短提前期的方法策略。

2. 传统生产计划和控制模式与供应链管理环境下的模式有什么区别？

3. 约束理论的关键思想是什么？

4. 供应链环境下生产控制的特点是什么？

第六章　供应链库存管理

本章学习目标

1. 了解库存管理的基本原理和方法。
2. 掌握基本的库存控制模型。
3. 了解供应链中不确定性对库存的影响。
4. 了解供应商管理库存的运作模式。
5. 了解多级库存管理运作模式。

导入案例

中国移动通信集团四川有限公司：构建营销类物资全生命周期管理体系的探索与实践

中国移动通信集团四川有限公司（以下简称"四川移动"）于 1999 年 7 月 28 日正式组建，注册资本为 74.83 亿元人民币，是中国移动通信集团公司的全资子公司之一。近年来，四川移动积极践行"提速降费""宽带中国"要求，以创新驱动发展，运营收入连续创新高，目前服务客户超过 5000 万，其中 4G 客户已超过 3000 万人次，客户份额持续保持行业主导地位。

随着移动业务的不断拓展，各类物资特别是市场营销类物资使用规模日趋庞大，相关物资能否高效精细化管理，直接影响业务市场的发展以及企业营收效率。这些物资在采购、物流、投放、账务及运维等业务环节涉及多个业务条线，由于缺乏完善的跨部门管理体系，以及各部门间管理壁垒导致职责分工不清晰，并且各部门业务管理维度不一致导致各支撑系统间数据维度不同，从而形成支撑系统的数据交互壁垒。物资管理从库存、领用、销售、下账全环节未精确到每台实物，从实物库存到领用出库到安装、维护，各个业务环节流转过程中容易出现数据与实物差异，最终出现销售账实不一，库存账实不一，实物流、信息流、资金流分离问题，所以进一步促进市场物资的全面精细化管理，形成"实物流、信息流、资金流"三位一体的物资管理模式，是目前企业"促进精细化管理"，实现"降本增效"业务管理的提升重点。

基于目前企业中存在的物资管理突出问题，围绕"降本增效"促进"精细化管理"的指导思想，通过对企业物资业务管理流程进行精细化梳理，从物资仓储、领用、销售各环节的管理细化入手，依托IT系统的支撑，建立交互基础数据标准，打通各管理系统间的数据障碍，全面实现信息流、资金流的全自动交互，建立实物流、信息流、资金流"三位一体"的管理机制，实现物资跨平台的全生命周期管理，为风险防控提供数据抓手。

项目从以下几个方面推进。

一、配齐角色，明确分工

在采购、库存、销售、安装、维护的全生命周期物资管理体系中，明确各部门管理职责，杜绝管理重叠和管理死角，创新完善跨部门、跨组织间管理流程；有效提高业务沟通、管理流程贯彻和问题跟进解决的响应速度。

二、完善制度，提升管理力度

建立完善的管理制度和详细的业务操作规范，是提升物资管理力度的基础，也是物资精细化管理落实的前提。尤其是企业中跨组织、跨部门的业务协同，建立完善的物资管理体系和物资管理制度是加强物资管理的基础。对于管理制度的执行力度直接体现了管理制度的落实情况，体现了在物资管理过程中的制度理解、制度执行、工作监督的实际成效。

三、统一交互标准，推动系统融合

企业物资管理涵盖采购、储运、销售、安装和维护全业务流程，在物资流转过程中，建立一套完整的业务支撑体系是确保实物流、信息流、资金流一致性的基础。一套统一的基础数据和统一的交互标准是确保物资流转过程中各业务系统能有效对接的前提，是形成物资管理全流程IT支撑，实现各支撑系统的业务数据无缝对接的必要条件。

推进业务系统融合需要对各业务场景出现的交互数据进行详细梳理和规范。物资从采购到订单，从发货到接收，从仓库到销售，从安装到维护，对各部门间业务交互场景进行细化，以及对各业务系统交互数据进行规范，确保业务流程无障碍，系统数据全面对接。

四、落实系统建设，形成全流程系统支撑体系

为提升企业对于物资管理的效率，达到"降本增效"提升效益的要求，在企业完善的管理体系和详细的操作规范的基础上，从物资采购到库存，从领用到安装、维护，从安装、维护到下账，所有业务环节支撑系统根据新业务流程管理规范、数据交互规范进行数据对接，形成企业物资管理全流程业务数据的封闭流转，为业务发展提供全面的系统支撑。

五、建立完善的风险防控机制

在企业全面落实贯彻"精细化管理""降本增效"的管理思想方面，为防止物资多买形成库存积压，增加企业成本，通过对物资管理建立科学的安全库存管理机制，以及通过库存和销售数据形成科学的需求分析，形成有效的采购参考依据，以保证物资库存量在一个合理的水平，确保市场发展及时供应的基础上，杜绝库存积压。在供应链管理各环节形成数据报表，及时了解分析订单、库存、销售业务发展情况，对采购决策形成有效数据依据。为此需要建立安全库存机制，实现精准管控和预警以及建立全面的数据报表，掌握物资库存情况。

物资全生命周期管理体系形成后，有效提升了采购准确率，有效提升了仓储使用率，从而降低了四川移动供应链成本，2018年市场物资库存管理成本降低约8.705亿元，采购订单准确率提升2.6%。通过建立实物全流程跟踪机制，有效地保障账账一致、账实一致，达到降本增效，提升企业市场竞争力的作用。物资全生命周期管理取得了积极的效益，可作为具有相似业务企业管理的参考。

企业物资全生命周期管理是四川移动践行精细化管理的典型案例，为公司降本增效提供了实际依据。但是管理需要不断提升，系统也需要不断优化，才能更有效地满足市场发展需要，为企业在市场竞争中处于有利地位提供保障。对于物资全流程管理在未来发展中需要进一步优化，提升企业管理水平，增强企业竞争力，促进精细化管理。

资料来源：中国物流与采购网2020年02月10日

第一节 库存管理概述

一、库存概念及功能

库存（Inventory）是以支持生产、维护、操作和客户服务为目的而存储的各种物料，包括原材料和在制品，维修件和生产消耗品，成品和备件等。库存的狭义理解是仓库里存放的东西；广义的理解是具有经济价值的任何物品的停滞与储藏，是供将来使用的所有闲置资源。

库存的功能我们可以从以下几个方面分析。

（1）防止断档。缩短从接受订单到送达货物的时间，以保证优质服务，同时又要防止脱销。

（2）保证适当的库存量，节约库存费用。

（3）降低物流成本。用适当的时间间隔补充与需求量相适应的合理货物量以降低物流成本，消除或避免销售波动的影响。

（4）保证生产的计划性、平稳性以消除或避免销售波动的影响。

（5）展示功能。

（6）储备功能。在价格下降时大量储存，减少损失，以应灾害等不时之需。

二、库存管理的概念及库存管理模型的分类

（一）库存管理的概念

库存管理是根据供应和需求规律确定生产和流通过程中经济合理的物资存储量的管理工作。库存管理应起缓冲作用，使物流均衡通畅，既保证正常生产和供应，又能合理压缩库存资金，以得到较好的经济效果。随着管理工作的科学化，库存管理的理论有了很大的发展，形成许多库存管理模型，应用于企业管理中，已取得显著的效果。不同的企业对于库存管理，历来有不同的认识，概括起来主要有以下三种。

一是持有库存。一般而言，在库存上有更大的投入可以带来更高水平的客户服务。长期以来，库存作为企业生产和销售的物资保障服务环节，在企业的经营中占有重要地位。企业持有一定的库存，有助于保证生产正常、连续、稳定进行，也有助于保质、保量地满足客户需求，维护企业声誉，巩固市场的占有率。

二是库存控制保持合理库存。库存管理的目的是保持合适的库存量，既不能过度积压也不能短缺。让企业管理者困惑的是：库存控制的标准是什么？库存控制到什么量才能达到要求？如何配置库存是合理的？这些都是库存管理的风险计划问题。

三是以日本丰田为代表的企业提出的所谓"零库存"的观点。主要代表是准时生产方式（JIT）。他们认为，库存即是浪费，零库存就是其中的一项高效库存管理的改进措施，并得到了企业广泛的应用。

（二）库存管理模型的分类

1. 按订货方式分类

不同的生产和供应情况采用不同的库存管理模型，共分为五类。

（1）定期定量模型：订货的数量和时间都固定不变。

（2）定期不定量模型：订货时间固定不变，而订货的数量依实际库存量和最高库存量的差别而定。

（3）定量不定期模型：当库存量低于订货点时就补充订货，订货量固定不变。

（4）不定量不定期模型：订货数量和时间都不固定。

（5）有限进货率定期定量模型：货源有限制，需要陆续进货。

前四种模型属于货源充足、随时都能按需求量补充订货的情况。

2. 按供需情况分类

库存管理模型按供需情况可分为以下两类。

（1）确定型库存模型。确定型模型的主要参数都已确切知道。

（2）概率型库存模型。概率型模型的主要参数有些是随机的。

3. 按库存管理目的分类

库存管理模型按库存管理目的可分为以下两类。

（1）经济型库存模型。经济型模型的主要目的是节约资金，提高经济效益。

（2）安全型库存模型。安全型模型的主要目的则是保障正常的供应，不惜加大安全库存量和安全储备期，使缺货的可能性降到最小限度。

库存管理的模型虽然很多，但综合考虑各个相互矛盾的因素以求得较好的经济效果则是

库存管理的共同原则。

三、基本的库存管理模型

（一）定量订货法（经济订购批量法）

1. 原理

对库存进行不间断检查，当库存下降到再订购点时，就会再次订购批量为 Q 的货物。在这种策略下，每次都按固定的经济批量订货，每次的订货数量不变，但由于不同时期的商品的需求可能不同，库存量降到再订购点的时间可能不同，两次订货之间的间隔时间可能是变化的。

2. 库存管理模型：定量订货模型

需要确定的两个重要参数是经济订购批量和再订货点。

3. 基本的确定型定量订货模型

需求量和前置期已知且固定不变，如图 6 - 1 所示。

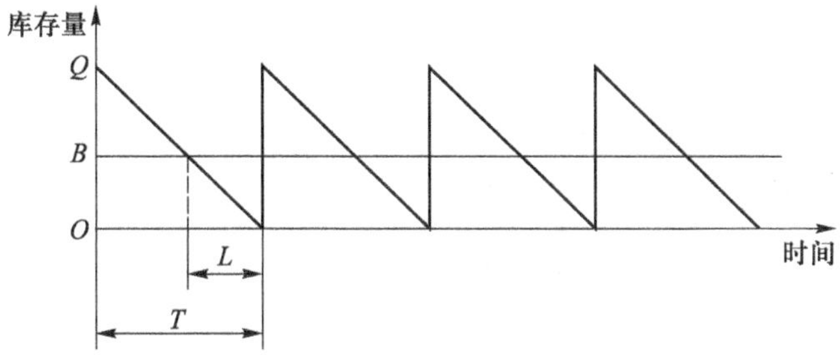

图 6 - 1　基本的确定型定量订货模型

（1）假设条件。

①单一产品，需求是固定的，且在整个时期内保持一致；

②提前期（从订购到收到货物的时间）是固定的；

③单位产品的价格是固定的（即没有数量折扣）；

④库存持有成本以平均库存为计算依据；

⑤订购成本固定；

⑥不允许延期交货（即不允许缺货）。

（2）建立模型。

假定：

TC——年总成本；

C——单位产品的成本；

R——年需求量；

Q——订购批量（最佳批量称为经济订购批量 EOQ）；

S——订购成本；

h——年存储成本占产品成本的百分比。

由定量订货库存模型的基本原理可看出，当每次订货批量为 Q 时，平均库存为 $Q/2$，则

$$年库存持有成本 = \frac{Q}{2} \cdot h \cdot C \tag{6-1}$$

定购批量与年总成本、年定购成本与年度库存持有成本的关系如图 6-2 所示。

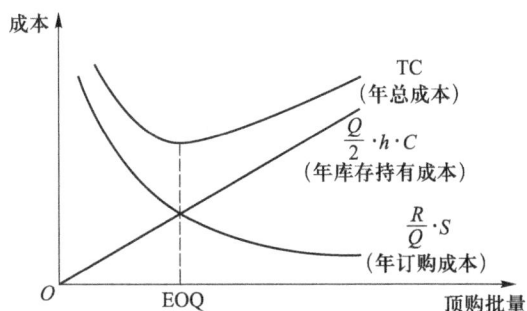

图 6-2 定购批量与年总成本、
年定购成本与年度库存持有成本的关系

$$年订购成本 = \frac{R}{Q} \cdot S \quad (6-2)$$

年总成本 = 年订购成本 + 年存储成本
即

$$TC = \frac{R}{Q} \cdot S + \frac{Q}{2} \cdot h \cdot C \quad (6-3)$$

利用微积分，将总成本对 Q 求导数，并令其等于零，得

$$经济订货批量\ EOQ = \sqrt{\frac{2 \cdot R \cdot S}{h \cdot C}}$$

$$(6-4)$$

由于该模型假定需求和提前期都不变，即无须安全库存，再订货点可用下式求得：

$$B = d \cdot L \quad (6-5)$$

式中，d——日平均需求量（常数）；

L——用天表示的提前期。

例如，某仓库某种商品的年需求量为 16000 箱，单位商品年保管费 2 元，每次订货成本为 40 元，求经济订货批量 EOQ。

解：
$$EOQ = \sqrt{\frac{2 \times 16000 \times 40}{2}} = 800 \ （箱）$$

（二）定期订货法

1. 原理

定期检查库存状况，当库存一下降就再次订货，从而将库存水平提高到指定的初始水平。在该策略中，订货间隔时间固定，而没有固定的再订货点，每次订货的数量也不相同，它是以每次实际盘存的库存量与预定的最高库存量之差作为每次的订货量。

2. 库存管理模型：定期订货模型

需要确定的两个重要参数是检查周期和最高库存量。

基本的确定型定期订货模型如图 6-3 所示。

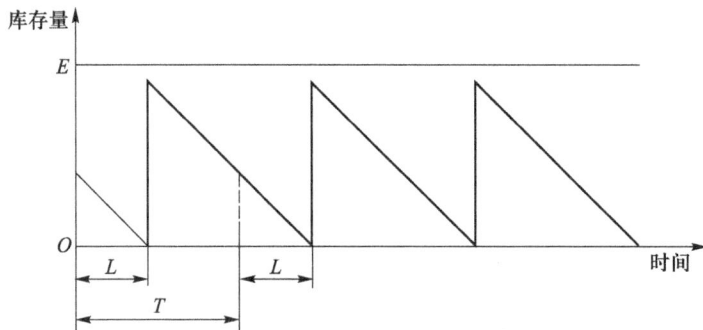

图 6-3 基本的确定型定期订货模型

（1）假设条件：同基本的定量订货模型。

（2）建立模型。

同样，经济的订货间隔时间是使年库存总成本最小的订货间隔时间。

在不允许缺货的情况下，年总成本同定量订货库存模型：

$$年总成本 = 年订购成本 + 年库存持有成本$$

即

$$TC = m \cdot S + \frac{1}{2} \cdot \frac{R}{m} \cdot h \cdot C = \frac{S}{T} + \frac{R \cdot T}{2} \cdot h \cdot C \tag{6-6}$$

式中，T——订货间隔时间；

$m = 1/T$——每年的订货次数；

其他变量意义同定量订货模型。

同理，求 TC 关于 T 的导数，并令其等于零，得到经济的订货间隔时间：

$$T_0 = \sqrt{\frac{2S}{R \cdot h \cdot C}} \tag{6-7}$$

最高库存水平为

$$E = d \cdot (T_0 + L) \tag{6-8}$$

式中，d——日平均需求量；

T_0——用天表示的订货间隔时间；

L——用天表示的订货提前期。

3. 定期订货模型与定量订货模型的区别

定期订货模型与定量订货模型的区别如表 6-1 所示。

表6-1　定期订货模型与定量订货模型的区别

特征	定期订货模型	定量订货模型
订货量	变化的	固定的（每次订货量相同）
下达订单时间	在盘点期到来时	在库存降到再订购点时
库存记录维护	只在盘点期记录	每次出库或入库都要记录
库存规模	比定量订货规模大	比定期订货规模小
适合的物品类型	货源来自中心仓库的情况（可进行联合订购）	需严格控制高价物品或重要的物资（如关键的零部件）或短缺成本较高的物品
成本	订购成本较低，便于获得价格折扣	库存成本较低

（三）ABC 库存分类法

1. ABC 库存分类法的基本原理

由于各种库存物品的需求量和单价各不相同，其年耗用金额也各不相同。ABC 库存分类法就是根据库存物品的年耗用金额的大小，把库存物品划分为 A、B、C 三类。A 类库存品：其年耗用金额占总库存金额的 75%～80%，其品种数却占库存品种数的 15%～20%。B 类库存品：其年耗用金额占总库存金额的 10%～15%，其品种数占总库存品种数的 20%～25%。C 类库存品：其年耗用金额占总库存金额的 5%～10%，其品种数却占总库存品种数的 60%～65%。

2. ABC 库存分类法的实施步骤

第一，先计算每种库存物资在一定期间如一年内的供应金额，用单价乘以供应物资的数量。

第二，按供应金额的大小排序，排出其品种序列。

第三，按供应金额大小的品种序列计算供应额的累计百分比，并绘制出 ABC 分析图，如图 6 - 4 所示。

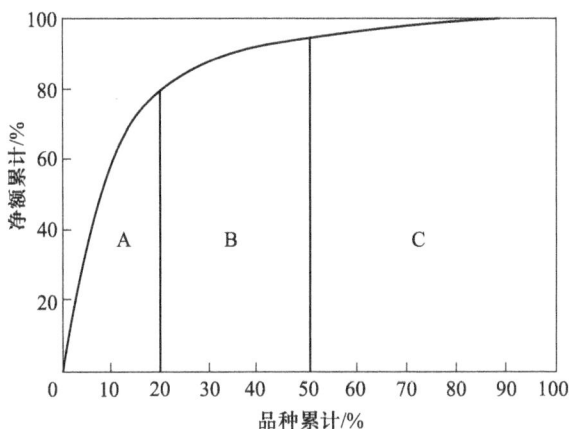

图 6 - 4　ABC 分析图

3. ABC 库存分类法管理准则

（1）A 类库存商品。对于这类品种少，价值高的商品，应当投入较大力量精心管理、严格控制，防止缺货或超储，尽量将库存量压缩到最低，并保持最高的服务水平，即最少 98% 的存货可得性。按库存模型计算每种商品的订货量，按最优批量、采用定量订购方式订货；严密监视库存量变化情况，当库存量一降到报警点时便马上订货；库存进出库记录填写要求严格；对需求进行较精确的预测，尽量减少安全库存量。

（2）B 类库存商品。这类库存品属于一般的品种。按经营方针调节库存水平，保持较高的服务水平，至少 95% 的存货可得性。单价较高的库存品采用定量订货方式；其他的采用定期订货方式，可对若干商品进行联合统一订货，存货检查较频繁，物品进出库记录填写要求比较严格，并保持较多的安全存货。

（3）C 类库存商品。对企业的经营影响最小，对其的管理也最不严格。集中大量订货，以较高的库存来减少订货费用，并保持一般的服务水平，即大约 90% 的存货可得性；存货检查按年度或季度进行。简单填写物品进出库记录，多准备安全存货，减少订购次数，降低订货费用。

ABC 库存分类法的优点：一是压缩了总库存量；二是解放了被占压的资金；三是使库存结构合理化；四是节约了管理成本。

第二节　供应商管理库存

一、供应商管理库存的基本思想

供应商管理库存（Vendor Managed Inventory，VMI），是一种在供应链环境下的库存运作模式，是一种很好的供应链库存管理策略。供应商管理库存（VMI）的定义可以表述为：VMI 是一种在制造商（用户）和供应商之间的合作性策略，以对双方来说都是最低的成本优化产品的可获得性，在一个互相同意的目标框架下由供应商管理库存。

VMI 帮助供应商等上游企业通过信息手段掌握其下游客户的生产和库存信息，并对下游客户的库存调节做出快速反应，降低供需双方的库存成本。VMI 的核心思想在于零售商放弃商品库存控制权，而由供应商掌握供应链上的商品库存动向，即由供应商依据零售商提供的每日商品销售资料和库存情况来集中管理库存，替零售商下订单或连续补货，从而实现对顾客需求变化的快速反应。

二、供应商管理库存的运作模式

在 VMI 系统中，核心企业（供应链中至关重要的企业）既可以在供应链的上游，也可以在供应链的下游，而当在下游时它又既可以是供应链的中间环节，也可以在供应链的末端。显然，不同情况下 VMI 的运行模式都是不相同的，如表 6 - 2 所示，主要有以下三种情况。

表 6 - 2　几种供应商管理库存的运作模式对比

	供应商—制造商	供应商—零售商	核心企业—分销商
运作模式	以制造商为核心企业	以零售商为核心企业	核心企业充当 VMI 中的供应商
特点	（1）生产规模大，制造商的生产一般比较稳定 （2）每次供货数量少 （3）供货频率要求高 （4）为了保持连续生产，一般不允许发生缺货现象	（1）供应商可以对需求进行预测 （2）根据补货订单进行生产计划 （3）供货时间间隔比较长	（1）统一管理配送 （2）供应商单一，节约仓库成本

（一）供应商—制造商（核心企业）运作模式

在这种运作模式中，除制造商为核心企业以外，一般还有如下特点：

（1）生产规模比较大，制造商的生产一般比较稳定，即每天对零配件或原材料的需求量变化不是很大；

（2）要求供应商每次供货数量比较小，一般满足一天的零配件，有的甚至是几个小时；

（3）供货频率要求较高，有时甚至要求一天两到三次的供货频率；

（4）为了保持连续的生产，一般不允许发生缺货现象，即服务水平要求达到 99% 以上。

（二）供应商—零售商（核心企业）运作模式

当零售商把销售等相关信息通过 EDI 传输给供应商后（通常是一个补货周期的数据，如三天，甚至一天），供应商根据接收到的信息进行对需求的预测，然后将预测的信息输入物料需求计划系统（MRP），并根据现有企业内的库存量和零售商仓库的库存量，生成补货订单，安排生产计划，进行生产。生产出的成品经过仓储、分拣、包装、运送给零售商。

（三）核心企业—分销商模式

这种模式由核心企业充当 VMI 中的供应商角色，它的运作模式与前两种大致相同，由核心企业收集各个分销商的销售信息并进行预测，然后按照预测结果对分销商的库存统一管理与配送。由于这种模式下的供应商只有一个，所以不存在要在分销商附近建立仓库的问题。核心企业可以根据与各个分销商之间的实际情况，统一安排对各个分销商的配送问题。

三、供应商管理库存的实施步骤

（一）实施供应商管理库存的信息沟通

实施供应商管理库存首先必须拥有一个良好的信息沟通平台，我们需要在原有企业拥有的 EDI 系统的基础上，重新整合原有的 EDI 资源来构建一个适合于供应商管理库存的信息沟通系统。

（二）供应商管理库存的工作流程设计

买方企业和供应商实施 VMI 后，必须设计针对 VMI 的工作流程来保证整个策略的实施。整个供应商管理库存的实施都是透明化的，买方企业和供应商随时都可以监控，如图 6-5 所示。主要分为两个部分。

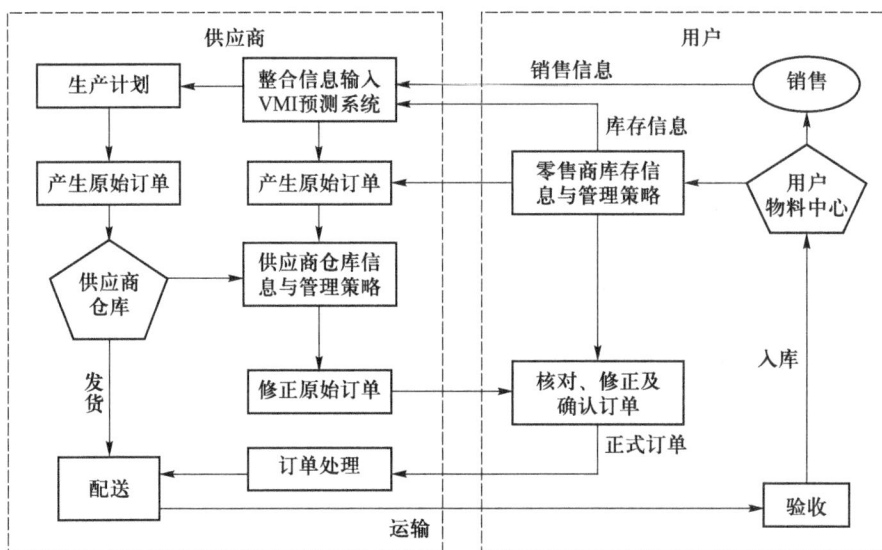

图 6-5　VMI 的工作流程

（1）库存管理部分。VMI 其实是由销售预测和库存管理以及和供应商生产系统共同组成的，因为实施了供应商管理库存之后，这几个部分的工作主要由供应商和买方企业共同相协调来完成，所以应该把其归为一种模块来处理。其中，在正式订单生成前，还应该交由买方企业核对，调整后再生成最后订单。

（2）仓储与运输配送系统。VMI 一方面负责产品的仓储：产品的分拣入库以及产品的保存；另一方面负责产品的运输配送：产品按要求及时送达买方企业手中，同时负责编排尽量符合经济效益的运输配送计划，如批量运输和零担运输的选择，运输的线路和时间编排以及安排承载量等。

（三）供应商管理库存的组织结构调整

买方企业和供应商实施供应商管理库存后，为了适应新的管理模式，需要根据供应商管理库存的工作流程来对组织机构进行相应的调整，主要有以下几个作用。

（1）原有企业之间的人员在实施供应商管理库存后，可能会因为工作上的合作而导致利益冲突，所以供应商管理库存的协调评估部门就可以制定一系列的工作标准来协调和解决这些问题，可以作为双方企业之间沟通的桥梁。

（2）实施供应商管理库存后，原有工作岗位就会适当合并和调整，如原有的买方企业库存和仓储人员的工作岗位再安排，他们可能会认为现有的供应商管理库存对他们来说是一种威胁，所以供应商管理库存的协调评估部门就应该做好他们的工作，对他们的工作做出适当的安排和调整。

（3）对供应商管理库存的实施进行监控和评估，用以提供合理科学管理信息给企业高层，作为企业高层对企业调整的重要依据。

第三节　联合库存管理

一、联合库存管理的基本思想

联合库存管理（Jointly Managed Inventory，JMI），是一种在 VMI 的基础上发展起来的上游企业和下游企业权利责任平衡和风险共担的库存管理模式。联合库存管理强调供应链中各个节点同时参与，共同制定库存计划，使供应链过程中的每个库存管理者都从相互之间的协调性考虑，保持供应链各个节点之间的库存管理者对需求的预期保持一致，从而消除了需求变异放大现象。

二、联合库存管理的运作模式

供应链联合库存管理有两种模式。

（1）集中库存模式。各个供应商的零部件都直接存入核心企业的原材料库中，就是变各个供应商的分散库存为核心企业的集中库存。集中库存要求供应商的运作方式是按核心企业的订单或订货看板组织生产，产品完成时，立即实行小批量多频次的配送方式直接送到核心企业的仓库中补充库存，如图 6-6 所示。在这种模式下，库存管理的重点在于核心企业根据生产的需要，保持合理的库存量，既能满足需要，又要使库存总成本最小。

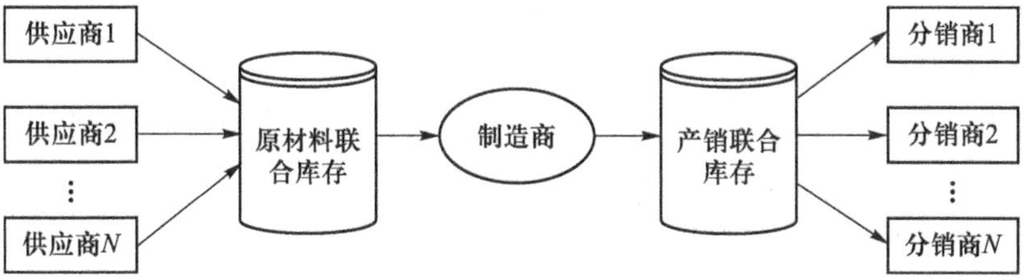

图 6-6　JMI 的集中库存运行模型

（2）无库存模式。供应商和核心企业都不设立库存，核心企业实行无库存的生产方式。此时供应商直接向核心企业的生产线上进行连续小批量、多频次的补充货物，并与之实行同步生产、同步供货，从而实现"在需要的时候把所需要品种和数量的原材料送到需要的地点"的操作模式。这种准时化供货模式，由于完全取消了库存，所以效率最高、成本最低。但是对供应商和核心企业的运作标准化、配合程度、协作精神要求也高，操作过程要求也严格，而且二者的空间距离不能太远。

三、联合库存管理的实施策略

联合库存管理作为一种合作创新管理模式，更多地体现在供需协调管理的机制上，如

图 6-7 所示。在供应链环境下，联合库存管理的实施策略如下。

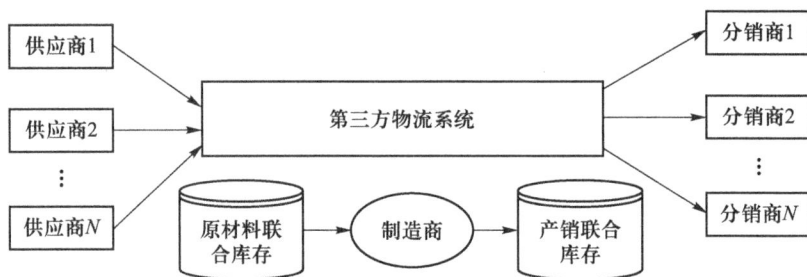

图 6-7　JMI 与第三方物流集成运行模式

（一）建立供应链协调管理机制

为了发挥联合库存管理的作用，供应链各方应从合作的精神出发，建立供应链协调管理的机制，建立合作沟通的渠道，明确各自的目标和责任，为联合库存管理提供有效的机制。没有一个协调的管理机制，就不可能进行有效的联合库存管理。建立供应链协调管理机制，要从以下几个方面着手。

（1）建立供应链共同愿景。要建立联合库存管理模式，首先供应链各方必须本着互惠互利的原则，设立共同的合作目标。为此，要理解供需双方在市场目标中的共同之处和冲突点，通过协商形成共同的共赢的愿景。

（2）建立联合库存的协调控制方法。联合库存管理中心担负着协调供应链各方利益的角色，起协调整个供应链的作用。联合库存管理中心需要对库存优化的方法进行明确确定，包括库存如何在多个需求商之间调节与分配，库存的最大量和最低库存水平、安全库存的确定，需求的预测等。

（3）建立利益的分配、激励机制。要有效运行基于协调中心的库存管理，必须建立一种公平的利益分配制度，并对参与协调库存管理中心的各个企业、各级供应部门进行有效的激励，防止机会主义行为，增加协作性和协调性。

（二）建立信息沟通渠道

为了提高整个供应链的需求信息的一致性和稳定性，减少由于多重预测导致的需求信息扭曲，应增加供应链各方对需求信息获得的及时性和透明性。

（三）发挥第三方物流系统的作用

实现联合库存可借助第三方物流（Third Party Logistics，3PL）具体实施。3PL 也称物流服务提供商，这是由供方和需方以外的物流企业提供物流服务的业务模式，把库存管理部分功能代理给第三方物流公司，使企业更加集中于自己的核心业务，增加了供应链的敏捷性和协调性，提高了服务水平和运作效率。第三方物流系统起到了供应商和用户之间联系的桥梁作用，为企业提供诸多好处。

第四节　供应链多级库存控制

一、供应链多级库存控制的基本思想

多级库存控制是在单级库存控制的基础上形成的，是一种对供应链资源全局性优化的库存管理模式。多级供应链库存控制一般由分销中心汇总各零售商的订单，产生总订货单，传递给制造商，由制造商根据订单以及部分零售商与客户信息决定生产计划，同时对上游供应商发出物料订单。多级库存管理适用于大规模生产组装型企业。这类企业下游有多个分销商，上游有很多供应商，且原材料和产成品的物流量较一般企业更大。因此，适合由这类企业作为核心企业实施多级库存控制。供应链多级库存优化的目标是供应链库存成本最小。

二、供应链多级库存控制策略

（一）集中式库存控制策略

集中式库存控制策略是将控制中心放在核心企业上游，由核心企业对整个供应链系统的库存进行控制，协调上游和下游企业的库存活动及核心企业成为供应链的数据中心。承担处理订单数、电子交付、货运单处理、需求预测以及计划协调等功能。集中式多级库存控制系统往往是网络性供应链，即包括多个供应商和多个零售商，甚至包括多个分销中心。供应链集中式库存控制模型如图6-8所示。集中式库存控制策略通过采用多级库存取代点库存来体现供应链的中心化控制思想。

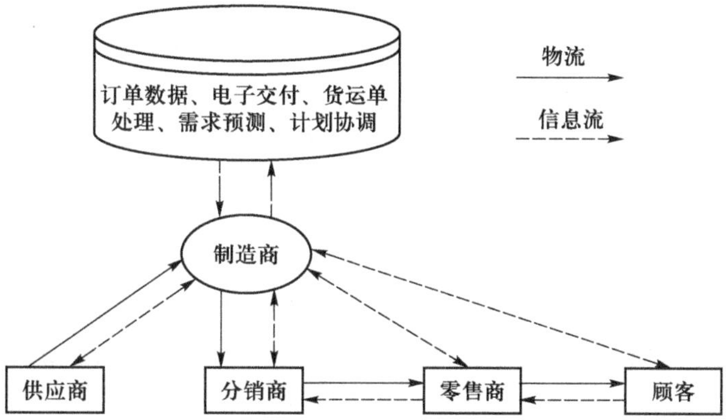

图6-8 供应链集中式库存控制模型

采用集中式库存控制策略后，每个库存点不但要检查本库存点的库存数据，而且要检查处于下游库存点的库存状态。这明显与单点库存控制不同，单点库存控制没有考虑供应链中相邻节点的库存信息，只从自身的需求来制定库存策略，因此很容易造成需求放大现象。多级库存控制策略的库存决策是基于对其下游企业的库存状态完全掌握的基础上的，因此避免了库存信息传递过程中的扭曲现象。

（二）分布式库存控制

分布式库存控制是把供应链上的库存控制分为三个成本归结中心，即制造商成本中心、分销商成本中心和零售商成本中心，各自根据自己的目标成本做出优化控制策略，如图6-9所示。分布式策略是各个库存点独立的采取各自的库存策略。这种库存思想类似于传统的纵向一体化企业各下属企业库存控制，它能使节点企业根据自己的实际情况独立地做出决策，有利于发挥自主性、灵活机动性和决策迅速等特点，在管理上也比较简单，但是并不能保证整体供应链的优化。

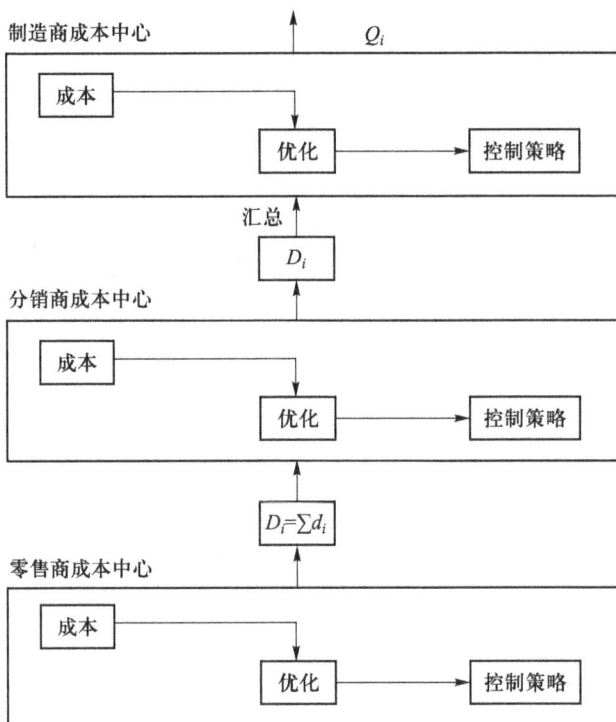

图 6-9　供应链分布式库存控制模型

三、简单的多级库存订货模型

要得到多级库存系统的最优订货策略是十分困难的。从一个节点到另一个节点发送一批订货的最优决策通常会依赖于所有节点的库存状态。集中式库存决策系统决策时需要大量的信息，这会导致成本增加。因此，通常采取适当程度的集中化，而且采用相对简单、类似于单级库存控制中使用的本地库存控制规则。所以多级库存方法意味着以适当的方法尽量调整本地库存决策规则。分布式库存控制策略更常见于分销系统，而不是生产系统。在分销系统中，各设施位于不同地点，相距较远，各自独立地进行库存补充策略。

下面介绍一个简单的多级库存订货批量优化模型。

一个两级分销系统由一个制造商和一个零售商组成。假设生产是即时的，即制造商可在任意顾客需要的时候生产出产品。如果两节点不同步，制造商可能会在向零售商发送一批量为 Q 的产品后立即生产新的批量 Q。两节点中的库存如图 6-10 所示。此时，零售商持有的平均库存为 $Q/2$，而制造商持有的平均库存约为 Q。

如果制造商能将产品完工时点与产品发送给零售商的时点协调同步，则供应链的总库存将降低。在这种情况下，制造商持有库存为零，而零售商持有的平均库存为 $Q/2$。生产和补货的同步使供应链的平均库存由 $3Q/2$ 降为 $Q/2$。

对于每个阶段仅有一个成员的简单的多级供应链而言，如果每个上游成员的订货批量都是其直接下游客户订货批量的整数倍时，则这种订货已近似最优。下面以一个分销商和一个零售商组成的二级供应链系统为例，说明零售商和分销商的最优订货策略。

假设提前期为零，零售商的需求 d 为常量且连续；零售商和分销商的固定订货成本分别为 S_1、S_2，单位库存持有成本分别为 h_1、h_2，不允许缺货。下面确定零售商和分销商的最优

订货批量 Q_1、Q_2。

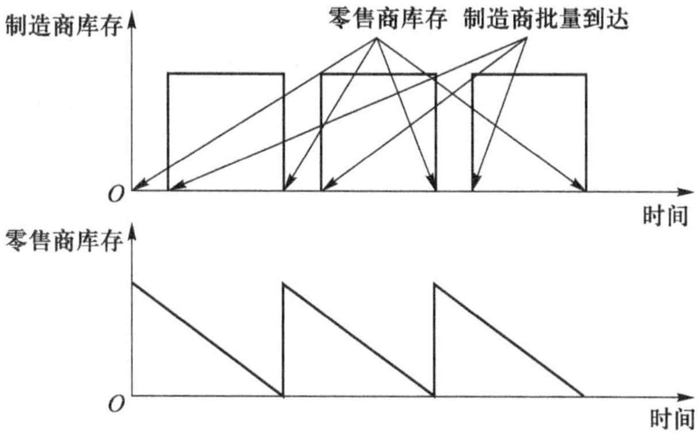

图 6-10　非同步情况下零售商和制造商的库存情况

首先，计算零售商的成本：

$$C_1 = h_1 \frac{Q_1}{2} + S_1 \frac{d}{Q_1} \qquad (6-9)$$

分销商的需求是离散不连续的，假设其订货量 Q_2 是 Q_1 的若干倍：

$$Q_2 = kQ_1$$

式中，k 为正整数。当 $k=3$ 时，分销商和零售的库存水平的变化情况如图 6-11 所示。

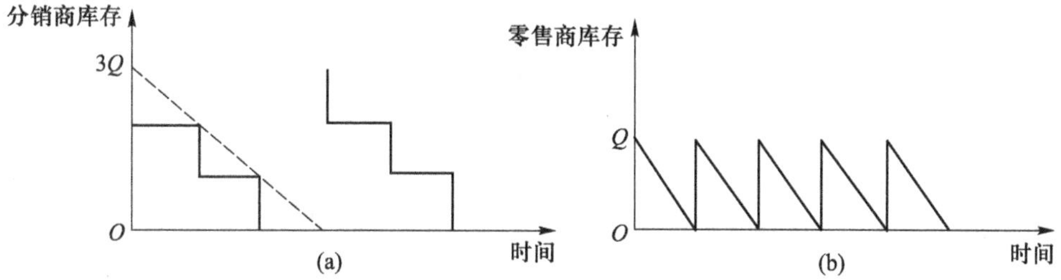

图 6-11　分销商和零售商的库存水平的变化情况

其次，计算分销商的成本：

$$C_2 = h_2 \frac{(k-1)Q_1}{2} + S_2 \frac{d}{kQ_1} \qquad (6-10)$$

因此，该两级供应链系统的总成本为：

$$C = C_1 + C_2 = \left[h_1 + h_2(k-1) \right] \frac{Q_1}{2} + \left(S_1 + \frac{S_2}{k} \right) \frac{d}{Q_1} \qquad (6-11)$$

对特定的 k，可以由式（6-11）求得最优的 Q_1。

$$Q_1 = \sqrt{\frac{2\left(S_1 + \dfrac{S_2}{k} \right)d}{h_1 + (k-1)h_2}} \qquad (6-12)$$

将式（6-12）代入式（6-11），可得出给定 k 时的最优成本：

$$C(k) = \sqrt{2\left(S_1 + \frac{S_2}{k} \right)d\left[h_1 + (k-1)h_2 \right]} \qquad (6-13)$$

当供应链上下游成员订货批量呈倍数关系时，可通过越库配送（Cross‑dock）将上游成员订货到达的产品不入配送中心或仓库，而是直接在站台上对下游成员进行配送，这样可以降低物流成本。越库配送实施程度依赖于供应链每一阶段成员的固定订货成本 S 与库存持有成本 H 的比值。当两个节点成员的该项比值越接近，则将上游成员订货的产品实施越库配送至下游成员的比重就越高。

🍃 本章小结

第一节　库存管理概述

总结

本节阐述了库存的作用和分类，重点讲解了三种基本的库存管理模型。

关键术语

库存　定量订货法　定期订货法　ABC 分类法

第二节　供应商管理库存

总结

VMI 帮助供应商等上游企业通过信息手段掌握其下游客户的生产和库存信息，并对下游客户的库存调节做出快速反应，降低供需双方的库存成本。目前许多跨国巨头和国内知名制造企业都在实施 VMI，并享受着由它带来的丰盛果实—提高库存周转率，降低库存成本，消灭库存冰山，实现供应链的整体优化。

关键术语

VMI　供应链优化

第三节　联合库存管理

总结

联合库存管理在 VMI 的基础上发展起来，由上游企业和下游企业权利责任平衡和风险共担的库存管理模式，它强调供应链中各个节点同时参与，共同制定库存计划，使供应链过程中的每个库存管理者都从相互之间的协调性考虑，保持供应链各个节点之间的库存管理者对需求的预期保持一致，从而消除了需求变异放大现象。

关键术语

JMI　运作效率　服务水平

第四节　供应链多级库存控制

总结

因为不同节点之间的库存有关联，节点之间的库存决策相互影响，所以多级库存研究要比单级库存复杂得多。多级库存控制是在单级库存控制的基础上形成的，是一种对供应链资源全局性优化的库存管理模式。

关键术语

多级库存控制　单级库存控制　分布式库存控制

问题讨论

1. 试举例阐述目前我国企业在供应链管理环境下的库存管理存在哪些主要问题。
2. 阐述 VMI 的基本思想。如果你是一位采购经理，你如何在实际管理中运用 VMI？
3. 供应链库存管理中涉及的成本主要包括哪些？

客观题

1. 简述库存的定义和功能。
2. 比较定量订货法和定期订货法的异同。
3. 简述供应商管理库存的运作模式。
4. 比较多级库存管理思想与联合库存管理思想的异同点。

第七章　供应链采购管理

本章学习目标

1. 理解采购的定义。
2. 了解采购活动的基本过程。
3. 掌握供应链采购与传统采购的区别。
4. 了解电子采购的概念和特征。
5. 了解全球采购与国际采购的区别。

导入案例

卫岗乳业：加速企业数字化转型，让采购更高效

近年来，供应链上游商品和原材料价格持续上涨，大大减少了制造业企业的利润空间；消费者趋于个性化的需求也不断更迭，企业新产品的设计速度，以及企业寻源、采购和上市的时间被高度要求；供应中断及供应商合规风险管理，影响着企业订单履行、社会声誉和品牌价值……这些都成为制约制造业企业可持续发展的关键因素。

另外，许多制造业由于没有考虑与供应链协同发展，供应链管理粗糙落后。如何加强供应链协同管理，实现供应链上下游业务可持续发展，也成为各大制造业亟待攻克的难题。作为传统制造业企业，南京卫岗乳业有限公司面临着上述挑战。

卫岗乳业是国家农业产业化重点龙头企业、中国食品百强企业、江苏省先进乳品生产企业，卫岗牛奶是中国优质农产品、江苏省名牌产品。

作为大型乳品生产制造型企业，卫岗乳业拥有 6600 多家供应商，数十家分子公司，数十万料件，同时拥有 ERP、OA 等多个信息系统。一直以来，卫岗乳业企业采购痛点主要汇集于这几点：

（1）企业采购成本控制和议价能力提升受到制约；

（2）信息断层，增加业务风险；

（3）采购效率和寻源范围受到制约；

（4）供应商优化、开发范围有限，没有形成有效的良性竞争；

（5）供应商管理精细化水平有待提升。

随着卫岗乳业经营水平的不断提升，对管理精细化要求也随之提高。如何有效控制生产原材料成本、如何利用品牌优势开展集采活动、如何提高市场议价能力、如何通过有效管理实现企业经营成本降低等，成为企业日益关注的重点。

电子采购是撬动企业数字化管理、精细化运营转型的重要工具，卫岗乳业决定借助采购业务全流程电子化的解决方案来击破痛点，着力于这五大建设目标，打造电子化招采平台：

（1）全流程电子化招标采购能力；

（2）"外部贸易＋内部管理"一体化；

（3）持续降本增效；

（4）采购管理水平提升；

（5）辅助决策分析。

卫岗乳业采购品类丰富，除了牧草、兽药、冻精、生奶、奶粉等生产类原料采购，还包括促销品、助成物、基建类、服务类、设备类等非生产型原料采购，包含建码类物料和非建码类临时物料，业务需求十分庞大。卫岗乳业希望采购平台并不是孤立的一个系统，而是能够与其已有的外部系统，包括 ERP、客商等，全线打通，从而形成卫岗乳业开放的平台生态。

旺采网通过本地化部署模式，为卫岗乳业打造全方位满足其采购需求的、开放式的电子化招采平台，建设内容主要有以下几点：

（1）构建完整的集团采购体系；

（2）建立完善的供应商管理与考核机制；

（3）实现招标采购全流程电子化；

（4）逐渐对外实现全面开放，打造行业级采购平台。

旺采网提供的电子化采购解决方案，能实现各个业务流程和数据流程有效串联，为卫岗乳业搭建业务完善、功能健全、使用高效、扩展性强的采购供应链系统，支撑其供应链上下游业务可持续发展，扩大市场战略发展，帮助企业提升利润空间，与卫岗乳业采购电子化转型需求不谋而合。

资料来源：中国物流与采购网 2019 年 11 月 5 日

第一节　采购的内涵及过程

一、什么是采购

采购，既是一个商流过程，也是一个物流过程。采购的基本作用，就是将资源从资源市场的供应者手中转移到用户手中的过程。在这个过程中，一是要实现将资源的物质实体从供应商手中转移到用户手中；二是将资源从资源市场的供应者手中转移到用户手中的过程。前者是一个商流过程，主要通过商品交易、等价交换来实现商品所有权的转移。后者是一个物流过程，主要通过运输、储存、包装、装卸、流通加工等手段来实现商品空间位置和时间位置的完整结合，缺一不可。只有这两个方面都完全实现了，采购过程才算完成。因此，采购过程实际上是商流过程与物流过程的统一。

采购是一种经济活动。在整个采购活动过程中，一方面，通过采购获取了资源，保证了企业正常生产的顺利进行，这是采购的效益；另一方面，在采购过程中，也会发生各种费用，这就是采购成本。我们要追求采购经济效益的最大化，就是不断降低采购成本，以最小的成本去获取最大的效益。而要做到这一点，关键的关键，就是要努力追求科学采购。科学采购是实现企业经济利益最大化的基本利润源泉。

二、采购活动的重要性

采购作为生产经营活动的初始环节，对企业的供、产、销各个环节影响都很大，直接影响着生产经营过程、企业业绩，并构成企业竞争力的重要方面。图7-1展示了采购业务过程的主要步骤。

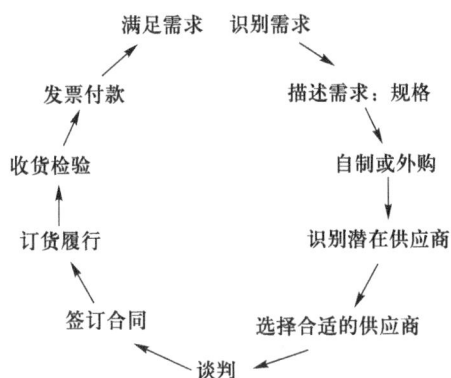

图7-1 采购业务过程的主要步骤

（1）物料采购和组织货源是工商企业业务活动的基础，它对于保证生产经营活动的连续性具有决定性的作用。

（2）采购成本是产品成本中的主要部分，是决定产品价格水平和竞争力的主要因素之一。

（3）产品质量与生产工具、劳动对象的质量有密切关系，机器设备的可靠性和精度、原料的质量和各种零部件的性能和质量直接影响到最终产品的质量，因此采购活动对提高企业质量水平、降低不良品率具有重要意义。

（4）物料采购需要占用大量的流动资金和生产经营设施和场地，因此做好采购工作对于减少资金占用、提高设施和场地的利用率具有十分显著的意义。

（5）采购活动与企业外界的联系十分紧密，它对于促进企业的开放性具有战略意义。

三、采购活动的作业流程

（一）制定采购计划

根据现有订单和预估订单，提前制定采购计划。提前制定采购计划的主要作用包括以下几方面。

（1）预估用料数量、交期，防止断料。

（2）避免库存过多、资金积压、空间浪费。

（3）配合生产、销售计划的达成。

（4）配合公司资金运用、周转。

（5）指导采购工作。

（二）采购审批

采购审批环节需注意以下问题。

（1）生产部所需物料申购均须事前填具采购申请单，按程序办理审批。

（2）采购审批一律使用采购申请单。

（3）采购申请单各栏填写是否清楚，审批者是否签字。

（4）紧急采购申请单应优先办理。

（5）无法于需用日期办妥的采购申请单，必须及时通知申购部门。

（6）接到撤销通知的采购申请单，应先处理，并在采购计划中删除。

（三）询价及洽谈

询价及洽谈环节需注意以下问题。

（1）充分了解所购物资的品名、规格、质量要求及其他特别要求。

（2）向供应商详细说明品名、规格、质量要求、数量、交货期、交货地点、付款方式。

（3）同规格产品的供应商至少对比三家。

（4）寻求其他更适合的替代品。

（5）经成本分析后，设定议价目标。

（6）有没有价格上涨、下跌因素。

（7）询价单应注明与供应商议定的成交条件。

（8）如果是紧急需求临时购买，采购人员可以参考以往之类似的价格，免除询价、比价手续。

（四）订购

订购环节需注意以下问题。

（1）按照采购需求生成订单，订单中须详细填写各项质量、技术等要求，及付款等相关约定，同时将产品包装要求、箱唛等作为订单附件，一同传真给供应商，并要求对方签字确认并回传。

（2）订单确认后，须同时生成到货清点表，并标注到货时间传给仓储管理人员。

（3）分批交货的须在订单中注明。

（4）采购订单交给供应商，并与之确定交货日期，如无法按需用日期交货的必须及时通知仓储部、生产部等相关部门。

（五）采购订单进度跟进、收货、付款

采购订单进度跟进、收货、付款环节需注意以下问题。

（1）根据订单交货日期督促供应商按期交货，及时跟进订单货物完成情况，首次合作的供应商须在大货生产前提供大货样。

（2）要求到货方传真运底单或码单，如需提货，应及时通知配送部门。

（3）库房人员及质检人员对供应商所提供物料进行详细检验，确认是否与订购单或采购申请单所列内容一致，检验合格后生成正式进货单及手写到货检验单并传给采购人员。

（4）产品到货检验合格后，采购人员通知供应商开出发票，凭入库单和有效发票办理付款或报销手续，付款时必须将采购订单、入库单、到货检验单全部核对准确无误后方可填写付款单，付款单须由公司经理签字批准，付款单连同入库单、到货检验单及采购订单一起收入订货档案备查。

付款结算时采购人员应注意以下三个问题：

第一，发票抬头、金额及其他内容是否相符；

第二，是否有预付款或暂付款；

第三，是否需要扣款。

第二节　供应链管理下的采购模式

一、采购观念的转变

采购管理工作的重心是与供应商之间的商业交易活动，虽然质量、交货期也是采购过程中的考虑因素，但对这两者都是通过事后把关的方式来进行控制，如到货验收等，交易过程的重点放在价格的谈判上。因此供应商和采购部门之间经常要进行询价、报价、还价等来回谈判，并且多头进行，通过多个供应商之间的竞争，从中选择价格最低的供应商作为合作伙伴。这种传统的采购业务流程如图 7-2 所示。

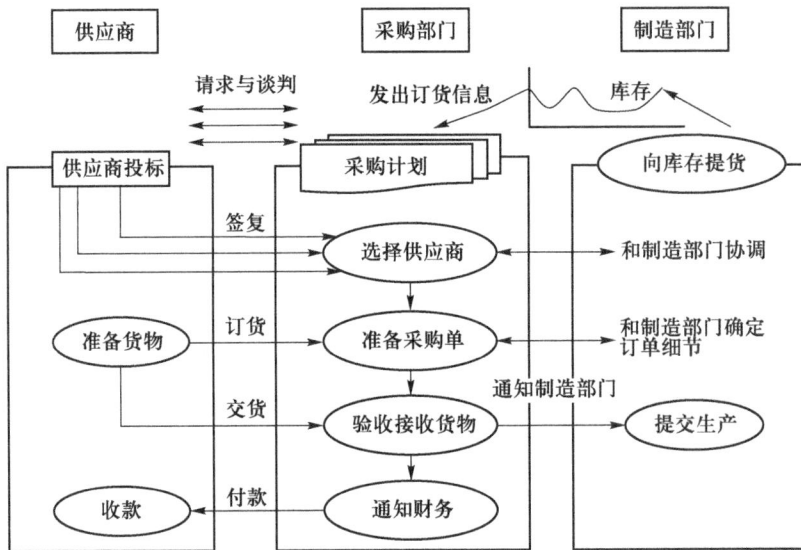

图 7-2　传统的采购业务流程图

这种传统的采购业务流程存在着以下几个方面的问题。

（1）传统的采购过程呈典型的非信息对称博弈状态，采购很容易发展成为一种不科学的盲目行为。在采购过程中，采购方为了在多个参与竞争的供应商中选择一个最佳供应商，往往会保留私有信息，如采购件对自己企业最终产品的质量和成本影响程度等，因为如果提供给供应商的信息越多，供应商的讨价还价的能力也就越强，这样对采购方不利。

（2）采购行为是在以交易为基础，以对抗性的谈判为手段的情况下进行的，其出发点是追求各自利益的最大化，有时甚至不惜损害对方的利益。供需关系一般为临时或短期行为，竞争多于合作。

（3）无法对供应商产品质量、交货期进行事前控制，这样极大地增加了后续生产过程的不确定性。这种不确定性会造成两种后果，一是采购企业为了避免这种不确定性带来的生产中断而增加企业的安全库存量，从而引起生产成本的上升；二是可能引起大量的经济纠纷，导致双方大部分精力都耗费在处理这些不和谐的事情上面，而无法集中力量进行长期的预测和计划以及共同的质量改进。

（4）由于双方缺乏及时的信息反馈，在市场需求发生变化的情况下，采购方不能改变已有的订货合同，因此采购方在需求减少时可能造成库存的增加，而当需求增加时又面临供不应求的损失，加上采购程序复杂，采购周期长，采供双方对市场需求的响应不可能保持同步，缺乏对需求变化的快速反应能力。

（5）整个采购过程缺乏科学的分析和评价，以经验而不是技术来指导采购决策，造成供应商结构不合理、采购渠道比较单一、采购方式落后，从而影响采购的效益和效率。

（6）生产部门与采购部门脱节，采购部门仅仅是执行生产部门确定的订单采购任务，这样或者造成库存积压占用大量流动资金，或者供应滞后丧失市场机会。

（7）采购过程缺乏科学的监督和控制，采购效率没有得到公正的评价，利益驱动造成暗箱操作，舍好求次、舍贱求贵、舍近求远，产生腐败温床。

传统的采购模式和采购管理思想存在的以上问题导致其已经不能适应当今企业所处的市场环境，供应链管理思想的产生和发展给采购管理提供了一个理论发展的平台，因此也就产生了供应链管理环境下的采购管理理论。

20世纪70年代以来，国际范围内的原材料短缺和由于价格大幅上涨带来的原材料成本所占总成本比例的大幅度提高，使得采购供应部门备受瞩目，因为它可以长久性地控制成本从而直接影响着企业的运行成本和发展潜力。20世纪90年代以后，企业的采购供应职能日益受到重视。供应链的现代管理思想认为，未来的竞争不再是单个企业之间的竞争，而是整条供应链之间的竞争，它注重采购方和销售方之间的关系，主张通过二者之间的协同合作和持续改进来增强整条供应链的竞争能力，从而使处于供应链中的单个企业从中受益，因此采购活动被提升到一个更高的战略水平来研究。

随着竞争的日益加剧和企业国际化的程度的增强，如何创造和保持企业的核心竞争力成了影响企业生存和发展的关键因素，因此外协、分包作为一种有效战略被广泛应用，在这种情况下，企业的采购供应部门的责任更加重大。所有这些变化使得采购供应职能从以交易为基础的战术职能发展到以流程为导向的战略职能，企业的采购供应部门在企业中所占的地位也日益提高。

二、采购模式的优化

企业的采购管理应该着眼于供应链的整体框架，考虑供应的速度、柔性、风险，优化采购模式，从单一的竞争性采购模式变成为集中采购模式、全球采购模式、准时采购模式等多种模式及其优化组合以增强供应链竞争力。

（一）集中采购模式

集中采购是相对于分散采购而言的，即采购组织同时为多个企业实施采购，通过全面掌握多个企业的需求情况，与供应商签订统一合同，实现大批量订购，利用规模优势，提高议价能力，从而大大降低采购成本。

（二）全球采购模式

利用全球的资源，基于电子商务交易平台，整合互联网技术与传统工业资源，在全世界范围内寻找供应商和质量最好、价格合理的产品。例如，戴尔公司全球采购的实施是通过建立全球采购中心、设立众多国际采购网点以提高采购效率，在全球范围内采购5000多种零部件。这种全球化采购模式充分发挥了现代物流、信息流的功用，使采购成本降到了最低。

（三）准时化采购模式

准时生产的基本思想是只在需要的时候，按需要的量生产所需要的产品，是在多品种、小批量混合生产条件下高质量、低消耗的生产方式，其核心是追求无库存的生产系统或使库存最小化。准时化采购模式对于降低原材料和外购件的采购价格、大幅度减少原材料和外购件的库存、提高生产率等方面作用明显。

在采购模式的优化过程中还应注重与企业内外部的协同、供应商关系管理、健全采购绩效评估体系以及采购流程合理管理等问题，具体表述如下。

（1）注重与企业内外部的协同。采购模式的优化过程中要注重采购部门与其他相关部门（尤其是生产部门）的流程重组，逐渐从注重功能集合向注重流程重组上转移，加强采购流程在企业内部的沟通和协调，充分发挥采购职能。

采购作业不仅需要与企业内部协同，而且更重要的是与外部供应商企业协同。这种协同不仅包括与供应商在库存、需求等方面通过信息的共享及时调整采购计划及执行过程。此外，注重对采购价格的协同以保持最佳的价格竞争优势。

（2）加强与供应商合作关系的管理。集中采购、全球采购等现代采购模式，一方面促使供应商向专业化的方向发展；另一方面使生产商在更广的范围内挑选更为合适的供应商成为可能和必需。在全球供应链的环境下，采购方和供应方协同合作的难度不断增加，任何一方的失误都会造成供应链效率和利润的低下。

（3）实行合理的采购流程管理。在流程管理方面，应注重企业采购流程管理，加强生产计划、物料需求计划和采购之间的协调运作。加强核心采购流程的设计，降低采购工作的随意性。

（4）健全采购绩效评估体系。企业通过健全采购绩效评估体系并持续进行评估，可以及时有效地发现采购作业中的问题，制定改善措施和解决方案，确保采购目标的实现和绩效的提升。

三、与传统采购管理的比较

和传统的采购行为相比，供应链管理环境下采购行为的转变体现在以下三个方面。

（一）从为库存采购转变成为订单采购

传统的采购过程缺乏主动性，很大程度上是为了补充库存而采购。采购部门并不了解生产部门的生产计划、生产进度和准确需求，采购部门所制定的采购计划不能很好地适应生产的要求。在供应链管理环境下，采购活动是以订单驱动方式进行的，制造订单的产生是在用户需求订单的驱动下产生的，然后，制造订单驱动采购订单，采购订单再驱动供应商。这种订单驱动的采购模式，使供应链系统得以准时响应用户的需求，从而降低了库存成本，提高了物流的速度和库存周转率。其业务流程如图7-3所示。

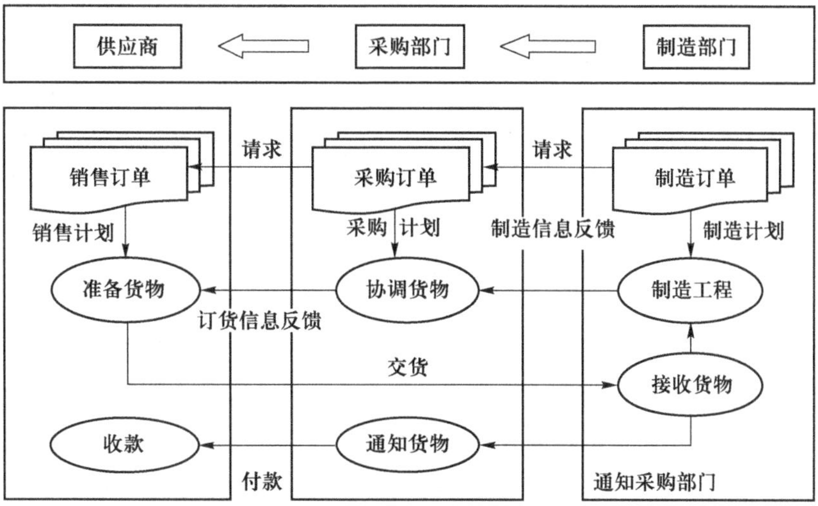

图7-3　订单驱动的采购业务流程图

为实现采购方式由库存驱动向订单驱动的转变，企业必须做到以下几点。

（1）与主要供应商建立战略合作伙伴关系，简化采购流程，降低交易费用。

（2）协调供应链计划同步，使制造计划、采购计划、供应计划能够同步进行，缩短用户响应时间，实现供应链的同步化运作。

（3）采购物资直接进入制造部门，减少不增加价值的物资流转过程和采购部门的工作压力，实现供应链的精细化运作。

（4）改变信息的传递方式，让供应商共享制造部门的信息，提高供应商的响应速度，同时在订货过程中不断进行信息反馈，修正订货计划，使订货与需求保持同步。

（5）实行面向过程的作业管理模式。过程管理是供应链管理的重点之一，供应链环境下的采购管理以采购过程为管理对象，这个过程是由相关的企业内部业务部门和供应链上其他节点企业相关部门的活动组成的一个整体功能过程，通过对系统过程的物流、资金流、信息流的统一协调和控制，从整体上优化采购业务流程，以达到采购过程的总成本和总效率的最佳匹配。

（二）从采购管理转变为外部资源管理

传统的采购管理由于与供应商缺乏信任和合作，导致采购行为缺乏柔性和快速的响应能力，采购企业和供应商的业务不能实现无缝对接。为了实现供应链企业的同步化运作，企业和供应商必须建立新的供需合作模式，把对采购的事后控制转变为对采购过程的事中控制，也就是要实现管理的延伸，将对本企业内部的采购职能的管理转变为对外部资源的管理。实施外部资源管理也是实施精细化生产、零库存生产的要求。

供应链管理中一个重要思想是在生产控制中采用基于订单流的准时化生产模式，使供应链企业的业务流程朝着精细化生产方向努力，即实现生产过程的几个"零"化管理：零缺陷、零库存、零交货期、零故障、零纸文书、零废料、零事故、零人力资源浪费。外部资源管理是实现供应链管理的上述思想的一个重要步骤——企业集成，它是供应链企业从内部集成走向外部集成的重要一步。要实现有效的外部资源管理，制造商的采购活动应从以下几个方面着手进行改进。

（1）与供应商建立一种长期的、互惠互利的合作关系。这种合作关系保证了供需双方能够有合作的诚意和共同解决问题的积极性。

（2）通过提供信息反馈和教育培训支持，在供应商之间促进质量改善和质量保证。传统采购管理的不足在于没有给予供应商在有关产品质量保证方面的技术支持和信息反馈。在以顾客需求为导向的今天，产品的质量是由顾客的要求决定的，而不是简单地通过事后把关所能解决的。因此在这样的情况下，质量管理的工作需要下游企业提供相关质量要求的同时，应及时把供应商的产品质量问题及时反馈给供应商，以便其及时改进。对个性化的产品质量要提供有关技术培训，使供应商能够按照要求提供合格的产品和服务。

（3）参与供应商的产品设计和产品质量控制过程。制造商企业应该参与供应商的产品设计和质量控制过程，共同制定有关产品质量标准等，使需求信息能很好地在供应商的业务活动中体现出来，为供应链的同步化运作提供支持。

（4）协调供应商的计划。一个供应商有可能同时参与多条供应链的业务活动，在资源有限的情况下必然会造成多方需求争夺供应商资源的局面。在这种情况下，下游企业的采购部门应主动参与供应商的协调计划，在资源共享的前提下，保证供应商不至于因为资源分配不公或出现供应商抬杠的矛盾，保证供应链的正常供应关系，维护企业的利益。

（5）建立一种新的、具有不同层次的供应商网络，并通过逐步减少供应商的数量，致力于与供应商建立合作伙伴关系。

（三）从一般买卖关系转变为战略伙伴关系

在传统的采购模式中，采供双方是简单的对抗性的买卖关系，因此无法解决一些涉及全局性、战略性的供应链问题，而基于战略伙伴关系的采购方式为解决以下问题创造了条件。

（1）库存问题。在传统的采购模式下，供应链的各级企业都无法共享库存信息，各级节点企业都独立地采用订货点技术进行库存决策，不可避免地产生需求信息的扭曲现象，导致整个供应链上库存重复、产品积压、成本增加。但在供应链管理模式下，通过双方的合作伙伴关系，供应与需求双方可以共享需求和库存数据，减少了需求信息的失真现象。

（2）风险问题。供需双方通过战略性合作关系，可以降低由于不可预测的变化带来的风险，比如运输过程的风险、信用的风险、产品质量的风险等。通过合作伙伴关系的建立可以使双方从简化的采购供应流程中受益，从烦琐的事物性工作中解放出来，集中力量制定战略性的采购供应计划。

（3）采购成本问题。通过合作伙伴关系，双方减少了许多不必要的手续和谈判过程，也避免了信息不对称决策可能造成的成本损失，降低企业的采购成本。

（4）战略性的伙伴关系消除了供应过程的组织障碍，为实现准时化采购创造了条件。

第三节　供应商的选择

一、选择供应商的标准

图7-4概述了供应商的选择标准。供应商选择最重要的因素通常是质量。质量通常指一个用户所期望的产品的规格（比如，技术规格、物理或化学特征性或设计等）。采购人员

会将供应商所提供产品的实际质量与用户所希望的规格进行比较。事实上，质量还包括一些其他因素，如产品寿命、维修的便利性、维护要求、使用的便利性及坚固性等。在全面质量管理（六西格玛和精益生产）的条件下，不但质量的标准提高了，而且供应商还必须承担产品质量的主要责任。

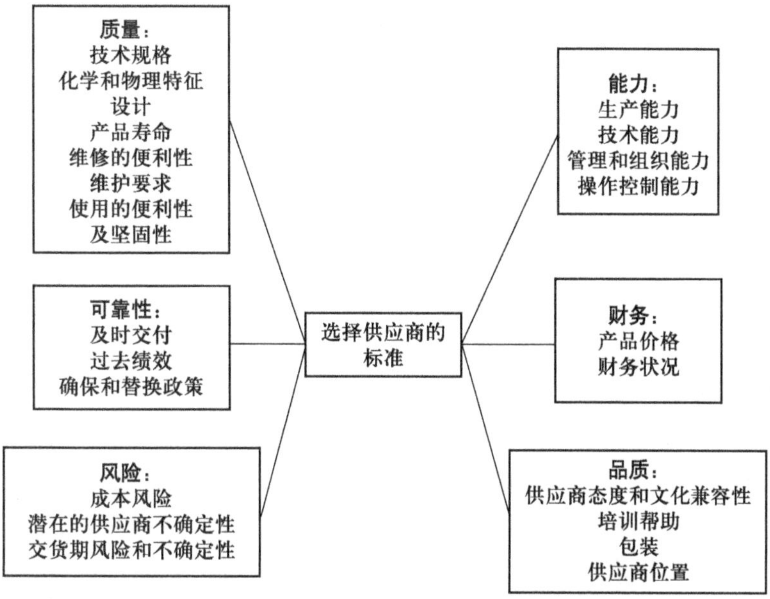

图 7-4 供应商选择标准概况

可靠性包括配送和货物性能的历史记录，对于大多数采购人员来说这是排在第二位或第三位的因素。为了防止因为前置时间比预期时间长而导致生产线停产，买方需要供应商持续、按时地交付。所采购商品的寿命将直接影响最终产品的质量、生产商的保修索赔及重复销售。最后，万一物料出现问题，购买企业可以将供应商的保修和索赔手续作为实现可靠性的措施。可靠性通常也被认为全面质量管理方案的一部分。当代具有重大意义的因素是风险，风险发生的一个方式是，购买的产品和服务的可能发生变化的成本，将会导致更高的价格。风险发生的其他方式包括供应不确定性和交货期的不正常的变化。在这两种情况下，结果可能是购买的产品或服务无法在恰当的时间和地点获取，因此需对产生的额外成本提出相应的对策。

供应商选择标准的第四个因素是能力，包括潜在供应商的生产能力、技术能力、管理和组织能力及操作控制能力。这些因素说明了供应商按时提供所需质量和数量的物料的能力。这种评价不仅包括供应商实际上能够向用户提供需要的产品的能力，而且包括供应商能够在较长的一段时间持续提供这种产品的能力。购买企业可能会通过供应商的劳资关系记录来考察该企业提供长期供应的能力。如果供应商有因劳资关系不稳定而导致罢工的记录，就说明该供应商没有在较长时间内持续为用户提供所需数量物料的能力。向该供应商购买物料的企业就必须承担存货成本上升的后果，这种存货成本上升是由于买方企业必须为供应商可能因工人罢工引起的业务中断而储存物资。同样，如果是向全球供应商采购原材料，会给这种估价带来更多的挑战。

财务方面的考虑是供应商选择标准的第五个因素。除价格之外，采购企业还应考虑供应商的财务状况。财务不稳定的供应商可能会在长期、持续的供货过程中发生中断现象。为最终产品提供关键原材料的供应商可能会因宣布破产而中断采购方的生产。在向从事整车运输的运输公司购买服务时，财务标准尤其重要。随着企业开始逐渐使用少量运输商，这种供应商的财务失败是一个严重问题，也是供应链中断的原因之一。

理想的能力包括几个采购类型和客户与供应商之间的理想关系类型决定其用途的能力。虽然采购方可能会认为供应商的态度不易量化，但是供应商的态度确实影响供应商选择决策。例如，消极的态度会使采购方去除此备选供应商。供应商给采购方留下的印象对供应商选择决策也有同样的影响。培训援助和包装的重要性取决于采购企业所购买的物资。如果采购企业购买的物资很容易被损坏，例如，玻璃，包装就很重要。但是对于不容易被损坏的大宗商品，例如，煤，包装就不那么重要。企业如果要采购技术性设备，例如，电脑和机器人等，培训援助对于采购企业就很重要。但是如果企业是采购办公用品，培训援助就没有什么意义。同样，如果企业要采购技术性设备，供应商是否提供维修服务就很值得考虑。

供应商选择要考虑的另一个因素是地理位置。此因素所关注的是从本地供应商还是从较远的供应商那里采购的问题。运输成本显然是这儿要考虑的一个要素。但是，远距离的供应商可能会提供更低的价格、更强大的技术力量、更大的供应可靠性和更高的品质。这也是当今全球化的环境下，采购方常常要面临的一个选择。

供应商选择因素的相对重要性取决于采购方要购买的物资。如果企业要采购电脑，那么技术能力和培训援助将比价格、交货和保修重要；相反，如果要采购办公用品，就应该更强调价格和交货。

二、选择供应商的流程

采购商选择供应商建立战略伙伴关系、控制双方关系风险和制定动态的供应商评价体系是中国采购商普遍关心的几个问题。那么怎样才能通过量化的指标来客观地评价和选择供应商呢？基本思路是阶段性连续评价、网络化管理、关键点控制和动态学习过程。这些思路体现在供应商评价体系的建立、运行和维护上。

（一）建立供应商阶段性评价体系

采取阶段连续性评价的方式，将供应商评价体系分为供应商进入评价、运行评价、供应商问题辅导、改进评价及供应商战略伙伴关系评价几个方面。供应商的选择不仅仅是入围资格的选择，而且是一个连续的可累计的选择过程。

建立供应商进入评价体系，首先需要对供应商管理体系、资源管理与采购、产品实现、设计开发、生产运作、测量控制和分析改进等七个方面进行现场评审和综合分析评分。对以上各项的满意程度按照从不具备要求到完全符合要求且结果令人满意，分为 5 个分数段（0～100 分区间），根据各分项要素计算平均得分。如 80 分以上为体系合格供应商，50 分以下为体系不合格供应商，50～79 分为需讨论视具体情况再定的持续考核供应商。合格的供应商进入公司级的合格供应商目录（Approved Vendor List，AVL）维护体系。

建立供应商运行评价体系，则一般采取日常业绩跟踪和阶段性评比的方法。采取 QSTP 加权标准，即供货质量 Quality（35% 评分比重）、供货服务 Service（25% 评分比重）、技术考核 Technology（10% 评分比重）、价格 Price（30% 评分比重）。根据有关业绩的跟踪记录，按照季度对供应商的业绩表现进行综合考核。年度考核则按照供应商进入 AVL 体系的时间

进行全面的评价

供应商问题的辅导和改进工作，是通过专项专组辅导和结果跟踪的方法实现的。采购中心设有货源开发组，根据所负责采购物料特性把货源开发组员分为几个小组，如板卡组、机械外设组、器件组、包装组等，这些小组的工作职责之一就是对供应商进行辅导和跟进。

供应商战略伙伴关系评价是通过供应商的进入和过程管理，对供应商的合作战略采取分类管理的办法。伙伴关系不是一个全方位、全功能的通用策略，而是一个选择性战略。是否实施伙伴关系和什么时间实施要进行全面的风险分析和成本分析。阶段性评价体系的特点是流程透明化和操作公开化，所有流程的建立、修订和发布都通过一定的控制程序进行，保证相对的稳定性。评价指标尽可能量化，以减少主观干扰因素。

（二）网络化管理

网络化管理主要是指在管理组织架构配合方面，将不同的信息点连接成网的管理方法。多事业部环境下的采购平台，需要满足不同事业部的采购需求，需求的差异性必须统一在一个更高适应性的统一体系内。对于产品相关的差异性需求则应由各事业部的质量处和研发处提出明确的要求。建立一个评审小组来控制和实施供应商评价。小组成员由采购中心、公司质量部、事业部质量部的供应商管理工程师组成，包括研发工程师、相关专家顾问、质检人员、生产人员等。

评审小组以公司整体利益为出发点，独立于单个事业部，组员必须有团队合作精神、具有一定的专业技能。

网络化的管理也体现在业务的客观性和流程的执行监督方面。监督机制体现在工作的各个环节，应尽量减少人为因素，加强操作和决策过程的透明化和制度化。可以通过成立业务管理委员会，采用ISO9000的审核办法，检查采购中心内部各项业务的流程遵守情况。

（三）关键点控制的四项原则

关键点控制包括门当户对原则、半数比例原则、供应源数量控制原则和供应链战略原则。

门当户对原则体现的是一种对等管理思想，它和"近朱者赤"的合作理论并不矛盾。在非垄断性货源的供应市场上，由于供应商的管理水平和供应链管理实施的深入程度不同，应该优先考虑规模、层次相当的供应商。不一定行业老大就一定是首选的供应商，如果双方规模差异过大，采购比例在供应商总产值中比例过小，则采购商往往在生产排期、售后服务、价格弹性和谈判力量对比等方面不能尽如人意。

从供应商风险评估的角度，半数比例原则要求购买数量不能超过供应商产能的50%。如果仅由一家供应商负责100%的供货和100%成本分摊，则采购商风险较大，因为一旦该供应商出现问题，按照"蝴蝶效应"的发展，势必影响整个供应链的正常运行。供应源数量控制原则指实际供货的供应商数量不应该太多，同类物料的供应商数量最好保持在2～3家，有主次供应商之分。这样可以降低管理成本和提高管理效果，保证供应的稳定性。

采购商与供应商建立信任、合作、开放性交流的供应链长期合作关系，必须首先分析市场竞争环境。通过分析现在的产品需求、产品的类型和特征，确认是否有建立供应链合作关系的必要。而在只有几家供应商可供选择的有限竞争的市场和垄断货源的独家供应市场，采购商则需要采取战略合作的原则，以获得更好的品质、更紧密的伙伴关系、更好的排程和更低的成本和更多的支持。

对于实施战略性长期伙伴关系的供应商，可以签订"一揽子协议/合同"。在建立供应链合作关系之后，还要根据需求的变化确认供应链合作关系是否也要相应地变化。供应链战略管理还体现在另一个方面：仔细分析和处理近期和长期目标、短期和长远利益的关系。采购商从长远目标和长远利益出发，可能会选择某些表面上看似苛刻、昂贵的供应商，但实际上这是放弃了短期利益，主动选择了一个由优秀元素组成的供应链。

（四）供应商管理体系的维护

供应商管理体系的运行需要根据行业、企业、产品需求和竞争环境的不同而采取不同的细化评价。细化的标准本身就是一种灵活性的体现。短期的竞争招标和长期的合同与战略供应商关系也可以并存。

学习型的组织通过不断学习和改进，对于供应商的选择评价、评估的指标、标杆对比的对象以及评估的工具与技术都需要不断更新。采购作为一种功能，它的发展与制造企业的整体管理架构、管理阶段有关系。需要根据公司的整体战略的调整而不断地调整有关采购方面的要求和策略，对于供应商选择的原则和方法也亦然。

（五）经典二八法则在供应商中的应用

作为一条普适的法则，商业采购中也存在这种现象。数量20%的采购物占总采购价值的80%，其余80%的采购物占总采购价值的20%。据此，可以将供应商划分为重点供应商和普通供应商，前者数量20%，供应品价值80%，后者同理。

重点供应商提供的物品一般是企业的战略物品或需集中采购的物品，比如汽车厂需要的发动机和变速器，电视厂家需要的彩色显像管等。采购企业应该用80%的精力与其合作，以保证自身产品的生产。普通供应商提供的物品对企业的生产运作影响较小，如办公用品、维修备件。企业只需要用20%的精力跟进其交货就可以了。

当然，实际情况划分并没有这么细，二八关系也不是一成不变的。

三、供应商选择的应用实例

通用电气（GE）公司是一家有着悠久历史的全球性技术服务公司，成立于1896年，目前主要有13个全球性的商务运作部门，全球拥有30多万名员工、132个销售部门。GE是一个非常全球化的公司，有将近90%的员工来自美国以外，40%的销售额来自海外。

GE的采购模式不以国家作为分界，对全球供应商的要求都是一样的，各个国家的供应商都要达到同样的标准、同样的程序、同样的思维方式。

GE对供应商有四个最基本的要求：价格、质量、交货和诚信。

首先，在价格方面，GE是全球采购，这种全球竞争会使供应商的价格压得很低，因为全球范围内有很多公司参与竞争。同时，GE看中的不仅是一开始的价格，与GE合作开始之后，它会要求供应商第二年、第三年每年都要下降价格的5%～10%。GE的理念是："我要成为世界上最有竞争力的公司，我的供应商也要成为世界上最有竞争力的供应商。我不光希望我自己的内部成本降低，还希望供应商的成本也降低。"因此，GE要求供应商改革自己的采购程序、供应效应、成本等。如果供应商连续三年不降低价格，GE就要考虑选择新的供应商。

在质量方面，如果供应商有一年质量非常差，它就有可能不能再与GE合作了——在质量问题上没有任何商量，因为 GE 的设备大多用在医院或者是家庭医疗当中，如果出了问题就会造成比较严重的后果。

GE 对全球供应链的要求非常严格，供应商一定要准时交货，如果不能准时交货，就要用飞机运输，而不是用船，成本就一下提高了。GE 不仅有质量和价格方面的要求，对整个的供应要求从来都没有放松过。很多供应商通过与 GE 合作，合作规模越做越大，而且提高了自身的整体竞争力。所以，与 GE 合作对于很多中国企业的发展是非常好的机会。怎样在这个过程当中真正与国际接轨，与众多来自各个国家的对手竞争，是中国企业应该思考的问题。

第四节　电子化采购策略

一、电子化采购的定义

电子化采购是由采购方发起的一种采购行为，是一种不见面的网上交易，如网上招标、网上竞标、网上谈判等。人们把企业之间在网络上进行的这种招标、竞价、谈判等活动定义为 B2B 电子商务，事实上，这也只是电子化采购的一个组成部分。电子化采购比一般的电子商务和一般性的采购在本质上有了更多的概念延伸，它不仅仅完成采购行为，而且利用信息和网络技术对采购全过程的各个环节进行管理，有效地整合了企业的资源，帮助供求双方降低了成本，提高了企业的核心竞争力。

电子化采购是一种在 Internet 上创建专业供应商网络的基于 Web 的采购方式。它能够使企业通过网络，寻找管理合格的供货商和物品，随时了解市场行情和库存情况，编制销售计划，在线采购所需的物品，并对采购订单和采购的物品进行在途管理、台账管理和库存管理，实现采购的自动统计分析。实现电子化采购的方式有两种：使用 EDI（电子数据交换）的电子采购和使用 Internet 的电子采购。电子化采购门户站点对购买简单商品最为有效，它可以让供应商创建和维护其产品的在线目录，其他公司可以从这些目录中搜索商品，下订单以及当场确定付款和装运选择。在试图购买那些必须定制的产品时，常常需要人力判断以及人与人之间的协商，首先，要整理叫做 RFP（建议请求）的信息包，其中包括有某一商品的技术规格和供应要求。其次，必须找到能够满足该请求的供应商。为了节省时间和资金，只需要与有资格的供应商联络，这样花费的精力最少。使这一过程自动化的一种方式就是使用 EDT 网络，它能够让供应商和买主交换采购信息。只要交纳一点事务处理费，就能通过 EDI 网络提交信息包，并通过同一网络收到答复。

二、电子化采购的主要作用

（一）电子化采购可使企业掌握采购主动权

首先，企业根据自己的实际需求，通过网络公布采购的物品及其采购的要求，要求供应商按需求提供采购物资，从而减少了采购的盲目性；其次，企业利用网络发布所需的物品，供应商展开网上价格和质量竞争，中标者将质优价廉的商品配送到指定地点；最后，企业可以通过网络随时和供应商进行沟通，以便及时获取售后服务。

（二）电子化采购可使企业降低采购成本

电子化采购扩大了供应商范围，从中选择报价和服务最优的供应商，突破传统采购供应商数量的局限性，实现本地化采购向全球化采购的转变。同时，电子化采购可节省差旅费开支，通过网站信息的共享，实现无纸化办公。

（三）电子化采购可使企业提高采购的透明度

电子化采购是通过将采购信息在网站公开，采购流程公开，避免交易双方有关人员的私下接触，由计算机根据设定的标准自动完成供应商的选择工作，有利于实现实时监控，避免"暗箱操作"，提高了采购商品和采购价格的透明度。

（四）电子化采购可使企业提高采购效率

首先，企业利用互联网可快速获取信息和传递信息，节约了寻找所需物品的时间，企业也可根据自己的要求自由设定交易时间和交易方式，缩短了采购周期；其次，电子化采购实现了采购信息的数字化、电子化，提高了采购的准确性；最后，采购流程的自动化有效地提高了采购的管理效率。

（五）电子化采购可使企业优化采购管理过程

电子商务采购是在对业务流程进行优化的基础上按软件规定的标准流程进行的，可以规范采购行为和采购市场，有利于建立一种比较良好的经济环境和社会环境，减少采购过程的随意性；同时，网上采购实现了企业采购行为集中统一，既能降低采购价格，又能使采购活动统一决策，协调运作。

（六）电子化采购有利于强化供求双方的业务联系

网上采购把大量的买方和卖方聚集在一起，形成公平的市场交易价，供求双方在公平价格的基础上建立起长期的、互利的、信息共享的合作关系，以保证双方共同利益，实现"双赢"的目的。

（七）电子化采购有利于提高企业的价值创造力

电子化采购的价值创造能力表现为现代企业在网络环境下的企业竞争力、生存能力和发展能力。具体可以表述为企业充分利用网络的搜索能力、交易能力，通过对企业内部、外部的各种有形资源、无形资源的整合，降低采购成本，提高企业管理效率，增强企业的竞争力。

三、电子化采购的实施

电子化采购不仅影响到企业的采购流程，还将从根本上改变企业的运营方式。企业只有内外结合、"软（件）硬（件）兼施"，才能建立一套运行良好的电子化采购体系，才能充分发挥电子化采购的优势。

（一）实现企业内部的信息化

电子化采购必须有内部信息系统做支持，企业只有建设内联网，应用 ERP 管理系统，把企业进货、销货、存货、生产及财务、计划等各个环节通过网络连接起来，再把内联网延伸到企业外部，与电子化采购系统对接，才能有效发挥电子化采购的优势。

（二）采用适宜的电子化采购软件

实施电子化采购要求把填写订购单、审核订购单、联系供应商、选择供应商和采购结算等整个电子化采购流程通过网络并借助计算机软件来实现。因此，电子化采购必须建立在 Internet 基础上，包括 CA 认证、支付功能、定价服务、集成功能等，能和 ERP 及办公自动化等后台系统集成。同时，采购的软件要简单明了，易于操作。

（三）坚定不移地推进电子化采购和强化人员培训

企业领导要认清电子化采购是企业采购的发展趋势，充分认识到电子化采购的优势，特别是在提高企业竞争力方面的重要作用，坚定不移地、有计划、有步骤地推动企业电子化采购的实施和强化人员培训。

（四）尝试现代企业电子化采购新方式

（1）使用电子采购卡。电子化采购卡的使用明显减少了当地采购的费用，其费用节约主要体现在减少了书面工作，缩短了供应商确认和订单处理的时间，减少了采购工作量。

（2）建立网上采购中心。建立采购中心是电子化采购的又一大创新，它将拥有相同产品种类、不同供应商的产品目录在线整合在一起，进行联合在线采购，从而获得价格优惠，增强了自身的采购能力。

（3）集成采购/支付系统。集成采购/支付系统提供不同的分析程序，控制购买和支付决策。通过单一文件维护所有相关的供应商数据，并与支票支付系统接口。

（五）电子化采购实施的具体步骤

电子化采购是通过相关的应用软件来实现的，不同的管理软件提供的解决方案不同，但其基本步骤都是一致的，主要包括以下步骤。

第一步，要进行采购分析与策划，对现有采购流程进行优化，制定出适宜网上交易的标准采购流程。

第二步，建立网站。可以通过虚拟主机、主机托管、自建主机等方式来建立网站，特别是加入一些有实力的采购网站，通过它们的专业服务，可以享受到非常丰富的供求信息，起到事半功倍的作用。

第三步，采购单位通过互联网发布招标采购信息，详细说明对物料的要求，包括质量、数量、时间、地点等，对供应商的资质要求等。

第四步，供应商登录采购单位网站，进行网上资料填写和报价。

第五步，对供应商进行初步筛选，收集投标书或进行贸易洽谈。

第六步，网上评标，由程序按设定的标准进行自动选择或由评标小组进行分析评比选择。

第七步，在网上公布中标单位和价格，如有必要对供应商进行实地考察后签订采购合同。

第八步，采购实施。中标单位按采购订单通过运输交付货物，采购单位支付货款，处理有关善后事宜。按照供应链管理思想，供需双方需要进行战略合作，实现信息的共享。

第五节　全球化采购策略

一、全球化采购的发展

全球化采购是供应链环境下，使用先进的技术和方法，提出合理的采购要求，定制合适的采购方案，在全球范围内建立生产与运营体系，采购质量和价格很优的产品，来确保企业生产经营活动正常进行的一项业务活动；与此同时，从采购规范入手，能够有效衡量和监控采购过程中的绩效审核，进而在保证服务水平很高的情形之下，实现采购总成本最低。

全球化采购使国际制造商的采购战略发生了显著变化，具体内容表现在四个方面。

（一）集中采购趋势非常明显

许多全球制造商想方设法提高采购批量，以充分发挥其价格谈判的能力。实现这一目标通常有三个途径：（1）集中一个公司不同事业部或不同地区的某些特定类型元器件的采购数量；（2）通过一家供应商采购；（3）尽可能使各产品的元器件标准化，以实现标准化器件更高的采购批量。但这一做法受到新产品设计阶段元器件选择的限制。

（二）整合供应商以获得成本优势

近来，许多全球制造商将供应资源集中起来，只与少数几家供应商打交道。三年前，Palm 公司 80% 的采购支出分散到 150 家供应商，去年已经聚集到 50 家。从这项战略中受益的还有旭电、伟创力等大型电子制造（EMS）公司，它们从贴牌厂商（Original Equipment Manufcacture，OEM）那里获得大笔制造业务，对成本非常敏感。通常，为维持采购成本的优势，大型 EMS 公司对采购条件要求非常苛刻，他们提出的"总成本"模式反映了这一变化。如今，EMS 公司不再根据元器件报价选择供应商，而包括物流和废品率的总供应成本管理成为选择供应商的要素。此外，要求供应商不断改进和发展也是 EMS 提出的新要求。

（三）在线询价和在线拍卖变得越来越普遍

为与供应商互动，全球制造商迅速采用基于 IT 系统的采购流程，如在线询价和在线拍卖变得越来越普遍。在线采购给 OEM 和 EMS 公司带来的主要利益是由于供应商彼此竞争，OEM/EMS 公司能够快速识别和评估供应商，从而加速采购流程并获得巨大节约。

（四）在中国设立国际采购中心

随着在中国采购量的大幅增长，国际大型 OEM 公司跨越中间商直接进行采购。国际采购中心的设立对于我国城市而言，具有重要的经济社会效应，能够促进我国服务业的发展。加速建设国际采购中心，对城市的发展具有重要意义。

二、全球化采购的影响

（一）全球采购对供应链管理的影响

全球采购对供应链管理的影响有以下几点。

（1）全球范围内采购。采购是基于全球范围来讲的，不是仅局限于一个国家、一个地区，要在世界范围内支配企业的资源。所以，企业要充分地利用国际市场、国际资源，尤其是在物流进入全球物流时代的时候，国内物流是国际物流的一个重要步骤，企业要从国际物流角度来处理物流的具体活动。

（2）风险性增强。国际采购经常集中批量采购，采购项目和品种集中、采购数量多和规模大，涉及的资金较多，而且跨国界、手续繁复、步骤多，存在很多潜在的风险。

（3）采购价格低。因为能够在全球配置资源，能通过比较经济的方式，寻求价格很低、质量较好的产品。

（4）选取客户条件严格。由于全球采购的资源广泛，采购地点的地形复杂，因此制定严格标准去选取和鉴定供应商十分重要。

（5）渠道比较稳定。即使供应商货源广泛，全球采购线长、面积广、步骤多，但是因为供应链管理的发展，采购商与供应商建有相当的战略伙伴关系，进而采购供应渠道相对稳定。

（二）全球采购对中国企业的影响

全球采购是物流管理的发展趋势，跨国公司为追求低成本供应商，这使中国的供应商变得非常具有吸引力。如今，中国的供应市场迅速与全球经济接轨，中国供应商在受益的同时也面临参与全球化竞争的局面，充分理解全球化采购的影响并积极制定有效的应对战略方能把握机遇。

1. 供应链管理模式下全球采购对中国企业的积极影响

在经济全球化的时代，企业与企业之间的竞争已经变为供应链与供应链之间的竞争。现代物流的快速发展，有力地改善了中国的采购环境。为适应市场竞争的需要，一些制造企业改造业务流程，在生产组织、原材料采购、产品销售、配送、运输、仓储等环节实施了一体化运作。而中国正在成为世界的物流中心。

中国制造业、流通业加快了物流资源的整合，提高了物流效率，促进了中国经济结构调整产业升级，推进了中国新型工业化产业发展的战略。

中国是全球供应链中最重要的贡献者之一。相对于发达国家，中国的物流和供应链管理还有待于进一步的提高，中国的采购环境还有待于进一步改善。中国迫切需要引入现代化的采购理念、供应方式和物流技术，中国物流需要与国际贸易结合起来探讨各自的发展。在国际贸易的整个实现环节中，只有物流做到了便利化，才能实现贸易便利化。企业的采购应该着眼于供应链的整体框架，考虑供应的速度、柔性、风险，优化采购模式，从单一的竞争性采购模式变成为集中采购、全球采购、准时采购等多种模式及其优化组合以增强供应链竞争力。

2. 供应链管理模式下全球采购对中国企业的消极影响

很多中国企业因为规模较小，不能被跨国公司在谈判中平等对待，最后被迫低价交易。中国企业很容易忽视对品牌的培养，较多地依赖跨国公司的销售渠道。因为跨国公司的全球采购很多还是资源型和一般加工产品，从而使生产国制造业保持在一般加工的水准。

三、全球化采购的实施

一般地，这些跨国公司在进行全球采购活动中有以下几个方式。

第一种方式，以制造企业为核心的全球采购活动，比如说通用电气公司，通用汽车公司等一些技术密集型或者具有国际品牌的，或者是具有很大资金优势的跨国公司，他们作为采购龙头来主导采购体系和采购市场。对于中国企业来讲，很多是为这些企业提供一些配套性的产品，比如说汽车配件，这是一个非常重要的采购方式。

第二种比较重要的采购方式，是以贸易企业为核心的全球采购体系，在国际上很多大的企业或者是有竞争力的企业，在采购活动过程当中，由于要把自身的资源集中在一些核心的领域里，所以这些企业很多的采购活动目前都采取了外包的方式，承担这种采购外包的市场主体，往往是那些在国际市场上非常活跃的贸易企业。

第三种方式是以大型零售集团为核心的采购活动，这些大型的跨国零售巨头近几年来在中国市场上的表现是非常引人注目的，他们采购的商品更关注的是国内非常有优势的快速消费品和劳动密集型的各种产品，如服装、鞋帽、食品等商品。这些商品通过跨国零售巨头进入国际市场的主流渠道，特别是主流的零售渠道中去，这个对中国出口是有非常重要影响的。还有一个形式是以专业采购组织和经纪人为核心的跨国采购体系，中小企业为了获得最佳商品的供应和最佳零售品供应，委托一些经纪人或者是一些专业的采购组织来为他们进行服务。

本章小结

第一节　采购的内涵及过程

总结

采购作为生产经营活动的初始环节，对企业的供、产、销各个环节影响很大，直接影响着生产经营过程、企业业绩，并构成企业竞争力的重要方面。

关键术语

采购　订购

第二节　供应链管理下的采购模式

总结

供应管理下的采购应该着眼于供应链的整体框架，考虑供应的速度、柔性、风险，优化采购模式，从单一的竞争性采购模式变成为集中采购、全球采购、准时采购等多种模式及其优化组合以增强供应链竞争力。

关键术语

采购模式　集中采购　准时采购

第三节　供应商的选择

采购商选择供应商建立战略伙伴关系、控制双方关系风险和制定动态的供应商评价体系是中国采购商普遍关心的几个问题，本节就着重介绍了供应商选择的标准和流程。

关键术语

采购商　供应商　战略伙伴关系

第四节　电子化采购策略

总结

电子化采购不仅影响到企业的采购流程，还将从根本上改变企业的运营方式。企业只有内外结合、"软（件）硬（件）兼施"，才能建立一套运行良好的电子化采购体系。

关键术语

电子化采购　网上招标

第五节　全球化采购策略

总结

全球化采购是供应链环境下，使用先进的技术和方法，提出合理的采购要求，定制合适的采购方案，在全球范围内建立生产与运营体系，采购质量和价格很高的产品，来确保企业生产经营活动正常进行的一项业务活动；与此同时，从采购规范入手，能够有效衡量和监控采购过程中的绩效审核，进而在保证服务水平很高的情形之下，实现采购总成本最低。

关键术语

全球化采购　跨国采购体系

问题讨论

1. 调查、了解、分析我国准时化采购的现状，并与国外情况进行比较。
2. 讨论供应商管理中竞争关系模式和双赢关系模式之间的异同。
3. 试对我国企业在全球采购方面受到的影响进行分析，并讨论如何应对全球采购的趋势。

客观题

1. 简述采购的定义和采购活动的基本过程。
2. 分析供应链采购与传统采购的区别。
3. 简述电子采购的基本方法。
4. 简述全球采购与国际采购的区别。

第八章 供应链物流管理

本章学习目标

1. 理解物流的定义及分类。
2. 了解供应链背景下的物流观念。
3. 了解物流管理与供应链管理的区别。
4. 掌握物流外包管理的特点、内容、方式。
5. 熟悉第三方物流、第四方物流与众包物流。

导入案例

山西快成物流科技有限公司：大宗商品智慧物流·供应链管理平台

山西快成物流科技有限公司（以下简称"快成物流"）成立于 2017 年 1 月，为北京快成物流科技股份公司的全资子公司，是快成物流的运营总部。快成物流的"大宗商品智慧物流·供应链管理平台"，由快成物流依托无车承运人平台搭建，融入供应链管理理念，形成物流生态链闭环系统，服务内容全面，服务体验优质。平台可提供管理服务、运输服务、咨询服务、消费服务、金融服务这五大服务。

快成物流深知大宗商品物流行业必须变革传统的运输组织管理模式，将互联网与物流行业深度融合，实现行业的转型升级。在国家政策的倡导支持下，快成物流申请并成功成为国家首批无车承运人试点企业，采用先进的运输组织方式，促进行业的转型发展。

快成物流依托于无车承运人平台，始终坚持技术创新，聘请高精尖的研发专家，组建专业的研发团队，研发出多款物流软件产品，包括快成物流 App、快成司机 App、快福宝 App、快慧通、客商管理系统、快乐驾等，精准实现了车货匹配，降低了物流成本，同时为大宗商品相关企业提供信息化管理服务以及多项增值服务，实现了企业的转型升级，同时助力行业降本增效，推动行业的高质量、高效发展。

此外，快成物流积极布局汽车后市场、企业物流管理、金融等各项业务和服务，发展完善大宗商品智慧物流·供应链管理平台，形成了完整的物流生态链闭环系统。

目前，快成物流加盟公司和分公司已有百余家，主要分布在山西、内蒙古、陕西等主要煤源地和山东、河北、河南、江苏等煤炭消费地。

大宗商品智慧物流、供应链管理平台为大宗商品物流企业所打造的智慧物流管理系统解决方案，采用"2+7+1"的管理模式，通过移动端和企业物流管理系统相关联，将厂外任务分配、车辆运输监控、货物监控以及运费结算的管理，与厂内七大管理模块相互协同，形成商流、物流、数据流、资金流、票据流的五重闭环管理，帮助大宗商品企业管理实现了数据化、信息化、智能化、电子化，为企业提供了完整的智慧物流信息化解决方案。

快成物流在发展过程中取得了良好的经济效益，业务范围不断扩大，交易额不断攀升，加盟公司以及分公司遍及10多个省市自治区，囊括华北、西北、西南等各区域。快成物流凭借自身的努力，实现了公司的快速发展，其发展能力和发展前景赢得各界的肯定。2018年6月，快成物流完成了由睿嘉资产领投的亿元级pre-A轮融资。2018年8月19日，快成物流与吕梁市离石区政府签署大数据建设的战略合作协议，共同打造大宗商品（吕梁）大数据中心。2018年10月，成为山西省资源型经济转型促进会会员单位。2018年12月，与山西省资源型经济转型促进会签署战略合作协议。

资料来源：中国物流与采购网2019年10月28日

第一节　认识物流管理

一、物流的概念及类别

（一）物流的概念

物流（Logistics）的最初定义源于第二次世界大战期间美国的军事后勤保障。那时的物流我们可以理解为在准确的时间，将正确数量的人力、食品、武器、弹药，运送至精确的地点，在战斗中供应前线。随着经济的发展，社会对物资流通的要求越来越高。人们已不能满足于原先那种分割式的物资流通模式，逐步要求形成一体化的物流管理系统（Logistical Management System）。

目前，比较权威的对物流的定义来自美国物流管理协会（Council of Logistics Management）。该协会认为，物流是为满足消费者需要而进行的原材料、中间过程库存、最终产品和相关信息从起点到终点之间有效流动和存储的计划、实施和控制管理过程（Logistics is the process of planning, implementing, and controlling the efficient, cost-effective flow and storage of raw materials, in-process inventory, finished goods and related information from point of origin to point of consumption for the purpose of conforming to customer requirements）。

综合物流最重要的特征就是利用现代信息技术对物流活动进行整合。从这一观点出发，本书对现代意义上的综合物流有了新的理解。由这一理解可以形成以下对物流的定义：现代物流是指经过信息技术整合的，实现物质实体从最初供应者向最终需求者移动的物理过程。

（二）物流的类别

按照不同的标准，物流可做不同的分类。一般物流可以按照以下几种方式分类。

（1）按物流的范畴，物流可分为社会物流和企业物流，如图 8-1、图 8-2、图 8-3 所示。

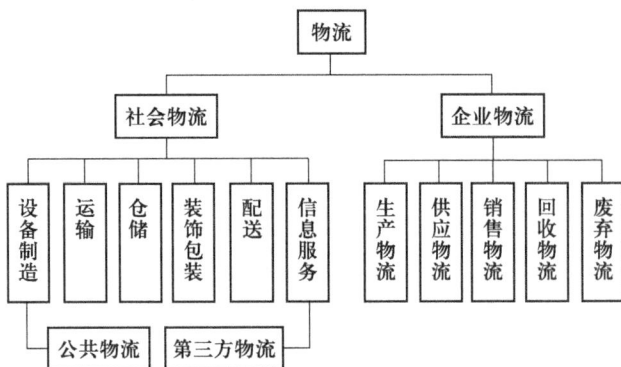

图 8-1　物流的分类

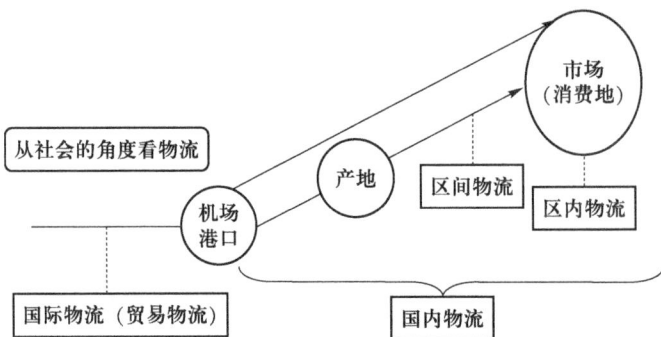

图 8-2　社会物流的构成

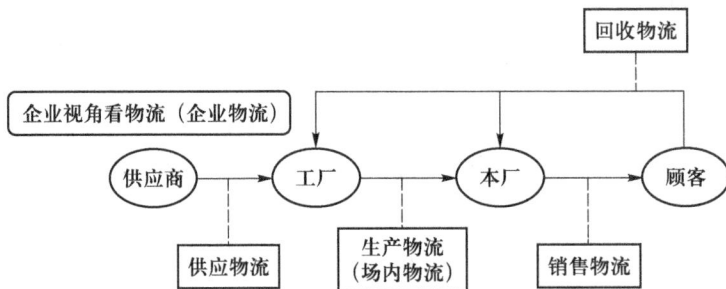

图 8-3　企业物流的构成

（2）根据作用领域的不同，物流可分为生产领域的物流和流通领域的物流。

（3）根据发展的历史进程，物流可分为传统物流、综合物流和现代物流。

（4）根据提供服务的主体不同，物流可分为代理物流和生产企业内部物流。

（5）按物流的流向不同，物流可分为流入物流和流出物流。

二、供应链背景下的物流管理观念

（一）现代物流管理观念

现代物流管理需要树立全球化、信息化、社会化、一体化、以顾客满意为第一的观念。

（二）现代物流管理流程

1. 物流系统规划

企业的物流活动组成复杂，而且"效益背反"原则常常发生在各个活动功能要素之间，例如，运输与存储的背反特性。认真分析这些活动的逻辑关系，将它们构成能发挥综合功效、相互联系的有机整体，是降低物流成本，实现企业物流运行目标的关键。

2. 建立物流工作分解结构

无论物流系统的规模有多么庞大，它都是由若干个相互联系的子系统组成。子系统和子系统之间、子系统和系统之间，都存在着总的运行结果、总的目标和总的费用、资源利用方面、空间上和时间上各种各样的联系。做好物流工作的分解，是物流管理流程制定极为关键的一步。

3. 物流任务的安排

对物流任务进行安排的主要技术有里程碑图、简单的条状图、甘特图、项目图和平衡线，企业可以利用一种或者几种技术相结合对物流任务进行进度安排。

4. 成本计算和控制

物流成本的管理包括物流成本的计算和物流成本的控制。其中，物流成本的计算主要有按支付形态和过程进行物流费用的计算、按物流功能与过程分类进行费用统计和从物流功能分类和费用支付形态方面计算三种方式。物流成本的控制包括控制制度的建设和控制方法两个方面。

三、物流管理和供应链管理

有一些作者将供应链管理和物流管理视为同义词。然而也有一些作者将它们加以区分。例如，Cooper认为物流管理关心的是供应链上的物资和物资流，而供应链管理则是统筹贯穿供应链的所有业务过程。

英国物流和运输学会对这两者的关系做了最好的总结。

（1）物流管理使得一个企业的商品、物资、信息和所有其他资源的流动和定位的最优化成为可能。

（2）供应链是物资流动，这个流动是经过采购、制造、配送、销售和废弃，以及与之相联系的运输和储存的全过程。

（3）对供应链的有效管理而言，物流的应用是最基本的要素。

第二节　供应链中的物流运作

一、流入物流——企业供应物流

（一）供应物流的概念

企业为保证自身生产的节奏，实现准时化生产或精细生产的物料的准时化补充，需要不断组织原材料、零部件、燃料、辅助材料供应的物流活动，这种物流活动对企业生产的正常、高效进行起着重大作用，以成本驱动的流入物流的组织设计比传统的以运输能力和成本为核心的组织模式更有效。流入物流组织的设计必须考虑整个流入物流网络（从供应商货仓门到生产线）的能力和成本，它的目标也是围绕降低交货成本设定的。流入物流主要是指企业的供应物流，也就是原材料、零部件的采购与调达。企业供应物流不仅是一个保证供应的目标，而且是以最低成本、最小的消耗和最大的保证来组织供应物流活动，因此难度很大。企业竞争的关键在于如何降低这一物流过程的成本，这可以说是企业物流的最大难点。为此，企业供应物流就必须解决有效的供应网络问题、供应方式问题、零库存问题等。

因此，有效的供应物流组织可以实现以下目标：降低运输成本；降低采购环节库存水平；减少人力和物流设备。

（二）供应物流的过程

供应物流的过程因不同企业、不同供应环节和不同的供应链而有所不同，这个区别使企业的供应物流出现了许多不同种类的模式。其过程主要包括以下几个环节。

1. 取得资源

取得资源是完成后续所有供应活动的前提条件。取得什么样的资源，这是核心生产过程提出来的，同时也要按照供应物流可以承受的技术条件和成本条件辅助这一决策。

2. 组织到厂物流

所取得的资源必须经过物流才能到达企业。这个物流过程是企业外部的物流过程。在物流过程中，往往要反复运用装卸、搬运、储存、运输等物流活动，才能使取得的资源到达企业的门口。

3. 组织厂内物流

如果企业外物流到达企业的"门"，便以此"门"作为企业内外划分的界限，例如，以企业的仓库为外部物流终点，便以仓库作为划分企业内外物流的界限。这种从"门"和仓库开始继续到达车间或生产线的物流过程，称作供应物流的企业内物流。

传统的企业供应物流都是以企业仓库作为调节企业内外物流的一个节点。因此，企业的仓库在工业化时代是一个非常重要的设施。

（三）供应物流的组织方式

企业的供应物流有三种组织方式：第一种是委托销售企业代理供应物流方式；第二种是委托第三方物流企业代理供应物流方式；第三种是企业自采物流供应方式。

这三种方式都有一定的适应性。传统上，当销售商处于主导地位时，一般由企业完成供应物流过程；当企业处于主导地位时，销售商会送货上门。从目前国际上的发展趋势来看，委托第三方物流完成供应物流的组织过程是主流模式。

由于我国长期实行计划经济，生产、流通各环节相互脱节，各物流有关行业、部门、企业均自成体系，独立运作的思想观念和运作模式根深蒂固，严重影响了物流效率。据有关部门调查，在工业企业中，36%和46%的原材料物流分别由企业自身和供应方企业承担，而由第三方物流企业承担的仅为18%。这是值得企业认真思考的。

二、内部物流——企业生产物流

（一）企业生产物流的概念

企业生产物流涉及生产运作管理，指企业在生产工艺中的物流活动，也就是生产企业的车间或工序之间，其原材料、零部件或半成品按工艺流程的顺序依次流过，使其最终成为产成品，送达成品库暂存的过程。这种物流活动是与整个生产工艺过程相伴而生的，实际上已构成了生产工艺过程的一部分。

过去，人们在研究生产活动时，注重一个一个的生产加工过程，而忽视了将每一个生产加工过程串在一起，使得一个生产周期内，物流活动所用的时间远多于实际加工的时间。所以，企业生产物流的研究可以大大缩短生产周期，节约劳动力。

（二）企业生产物流的重要性与库存管理改进

在企业生产物流组织中，最关键就是库存管理。

物料的配套管理是企业最关心的问题之一。从最早的MRP到后来的MRPⅡ、ERP，如何有效地降低库存都是这些系统的核心功能。在解决库存管理的过程中，物流管理是解决库存结构不合理的重要手段，也是ERP系统中最核心的基础数据，可以说，正确的物流管理是解决库存结构不合理问题的基础。

对物料实物管理水平的提高，需要依靠硬环境和软管理两方面同时提高。硬环境主要是仓库的厂房设施、通风状况等方面的环境；软管理则是借助先进的管理模式和先进的信息系统及时发现和解决管理中的问题，借以提高整个运作水平。

（三）生产物流过程的组织

企业生产物流过程大致为原材料、零部件、燃料等辅助材料从企业仓库和企业的"门"开始，进入生产线开始端，再随生产加工过程各个环节运动，在运动过程中，本身被加工，同时生产了一些废料、余料（进入逆向物流），直到生产加工终结，再运送至产品仓库，企业生产物流过程便终结了。

传统上，生产物流的组织是由企业自己完成的。随着供应链管理思想的发展，现在出现了委托第三方物流直接将物料配送到工位的模式，相关内容将在后续章节中介绍。

三、流出物流——企业销售物流

（一）企业销售物流的概念

企业销售物流是企业的流出物流，是将生产出的产品向批发商、零售商传递的物流，它是企业为保证自身的经营效益，伴随销售活动，通过购销或代理协议，将产品所有权转移至用户（或者说将产品转移到流通环节）的物流活动。

目前，国内很多厂商正考虑构建自己的物流系统，向位于流通最后环节的零售店直送产品。构建厂商到零售商的直接物流体系时，一个最明显的措施是实行厂商物流中心的集约化，将原来分散在各支店或中小型物流中心的仓库集中在大型物流中心，通过数字化设备或信息技术实现进货、保管、在库管理、发货管理等物流活动的效率化、省力化和智能化，原来的中小批发商或销售部转变为厂商销售公司的形式，专职从事销售、促进订货等商流服务。

（二）企业销售物流的重要性与销售管理改进

企业销售物流的组织要从销售管理的改进着手。销售环节是企业最容易出问题的地方。因为销售是将企业的投入最终转变为现金再回笼的过程，对于销售环节的问题，也可以从管理基础和管理工具两方面寻求解决的办法。

客户的信用管理主要是通过提高基础数据的准确性来完成的。因为客户的信用一方面是靠外部调查、收集获得，另一方面是通过在本企业中不断积累客户的历史资料获得，如其提货数量、回款周期等方面的数据可以不断积累。

分销管理是企业广泛关注的问题，广域网上的库存管理依靠手工是无法有效完成的，通过建设基于广域网的管理信息系统，可以将全国各地的库存在逻辑上都拿到公司总部进行管理，这样可以充分发挥计算机网络的优势，实现管理的"零距离"。

（三）企业销售物流过程

企业销售物流的起点一般情况下是生产企业的产成品仓库，经过分销物流，完成长距离、干线的物流活动，再经过配送完成市内和区域范围的物流活动，达到企业、商业用户或最终消费者。销售物流是一个逐渐发散的物流过程，这和供应链物流形成了一定程度的镜像对称，通过这种发散的物流，资源得以广泛配置。

（四）销售物流模式

销售物流有三种主要的模式：由生产企业自己组织的销售物流；委托第三方组织的销售物流；由购买方上门取货。其中，委托第三方物流完成分销物流是主流模式。

但是，如同供应链物流的问题一样，销售物流在我国的社会化程度并不高。据有关部门调查，在工业企业中，产品销售物流中由企业自理、用户自理的比例分别是 24.1% 和 59.8%，而由第三方物流企业承担的仅为 16.1%。在商业企业中，由企业自理和供货商承担的物流活动分别为 76.5% 和 17.6%。这种以自我服务为主的物流活动影响着供应链物流的整体绩效，企业必须打破这种自我循环的运作模式，提高物流活动的社会化程度，才能降低供应链总成本。

四、逆向物流——企业废弃物物流

（一）逆向物流的内涵

我国对逆向物流的探索起步晚于国外对该领域的研究，以周垂日等为代表的中国学者在总结各国定义的基础上，提出一个对逆向物流描述较为全面的定义，强调获取价值的目的性。表 8-2 是美国、欧洲和中国比较有代表性的逆向物流概念的阐述。

表8-2　世界各国对逆向物流概念的阐述

国家	对逆向物流（RL）界定	特征	共识
美国	美国物流管理协会：RL是一种从产品退回到再制造的一个连续的过程，此过程用来处理退货，直到退货产品被正确的回收或处理为止	连续性	RL是对产品和物资完整、高效利用过程的协调
欧洲	欧洲逆向物流组织：RL是将原材料、半成品和产成品从利益相关者处流向回收地点的规划、实施和控制的全过程	控制性	
中国	周垂日等：RL是将原材料、半成品和产成品在制造地点的管理过程，目的是重新获取价值以对其进行适当处理	取得价值、适当处理	

综合上述观点，逆向物流是指为了重新利用产品的使用价值或正确处置废弃产品，将原材料、半成品、制成品及相关信息由供应链下游的消费一端返回上游的生产一端的过程。从定义可以看出，实施逆向物流的目的是重新获得产品的使用价值或者正确处置废弃产品；流动的对象包括产品、产品运输容器、包装材料及相关信息；同时，为了实现物流的目的，必须对退回产品进行回收、分类、检验、拆卸、再生产及报废处理等活动，如图8-4所示。

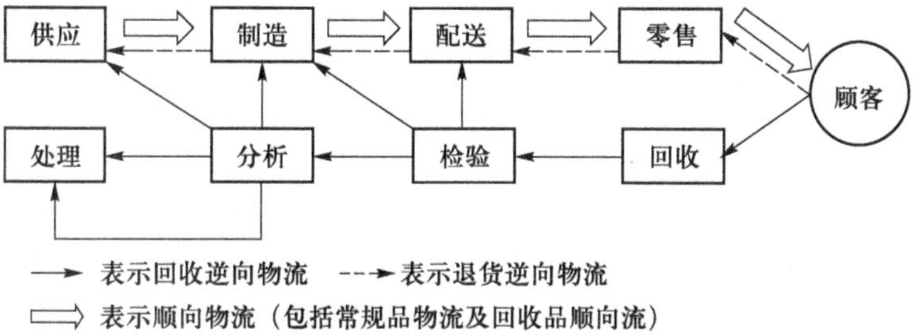

图8-4　逆向物流网络示意图

（二）逆向物流的构成

逆向物流由退货逆向物流和回收逆向物流两部分构成。退货逆向物流是指下游顾客将不符合订单要求的产品退回给上游供应商，其流程与常规产品流向正好相反；回收逆向物流是指将最终顾客所持有的废旧物品回收到供应链上各节点企业，它有如下五种物质流。

（1）直接再售产品流：

回收 —→ 检验 —→ 配送

（2）再加工产品流：

回收 —→ 检验 —→ 再加工

（3）再加工零部件流：

回收 —→ 检验 —→ 分拆 —→ 再加工

（4）报废产品流：

回收 —→ 检验 —→ 处理

（5）报废零部件流：

回收 —→ 检验 —→ 分拆 —→ 处理

（三）逆向物流的特点

逆向物流类别多且具有不同的特点，如表8-3所示，逆向物流具有明显的特点，下面通过六个方面来详细说明。

表8-3　逆向物流的类别与特点

类别	时间	处理依据	处理方法	示例
投诉退货 运输短少、偷盗、质量问题、重复运输等	短期	市场营销、客户满意服务	确认检查，退换货、补货	电子消费品，如手机、DVD、录音笔等
终端退回 经使用后需处理的产品	长期	经济、市场营销	再生产、再循环	电子设备的再生产、地毯循环、轮胎修复
		法规条例	再循环	白色和黑色家用电器
		资产恢复	再生产、再循环、处理	电脑原件和打印硒鼓
商业退回 未使用商品退回还款	短到中期	市场营销	再使用、再生产、再循环、处理	零售商积压库存、时装、化妆品
维修退回 缺陷或损坏产品	中期	市场营销、法规条例	维修处理	有缺陷的家用电器
生产报废和副品 生产过程中的废品和副品	较短期	经济、法规条例	再循环、再生产	药品行业、钢铁业
包装 包装材料和产品载体	短期	经济	再使用	托盘、板条箱、器皿
		法规条例	再循环	包装纸

（1）逆向性。逆向物流中退回的商品或报废的物品流动与正常的商品流动方向刚好相反，即从消费者→中间商→制造商→供应商。

（2）不确定性。逆向物流和正向物流所不同之处在于其产生的地点、时间和数量是不确定的。

（3）复杂性。发生逆向物流的地点较为分散、无序，不可能集中一次向接受点转移；另外，退货商品或报废的商品处理过程复杂，从而导致管理的复杂。

（4）处理费用高。由于这些商品通常缺少规范的包装，又具有不确定性，难以充分利用运输和仓储的规模效益，另外许多商品需要人工的检测、判断和处理，极大地增加了人工的费用，同时效率也低下。

（5）价值的递减性。对于退回或召回的商品而言，由于在逆向流动过程中产生一系列的运输、仓储、处理等费用都会冲减其价值，因此，这类产品的价值具有递减性。

（6）价值的递增性。通过逆向流动再处理后，使得一些报废的商品又重新获得自身的价值，因此，这类产品具有价值的递增性。

第三节　物流外包管理

一、物流外包的特点

通过对市场需求的分析，发现物流外包现状有以下特点。

（1）物流外包需求市场潜力巨大，增长较快，第三方物流业有较大发展空间。

（2）物流业务外包需求存在着明显的地域和行业分布特点。

（3）生产企业自营物流的比例偏高，使得物流业务外包的有效需求还不足。

（4）物流外包需求企业对物流服务需求的层次还不高，服务需求仍集中在传统仓储、运输等基本服务上。

（5）物流企业的信息化程度还不够，难以满足需求企业对于信息系统无缝衔接的要求，从而达到物流运作高效率的目标。

二、物流外包的内容

物流外包是企业业务外包的一种主要形式，也是供应链管理环境下企业物流资源配置的一种新形式，其目的是通过合理的资源配置，发展供应链，打造企业的核心竞争力。

三、物流外包的方式

（一）根据企业物流的内容和特点来选择外包业务

可根据企业自身特点，按顺序选择物流外包业务，首先将供应物流和分销物流中的进出货运输业务外包，然后将分拨中心和配送中心的管理业务外包，最后考虑将供应物流和分销物流总体外包。

（二）根据物流对企业成功的影响度和企业对物流的管理能力来选择外包业务

物流对企业成功的重要程度较高，企业处理物流的能力相对较低，则采用外包；物流对企业成功的重要程度较低，同时企业处理物流的能力也低，也应采用外包。

（三）根据企业对物流运作水平的要求来选择外包业务

越是竞争激烈的产业，企业越是要强化对供应和分销渠道的控制，对物流运作水平的要求越高。由于企业自身物流运作水平的不佳，将极大影响企业的生产经营活动，物流业务外包是其必然选择。

（四）根据企业产品自身的物流特点来选择外包业务

对于大宗工业品原料和产成品的运输和配送，应利用相对固定的专业物流服务供应商和短渠道物流；对全国和全球市场分销的产品应将物流业务外包给第三方物流公司。对于技术性较强的物流服务，如口岸物流服务，企业应采用委托代理的方式。

（五）根据物流业务运作的成本来选择外包业务

企业可将其面临的各种物流业务（运输、配送、仓储、流通加工、报关……）的运作成本进行核算并加以比较，若外包后的成本低于自营成本，且运作效率和服务水平能得到保障，则应将此物流业务外包出去。一般说来，干线运输和市内配送是最适宜外包的业务。

（六）根据物品的 ABC 分类管理原则来选择外包业务

随着现代物流和供应链管理的发展，第三方物流管理"AB 类原材料"的水平远远越过制造企业。因此，企业应将 AB 类物品的物流业务外包给第三方物流企业，通过 JIT 等先进物流管理模式降低库存、减少周转资金、节省物流费用达到保证供应、降低成本、提高经济效益的目的。相反，由于"C 类物品"品种多、金额小、数量少、物流运作复杂，出于盈利考虑企业应选择自营。

四、物流管理模式的选择

企业物流管理模式主要有自营物流和外包物流等。企业应根据自己的需要和资源条件，综合考虑各种因素慎重选择，以提高企业的市场竞争力。

（一）物流对企业成功的影响度和企业对物流的管理能力

物流对企业成功的影响度和企业对物流的管理能力，是影响企业物流采取自营模式还是外包模式的最重要因素，决策状态如图8-5所示。

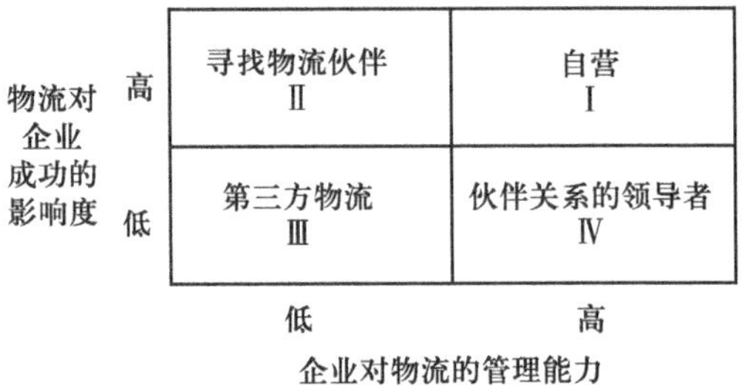

图 8-5 决策状态

如果物流在企业战略中起关键作用，但自身物流管理水平却较低，对这类企业（处于Ⅱ区间）来说，与物流服务方组建物流联盟，形成战略性伙伴关系，将会在物流设施、运输能力、专业管理上收益极大。对于物流在其战略中不占关键地位，但其物流水平很高的企业（处于Ⅳ区间）来说，可以寻找伙伴共享物流资源，通过增大物流量获得规模效益，降低成本。

如果企业有很高的顾客服务需求标准，物流成本占总成本的比重极大，且自身物流管理能力强，即处于Ⅰ区间的企业，这类企业一般不会选择外包物流服务，而是采取自营的方式；对于物流在其战略中地位并不太重要，自身物流管理能力也比较欠缺的企业（处于Ⅲ区间）来说，采用外包给第三方物流是比较好的选择，因为这样既可以降低物流成本，同时还能提高服务水平。

（二）企业对物流控制力的要求

对于竞争激烈的产业，企业要加强对供应和分销渠道的控制，应该选择自营物流。

（三）企业产品自身的物流特点

对于大宗工业品原料的回运或鲜活品的分销，应利用相对固定的专业物流服务供应商和短渠道物流；对于全球市场的分销，宜采用地区性的专业物流公司提供支援；对于产品线单一或为主机厂做配套的企业，则应在龙头企业的统一领导下自营物流；对于技术性较强的物流服务，如口岸物流服务，企业应采用委托代理的方式；对于非标准设备的制造商来说，虽然企业自营有利可图，但还是应该交给专业物流服务公司去做。

（四）企业规模和实力

一般来说，大中型企业由于实力较雄厚有能力建立自己的物流系统，制定合适的物流需求计划，保证物流服务的质量。另外，还可以利用过剩的物流网络资源拓展外部业务，为其他企业提供物流服务。而小企业受人员、资金和管理等资源的限制，难以提高物流管理效率。

此时，企业为把资源用于主要的核心业务，就适宜把物流管理交给第三方专业物流代理公司。

（五）物流系统的总成本

物流系统各个成本之间存在着二律背反现象：减少仓库数量时，可以降低保管费用，但会带来运输距离和次数的增加，从而导致运输费用增加。如果运输费用的增加部分超过了保管费用的减少部分，总的物流成本反而增大。所以，在选择和设计物流系统时，要对物流系统的总成本加以论证，选择成本最小的物流系统。

（六）第三方物流的客户服务能力

第三方物流满足企业对原材料即时需求的能力和可靠性、对企业的零售商和最终顾客不断变化的需求的反应能力等方面，应该作为首要的因素来考虑。

（七）自拥资产和非自拥资产第三方物流的选择

自拥资产第三方物流有较大的规模、雄厚的客户基础、到位的系统，物流专业化程度较高，但灵活性受到一定限制。非自拥资产第三方物流运作灵活，能定制服务内容，可以自由混合、调配供应商，管理费用较低，企业应根据自己的要求对两种模式加以选择和利用。

在做企业物流模式选择的具体决策时，应从物流在企业中的战略地位出发，在考虑企业物流能力的基础上，充分比较各方面的约束因素，进行成本评价，决策程序如图8-6所示。

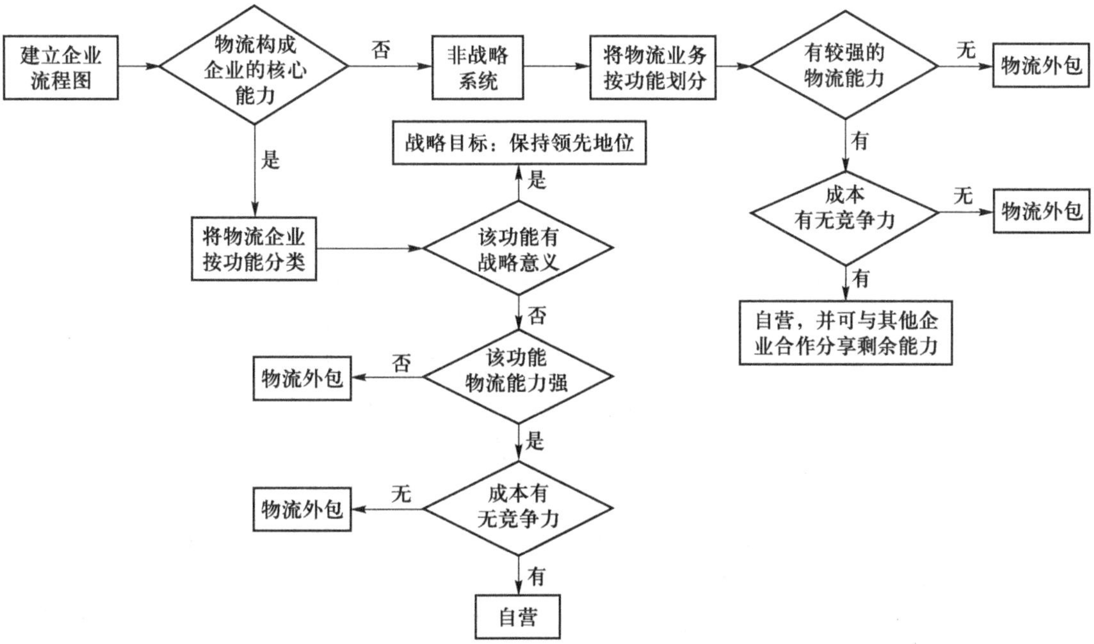

图8-6 物流模式决策程序

第四节 第三方物流、第四方物流与众包物流

一、第三方物流

（一）何为第三方物流

随着市场竞争的加剧，企业为了提高自己的核心竞争能力，降低成本，增加企业发展的柔性，越来越愿意将自己不熟悉的业务分包给其他社会组织承担。正因为如此，一些条件较好的，原来从事与物流相关的运输企业、仓储企业、货代企业开始拓展自己的传统业务，进入物流系统，逐步成长为能够提供部分或全部物流服务的企业。我们把这种服务称之为第三方物流（Third party Logistics，3PL）。

国家标准物流术语将第三方物流定义为："由供方与需方以外的物流企业提供物流服务的业务模式。"

（二）第三方物流服务的内容和作用

随着物流技术的不断发展，第三方物流作为一个提高物资流通速度、节省仓储费用和资金流动时间的有效方法，正在引起人们越来越多的重视。常见的第三方物流服务的内容如表8－4所示。

表8－4　第三方物流服务的主要内容

序号	服务项目	第三方物流提供该服务的比重
1	开发物流策略/系统	97.3
2	电子数据交换能力	91.9
3	管理状态报告	89.2
4	货物集运	86.5
5	选择承运人、货代、海关代理等	86.5
6	信息管理	81.1
7	仓储	81.1
8	咨询	78.4
9	运费支付	75.7
10	运费谈判	75.7

让第三方物流经营者来承包其他企业的物流项目，对于企业而言具有以下好处：（1）可以集中精力处理其熟悉的核心业务；（2）可以取回从前在物流活动中的固定资产的投入；（3）从事第三方物流的公司能够提供更多相关服务，如环保、搬运包装物的多次利用等；（4）可以节省费用；（5）增加自己核心业务的灵活性；（6）第三方物流公司在从事物流业务中所拥有的经验和责任；（7）物流的服务质量因专业化分工而得到大大提高。

（三）第三方物流与物流一体化

所谓物流一体化，就是以物流系统为核心的生产企业，经由物流企业、销售企业，直至消费者的供应链的整合化和系统化，如图8－7所示，它是物流业发展的成熟阶段。物流一体化的实质是一个物流管理的问题，即专业化物流管理人员和技术人员，充分利用专业化物流设备、设施，发挥专业化物流运作的管理经验，以求取得整体最优的效果。同时，物流一体化的趋势为第三方物流的发展提供了良好的发展环境和巨大的市场需求。从物流业的发展看，第三方物流是在物流一体化的第一个层次上出现萌芽的，但是这时只是数量有限的功能性物流企业。第三方物流在物流一体化的第二个层次得到迅速发展。如专业化的功能性物流企业和综合性物流企业的出现，并发展很快。这些企业发展到一定水平，物流一体化就进入了第三个层次。

图8－7　物流一体化

二、第四方物流

随着中国经济的蓬勃发展，"物流"一词被绝大多数中国企业所逐渐认知。它是指包括原材料、零配件、半成品、在制品及制成品甚至退货等之流通活动。但是物流作为一个社会化系统产业来说，并不仅仅是提高货物的高效率运转，在一定程度上，他是整合社会所有的与之相关的资源。电子商务及信息技术的发展给不断变革的物流模式提供了保障与活力，当业界刚刚认同第三方物流的同时，一种基于提供综合的供应链解决方案的物流理念——第四方物流又悄然出现。

（一）第四方物流的概念

现在人们所说的第四方物流，是指从事物流服务业务的社会组织不需要自己直接具备承担物资物理移动的能力，而是借助于自己所拥有的信息技术和实现物流的充分需求和供给信息，并加上对于物流运作胜人一筹的理解，所开展的物流服务，也可以称为物流代理业务。图8-8总结了第四方物流的概念。

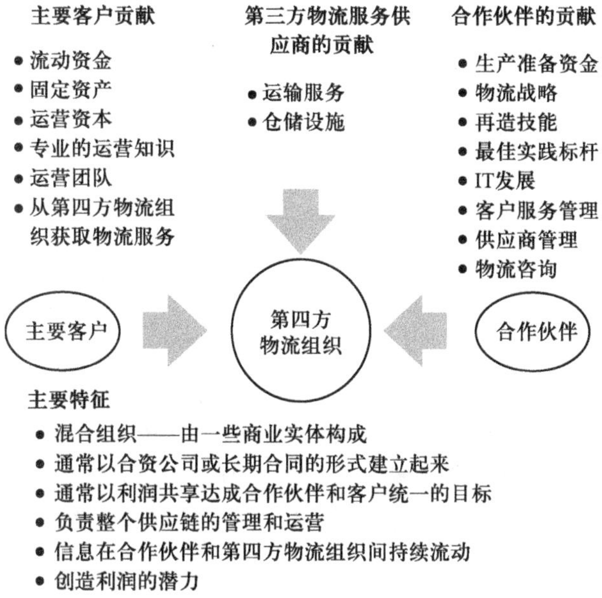

主要客户贡献　　　　第三方物流服务供应商的贡献　　　　合作伙伴的贡献

- 流动资金
- 固定资产
- 运营资本
- 专业的运营知识
- 运营团队
- 从第四方物流组织获取物流服务

- 运输服务
- 仓储设施

- 生产准备资金
- 物流战略
- 再造技能
- 最佳实践标杆
- IT发展
- 客户服务管理
- 供应商管理
- 物流咨询

主要客户 → 第四方物流组织 ← 合作伙伴

主要特征

- 混合组织——由一些商业实体构成
- 通常以合资公司或长期合同的形式建立起来
- 通常以利润共享达成合作伙伴和客户统一的目标
- 负责整个供应链的管理和运营
- 信息在合作伙伴和第四方物流组织间持续流动
- 创造利润的潜力

图8-8　第四方物流的概念

第四方物流是一个供应链集成商，调集和管理自己及具有互补性服务提供者的资源、能力和技术，以提供一个综合的供应链解决方案。第四方物流不仅控制和管理特定的物流服务，而且对整个物流过程提出方案，并通过电子商务将这个程序集成起来，因此第四方物流商的种类很多，变化程度亦可以很大。第四方物流的关键在于为顾客提供最佳的增值服务，即迅速、高效、低成本和个性化服务等。而发展第四方物流需平衡第三方物流的能力、技术及贸易流畅管理等，但亦能扩大本身营运的自主性。第四方物流为客户带来的效益包括利润增长和降低营运成本，即通过整条供应链外判功能提高运作效率、降低采购成本，使流程一体化，从而达到目的。

（二）第四方物流的特点

与第三方物流注重实际操作相比，第四方物流（Forth party Logistics，简称4PL）更多地关注整个供应链的物流活动，这种差别主要体现在以下两个方面，并形成第四方物流独有的特点。

1. 4PL 提供一整套完善的供应链解决方案

第四方物流和第三方物流不同，不是简单地为企业客户的物流活动提供管理服务，而是通过对企业客户所处供应链的整个系统或行业物流的整个系统进行详细分析后提出具有中观指导意义的解决方案。第四方物流服务供应商本身并不能单独地完成这个方案，而是要通过物流公司、技术公司等多类公司的协助才能将方案得以实施。第四方物流服务供应商整个管理过程大概涉及四个层次，即再造、变革、实施和执行。

2. 4PL 通过对整个供应链产生影响的能力来增加价值

第四方物流服务供应商可以通过物流运作的流程再造，使整个物流系统的流程更合理、效率更高，从而将产生的利益在供应链的各个环节之间进行平衡，使每个环节的企业客户都可以受益。因此，第四方物流服务供应商对整个供应链所具有的影响能力直接决定了其经营的好坏，也就是说第四方物流除了具有强有力的人才、资金和技术以外，还应该具有与一系列服务供应商建立合作关系的能力。

（三）第四方物流的运作模式

第四方物流结合自身的两大特点可以有三种运作模式来进行选择，虽然它们之间略有差别，但是都是要突出第四方物流的特点。

1. 协同运作模型

该运作模式下，第四方物流只与第三方物流有内部合作关系，即第四方物流服务供应商不直接与企业客户接触，而是通过第三方物流服务供应商将其提出的供应链解决方案、再造的物流运作流程等进行实施。

2. 方案集成商模式

该运作模式下，第四方物流作为企业客户与第三方物流的纽带，将企业客户与第三方物流连接起来，这样企业客户就不需要与众多第三方物流服务供应商进行接触，而是直接通过第四方物流服务供应商来实现复杂的物流运作的管理。在这种模式下，第四方物流作为方案集成商除了提出供应链管理的可行性解决方案，还要对第三方物流资源进行整合，统一规划，为企业客户服务。

3. 行业创新者模式

行业创新者模式与方案集成商模式有相似之处：两者都是作为第三方物流和客户沟通的桥梁，将物流运作的两个端点连接起来。两者的不同之处在于行业创新者模式的客户是同一行业的多个企业，而方案集成商模式只针对一个企业客户进行物流管理。这种模式下，第四方物流提供行业整体物流的解决方案，这样可以使第四方物流运作的规模更大限度地得到扩大，使整个行业在物流运作上获得收益。

（四）我国发展第四方物流存在的问题

1. 第三方物流在中国物流市场上的份额很低

发展提高第三方物流的服务功能和地位是发展第四方物流的关键。在我国，第三方物流企业有的是传统物流企业转变而来，有的是来源于国外独资和合资企业，还处在转型发展时期。第三方物流在整个物流市场上的市场占有率很低，短期内不具备整合物流资源的能力。

2. 我国物流基础设施建设的落后

我国初步形成了由铁路、公路、水路、民用航空及管道等五种运输方式组成的运输体系，基础设施、技术装备、管理水平、运输市场等方面都有了巨大的发展，但是还不能满足第四方物流发展的需要。

3. 管理体制不完善

在我国，由于体制没有理顺，各部门之间分工存在交叉现象，造成了物流行业管理中存在部门分割、重复建设等种种问题。

4. 供应链管理技术尚未发育成熟

第四方物流的发展必须在第三方物流高度发达和业务外包极为流行的基础上才能发展起

来。目前中国供应链管理技术尚未发育成熟，企业组织变革管理的能力较差，同时整个物流的基础设施落后，客户的规模较小，还承担不起第四方物流的服务。

5. 物流信息化程度低

目前由于信息技术的不成熟、投资费用偏高等问题使得信息化程度低，缺少能够实现供应链上所有企业和第三方物流企业的信息共享的公共信息平台。

6. 现代物流人才的缺乏

第四方物流发展要求物流人才不仅具备物流的基础知识和丰富的实战经验，还要具备 IT、人力资源管理、技术集成等全方位的知识和能力，我国目前严重缺乏这类高素质的物流人才。

（五）发展第四方物流的对策

1. 加强物流基础设施的规划和建设

政府应该统筹规划，整合物流资源，加强协调，加大物流基础设施的投资力度，并积极引导社会各方力量涉足物流业的投资建设，为物流和配送打好基础。同时在政策上应该制定规范的物流产业发展政策，在全国范围内合理地建立具有一定规模和区位优势的物流园区、物流基地和物流中心。加快物流产业标准化、规范化进程。

2. 大力发展第三方物流

只有大力发展第三方物流企业，第四方物流才有发展的基础。为满足现代物流业的发展需要，必须大力发展第三方物流，培育大型企业集团，提高物流业的效益。

3. 加速物流产业信息化，建立全国物流公共信息平台

发展第四方物流是解决整个社会物流资源配置问题的最有力的手段。我国目前正在推进信息化进程，利用先进的 RFID、EDI、GPS 等信息技术把当前蓬勃发展的现代物流产业进行信息化改造，利用网络技术建立物流行业的公共信息平台，通过信息技术和网络技术整合物流资源，这样可以使我国物流产业产生质的提高，从容应对跨国物流企业的竞争。

4. 加快物流人才培养

人才是企业的灵魂，第四方物流企业特别需要大量的物流人才。要大量吸收在信息技术、人力资源管理、网络技术等方面的人才，激励这些人才把自己具备的知识和物流知识融合在一起，促进第四方物流的发展。大力引进和培育掌握现代知识的物流复合型人才，形成一支适应现代物流产业发展的高素质人才队伍，以促进和保障未来第四方物流在我国的发展，提升我国物流产业整体水平。

三、众包物流

（一）众包物流的内涵及优势

1. 众包物流的内涵

所谓众包物流，就是将众包的理念应用到物流领域的新型的物流运营模式，将原来由专职配送员所做的工作，以自愿、有偿的方式，通过互联网这个平台外包给社会上的非特定群体，他们自由、自愿地承担这一任务，将货物最后配送到消费者手中，以获取相应的报酬。

2. 众包物流的优势

一方面，众包物流能最大化整合社会闲置资源，降低企业的人力成本、库存成本和资产负担，提高社会物流的工作效率。另一方面，众包物流也能创造新的工作岗位，参与众包物流配送过程的个体能从中获利，对社会的发展也起到一定的促进作用。

（二）众包物流现状及问题分析

目前国内从事物流众包的平台有人人快递、达达、闪送、快递100、51送等，主要集中在快递、餐饮、零售业与O2O平台对接实现线上与线下的对接与融合。京东、苏宁、亚马逊等电商巨头也看好众包物流，分别推出"京东众包""苏宁众包""On My Way"等众包物流产品。

图8-9为众包物流运作现状图，该模式简要说明了众包物流的现状及简易运作流程。

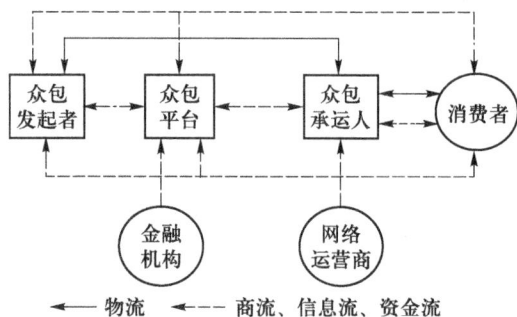

图8-9 众包物流运作现状图

众包物流的市场活跃，但运营管理及服务存在着以下问题。

1. 缺乏有效的监管机制

目前国内众包市场尚不成熟，相关行政机构还未形成成熟的监管机制，无法对众包物流行业进行有效的支持和管理。

2. 服务质量问题

目前众包物流准入门槛较低，承运人缺乏物流专业化的培训，在完成众包物流订单的过程中难免会出现操作不当而导致货物损坏、配送不及时等问题。这体现出来的问题是培训机制的不健全以及保险机构未在众包物流过程中产生作用。

3. 标准化问题

标准化问题对于传统物流尚属一个痛点，众包物流中关于管理、实操等领域同样需要标准化的规范。

4. 信息安全问题

个人信息的商业价值决定了其必将成为商家的围猎对象，基于市场上存在的用户数据被用作黑市交易为企业牟利的现状，信息安全问题也必然会是众包物流发展中不可忽视的问题。

（三）众包物流的运作模式

1. 众包物流的参与主体

众包物流的参与主体包括供应商、众包发起者、众包平台、众包承运人、消费者、网络运营商及相关的保险机构、金融机构和行政机构。其中，众包平台将完成创建订单、接受订单、完成订单、订单支付、订单评价、客服处理等一系列线上流程，是众包物流的技术支撑。

2. 基于参与主体的众包物流的运作模式

众包物流运作模式如图8-10所示，众包物流的运作中供应商既是服务提供者，同时也有可能作为众包发起者，我国这一现象最为明显地出现在外卖O2O行业。消费者在众包平台创建即时订单时，也充当着众包发起者的角色。即便社交网络充斥着人们的生活，但手机通信仍然是沟通最可靠的方式，而且在进行网上支付时，手机验证码验证是作为支付最后确认的第一选择。行政机构与市场共同构建起众包物流的运营环境，培训机构和保险机构则为众包物流提供了很好的基础保障。

众包发起者在众包平台创建众包物流订单后，众包承运人看到众包物流订单信息时在众包平台进行选择接单，然后到订单指定的地点领取货物，最后将货物配送到消费者手中，并获取相应报酬。众包平台在众包订单完成过程中将对众包承运人进行实时监督，并将订单完成信息反馈到平台上，众包发起者可以对众包承运人完成众包订单的业务情况进行评价。消费者购物订单是众包物流订单的来源，但消费者不直接参与到众包物流的过程中，只作为众包物流的终端。一旦订单商品出现损坏或丢失，就有可能会产生逆向物流，此时保险机构中介人对众包承运人及消费者进行理赔，尚不能妥善处理的，再交由行政机构进行协调。

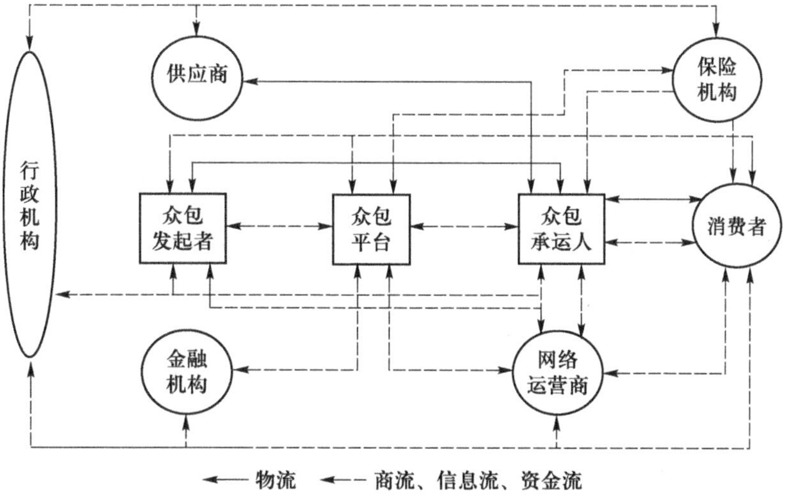

图 8-10　众包物流运作模式图

（四）完善众包物流运作模式的对策

1. 完善众包物流相关法律法规

众包物流的发展需要政府相关行政部门的保驾护航，国家应尽快成立相关行政机构，完善相关法律法规，制定科学合理的监管措施和协调机制，对危险品、易燃易爆物品等进行有效的防范，对商品丢失、损坏等状况提供合理的解决措施。通过法律手段保护众包企业、众包承运人权益，保护消费者权益，减少民事纠纷，维护众包物流市场环境，促进众包物流又好又快地发展。

2. 完善众包物流服务体系

众包物流企业应建立专门的培训部门或委托第三方物流培训机构，加强众包承运人的业务能力和业务素质培养，并建立健全相关的考核机制及问责机制，提升众包承运人的服务质量，增加消费者、众包发起者的满意度。通过完善信用评价体系，将众包承运人的服务质量转化为信用积分并与银行、医保、基金、交通等相关部门的个人征信体系数据相联系，进一步约束众包承运人的业务行为，提升众包物流服务质量。

3. 建立众包物流标准

政府应积极引导众包物流企业参与行业标准的制定并积极宣传物流标准，及时掌握行业标准动态，不断完善适合我国众包物流发展的标准，为众包物流的发展提供助力。

4. 加强信息安全保护

要以深度内容识别技术为核心，对网络层面、终端层面泄密的途径和内容进行多维度识别和管控，对重要敏感数据存放位置进行定位并加以保护，防止主动或意外的数据泄露，从终端、网络到存储，全面保护用户信息。

🔄 本章小结

第一节　认识物流管理

总结

供应链是伴随着物流、信息流、工作流的出现而出现的，所以物流作为供应链的重要组成部分推动供应链的发展。

关键术语

物流管理　物流

第二节　供应链中的物流运作

总结

阐述了不同的企业物流运作模式，重点分析逆向物流的构成与特点。

关键术语

供应物流　销售物流　生产物流　废弃物物流

第三节　物流外包管理

总结

企业为集中精力增强核心竞争力，就需要将物流业务外包。企业具体是实施自营物流或外包物流是这一节讨论的重点。

关键术语

外包物流　自营物流

第四节　第三方物流、第四方物流与众包物流

总结

第三方物流、第四方物流、众包物流使得现代企业在物流管理方面有了更多选择，也促进了企业供应链的发展。

关键术语

第三方物流　第四方物流　众包物流

🔄 问题讨论

1. 举例说明如何理解物流的定义，讨论物流的发展史。
2. 举例阐述物流在供应链中的地位。
3. 如何实现供应链管理与物流网络的整合？
4. 企业物流各方面之间存在哪些内在联系？
5. 举例说明采用众包物流可以获得哪些方面的优势。

🔄 客观题

1. 简述物流的定义及分类。
2. 供应链中的物流运作方式是什么？
3. 简述物流外包管理的特点、内容、方式。
4. 何谓第三方物流、第四方物流与众包物流？

第九章 供应链协调管理

本章学习目标

1. 了解供应链协调管理的内涵和层次。
2. 掌握供应链协调的主要表现形式。
3. 理解供应链契约的分类和作用。

导入案例

Zara——协同供应链管理的典范

Zara 是西班牙 Inditex 集团旗下的一家服装零售集团，截至 2018 年 1 月，Zara 在全球开设了 2000 多家门店，贡献了 Inditex 集团 66% 的营收和 70% 的利润，以新产品快速上市、少量多样化的设计获得竞争优势。

Zara 的发展，得益于它快速、少量、多款的全新营销模式。Zara 的首席执行官凯斯特拉诺就曾经说过，"在时装界，库存就像是食品，很快就会变质。我们所做的一切就是减少反应时间"。而无论是营销模式，还是努力减少反应时间，都离不开其高效整合的供应链。Zara 的供应链包含了服装设计、原料采购与服装生产、服装的物流配送和服装销售与信息管理。

Zara 的协同供应链管理是公司运营的核心竞争力。Zara 通过及时准确的销售信息，迅速反馈和调整来驱动整个供应链各环节的协同、"快速"运作，增加预测的准确性，降低库存。围绕目标客户，所有供应链上的环节，包括产品上市前的销售预测、销售计划、产品推广计划、面辅料采购计划、生产计划（自制和外包）、配送计划、库存计划、要货和主动补货计划、促销计划等一起协同起来运作，如图 9-1 所示。

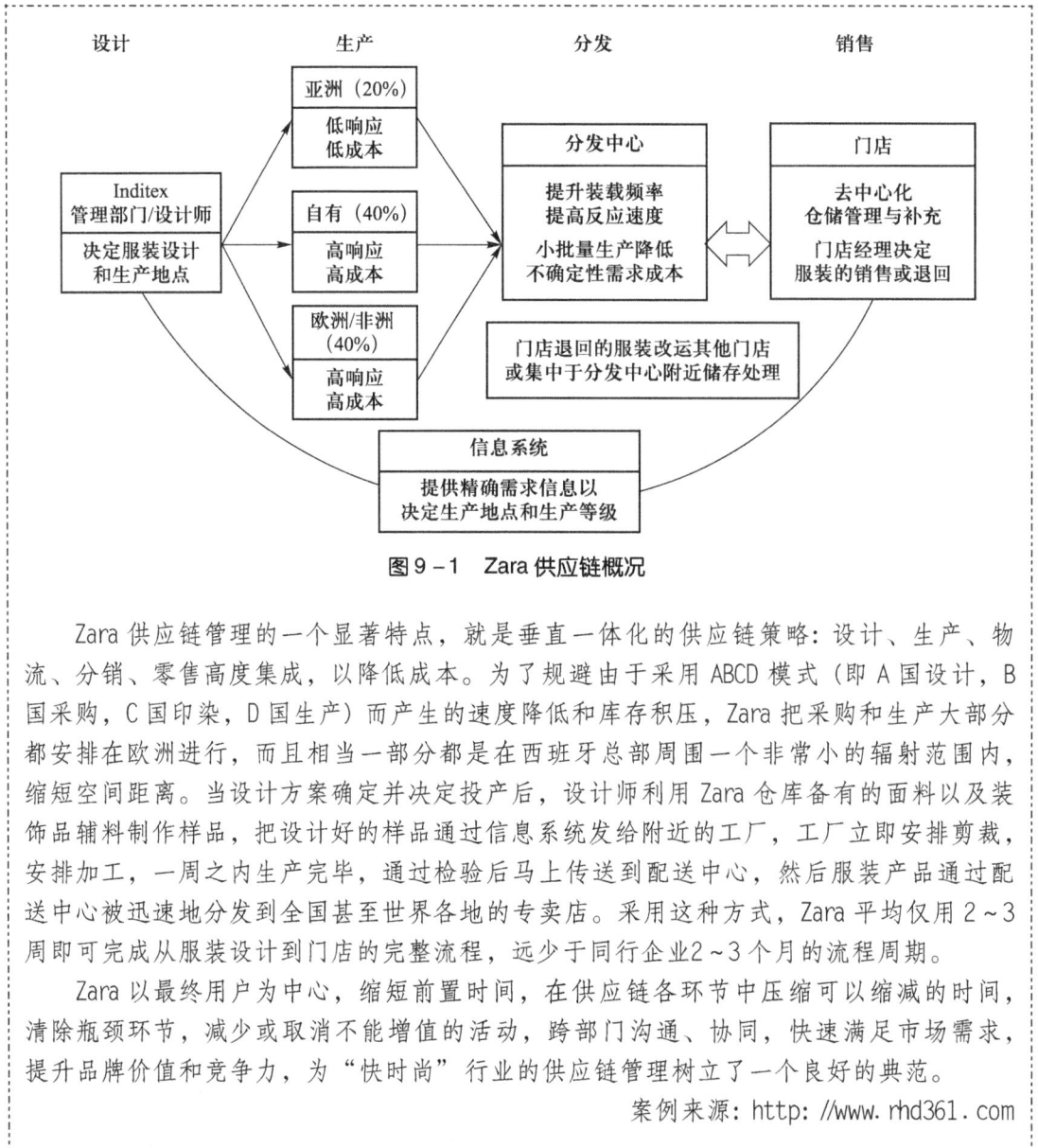

图 9-1　Zara 供应链概况

Zara 供应链管理的一个显著特点，就是垂直一体化的供应链策略：设计、生产、物流、分销、零售高度集成，以降低成本。为了规避由于采用 ABCD 模式（即 A 国设计，B 国采购，C 国印染，D 国生产）而产生的速度降低和库存积压，Zara 把采购和生产大部分都安排在欧洲进行，而且相当一部分都是在西班牙总部周围一个非常小的辐射范围内，缩短空间距离。当设计方案确定并决定投产后，设计师利用 Zara 仓库备有的面料以及装饰品辅料制作样品，把设计好的样品通过信息系统发给附近的工厂，工厂立即安排剪裁，安排加工，一周之内生产完毕，通过检验后马上传送到配送中心，然后服装产品通过配送中心被迅速地分发到全国甚至世界各地的专卖店。采用这种方式，Zara 平均仅用 2～3 周即可完成从服装设计到门店的完整流程，远少于同行企业 2～3 个月的流程周期。

Zara 以最终用户为中心，缩短前置时间，在供应链各环节中压缩可以缩减的时间，清除瓶颈环节，减少或取消不能增值的活动，跨部门沟通、协同，快速满足市场需求，提升品牌价值和竞争力，为"快时尚"行业的供应链管理树立了一个良好的典范。

案例来源：http://www.rhd361.com

第一节　供应链协调管理概述

一、供应链协调的内涵

供应链协调（Supply Chain Coordination）是指在供应链体系中的两个或两个以上的企业为了实现某种战略目标，通过公司协议或联合组织等方式对销售、生产、采购、物流等活动进行有效管理的机制。

在供应链日常运作过程中，供应链上的企业之间发生着频繁的物流、资金流、信息流交换，彼此之间的运作协调性对供应链的整体绩效影响很大，需要合作方之间能就各自的战略、技能、管理流程和创新等进行充分的协调，从而达到多方能力之间的一种均衡，并能发挥出大于单个企业绩效的整合效应。如果供应链不同环节的目标互相冲突，或者环节之间的信息传递发生延误和扭曲，就有可能造成供应链失调。为了提高企业及至整个供应链的竞争能力，供应链上的各成员需要通过一定的机制来协调各种运作决策。

供应链协调的概念随着供应链体系的发展其内涵在不断地丰富。供应链体系协调的首要内容是目标的协调，使各企业的目标与供应链的目标兼容；其次是运作的协调，具体包括业务运作，例如，生产制造、设计开发等的协调，主体企业利益冲突的协调和文化的协调等。协调是供应链稳定运行的基础。鉴于供应链体系在全球的飞速发展，供应链成员间的协调成为困扰众多企业的一个问题，大量缺乏合作或利益冲突的具体问题造成整个供应链效率低下。

供应链协调的内涵主要表现在以下几个方面。

（1）供应链协调以合作竞争为指导思想，包括竞争关系的管理、合作竞争关系的管理和合作关系的管理。

（2）供应链协调的对象包括信息（知识）流、物料（零部件）流、资金流、增值流、业务流等，这五种流分布在供应链的战略、战术、运作等不同层面，流与流之间也存在许多需要协调的关系。

（3）供应链协调问题的解决途径可以归纳为供应链协调模式机制的建立、维护、改善和高效率、低成本协调渠道的建立、维护和改善两个方面。

（4）供应链体系的协调应建立在风险共担、利益合理分配的基础之上，是供应链成员目标在行动、目的、决策、信息、知识和资金等方面的联合。

（5）供应链协调的目标是实现供应链整体功能和效益的提高。

二、供应链协调的层次

Rohit Bhatnagar[①] 等学者将供应链协调分为两个层次，即一般协调（General Coordination）和多工厂协调（Multi-Plant Coordination）。其中，一般协调问题又可以进一步分为供应－生产活动协调、生产－分销活动协调和库存－分销活动协调等三个方面。多工厂协调主要是研究生产计划和生产、库存数量方面的问题。一般协调和多工厂协调如图9－2所示。

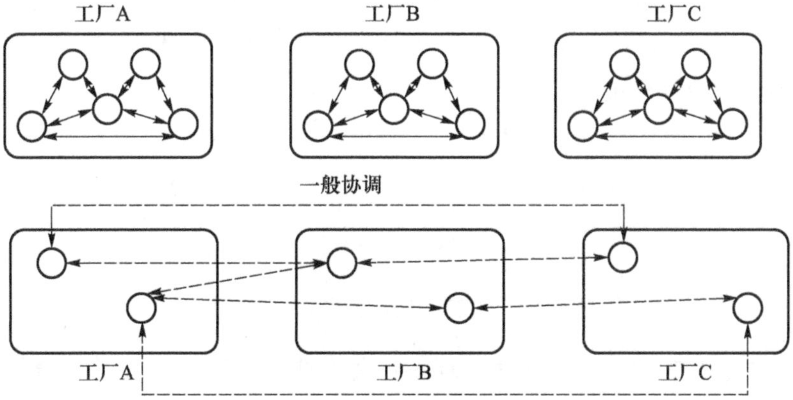

图9－2 一般协调和多工厂协调

---

① Rohit Bhatnagar，新加坡南洋理工大学信息技术和运作管理学院教授。

　　还有学者把供应链协调分为三个方面，即买－卖协调（Buyer-Vendor Coordination）、生产－分销协调（Production-Distribution Coordination）和库存－分销协调（Inventory-Distribution-Coordination）。

　　马士华[①]等学者认为供应链协调有两种划分方法。根据协调的职能可划分为两类：一类是不同职能活动之间的协调与集成，如生产－供应协调、生产－销售协调、库存－销售协调等协调关系；另一类是根据同一职能不同层次活动的协调，如多个工厂之间的生产协调。根据协调的内容划分，供应链的协调可划分为信息协调和非信息协调。还有学者将供应链中的协调分为两个层次，即企业内的协调和合作伙伴间的协调。企业内部的协调是指供应商、制造商和销售商企业内部各部门之间各项活动的协调，包括物流、资金流和信息流的协调；合作伙伴间的协调是指供应商、制造商和销售商之间的相互协调，供应商、制造商和销售商之间的有效协调能够降低成本，提高整个供应链的管理水平和运作效率，从而提高供应链整体绩效。除了将供应链协调分为企业内的协调和合作伙伴间的协调外，还根据企业在供应链中所处的地位和所起的作用，将供应链协调分为垂直协调（Vertical Coordination）和水平协调（Horizontal Coordination）。垂直协调是指贯穿于整个产品生命过程的相关企业之间的协调，也就是说从原材料的采购到产品的生产、销售直到最终顾客的相关供应商、制造商、销售商之间的协调；而水平协调是指供应链中处于同一地位的各个企业之间的协调，例如，在各个零售商之间的协调。

第二节　供应链协调问题的几种表现形式

一、供应链中的"需求变异放大"现象

1. 需求变异放大现象

"需求变异放大现象"，也被称为长鞭效应（BullWhip Effect），是指供应链上的信息流从最终客户向原始供应商传递的时候，由于无法有效地实现信息的共享，使得信息失真扭曲且逐渐放大，导致需求信息出现越来越大的波动。这种波动在图形上显现时如同挥舞的长鞭，因此被称为"长鞭效应"。供应链需求变异放大示意图如图9－3所示。供应链需求变异放大传递路线如图9－4所示。

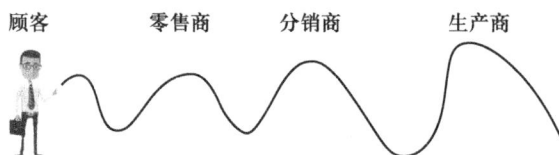

顾客　　零售商　　分销商　　生产商

图9－3　供应链需求变异放大示意图

　　2001年，曾经让美国思科公司引以为豪的供应链也暴露出巨大的协调缺陷。虽然思科公司也试图利用互联网将供应商与合同生产商联系起来，但由于其生产模式并未充分考虑用户由于发货时间漫长而可能出现的重复订购问题，生产和销售出现了很大脱节。

---

　　①　马士华，华中科技大学管理学院教授、博士生导师。

因此造成的零件和产品积压，使库存的增长超过了销售额的增长。同年 4 月，思科公司发布警示性公告，将价值 22 亿美元的过剩库存进行了销账处理，相当于思科公司当季销售额的一半，成为美国商业史上金额最大的一次库存注销。尽管做了大规模销账，思科公司的库存中仍然有大量产品。在 2001 年 10 月，库存仍然相当于公司 26 天的产量，比 4 月销账时还要多 3 天。

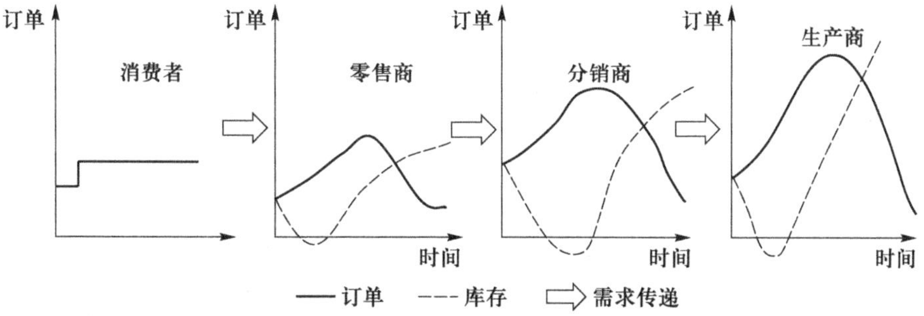

图 9-4　供应链需求变异放大传递路线

2. 需求变异放大的危害

"需求变异放大"产生的后果，不仅仅是各个节点企业的库存增大，利润下降，占用资金，同时也导致了企业经营风险增大以及整个供应链运作的低效率。资源的无效率利用，使得供应链各个节点企业的计划和管理难度增大。除此之外，还可能造成以下危害。

（1）从分销商到生产商接到的订单的变动性要比顾客需求的变动性大得多，使得生产企业进入无序状态，无法了解市场真正的需求量。

（2）当某种产品大量销售时，供应链的库存却无法做到迅速减少，造成资金的大量占用和固定资产利润率低下。

（3）各个节点企业从自身利益出发，而不是从整个供应链的运作考虑，因此导致整个供应链的利益很难维护。

（4）由于"需求变异放大"而导致供应链节点企业之间的不信任加剧，合作最终变成短期行为，不利于供应链联盟的形成和发展。

3. 需求变异放大的原因

需求变异放大有以下原因。

（1）需求预测修订。当供应链的成员采用其直接的下游订货数据作为市场需求信息和依据时，就会产生需求放大。例如，在市场销售活动中，假如零售商的历史最高月销量为 1000 件，但下月正逢重大节日，为了保证销售不断货，零售商会在月最高销量基础上再追加 $A\%$ ，于是向其上级批发商下订单 $1000 \times (1 + A\%)$ 件。批发商汇总该区域的销量预计后（假设）为 12000 件，为了保证零售商的需要又追加 $B\%$ ，于是批发商向生产商下订单 $12000 \times (1 + B\%)$ 件。生产商为了保证满足批发商的需要，虽然明知其中难免有夸大成分，但由于并不知道具体情况，于是仍不得不至少按 $12000 \times (1 + B\%)$ 件投产，而且为稳妥起见，在考虑毁损、漏订等情况后，还需要根据经验加量生产，这样一层一层地增加预订量，导致"需求变异放大"。

（2）订单批量决策。在供应链中，每个企业都会向其上游订货，一般情况下，销售商并不会来一个订单就向上级供应商订货一次，而是在考虑库存和运输费用的基础上，在一个周期或者汇总到一定数量后再向供应商订货；为了减少订货频率，降低成本和规避断货风险，销售商往往会按照最佳经济规模批量订货。同时频繁的订货也会增加供应商的工作量和成本，供应商也往往要求销售商在一定数量或一定周期订货，此时销售商为了尽早得到货物或全额得到货物，或者为备不时之需，往往会人为提高订货量，这样，由于订货策略导致了"需求变异放大"。

（3）定量配给和短缺之间的博弈。将有限的产品按照零售商的订单规模成比例地进行调配的配给方案，导致了需求变异放大。一般而言，高需求产品在供应链内往往处于短缺供给状态。例如，HP公司的最新产品总是供不应求，在这种情况下，制造商就创造出各种机制，在各分销商或零售商之间调配稀缺产品的供给。一种通用的调配方案是，根据发送的订单量调配产品的有效供给。也就是说，如果有效供给是总接收订单量的75%，每位零售商只能获得各自订单量的75%。这种配给方案导致一种博弈的出现：即零售商尽量提高其订单量以提高有效产品的供给量。一位需要75单位产品的零售商将订购100单位产品，以期切实获得所需的75单位产品。这种配给方案的影响就是人为地使产品订单量膨胀。

（4）销售人员激励机制不合适。在许多公司，销售人员激励一般以月或季度为评估期，以销售人员在这一评估期内的销售量为评估依据。制造商评估销售业绩，一般以出售给分销商或零售商的销售量而不是对最终顾客的销售量作为衡量标准。这种衡量标准往往导致制造商的销售人员忽视对最终销售的控制。

（5）订单恐慌。当暂时的库存不够满足下游客户需求时，各环节商家往往会加大订单，以期弥补亏损，尽快完成客户订单。而每环节的商家在急于完成当前的订单的同时，还要考虑预留好安全库存，预防再次缺货的情况发生，但是随着需求的向上传递，商家们收到的下游订单量和向上游发出的订单量不断加大，每环节的缺货欠货情况不断严重。当整条供应链大部分处于缺货欠货状态时，各环节商家又并不清楚自己上游供应商的状况，很有可能会感到恐慌，进而再次发出大量需求订单。这就像滚雪球一样，需求量越来越大，缺货量越来越大，亏损越来越大。这也就产生了供应链条中常见的"长鞭效应"。

（6）初期大量缺货，后期严重积货。当熬过了前期的缺货状态，之前的需求订单又源源不断地到位，下游部分的商家们库存充足，于是减少甚至不再向上游下订单，上游部分的商家因前期收到大量订单，加紧生产的产品没了销路，造成积货严重。

二、曲棍球棒现象

1. 曲棍球棒效应

曲棍球棒效应（Hockey-Stick Effect）是指在一个固定的周期（月、季或年）中，前期的销售量比较低，到了后期有一个突发地增长，且在连续的周期中会反复出现，需求曲线呈"曲棍球棒"形状的现象。曲棍球棒现象对于公司的生产和物流运作都非常不利：在初期生产和物流能力被闲置，但是在期末又会形成能力的紧张甚至短缺，甚至影响到部分经销商对某种产品的正常需求，从而导致部分终端客户的流失。如图9－5所示。

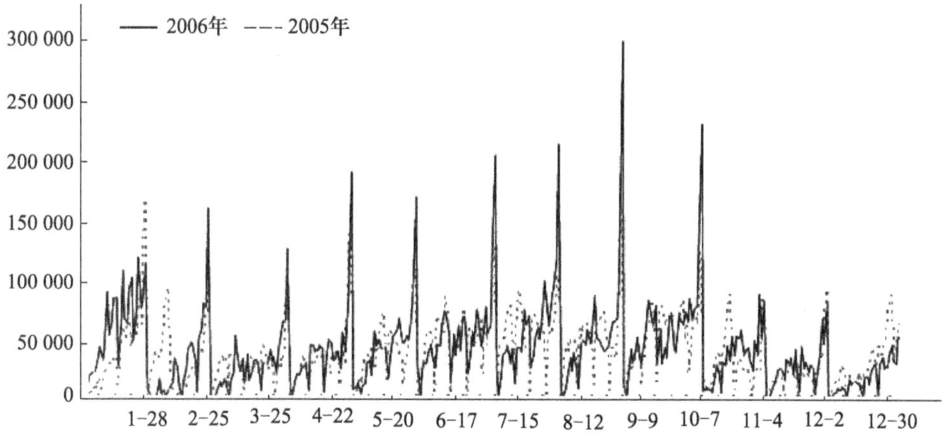

图 9-5　某公司 2005 年、2006 年每日销售出库量变化趋势图

物流中曲棍球棒效应的存在，给物流企业的运作带来很多负面的影响。突发性的订单增加使物流企业需求更多的物流人员和设施以满足顾客的需求，任务量剧增使得企业全力运转依然无法满足需求，以致向外部寻求支援。这种情况使公司在订单旺季的时候要增加更多的人力和物力，送货延误也明显增多，企业的服务水平明显降低；而到了订单淡季，多余的资源得不到安排而不得已闲置起来，造成了极大的浪费。物流的曲棍球棒效应是一种需求不平稳的表现，这种需求的不平稳打乱了物流企业的运作，加大了企业的物流承受压力，而这种需求的不平稳并不是终端市场需求的真实反映，而是一种需求扭曲现象。

2. 曲棍球棒现象产生的原因

曲棍球棒现象产生的原因有以下两点。

（1）公司对销售人员的周期性考评及激励政策造成了这种需求扭曲现象。

（2）公司为了促使经销商长期更多地购买，普遍采用一种称之为总量折扣的价格政策，这种政策也是促成曲棍球棒现象的一个根源性原因。

3. 曲棍球棒效应对公司运营的影响

曲棍球棒效应对公司运营的影响有以下几点。

（1）订单不均匀。在这种情况下，公司的每个考核周期的期初几乎收不到经销商的订单，而在临近期末的时候订货量又大幅度增加。

（2）库存增大。尤其是在快速消费品行业，一般采用存货生产制（Make To Stock，MTS）的生产模式，为了平衡生产力，公司必须按每月的最大库存量而非平均库存量建设或租用仓库，使得公司的库存费用比需求均衡时高很多。

（3）资源闲置与资源紧张并存。使公司大量的订单处理、物流作业人员和相关设施、车辆在期初时闲置，而到期末时，大家手头的工作又太多，拼命加班也很难处理完，搬运和运输的车辆不停运转，不得不从外部寻求支援。这种情况不仅使公司增加更多的加班和物流费用，而且人员的差错率增大，送货延误的情况也时有发生，公司的服务水平显著降低。

（4）终端客户流失。

三、双重边际效应

双重边际效用是指供应链上、下游企业为了谋求各自收益的最大化，在独立决策的过程中确定的产品价格高于其生产边际成本的现象。"双重边际效应"出现的最根本的原因是企业个体利益最大化的目标与整体利益最大化的目标的不一致，主要表现在以下几点。

（1）供应链主体追求自身利益最大化，导致供应链失调。供应链中的供应商、零售商在制定自身的激励机制的时，都是以自己的情况为参考依据，很少考虑到供应链的其他成员企业的目标以及供应链的整体目标。这种简单的追求自身利益最大化的激励方式，加剧了供应链中各个环节的冲突，导致了供应链的失调。

（2）供应链主体信息不对称，决策中的不确定性加剧"双重边际效用"。在不完全信息对称的条件下，供应链不同阶段成员的目标可能发生冲突，供应链中的每个成员在决策时只考虑各自的边际效益，而不考虑供应链中其他成员的边际效益。从而使整个供应链的收益受到损伤，导致各自的利益不能达到最优，加剧"双重边际效用"。

（3）供应链主体相互间缺乏信任，难以实现合作共赢。供应链失调的深层次原因就是供应链上的成员企业各自为政，片面追求各自利益最大化，缺乏沟通，难以相互信任，未能形成共同愿景，忽略了合作共赢，相互之间缺乏信任。

四、物料齐套比率差现象

物料齐套，是指生产某产品所需的物料，已经按照该产品的物料配套表或物料定额表完成入库，具备了产品生产所需要的条件。

物料齐套有广义与狭义之分。广义上的物料齐套是指单款产品原、辅料，包材、工装模具等配套生产资料准备齐全到位，正常排期上线生产，以及订单尾数及时清理，达成及时、足额、保质交货目标；狭义上的物料齐套则是指一份合同中的多款产品原辅料已检验合格并按配套表备齐，可供随时生产。

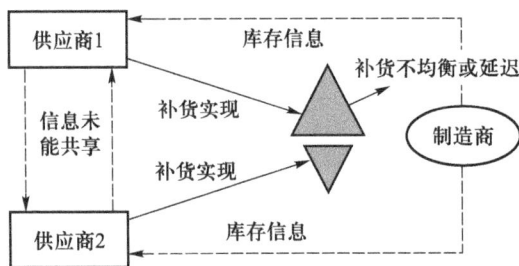

图9-6 物料齐套比率差现象示意图

物料齐套比率差是因为分布式物料配送模式而导致不同物料间的比例关系被打破，从而出现停工待料现象。物料齐套比率差现象也是一种供应链不协调现象。由于供应商之间没有共享某些关键信息，容易出现一个供应商的零件到达了制造商处，而另一个供应商的零件由于某种原因延误了，这会给制造商的装配工作造成不良影响，甚至会延误订单交付，如图9-6所示。

第三节 增强供应链协调的方法

一、优化激励机制

（一）明确供应链协调目标

供应链协调的关键是提出并实施"双赢"或"多赢"的机制和办法，使供应链随着所有供应链环节利润的增长而增长。这一目标，要求供应链的每个环节不能将眼光局限在自己分得的部分，而更应该关注供应链总体利润的增长，关注如何把供应链的蛋糕做大。在这种目标的引导下，供应链各环节才有可能摒弃各自为政的狭隘思路，转而考虑如何与供应链伙伴实现良好的配合。在这方面，沃尔玛公司与惠普公司的合作很具有代表性，沃尔玛公司与惠普公司达成协议，在沃尔玛公司的门店里，每销售一台惠普公司打印机都要向惠普付费，并授权惠普自行制定补货决策，但同时限制门店内打印机的库存数量。这种协议就是对原有供应链协调的改善，在实现双方所得的同时，有效保证了供应与需求的匹配。

（二）实现目标激励的协调与一致

实现供应链决策协调的关键，是保证组织各部门的目标激励要与组织总目标保持一致。如对运输部门决策激励机制进行评价时，不但要看其局部成本的影响变化，还要看该部门的激励机制对组织总利润或总成本产生的影响。这样做，将有效避免因为某一部门在目标激励指导下控制成本，却最终增加了供应链总成本这种情形的产生。下面举例说明运输策略和库存策略对供应链总成本的影响。

例9-1：M公司是A市一家大型器材生产商，其设备发动机的供应都来自B市的一家公司。近几年，M公司的产品需求相对稳定，而且预测今后的需求还将维持这一现状。某日，M公司收到几家设备承运公司的方案，如表9-1所示。

表9-1　M公司发动机设备运输方案

承运方	批量	运输成本	周转库存	安全库存	在途库存	库存成本	总成本
甲公司	2000	78000	1000	900	1600	108900	186900
乙公司	1000	90000	500	600	900	64320	154620
丙公司	500	96000	250	600	900	56820	152820
丁公司	1500	88000	750	600	900	71820	159820

从表9-1中可以看出，如果单纯追求运输成本最小化，甲公司以低价获得更大送货批量的方案看上去更具吸引力。事实上，如果采用该方案，M公司将要为此花费更多的总成本。而选择丙公司的方案，虽然运输成本最高，但却保证了总成本的最小化。

通常情况下，运输价值较高的产品（如手机），应该采取更快速的运输方式，因为对这些产品来说，降低库存至关重要；与之相反，对于价值重量相对较低的产品（如家具），则应该采取更廉价的运输方式。对运输方式进行选择，除考虑运输成本外，还应该考虑可能的周转库存、安全库存等诸多因素。如果缺乏部门之间的协调，仅站在计划部门的角度考虑本部门的目标激励而选择了较低成本的运输方式，则很有可能给供应链的整体绩效造成损害。

（三）实现协调定价

适当的定价策略对于供应链的协调具有重要作用。

（1）如果制造商的生产批量有较高的固定成本，它就可以使用基于批量的数量折扣为供应链实现协调。例如，对于价格由市场决定的日用商品来说，单位批量固定成本很大的生产商可以采用基于批量的数量折扣来使供应链整体利润最大化，与此同时，这一做法会增加供应链的周转率。如果供应链各环节都以自身利润最大化为目标独立进行定价决策，供应链的总利润将降低。

（2）如果公司对某产品拥有市场话语权，它就可以使用两部定价法（即将价格分为固定费和从量费两个部分的定价方法）和总量折扣的方法实现协调。

（四）调整销售人员激励依据

长鞭效应产生的一个重要原因，就是业内普遍存在的为促使销售人员向零售商强推产品而采用的激励机制。通常情况下，这种激励机制都是与零售商对商品的购入量捆绑在一起的，正是这种机制，客观上刺激了销售人员强推产品以实现绩效增长的动机，从而使最终用户对商品的实际需求与销售人员的期望增量需求产生叠加，助长了需求放大。因此，制造商应该将销售人员的激励与零售商的售出量而不是购入量挂钩，从而消除销售人员鼓励零售商提前购买的动机，减少订单流的波动，减弱长鞭效应的影响。

二、推进信息流动

对于管理者而言，实现供应链协调的一个有效方法就是提高供应链各环节可获取信息的可视性和准确度。

（一）共享顾客需求数据

让供应链各环节共享顾客的需求数据，将对长鞭效应产生极其有效的遏制作用。我们已经知道，顾客需求信息遭到扭曲的主要原因是供应链的各环节都是使用接收的订单数量来预测未来需求。而由于不同环节接收到的订单不同，对需求的预测自然是大相径庭。实际上，供应链需要满足的唯一需求来自最终顾客。因此，如果零售商与其他供应链环节共享最终顾客需求数据，那么供应链各环节就可以基于顾客需求来预测未来需求。当前，电子信息系统的日益成熟和数据传递效率的极大提高，为供应链各环节共享顾客需求数据提供了很好的技术支撑，而沃尔玛、戴尔、宝洁等公司已经通过多年来与供应商共享数据的实践，使它们自身的供应链受益良多。

（二）实施协作预测

没有协作计划，顾客需求数据的共享并不能保证供应链协调，保证整条供应链协调的关键是依据共同的预测来运作。例如，制造商必须及时知道零售商的促销计划，以使产品生产与零售商的计划实现同步；反过来，零售商也必须及时获知供应商生产进度的调整安排，以灵活调整需求计划。

三、提升供应链运作效率

降低因信息扭曲而造成供应链成本增加的另一个有效方法是提升供应链的运作效率，具体表现在缩短补货提前期、减少订货批量等方面。

（一）缩短补货提前期

较长的补货提前期往往是供应链各环节单独进行补货需求预测的直接原因。如果能够将补货提前期大幅缩短，那么零售商完全可以按照实际消费来进行补货，从而不再需要进行需求预测。对于季节性商品而言，缩短补货提前期的作用尤为显著。若制造商允许零售商在季节内下多次订单，则预测精度将会有极大提高。

缩短补货提前期可以针对供应链的不同环节采取不同具体措施。例如，通过互联网或电子数据交换以缩短订单和信息传递的提前期；与供应商分享长期计划能够大幅减少生产计划时间；实行越库运输以缩短在供应链不同环节之间运输产品的提前期等。

（二）减少订货批量

在供应链各环节之间，需求波动的幅度与订货批量的大小成正比。因此，减少订货批量能够有效缩小需求波动幅度，从而减少信息扭曲。为此，管理者需要采取措施来减少每批产品的订货成本、运输成本以及收货成本。例如，通过计算机订货和电子数据交换以减少订货成本，通过优化运输方式以降低运输成本以及通过简化收货流程以降低收货成本。日本的"7-11便利店"就通过组合卡车有效降低了运输成本。它根据卡车保持的温度进行分类，将运输温度要求相同的产品装载在同一辆上车上，从而在保证运送产品多样化的同时，减少了运货卡车数量。

四、持续补货计划和供应商管理库存

为了降低多方决策造成的信息扭曲，可以将整条供应链的补货责任通过协议指定给供应商、分销商或第三方中的任意一方进行管理。其常见的实践方式主要包括持续补货计划和供应商管理库存两种形式。

（一）持续补货计划

在持续补货计划（Continuous Replenishment Programs，CRP）中，分销商或制造商定期基于销售点的数据为零售商补货。在多数情况下，持续补货计划系统由零售商仓库中库存的实际消耗而不是零售商的销售点数据来驱动，零售商的库存也归其自身所有。这样做可以使零售商更愿意与分销商和制造商分享信息。图9-7描述了集配中心补货流程。

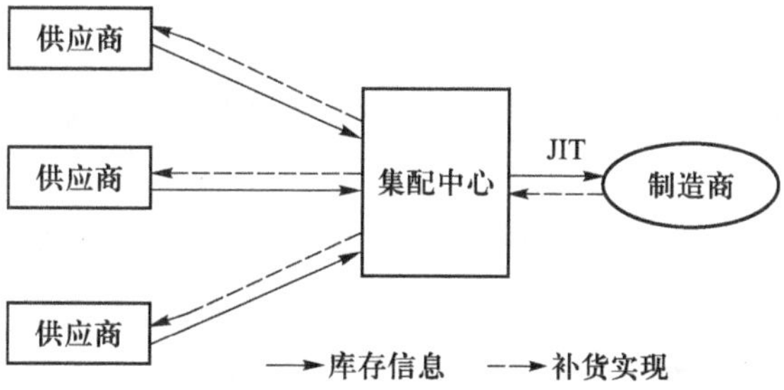

图9-7　基于集配中心的持续补货计划运作示意图

（二）供应商管理库存

供应商管理库存（Vendor Managed Inventory，VMI）是一种以用户和供应商双方都获得最低成本为目的的，在一个共同的协议下由供应商管理库存，并不断监督协议执行情况和修正协议内容，使库存管理得到持续地改进的合作性策略，是连续补货的方式之一。所谓"连续补货"是供应商与零售商建立伙伴关系，两者共享零售商的库存数据和销售信息及目前的存货水准，供应商根据这些数据和信息，再依据预先制定的存货水准对零售商进行补货的过程。在连续补货的环境下，供应商不再是被动地执行零售商的订单，而是主动地为零售商补货或提出建议，以降低补货成本，提高供货速度和准确性，降低库存水平。VMI的主要思想就是实施供应厂商一体化，供应商在用户的允许下设立库存，零售商将商品数据的变化随时传递给供应商，供应商根据这些数据决定未来的货物需求数量、库存水平和补给策略；供应商拥有库存控制权，即由销售资料得到消费需求信息，供货商可以更有效地根据市场变化和消费者需求，控制库存水平。

拓展阅读

第四节　供应链契约

供应链契约（Supply chain contracts）又称供应链合同合约，是指通过提供合适的信息和激励措施，保证买卖双方协调，优化销售渠道绩效的有关条款。供应链契约的本质是一种协调机制，通过改变供应链的协调结构，从而使供应链达到协调运作状态。有效的供应链契约有两个主要的作用。首先是可降低供应链的总成本、降低库存水平、增强信息共享水平、改善节点企业相互间的沟通交流、产生更大竞争优势，实现供应链绩效最优。其次是可实现风险共担。供应链中的不确定性包括市场需求、提前期、销售价格、质量、核心零部件的生产能力及研发投入等。契约是双方共担由各种不确定性带来风险的重要手段。

一、供应链契约的参数

以不同的契约参数作为出发点，就能以不同类型的供应链契约为对象展开研究。契约参数的具体设定会影响到供应链契约的作用。供应链契约的参数设定必须对供应链节点企业起到激励和约束作用，以影响节点企业的行为。供应链契约具体包括以下参数。

（一）权的决定

在供应链契约的模式下，合作双方要进行风险共担以及利润共享。因此供应链契约的决策权发挥着很重要的作用。

（二）价格

价格是契约双方最关心的内容之一。合理的价格使得双方都能获利。

（三）承诺

买方一般会根据卖方生产能力和自身的需求量提出数量承诺。订货承诺大体上有两种方式，一种是最小数量承诺，另一种是分期承诺。

（四）柔性

柔性包括价格、数量及期权等量化指标。卖方在完成初始承诺后，可以提供（或不提供）柔性所决定的服务补偿。市场变动影响其销售时买方可以使用柔性机制来避免更大的经济损失。柔性提供了强有力的约束，使合作双方在契约执行过程中不会更多考虑到自身利益，使买卖双方从长期的角度考虑收益。

（五）分配原则

包括按什么原则进行分配，分配的形式是怎样的，以及如何设计利润分配的模型等。供应链利润分配原则主要体现为利益共享和风险共担原则。

（六）退货方式

实施退货政策能有效激励买方增加订货，从而扩大销售额，增加双方收入。

（七）提前期

有效地缩短提前期，可以降低安全库存水平，节约库存投资，提高客户服务水平，很好地满足供应链时间竞争的要求，还可以降低长鞭效应的影响。

（八）质量控制

买方要在契约的设计中明确质量控制相关条款，质量控制的条款应明确质量职责，还应激励供应商提高其质量控制水平，同时还要采取某些激励措施。

（九）激励方式

激励方式包括价格激励、订单激励、商誉激励、信息激励、淘汰激励。

（十）信息共享机制

供应链企业之间任何有意隐瞒信息的行为都是有害的，充分的信息交流是供应链采购管理良好运作的保证。

二、供应链契约的分类

根据不同的分类依据，可将供应链契约进行如下分类。

按照合作程度划分，可分为单方决策型供应链契约和联合决策型供应链契约。单方决策型供应链契约是指买卖双方之一处于主导地位，某一方在进行决策时可以不考虑或者较少考虑另一方利益。联合决策型供应链契约是指某一方在进行决策的同时必须考虑另一方的利益，强调提高供应链合作伙伴关系的整体运作绩效。

按照需求特点划分，可分为需求确定型和需求不确定型供应链契约。

按照契约参数划分，可以将供应链契约主要分成以下四种类型：批发价格契约（Wholesale Price Contract）、回购契约（Buy Back Contract）、收益共享契约（Revenue Sharing Contract）、数量弹性契约（Quantity Flexibility Contract），其中批发价格契约与回购契约是最早研究也是最为常见的契约类型。除上述四种契约模型以外，还有数量折扣契约（Quantity Discount Contract）、数量承诺契约（Quantity Commitment Contract）、延迟补偿契约（Pay to Delay Contract）、预购契约（Advance Purchase Contract）和回馈与惩罚契约（Rebate and Penalty Contract）等契约模型。但是，这些契约模型都可以由上述四种契约演变而成，或者是由其中的两种或者是几种契约组合而得。

三、几种常见的供应链契约

（一）批发价格契约

批发价格契约也称价格契约，是指供应商和销售商相互签订批发价格契约，销售商根据市场需求和批发价格决定订购量，供应商根据销售商的订购量组织生产，销售商承担产品未卖出去的一切损失。简单的批发价契约无法实现供应链的协调，它的另一种表现形式——数量折扣契约应用比较多。

（二）收益共享契约

收益共享契约是指供应商给零售商以一个较低的批发价格，并且获得一部分零售商的销售收益的协议。收益共享契约在国外影碟租赁业得到了较为成功的运用，以充分调动租赁公司进货兴趣的同时，实现了租赁方和制作方的利益共赢。收益共享契约通常应用于以下两种情况：一种情况是需求不确定，下游企业需要在知道实际需求之前确定价格和库存；另一种情况是需求可预知且随时间的推移而下降，价格会发生变动。

（三）回购契约

回购契约也称为退货策略，规定销售期初零售商以批发价格从供应商处订购产品，销售期结束时没有卖出的产品以合理的价格退还给供应商，从而刺激销售商增加订购量，扩大产品的销售量。研究发现，需求不确定也往往会导致零售价格的上涨。对于任何给定的批发价格，回购策略都有增加双方总的混合利润的趋势，既有利于增加销售商的利润，也不会使供应商因为提供回购策略而导致利润下降。

（四）数量弹性契约

数量弹性契约是指零售商的实际订货量可以在其提前提交的订货量基础上进行一定范围内的变动，通常零售商在销售季节前首先给供应商一个产品订货量，供应商根据这个订货量组织生产，当零售商了解市场的实际需求量之后，零售商可以根据实际的市场需求重新调整订货量。在多销售商的情况下，某些销售商的实际需求很有可能大于其最初订购量，而其他销售商的实际需求则有可能小于其最初确定的必须购买的数量，这就给供应商和销售商之间提供了一种相互协调的可能性。

第五节　供应链协调的重点

一、对长鞭效应进行量化分析

公司通常不知道长鞭效应在它们的供应链中产生了重大影响。因此，管理者应该首先比较他们从顾客那里接收的订单的波动与他们向供应商所下订单的波动。这将有助于公司量化自己受长鞭效应的影响。一旦看到了这一影响，公司就更容易接受这个具体信息，即供应链上所有环节共同促成了长鞭效应，导致了利润的显著减少。如果缺少这个具体信息，公司总是只对波动做出反应，却不知道如何消除这种波动。而这将导致公司在库存管理和生产计划上进行大量投入却并不能得到绩效或利润的显著提升。长鞭效应的量化证据能够非常有效地促使供应链各环节集中努力来实现协调，最大限度地消除供应链中产生的波动。

二、促使管理者对协调做出承诺

抛开供应链管理的其他方面不谈，没有高层管理者的承诺也不可能实现协调。协调要求供应链所有环节的管理者将他们自己的局部利益放在次要位置，而将公司甚至供应链的更大利益放在首要位置。供应链协调通常需要供应链中许多职能部门改变传统运作过程，做出权衡和让步。这些改变通常与基于局部目标的做法相反。而没有高层管理者的承诺，这些改变往往是不可能实现的。高层管理者的承诺曾是帮助沃尔玛、宝洁等公司建立协作预测和补货团队的关键因素。

三、确保必要的资源投入

通常情况下，公司不会对供应链协调管理投入资源。因为它们要么认为供应链协调是必须面对的，要么希望协调能够自己实现。这样，所有管理者只注重他们管理的各个部分，没有人对某个管理者的行为对供应链其他部分的影响负责。解决协调问题的一个有效办法是由供应链各个公司的员工组成协调团队。这个团队负责协调，并被赋予实行变革的权力。如果团队没有执行话，则无法发挥任务作用，因为团队将很可能与只顾优化局部目标的职能管理者产生矛盾。只有当来自不同公司的员工之间建立起足够的信任时，协调团队才有效。实践证明，对协调团队的应有关注和正确利用，将给公司带来巨大的利益。

四、注重与供应链环节的沟通

如果公司不与供应链中的其他环节沟通，也不愿意共享信息，供应链中的所有公司都会因为缺乏协调而遭受损失。反过来说，如果协调能够帮助供应链更有效地运作，这些公司将会对信息的共享表现出更大的兴趣和积极性，从而有助于供应链各环节分享它们的目标，确认改进协调的共同目标和互利行为。当然，如果只是供应链的局部环节实现沟通是不够的，只有整个供应链网络都实现了共享和沟通，并在此基础上实现了协调运作，供应链协调的全部利益才能实现。一般情况下，供应链中最强有力的一方应努力实现整个网络的协调。

五、充分利用信息手段强化沟通

以互联网为代表的信息技术的高速发展为公司提高整个供应链中信息的可见性提供了强大的技术支撑。只有当信息技术系统提高了整个供应链的可见性和协调性时，才能获得最大利益。因此，公司应当高度重视信息技术系统，尤其是企业资源计划系统的开发和应用，使用这些系统来协调整个供应链的预测和计划。

📎 本章小结

第一节 供应链协调管理概述

总结

供应链协调是供应链各环节进行的相互协作与配合活动，其根本目的是为了促进供应链整体功能和效益的提高，实现供应链伙伴之间的多赢，从而促进供应链的良性发展。

关键术语

供应链协调 一般协调 多工厂协调

第二节 供应链协调问题的几种表现形式

总结

供应链企业之间缺乏协调和沟通，是造成信息扭曲失真的直接原因，这种扭曲在供应链条传导过程中被逐级放大，最终造成的是供应链总成本的升高和各环节收益的下降。

关键术语

需求变异放大现象 长鞭效应 曲棍球棒现象 双重边际效应 物料齐套比率差

第三节 增强供应链协调的方法

总结

增强供应链协调的关键，在于消除导致供应链各环节局部优化或供应链信息延误、扭曲和波动增加的各种障碍。这些障碍大致可归纳为激励障碍、信息障碍、动作障碍、定价障碍和行业障碍等几个方面。供应链管理都所要做的，就是要认清这些关键障碍因素，并采取合适的行动来加以调整。

关键术语

目标激励　量折扣　补货提前期　持续补货计划　供应商管理库存

第四节　供应链契约

总结

供应链契约是供应链协调机制得以实施的具体形式。设计和运用供应链契约的主要目的，是解决影响供应链整体效率的两个根本问题，即供应链成员因追求自身利益最大化所导致的双边际效应和因信息扭曲造成的长鞭效应。

关键术语

供应链契约　批发价格契约　收益共享契约　回购契约　数量弹性契约

第五节　供应链协调的重点

总结

供应链协调管理并不是对某个公司或某个环节进行协调，而是要求整个供应链条中的每个公司和每个环节的共同参与和协同。面这种协同，既需要供应链管理者对契约和协调的承诺，也需要相应的资源投入，更重要的，是加强供应链环节之间的沟通、协作和共享。

问题讨论

1. 什么样的供应链受长鞭效应的影响最大？
2. 如何削弱长鞭效应的影响？
3. 供应链失效对公司绩效有何影响？
4. 供应链契约的常见类型有哪些，各自的要点是什么？
5. 互联网时代下，企业应该如何做好供应链协调管理？

客观题

1. 供应链协调的对象有哪些？
2. 供应链协调层次有哪些划分方法？
3. 供应链协调问题主要有哪些表现形式？
4. 引起需求变异放大的原因主要有哪些？
5. 按照契约参数可将供应链契约分为哪几类？

第 三 篇

提高篇

【结识结构】

★ 第十章　信息技术在供应链管理中的应用

★ 第十一章　供应链风险管理

★ 第十二章　供应链绩效管理

★ 第十三章　供应链管理发展前沿

第十章 信息技术在供应链管理中的应用

> ### 本章学习目标
>
> 1. 利用信息技术启用新的战略和策略减少供应链中的摩擦。
> 2. 理解数据的采集和通信方法。
> 3. 理解实现供应链科学管理的关键管理技术。
> 4. 把握供应链未来发展的方向。

导入案例

智能工厂如何帮助奥迪公司实现效率提升

奥迪公司如何提高效率

智能工厂正在帮助奥迪公司为未来的生产设施铺平道路。该公司以一种有针对性的方式建立奥迪——德国大众汽车集团奥迪汽车公司（以下简称奥迪公司）和工厂，确保数据驱动、灵活和高效的生产。而且它通过全方位提高竞争力，从而优化所有部门的工厂成本。为了推动战略调整，奥迪公司已经制定了全面的措施、行动和转型计划。这其中的一个关键因素是优化工厂成本。这是指直接或间接产生的成本。为了使其全球制造网络更加灵活和高效，奥迪公司正在减少它们的数量，从而使其所有地点在长期内保持竞争力。

每一款奥迪公司车型都可以由客户单独配置，直至最小的设备细节。这意味着几乎没有两辆奥迪公司汽车是相同的。这是一个关键的成功因素，尤其是在高端领域——但它也需要在开发和生产方面具有高度的复杂性。为了优化工厂成本，使这种复杂性易于管理，企业需要在设计与生产之间进行权衡。其中一个策略是，奥迪公司采用通用件或者平台策略的方式，减少那些没有增强差异化竞争力的组件，从而公司可以将节约出的资金用于其他技术领域，这反过来又为客户增加了价值。

虚拟装配模拟简化了实际生产过程

奥迪公司利用虚拟装配模拟实际装配过程，以模拟结果作为识别和消除早期错误存在的潜在风险，这有选择地削减了工厂成本。不管他们的物理位置在哪里，工程师们都可以在模拟原型的基础上一起工作，不必依赖于硬件模型，每一个新的汽车项目都要进行多达 1000 次的个人测试，以保证项目的成功实施。

人类与机器人的合作

在未来的工厂里，人机合作将变得越来越重要。机器人有多种形式可以替代人的体力劳动，扩大人类与机器人在制造领域的合作，节省了工厂的地面空间，人类被释放出来进行更高质量的任务。

优化车辆到达时间

奥迪公司使用一款应用程序来优化其工厂每天多达 650 辆卡车的到达，大大减少了卡车的登记处理时间，有利于抑制生产物流领域的工厂成本上升。当司机在距离工厂 50 公里以内的时候，该应用通过 GPS 与卡车控制中心进行沟通，将卡车的时间和任务分配到 65 个卸货舱中的一个。这样一辆卡车可以节省 30 分钟时间，帮助疏通交通，并确保卸货港的有效利用。

改进自动导向车辆之间的通信

无人驾驶的自动导向车辆，在整个生产过程中各种各样的地方都能自动驾驶。一个独立的车队管理人员甚至可以让不同制造商的运输车辆彼此沟通，所有车辆都可以从一个控制中心集中跟踪，员工可以使用平板电脑监控这些车辆。

停车机器人帮助装载新车

停车机器人每天自动整理多达 2000 辆新车，用于将汽车装载到火车上。停车机器人上的激光传感器可以显示汽车的尺寸，以相应调整汽车的位置。这一过程使人类摆脱了繁重的装载任务，并且在汽车工业中是独一无二的。它获得了德国汽车工业协会颁发的 2017 年物流奖。

资料来源：凤凰未来实验室 2018.04.30

第一节　信息技术在供应链管理中的角色

没有信息技术，现在的供应链管理概念就不会存在。因为，信息技术拓宽了企业的管理范围和供应链的业务流程，企业的供应链管理实现了从以部门为中心向跨部门和跨企业转变。信息技术的发展，也使越来越复杂的业务策略、度量标准和分析成为可能，信息技术正迅速成为世界范围的绩效推动者。

一、理解供应链管理中的技术系统

（一）技术系统在供应链管理中的重要作用

信息技术与信息系统的结合，形成了一个供应链管理技术系统，它使得人们可以轻松地分享各种性质的数据和信息，并使用这些数据和信息标准化流程，以实现对流程的控制。通过利用信息技术，企业可以有多种方式实现科学的供应链管理，具体来说可以表现为以下几个方面。

（1）提高供应链的速度、敏捷性和柔性。

（2）提升供应链的可视性。

（3）避免长鞭效应。

（4）以信息流取代物流。

（5）由推式供应链向拉式供应链转变，以创建精益供应链。

（6）收集、存储和分析知识，并与供应链合作伙伴分享。

（7）促进战略、战术和运作的规划与协调。

（8）提高数据的准确性并实现共享。

（9）消除供应链合作伙伴的摩擦，促进新的关系形成。

（10）实时共享信息，加深合作伙伴间的信任关系。

（二）供应链信息系统结构

在传统供应链管理中，企业管理者通过部署信息系统来跟踪、管理货物和服务的流动，企业采购政策得以加强和集中，需求和供应匹配算法得到改进，传统的供应链已经取得了巨大的进步。但是，随着新兴数字技术（物联网、大数据、人工智能）与数字经济的发展，供应链呈现出数字化的特征，如图 10 – 1 所示。

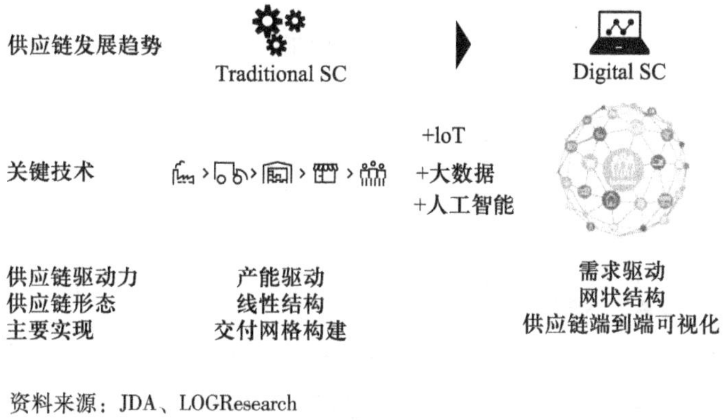

供应链发展趋势	Traditional SC	Digital SC
关键技术		+IoT +大数据 +人工智能
供应链驱动力 供应链形态 主要实现	产能驱动 线性结构 交付网格构建	需求驱动 网状结构 供应链端到端可视化

资料来源：JDA、LOGResearch

图 10 – 1　供应链的发展趋势

供应链的数字化变化也改变了传统的供应链信息系统结构，图 10 – 2 从数字化变化角度概述了一个全面的供应链管理信息系统。

从图 10 – 2 中我们可以看出，具有数字化特征的供应链管理信息系统实际上是一个以客户为中心的平台模型，信息技术使该平台可以最大化地利用数据，协同管理供应链各个节点企业，实现需求感知、预测、匹配与管理。在这个系统中包括两个部分：信息技术和信息系统。供应链中的信息技术我们将在后面的内容详细介绍，这里我们简单分析信息系统的结构。

供应链功能的效率和有效性在很大程度上受到信息传播速度的限制，而信息系统的体系结构是提高信息传播速度的关键。此外，信息系统的结构也反映了企业的组织架构，这意味着如果企业想要改变组织架构（如业务流程的变化引起组织架构改变），那么它的信息系统结构也需要改变，否则组织架构的改变策略难以成功。所以，一个供应链管理者需要深入地理解企业的信息系统结构，甚至是在实现某个特定的供应链战略时，他们能够知道如何改进和升级已有的信息系统结构。

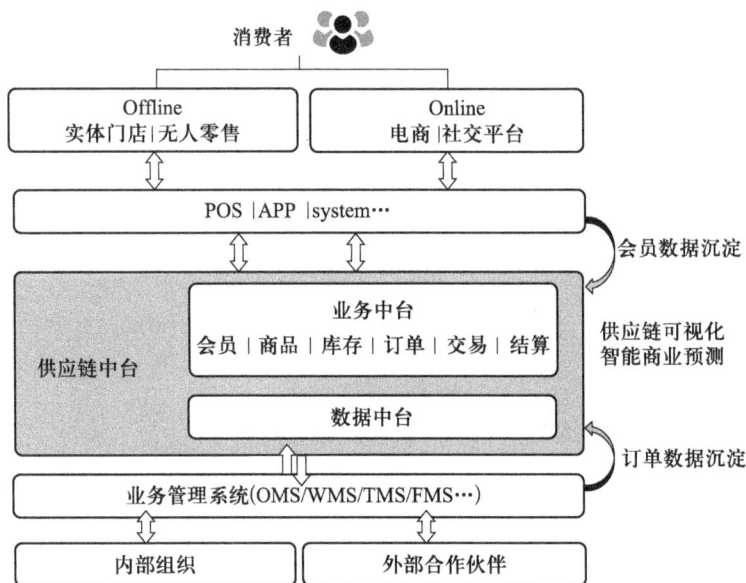

资料来源：LOGResearch、JD Logistics

图 10 - 2　供应链信息系统

信息系统体系结构的核心可以概括为数据库及其管理系统、网络、软件和系统配置。图 10 - 3 展示了信息系统结构的关键元素，包括企业网络通过 Internet 或云计算与外部系统的连接。

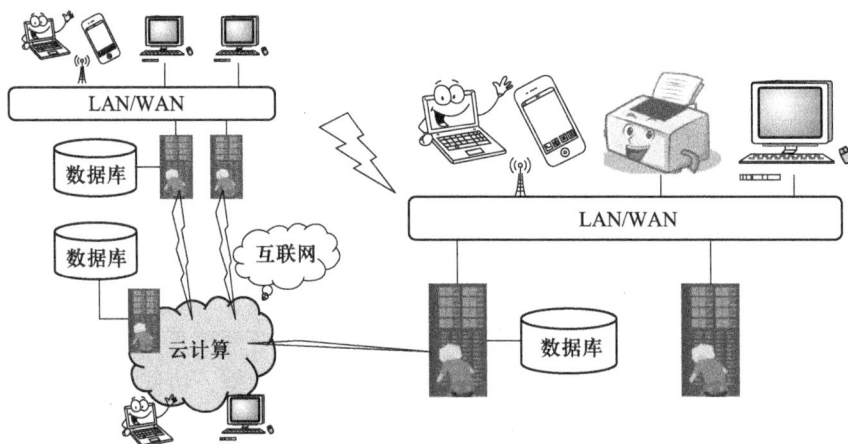

图 10 - 3　信息系统结构的核心元素

1. 数据库及其管理系统

数据库（DataBase）：信息系统体系结构的核心是数据库，它是一个结构化的数据仓库，服务于特定需求，如事项的相关记录或者员工信息。当企业使用 ERP（企业资源计划）系统时，需要利用预先构建好的数据库结构。

数据库管理系统（DataBase Manage System）：数据库需要一个数据库管理系统（DBMS）才能发挥作用。数据管理系统是用于组织数据，并提供物理介质存储、维护和检索数据的软件。DBMS 将数据从应用程序和使用数据的人员中分离出来，并提供多种不同的数据分析视图。

数据操作语言：与数据相关的还有一个术语——数据操作语言（如结构化查询语言 SQL），它是用于查询和操作数据库的语言。

2. 网络

网络是计算机、终端设备（如手机）和通信通道的互联，用以共享文件及外围设备，并实现数据通信的有效性。网络的类型非常多，比较熟悉的网络术语有以下几个。

（1）LAN（局域网）和 WAN（广域网）：LAN 是在一个局部的地理范围内（如一个学校、工厂和机关内），使用通信技术连接各种计算机、外部设备和数据库组成的计算机通信网。WAN 是指一种跨地区的数据通信网络，通常由两个或多个 LAN 通过公用网络或专线连接而成，因此可以将其看作多个 LAN 相互连接的更大的网络。

（2）Internet（互联网）、Extranet（外部网）和 Intranet（内部网）：Internet 是指用 TCP/IP 网络传输协议连接的许多网络集合，它是一个全球性、开放性的信息互联网络，将世界范围内成千上万相同或不同类型的计算机和计算机网络连接起来，遵循相同的协议，实现相互之间的通信。Intranet 又称企业内部网络，是基于 Internet 的网络协议、Web 技术和设备构成，可提供 Web 信息服务及数据库访问等服务的企业内部网。与 Internet 相比，Intranet 更安全、更可靠，更适合企业或组织机构加强信息管理与提高工作效率。Extranet 是采用 Internet 技术在企业及其合作伙伴之间建立的特殊的网络，主要为企业以外的合作伙伴提供信息服务，是 Internet 的延伸或扩展。Extranet 内部，各企业可以通过 3W 方便地查询企业与自己相关的数据。

（3）虚拟专用网络（VPN）：虚拟专用网络则是一个基于互联网的安全传输方法，它使用加密手段来确保数据安全，使不同地点的个人或企业能够安全通信。

3. 软件

软件是一种程序，它以各种方式创建、显示、修改、处理和分析数据库中的数据。软件主要有两种：操作系统和应用程序。

操作系统：操作系统是一组用来控制硬件和应用程序执行的软件程序。它通过存储管理、磁盘输入/输出通信链接、程序调度和监控系统使用情况来管理计算机和网络资源。我们熟悉的操作系统有 Windows、Unix、Linux、Mac O/S 等。

应用软件：应用软件由操作系统来控制，满足各种计算需求，如计划、制造、采购、交付、退货等。

管理者可以根据软件的相对成本、可靠性、相关性和可维护性（创建、配置和升级的相对成本）来判断和选择软件。

4. 配置

从信息系统结构的角度来看，配置是指实际的硬件、操作系统、应用软件和网络是如何安排的。最常见的系统结构配置是 C/S（客户机/服务器）系统，其中客户机是个人计算机或设备，服务器通常采用高性能的计算机、工作站或小型机，并采用大型数据库系统，如

Oracle、Sybase、Informix 或 SQLServer 等。C/S 采用分布式结构处理任务，客户机需要安装专用客户端软件处理本地的、低数据需求的任务，而服务器则为企业执行通用的、高数据需求的任务。

企业与供应链上的供应商和客户的链接则通过 Internet 实现，我们可以把 Internet 理解为 C/S 的分布结构，或者理解为是链接 C/S 结构网络的网络。与供应链伙伴网络链接的另一个选择是云计算。云计算是指在 Internet 上部署强大的计算机应用程序、平台和服务器，形成一个数据中心网络，使该计算机资源能作为虚拟资源被其他人安全访问和共享。

二、信息技术（IT）的成本 – 收益原理

对于企业而言，任何一个信息技术只有在它能够为企业带来净收益的情况下，才应该进行投资。所以信息技术的投资应该是一个业务决策，而不是一个项目投资。在进行该业务决策时，IT 部门可以作为专家资源参与，但不应该完全由 IT 部门人员进行投资选择，供应链信息技术的选择是供应链经理的责任。否则，因为技术选择不当，将会导致巨大的资金消耗，非但不会产生预期的收益，而且许多企业会因此而遭受重大的财务风险。

（一）IT 投资的有形和无形收益

IT 投资的收益可以是有形的，也可以是无形的。有形收益可以分为直接收益、日常的储蓄和流动资本的增加，或由于存货和应收账款等的变现而增加的可用现金。无形收益很难量化，但他们可能会对企业信誉带来积极的影响。表 10 – 1 列举了成功的 IT 投资的一些有形和无形的潜在收益。

表 10 – 1   IT 投资的潜在收益

有形收益	无形收益
<ul><li>更低的维护成本</li><li>更快的决策实施</li><li>增加销量</li><li>改进调度</li><li>更多的经济回报</li><li>更低的管理成本</li><li>加快资金周转</li></ul>	<ul><li>提升客户黏度</li><li>提升客户服务水平</li><li>提升订单状态的可视性</li><li>劳动力的有效配置</li><li>提升员工效率和满意度</li></ul>

（二）IT 投资的有形和无形成本

在成本方面，有形的、直接的成本是非常明确的，它们包括 IT 项目和正在进行的服务和维护的直接成本，加上咨询费、员工培养和系统转换、系统建设使用的资源和机会成本的估计。但是即便是这样，许多 IT 项目常常超出预算，主要原因有以下几点。

（1）忽略了一些主要的成本项，如业务支持成本。

（2）评估的时候假设一切是按计划进行的，缺少风险管理。

（3）主观地降低成本以确保项目获得批准。

如果项目最初的预算是乐观的，一旦项目实施时超过预算，则管理者和外部投资者都会认为项目是失败的。

IT 项目成本主要包括两个类别的成本：一次性项目费用和持续的维护费用。一次性项目费用除了包含非常明确的直接支出外，还包含一些无形的费用支出，如调查替代方案的费用、培训差旅费、数据转换费用及员工培训时的生产力损失。持续的维护成本包括年度许可证

费用、维护费用、bug 修复费用、升级费用、固定资产相关税费及 IT 人员的工资。此外，还有一些容易被忽略的成本，例如，使用分析软件可能会产生的建模费用，或者一些沉没成本。

（三）IT 投资的成本 - 收益分析

我们可用使用投资回报率（ROI）来分析 IT 投资的成本 - 收益率。来看这样一个例子：

例 10 - 1： 假设一家公司实施了一种新的 ERP 系统，估计其有形和无形总收益为 345 000 元，有形和无形总成本是 259 000 元，并 5 年内实现业绩增长。请分析该企业的 ERP 系统的投资结果。

解：

$$成本 - 收益率 = \frac{总收益}{总成本} = \frac{345000}{259000} = 1.33$$

$$ROI = \frac{总收益 - 总成本}{总成本} = \frac{345000 - 259000}{345000} \times 100\% = 33\%$$

计算结果表明，该项目每投资 1 元，将得到 1.33 元的回报，ROI 从创造净投资的角度显示了相同的结果，即回报率为 33%，这说明投资是可以接受的。

（四）降低 IT 投资风险

为了获得投资的成功，IT 投资项目可以采用以下方法来降低主要的风险。

（1）渐进地实施项目。管理者通常希望在一个大型项目中解决所有的问题，但是大型项目管理困难且失败的可能性非常大，因此这种做法风险是非常高的。有效地降低失败风险的做法是，企业采取渐进的步骤实施项目，并在步骤之间不断创新改进以降低风险。

（2）清晰地定义业务需求。因为项目的评估是一个复杂的过程，所以管理人员在一开始就要清晰地定义业务目标，以保证评估人员的评估结果能够符合管理者的主要标准。

（3）对方案进行尽职调查。在选择供应商时，不能仅仅依赖供应商的产品演示，还需要采取一定的方式（如与以前的购买者面谈或使用第三方评估）对供应商进行尽职调查，以降低采购风险。很多 IT 投资项目因为没有正确理解软件，而导致项目投资失败。

（4）控制过度的定制。当通用的软件不能很好地适应企业的业务流程时，企业可能会面临一个两难的问题：是调整通用软件，还是定制软件。一个好的经验是二八法则，即选择可以满足企业 80% 业务需求的通用软件，剩下的 20% 业务需求可以通过定制来实现，这样做的好处是可以降低总成本和培训费用，软件升级也更容易。

第二节　数据采集与通信技术

在信息技术的支持下，供应链的很多运作流程是通过计算机之间的信息传递来完成的，不需要人工的干预，这使得企业每天会产生大量的数据。一些非结构化的或多结构化的数据，我们称之为大数据。企业每天会产生大量的结构化数据和大数据，有效的数据分析能够帮助企业在造成损失之前识别可能存在风险的区域。

数据采集和通信技术是在企业各个部门之间或者各个供应链成员间，收集、存储和共享数据的方法。数据采集及通信技术使用的目标是在生产、配送、采购和服务等业务流程的所有节点间建立无缝连接，这个目标可分解为以下几个部分：

（1）搜集数据；

（2）实现部分数据的及时访问；

（3）控制可及时访问数据的范围；

（4）提升预测的准确性及计划的效率；

（5）确保和维护数据的准确性。

一、数据采集与存储

虽然供应链中高层次的协作目标显而易见，但是实现目标要跨越的第一个障碍就非常困难——它需要准确地搜集、传递数据并存储到数据库。没有准确及时的数据，供应链管理的其他方面都无法实现，为搜集数据而选择的方法、策略和过程是一个战略决策。

（一）数据采集方法——自动识别技术

1. 条形码技术

条形码技术是随着计算机与信息技术的发展和应用而诞生的。其集编码、印刷、识别、数据采集和处理于一身，广泛应用于商业、邮政、图书管理、仓储、工业生产过程控制、交通等领域，具有输入速度快、准确度高、成本低、可靠性强等优点，在当今的自动识别技术中占有重要的地位。

1）一维条形码和二维条形码

条形码可分为一维条形码和二维条形码两大类，目前在商品上的应用仍以一维条形码为主，故一维条形码又被称为商品条形码。世界上约有 225 种以上的一维条形码，每种一维条形码都有自己的一套编码规格，规定每个字母（可能是文字或数字或文/数字）由几个线条（Bar）及几个空白（Space）组成，以及字母的排列，我们称之为码制。常用的一维码的码制包括 EAN 码、39 码、交叉 25 码、UPC 码、128 码、93 码及 Codabar（库德巴码）等，不同的码制有它们各自的应用领域。

（1）EAN 码：是国际通用的符号体系，是一种长度固定、无含意的条形码，所表达的信息全部为数字，主要应用于商品标识。

（2）39 码和 128 码：为目前国内企业内部自定义码制，可以根据需要确定条形码的长度和信息，它编码的信息可以是数字，也可以包含字母，主要应用于工业生产线领域、图书管理等。

（3）93 码：是一种类似于 39 码的条形码，它的密度较高，能够替代 39 码。

（4）25 码：只要应用于包装、运输以及国际航空系统的机票顺序编号等。

（5）Codabar 码：应用于血库、图书馆、包裹等的跟踪管理。

EAN 商品条形码亦称通用商品条形码，由国际物品编码协会制定，通用于世界各地，是目前国际上使用最广泛的一种商品条形码。我国目前在国内推行使用的也是这种商品条形码。EAN 商品条形码分为 EAN – 13（标准版）和 EAN – 8（缩短版）两种，如图 10 – 4 所示。EAN – 13 通用商品条形码一般由前缀部分、制造厂商代码、商品代码和校验码组成。商品条形码中的前缀码是用来标识国家或地区的代码，赋码权在国际物品编码协会，如 00 ~ 09 代表美国、加拿大，45 ~ 49 代表日本，690 ~ 692 代表中国大陆，471 代表中国台湾地区，489 代表中国香港特区。制造厂商代码的赋权在各个国家或地区的物品编码组织，我国由国家物品编码中心赋予制造厂商代码。商品代码是用来标识商品的代码，赋码权由产品生产企业自己行使，生产企业按照规定条件自己决定在自己的何种商品上使用哪些阿拉伯数字为商品条形码。商品条形码最后用 1 位校验码来校验商品条形码中左起第 1 ~ 12 数字代码的正确性。

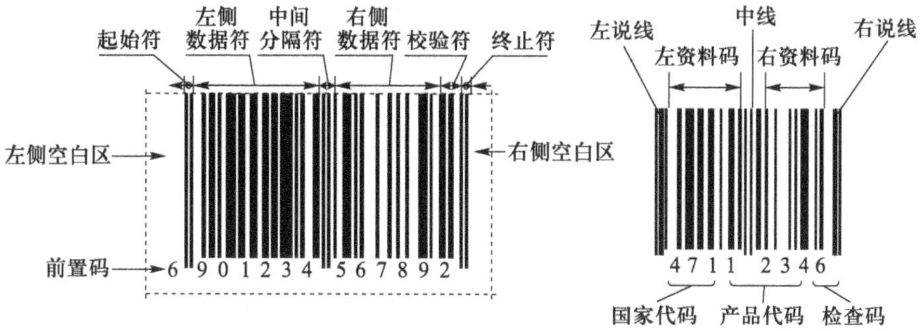

图 10-4 商品条形码 EAN-13 和 EAN-8 符号结构

商品条形码的编码遵循唯一性原则，以保证商品条形码在全世界范围内不重复，即一个商品项目只能有一个代码，或者说一个代码只能标识一种商品项目。不同规格、不同包装、不同品种、不同价格、不同颜色的商品只能使用不同的商品代码。

一维条形码虽然提高了资料收集与资料处理的速度，但由于受到资料容量的限制，一维条形码仅能标识商品，而不能描述商品，因此相当依赖计算机网络和资料库。在没有资料库或不便连网络的地方，一维条形码很难派上用场。因此，开始有人提出一些储存量较高的二维条形码。由于二维条形码具有高密度、大容量、抗磨损等特点，所以拓宽了条形码的应用领域。

2）条形码技术在供应链管理中的应用

从企业生产的角度来讲，企业为了满足市场需求多元化的要求，生产制造从过去的大批量、单品种的模式向小批量、多品种的模式转移，这给传统的手工方式带来更大的压力。企业可利用条形码技术，对企业的物流信息进行采集跟踪。通过对生产制造业的物流跟踪，满足企业针对物料准备、生产制造、仓储运输、市场销售、售后服务、质量控制等方面的信息管理需求。条形码技术在供应链管理中的应用主要体现在以下几方面。

（1）物料管理。通过将物料按照行业及企业规则进行统一的编码并打印条形码标签，不仅便于物料跟踪管理，而且也有助于做到合理的物料库存准备，有效控制库存数量，降低库存成本。

（2）生产物流管理。通过建立产品识别码，在生产中应用产品识别码监控生产，采集生产测试数据，采集生产质量检查数据，进行产品完工检查，建立产品识别码和产品档案，从而实现有序的安排生产计划，监控生产及流向，提高产品下线合格率，如图 10-5 所示。

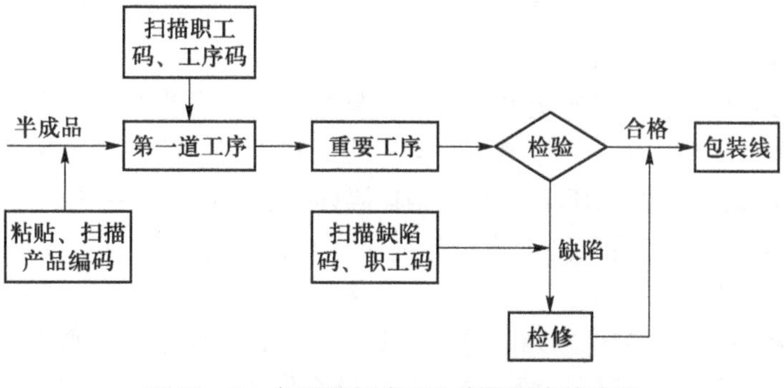

图 10-5 条形码技术在生产管理中的应用

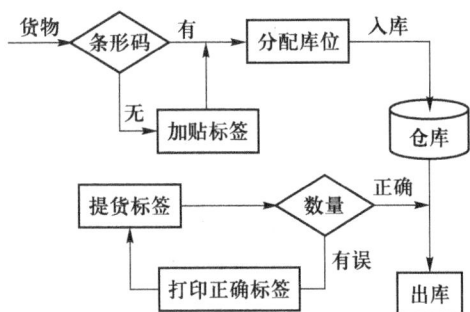

图 10 - 6　条形码在仓库管理中的应用

（3）仓库管理。在仓库管理中，可以采用条形码技术并与信息处理技术结合，以确保库存量的准确性，保证必要的库存水平及仓库中物料的移动，并使进货发货协调一致，保证产品的最优流入、保存和流出仓库，如图 10 - 6 所示。

（4）销售管理。销售管理中，零售商通过 POS 系统扫描条形码，采集数据并存于后台数据库，生产厂家即可以利用这些数据，及时了解市场信息，做到自动补货。在配送管理方面，可以设计合理的物流标签，通过物流条形码把发货仓库、客户、商品信息、价格信息连接起来，控制整个销售、配送渠道，防止市场串货。

2. 射频识别（RFID）技术

1）RFID 的优势

射频识别（Radio Frequency Identification，RFID）技术，是一种无线通信技术，它可通过无线电讯号识别特定目标并读写相关数据，而无须识别系统与特定目标之间建立机械或光学接触。

无线电的信号是通过调成无线电频率的电磁场，把数据从附着在物品上的标签上传送出去，以自动辨识与追踪该物品。某些标签在识别时从识别器发出的电磁场中就可以得到能量，并不需要电池。也有标签本身拥有电源，并可以主动发出无线电波（调成无线电频率的电磁场）。标签包含了电子存储的信息，数米之内都可以识别。与条形码不同的是，射频标签不需要处在识别器视线之内，也可以嵌入被追踪物体之内。最基本的 RFID 系统由三部分组成。

（1）标签（Tag）：即射频卡，也称应答器，由耦合元件及芯片组成，标签含有内置天线，用于和射频天线间进行通信。

（2）阅读器：读取（在读写卡中还可以写入）标签信息的设备。

（3）天线：在标签和读取器间传递射频信号。

RFID 技术的基本工作原理并不复杂：标签进入磁场后，接收解读器发出的射频信号，凭借感应电流所获得的能量发送出存储在芯片中的产品信息（无源标签或被动标签），或者由标签主动发送某一频率的信号（有源标签或主动标签），解读器读取信息并解码后，送至中央信息系统进行有关数据处理。

射频技术是对条形码技术的补充和发展。它规避了条形码技术的一些局限性，为大量信息的存储、改写和远距离识别奠定了基础。与条形码技术相比较，其具有以下优点。

（1）可同时辨识读取数个 RFID 标签，条形码则一次只能扫描一个。

（2）耐久性强，对水、油和化学药品等物质具有强抗污染能力，条形码的纸张载体则极易被污染、脱落或折损。

（3）储存的数据可以重复地新增、修改、删除，条形码印刷之后则无法更改。

（4）能穿透性通信，而条形码扫描仪必须在没有物体阻挡的近距离时才可识别。

（5）最大容量可从几个比特到数兆字节，而且还在不断扩大，因此可以表示多项信息，还可脱离后台数据库快速准确地传递信息。

（6）承载的信息可按密码格式编码，内容不易被伪造及更改。

正是因为上述优点，射频识别技术的理论得到丰富和完善。单芯片电子标签、多电子标签识读、无线可读可写、无源电子标签的远距离识别、适应高速移动物体的射频识别技术与产品正在成为现实并走向应用。RFID 技术已从条形码识读发展到各种高层次应用，尤其是在供应链管理中应用空间更为广泛。

2）RFID 技术在供应链管理中的应用

RFID 技术在供应链管理中的应用，旨在突破各环节中数据信息采集、数据信息传递与数据信息处理的技术瓶颈，从而提高整个供应链的效率。

（1）固定资产管理。将 RFID 标签附在固定资产上，可对企业固定资产实施全寿命周期管理。它可以自动跟踪有价值的财产，标识和管理可重复使用的工具或容器，详细记录固定资产的基本内容和设备安装、使用、损坏、小修、大修、报废等生命周期中的重要信息，辅助企业进行固定资产的维护、维修活动。

（2）库存管理。当货物入库、出库时，大包装内的商品无须打开包装，车辆也可不停下来，读写器会自动识别出入库货物数量，并将读取信息传输到供应链管理系统中，然后更新 RFID 标签内商品的存放地点和状态信息。在存储时，由于 RFID 标签包含了丰富的生产日期、保质期、储存方法以及与其不能共存的商品等信息，可以最大限度减少仓储过程中的耗损，仓库中的某个产品也不会因同类产品过多而被单独过久放置以致过了保质期。盘点也可由读写器自动完成。当库存商品出现不正常移动时，RFID 系统还可报警。此外，还可用 RFID 系统采集的消费者需求信息来合理确定库存水平和订货点。

（3）运输和分拣。可即时获得运输工具运行和货物位置的信息，以动态调度运输，并解决货物错运、漏运问题。此外，如果把集装箱运输的起运点、途中重要站点、暂存的堆场以及最终目的地等作为掌握集装箱动态信息的监控节点，就可以让 RFID 技术在集装箱多式联运中发挥作用。

事实表明，RFID 技术在物流管理环节中至关重要，上述应用只是 RFID 技术在供应链管理中可能应用领域的一小部分，在任何一个供应链管理环节，都还有可待挖掘的广泛应用空间。随着 RFID 技术的进一步成熟和理论研究的进一步深入，RFID 技术在优化和改善供应链管理中应用领域会越来越广阔。

（二）数据存储——数据库

数据存储是指数据以某种格式记录在计算机内部或外部存储介质上，但是这些数据并非杂乱地记录在介质上，而是类似于货物一样以一定的方式储存。数据库则是用来组织、存储和管理数据的仓库。

数据库中的数据是为众多用户所共享其信息而建立的，已经摆脱了具体程序的限制和制约。不同的用户可以按各自的用法使用数据库中的数据，且多个用户可以同时共享数据库中的数据资源。数据共享性不仅满足了各用户对信息内容的要求，同时也满足了各用户之间信息通信的要求，具体有以下表现。

（1）实现数据共享。数据共享包括所有用户可同时存取数据库中的数据，也包括用户可以用各种方式通过接口使用数据库，并提供数据共享。

（2）减少数据的冗余度。由于数据库实现了数据共享，从而避免了用户各自建立应用文件。减少了大量重复数据，减少了数据冗余，维护了数据的一致性。

（3）实现数据集中控制。利用数据库可对数据进行集中控制和管理，并通过数据模型表示各种数据的组织以及数据间的联系。

（4）故障恢复。由数据库管理系统提供一套方法，可及时发现故障和修复故障，从而防止数据被破坏。

二、数据通信方法

（一）接口设备和 EDI

1. 接口设备——中间软件

因为缺乏标准，供应链上不同格式的数据无法在企业间的软件系统中共享。接口设备是一个连接两个不同软件系统的中间软件，它的作用则是从一个软件系统中获取数据并将其格式化，以便在另一个系统中直接使用，从而使供应链伙伴间不兼容的硬件和软件能够自动、安全地通信。

供应链管理人员之所以要关心中间软件，在于它有助于集成供应链，使不同的系统和企业能够共享信息，消除重复和不一致的数据，并打通企业数据孤岛，是实现供应链协作的重要工具。

我们可以通过一个简单的例子来理解中间软件的作用。假设某企业在一次国际会展中，想要邀请多个国家的合作伙伴参展，邀请函包括时间、地点、展会内容等关键信息，并希望收到对方包括是否参展和参展人数的回复信息。一种解决方式是利用软件将邀请函翻译成各国语言然后发送，然后将收到的各国回复再通过软件逐一翻译回来。另一种方式是建立一个标准的可及时翻译的在线邀请服务模板，双方的交流信息可以通过该模板及时传递。显然，第一种方式耗时而昂贵，但它允许个性化服务，这种方式我们称之为面向数据的中间软件，而另一种方式我们称之为面向流程的中间软件。

（1）面向数据的中间软件。采用面向数据的中间软件，企业间的系统连接需要定制，即 A 和 B 企业间的中间软件，不能用于 A 和 C 企业间的系统连接，因此实现面向数据的中间软件是一个劳动密集型的过程。虽然该方式可以快速有效地实现企业间的通信，但是维护和升级成本高昂，克服这个障碍的一个很好的解决办法是数据标准化。

（2）面向流程的中间软件。它是一个将每个应用程序映射为标准流程的地方，是一个智能中间软件。数据源企业首先映射其流程，然后面向流程的中间软件运行流程，并根据流程映射将数据发送到数据接收方的系统。这种方式下，A、B、C 等多个企业间的数据可以通过中间软件自由通信，而不需要分别定制。

接口设备实现了供应链节点间不同系统的数据通信，让接口设备发挥作用的是计算机语言和方法，我们称之为数据通信方法。数据通信方法包括 EDT（电子数据传输）、EDI（电子数据交换）、Web 服务和面向服务的体系结构。

2. EDI 技术

1）什么是 EDI

EDI 是电子数据传输（EDT）的一种形式，它是一种内容级（即一次传输中转换的不是单个数据，而是有意义的一组数据，如报关单）接口设备。EDI 发展于 20 世纪 70 年代，国际标准化组织（ISO）将其定义为：按照一个公认的标准形成的结构化事务处理或信息数据格式，以实施商业或行政事务，处理从计算机到计算机的电子数据传输。该定义包含如下几个方面的含义。

（1）EDI 的使用者是交易的双方，是企业之间的而非组织内部不同部门的文件传递。

（2）交易双方传递的是符合报文标准的，有特定格式的文件。目前采用的报文标准是联合国的 UN/EDIFACT。

（3）双方有各自的计算机或计算机管理信息系统。

（4）双方的计算机或计算机系统能发送、接收并处理符合约定标准的交易的电子数据信息。

（5）双方信息传输是通过网络通信系统实现的。信息处理是由计算机自动进行的，无须人工干预和人为介入。这里所说的数据或信息是指交易双方互相传递的具备法律效力的文件资料，可以是各种商业单证，如订单、回执、发货通知、运单、装箱单、收据发票、保险单、进出口申报单、报税单、缴款单等，也可以是各种凭证，如进出口许可证、信用证、配额证、商检证等。

2）EDI 技术的构成

构成 EDI 技术的基本要素主要有三个，即通信、标准和软件。

（1）通信。电子通信网络是 EDI 系统必不可少的组成部分之一。EDI 通信最初是点到点方式，随后是增值网络（VAN）的方式，进而是电子邮件方式，再到 Internet 普及后的 Web-EDI 和 XML/EDI 的发展。这一变化趋势使得 EDI 的推广应用范围变得更加广阔。Internet EDI 低运营成本吸引着贸易伙伴，尤其是大大方便了中小型企业，这些企业只需利用浏览软件即可应用，而有关表格制作和单证翻译等工作由 EDI 中心或商业伙伴完成。

（2）标准。在 EDI 技术构成中，标准起着核心的作用。EDI 技术标准可分成两大类。一类是表示信息含义的语言，称为 EDI 语言标准，主要用于描述结构化信息。另一类是载运信息语言的规则，称为通信标准。它主要解决 EDI 通信网络应该建立在何种通信网络协议之上，以保证各类 EDI 用户系统的互联。

（3）软件。EDI 软件应具有三方面的基本功能：数据转换、数据格式化和报文通信。其中数据转换主要是帮助用户将原有计算机系统的文件转换成平面文件，或者将接收的平面文件转换成计算机系统文件，数据格式化则是实现平面文件和 EDI 标准格式的相互转换。

3）EDI 技术的应用

EDI 技术应用源自美国，最初应用于美国企业间订货业务，其后随着电子技术和网络技术的发展，其应用范围逐渐扩大至其他业务，在西方发达国家被广泛应用于汽车业、钢铁业、运输业、百货零售业，以及海关、商检等政府部门。

（1）物流业领域。物流 EDI 技术是以完整的货物运输流程为主要业务，集成与此流程相关的各增值业务，如数据采集、仓库管理、车辆定位等，通过 EDI 技术交换物流数据并以此为基础实施物流作业。图 10−7 是一个物流 EDI 系统的实例，主要表示的是发货物业主、物流运输业主和接收货物业主三者在物流管理中使用 EDI 的具体事项。

（2）运输业领域。采用集装箱运输电子数据交换业务，将船运、空运、陆路运输、外轮代理公司、港口码头、仓库、保险公司等企业之间各自的应用系统联系在一起，以解决传统单证传输过程中的处理时间长、效率低下等问题。可以有效提高货物运输能力，实现物流控制电子化，实现国际集装箱多式联运。

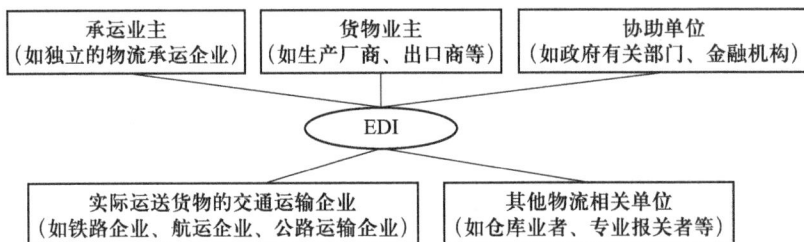

图 10 - 7　物流 EDI 系统

（3）通关自动化。采用 EDI 技术将海关、商检、卫检等口岸监管部门与外贸公司、来料加工企业、报关公司等相关部门和企业紧密地联系起来，大大简化进出口贸易程序，提高货物通关的速度。

（4）金融业领域。税务、银行、保险等贸易链路等多个环节之中使用 EDI 技术，与电子商务技术（ECS）的结合，实现电子报税、电子资金划拨（EFT）等多种应用。而 EFT 的使用降低了金融单位与其用户间交通往返的时间与现金流动风险，并缩短资金流动所需的处理时间，提高用户资金调度的弹性，在跨行服务方面，更可使用户享受到不同金融单位所提供的服务，以提高金融业的服务品质与项目。

（二）SOA 和 Web 服务

1. 面向服务的体系结构（SOA）

SOA 是一种软件设计方法，它将应用程序的不同功能模块（称为服务）进行拆分，并通过这些服务之间定义良好的接口和契约联系起来，使得构建在各种各样的系统中的服务能以一种统一和通用的方式进行交互。

面向服务的体系结构（SOA）可以做什么？SOA 通过允许强定义的关系和灵活的特定实现，使 IT 系统变得更为灵活，以适应业务中的改变。如一个服装零售企业拥有 500 家国际连锁店，它们常常需要更改设计来赶上时尚的潮流。这可能意味着不仅需要更改样式和颜色，甚至还可能需要更换布料、制造商和可交付的产品。如果零售商和制造商之间的系统不兼容，那么从一个供应商到另一个供应商的更换可能就是一个非常复杂的软件流程。如果通过利用 WSDL 接口（SOA 的一个实现方式）在操作方面的灵活性，每个公司都可以将它们的现有系统保持现状，而仅仅匹配 WSDL 接口并制定新的服务级协定，这样就不必完全重构它们的软件系统了。这是业务的水平改变。此外，利用 SOA 还可以实现企业内部的改变，如零售企业可以把连锁零售商店内的一些地方出租给专卖流行衣服的小商店，实现店中店（Store-In-Store）的业务模型。这种业务变化只需要通过内部软件的改变来实现，而企业的大多数业务操作都保持不变。

SOA 的好处是它从业务操作和流程的角度考虑问题，而不是从应用程序的角度考虑问题，这使得业务管理可以根据业务操作清楚地确定什么需要添加、修改或删除，然后可以将软件系统构造为适合业务处理的方式。

2. Web 服务

Web 服务是实现 SOA 的另一种方式，是一种通用的 Internet 或 Intranet 框架，使用开放的 XML（标准通用标记语言下的一个子集）标准来描述、发布、发现、协调和配置应用程序，用于开发分布式的互操作的应用程序。该技术能使得供应链上不同应用程序无须借助附加的、专门的第三方软件或硬件，也不用考虑应用程序的底层操作系统是否兼容，就可相互交换数据或集成数据。Web Service 为整个企业甚至多个组织之间的业务流程的集成提供了一个通用机制。

Web 服务广泛用到的技术包括 TCP/IP、HTML、Java、XML，它们的共同特点是开放性和跨平台性，开放性正是 Web Services 的基础。

（1）TCP/IP：通用网络协议，被各种设备使用。

（2）HTML：通用用户界面，可以使用 HTML 标签显示数据。

（3）Java：写一次可以在任何地方运行的通用编程语言，具有跨平台特性。

（4）XML：通用数据表达语言，在 Web 上传送结构化数据的容易方法。

随着信息技术的发展，Internet 的带宽成本、存储器的成本大幅降低，大量的设备如移动电话、计算机及其他手持终端变得普遍，平台变得更多元化，Web 服务的开放性变得更为重要，并表现出以下几个发展趋势。

（1）入口应用小程序化。移动终端的普及，增加了对入口应用小程序化的需求。

（2）数据更加动态。一个 Web 服务必须能合并多个数据源的内容，如可以包括股票、天气、新闻等，并且可以实现动态更新。

（3）数据类型丰富。因为 Internet 带宽的扩容以及 5G 技术的发展，Web 服务可以分发各种类型的数据（音频、视频等）。

（4）数据处理能力提升。万物互联的时代，更多的人、场景、知识需要被更加紧密地联系在一起，Web 服务必须能聪明地处理大量数据。

（5）兼容性提升。可以支持各种设备、平台、浏览器类型及各种类型数据。

三、数据准确性及数据分析

数据采集过程中无论是否有人参与，都可能被破坏或者出错，如软件 bug、数据丢失或不完整等。企业需要尽可能地减少和防止数据出错。因为没有准确的数据，供应链管理中的高级分析将是无效的，交易系统将是低效的，而且数据准确性对系统规划尤其重要。

（一）提升并保持数据的准确性

确保数据准确性的主要方法是规范一致的数据采集和输入政策：

（1）跨供应链共享 POS 终端和其他特定交易的数据；

（2）可行的情况下实时采集和传输数据；

（3）在事项发生的时间和地点完成数据输入。

当应用软件无法很好地保证数据的准确性时，一般我们不会通过购买新软件的方式来保证数据的质量，而是将软件升级，并清理数据和规范化数据。数据清理是对数据库进行筛选，以发现并修复错误。数据规范化是一种数据库维护方法，它采用合并一个或多个数据库数据的方式，最大限度地减少冗余数据或保护数据库不受某些逻辑或结构数据异常的影响。

一旦企业的数据库在清理或其他改进之后被认为是可接受的，企业必须采取措施确保数据质量不会随时间而下降。确保数据准确性的步骤如下。

（1）为用户增加、删除和修改信息，建立访问策略、过程和软件限制。

（2）为当前和潜在的用户进行数据维护及过程改进的培训。

（二）数据分析——DDS（数据决策系统）

数据分析可以将数据转化为业务信息，也能够帮助管理人员找到分配稀缺资源的最佳方式。此外，利用数据对整个供应链进行分析，可以帮助管理者发现每个合作伙伴是否实现资产的最佳利用。数据分析属于战术层或操作层，如确定配送中心的位置和数量，或者计算在季节性需求波动期间从哪些配送中心发货等。不过，数据分析系统应该具有足够的灵活性，以适应企业战略的转变，如从分布式仓库转移到集中式仓库。

我们可以使用决策支持系统进行数据分析。DDS 是一种计算机系统，它是基于数学模型和模拟模型或两者的结合的分析模型，旨在通过对相关因素进行逻辑分析（通常是定量分析），来帮助管理人员选择和评估实施方案。一个基本的 DDS 包括一个输入数据库、一组数据分析工具及模型、一组数据库和分析结果的可视化工具。

在 DDS 中使用的数据及模型必须根据实际情况进行验证。验证模型的第一步是将历史数据放入模型中，查看结果是否符合预期。如果是，则使用当前数据再次运行该模型，并将输出结果与预期结果进行合理比较。当任何一个验证测试返回意外结果或非常不准确的结果时，应对模型和数据进行研究，以发现错误、异常值或者不正确、不现实的假设。如果验证结果与实际情况相差太多，则需要修改模型或数据，直到模型在可接受的误差范围内准确预测实际结果，然后将模型和数据用于实际的业务决策。此外，还需要定期审查模型和数据，以确保它们继续反映实际情况。

第三节　供应链中的关键管理技术

要实现供应链的科学管理，仅仅有数据是不够的，它还需要相应的业务应用程序实现数据的应用。这里我们介绍供应链管理中的关键技术应用系统，包括 ERP（企业资源计划）、APS（高级计划和调度）、SCEM（供应链事件管理）、WMS（仓储管理系统）、TMS（运输管理系统）。

一、ERP 系统

ERP 是一个组织、定义和标准化业务流程的框架，该框架使企业能够有效利用和控制资源（人、财、物、客户、信息、时间和空间等综合资源），赢得外部优势。ERP 系统则是基于该框架开发的一套模块化的业务应用程序，这些模块被无缝地集成在一起，提供通用的数据并实现自动化的数据交互。

（一）ERP 系统的基本构成

显然，ERP 系统是 IT 技术与管理思想的融合体，即先进的管理思想借助计算机系统，来达成企业的管理目标。其管理理念体现在以下几个方面。

（1）整体管理：对整个供应链资源和流程进行有效管理。

（2）先进管理：体现了精益生产、同步工程和敏捷制造的思想，企业利用先进的管理思想保持产品高质量，多样化，灵活性。

（3）全程管理：体现事先计划与事中控制的思想，两者相结合实现全程管理。

（4）流程管理：体现业务流程管理的思想，系统应用程序的使用随业务流程的优化而相应调整。

ERP 系统是将企业所有资源进行整合集成管理，简单地说是将企业的三大流——物流、资金流、信息流进行全面一体化管理的信息系统。因此，其基本模块包括生产控制、物流管理和财务管理。此外，随着企业对人力资源管理重视的加强，人力资源管理也成为 ERP 系统的一个重要组成部分。

ERP 业务模块是建立在一个可以共享访问数据的大型数据库的基础上，如图 10 - 8 所示。

可以共享的中央数据仓库是 ERP 系统的关键特性。该数据仓库为所有类型的数据提供单一的存储位置，其最小化了数据冗余，并允许各个业务模块创新、访问和修改相同的数据。业务模块则是所有用户与 ERP 系统交互的地方，每个业务模块都具有从战略决策到具体操作的一系列功能。例如，决策者可以利用 ERP 系统帮助制定企业供应链战略，包括产品研究开发、资金和所需回报、生产线决策及营销策略等，并将这些领域设定的战略目标分解为各个部门的目标，然后通过各个功能模块的业务操作模块进行管理和实现。

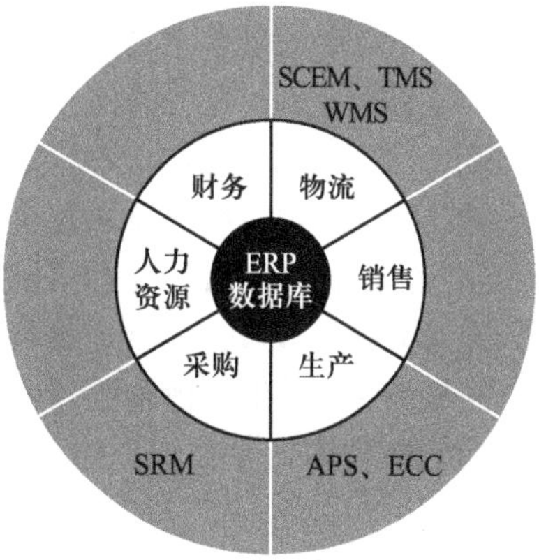

企业想成功实施 ERP，需要配套的流程、制度、规范和标准，以确保企业的 TQC（交期、质量、成本）

图 10 - 8　ERP 系统的功能模块

的控制与保障能力。如果缺乏这些基础，ERP 实施失败的风险就很大。所以我们可以把企业实施 ERP 的过程，理解为一个企业建立合理的流程、规范、标准和制度的过程，并且这个过程是不断持续、固化和优化的。

（二）ERP 系统的演进

随着技术的发展，ERP 系统功能不断增强，增加新模块的空间不断提升。目前，ERP 所代表的含义已经被扩大，用于企业的各类应用软件已经统统被纳入 ERP 的范畴。它跳出了传统企业边界，从供应链范围去优化企业的资源，是基于网络经济时代的新一代信息系统。因此，它现在面临的一个挑战是如何有效连接供应链上的合作伙伴。

图 10 - 9 展示了 ERP 系统不断发展和增加的新功能，如 CRM、SRM、SCEM、TMS、WMS、ECC 和 APS 等。与 ERP 系统基本功能模块不同的是，这些新增加的功能属于 ERP 功能的一部分，但它们通常存在于不同的系统中，这些系统与 ERP 系统连接并共享 ERP 的数据，也可以将操作指令发送给 ERP 系统进行处理。例如，APS 系统可能会确定一个优化的生产计划，但该生产计划的执行却是在 ERP 系统上进行的。

这些不断发展的新功能模块与 ERP 系统连接，拓展了 ERP 系统的功能，使得供应链上的合作伙伴能够达到以下目的。

（1）将数据转化为有用的信息来做出更好的决策。

（2）通过内置的绩效评估工具将管理与供应链绩效连接。

（3）实现先进的管理方法，如按单生产、直销以及精益生产。

（4）实现供应链上不同企业 ERP 系统的连接，并使用基于 Web 的、开放的系统定期调整业务模式。

（5）实现全球供应链合作伙伴的数据访问及操作。

（6）释放能力和资源以追求新的商机。

（7）使用跨行业和特定行业的 ERP 系统执行协作计划。

二、APS 系统

随着社会的快速发展，人们消费需求的特性已快速转向个性化消费。快速制造多种类产品以满足客户需求已经成为企业立稳脚跟的核心竞争力。要想交货准时、生产过程顺畅，就必须对应建立精确的生产计划与即时的生产过程监控。APS（高级计划和调度）系统是解决详细计划和调度的根本方法。

APS 系统是利用先进的信息科技及规划技术（如遗传算法、约束理论、运筹学、生产仿真等），在考虑企业资源（主要为物料与产能）限制条件与生产现场的控制与派工法则下，规划可行的物料需求计划与生产调度计划的管理系统。利用 APS 系统，管理者可以快速结合生产信息（如订单、搬运路径及距离、存货、BOM 与产能限制等），有效地规划企业资源（如机器、人员、工具、物料等），实现最大产出量、瓶颈资源使用率最高及提前期最短等生产策略，做出平衡企业利益与顾客权益的最佳规划和决策。

APS 系统中先进的科技和信息技术可以帮助管理者在战略层、战术层和操作层面进行计划。

（1）战略层。战略层是高级决策和系统设计的层次。在这个层次上，APS 系统可以执行物流供应链网络设计。对于制造企业来说，这将涉及工厂、仓库和配送中心的选择，以及供应链的哪些部分自建，哪些部分外包给第三方。

（2）战术层。战术层是将战略细化为独立的计划并进行优化。在这个层次上，APS 系统帮助优化整个供应链的生产、配送和库存。

（3）操作层。操作层是将计划细化到可执行操作的层面。在这个层面，APS 系统创建需求预测、需求计划、库存计划、运输计划以及优化每天的生产计划。

但是要注意的是 APS 系统只在每个层面上进行计划但并不执行它，计划的执行是由 ERP 系统的各功能模块完成的。图 10-9 展示了 APS 系统与 ERP 系统相互作用的过程。

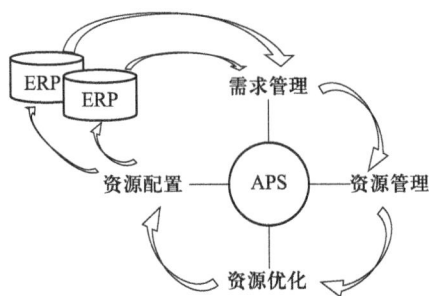

图 10-9　APS 系统与 ERP 系统的相互作用

（1）需求管理。该模块从 ERP 系统获取实际订单、订单历史、客户数据以及季节性和预定营销的数据，并对生产和运输进行组织或预测。

（2）资源管理。该模块协调整个供应链的能力和资源约束。它的输入数据包括需求管理模块的输出、计划目标、系统约束、客户数据、产品和资源的物理特性。

（3）资源优化。该模块分析需求管理和资源管理模块的结果，并生成和评估多个规划选项。它平衡客户服务和成本，推荐系统范围内采购、制造、仓储和运输的最优方案。它还能够帮助管理者模拟需求、产能等因素变化对供应链系统的影响。

（4）资源配置。一旦管理者审核并发布了需求优化的结果，该模块将把结果发送到每个 ERP 系统的主生产计划，并提供销售和客户服务的决策支持。

图 10-9 的示例说明，当多个 ERP 系统与一个 APS 系统结合，APS 系统可以为供应链网络提出一个最优解决方案，为每个 ERP 系统制定最佳生产计划，这可以消除系统瓶颈带来的压力。如当一个企业有多个生产工厂时，相同的产品可以在不同的工厂生产，APS 系统

则可以帮助企业创建整体的供应链计划，包括长期的总体计划和短期的详细计划，从而优化并加速可用材料、劳动力和工厂产能的分配，并确定生产什么、什么时间和什么地点生产，以及产品生产工序的排序。

三、SCEM 系统

SCEM（Supply Chain Event Management）是一个与供应链管理相关的应用软件。用户可以对某些供应链事件的发生（风险事件）进行标记，以在另一个供应链应用程序中触发某种形式的警报或操作。因此，SCEM 可以用于监控供应链的业务流程，如计划、运输、物流或采购等。它也可以用于供应链的智能应用程序，以在意外事件出现时向用户发出警报（异常报告）。

SCEM 具有极强的可见性，从而可以监控、仿真、提醒和响应意外事件的异常情况，并允许用户根据业务规则设置参数，这有助于企业降低业务风险，并使业务流程更加协调，使协作成为可能。

（1）监控：SCEM 可以监控分布于整个供应链中的信息，如需求、装运、订单、生产、库存、配送信息等。

（2）评估：SCEM 可以根据关键绩效指标评估各事项，以改进预测和决策。

（3）提醒：当意外事件发生时（例如缺货），决策者可以及时制定替代计划以避免更大的损失。

（4）仿真：SCEM 可以模拟真实的或预期的异常，以评估他们可能产生的影响并推荐解决方案。

SCEM 极强的可见性源自它可以采集来自每个供应链伙伴的数据，并动态更新分布式数据库的数据，向企业内部和外部供应链成员提供实时的数据。因此客户可以实时了解订单状态，管理者可以随时掌握分拣、包装、运输和交付状态的数据以及质量报告和绩效评估数据，以做出更好的决策。具体来说，SCEM 可以为企业带来以下变化：

（1）更快响应供应和需求的变化；

（2）便携设备可以接收异常警示信号；

（3）减少系统分析的等待时间，更快地响应市场和销售需求；

（4）改进订单准确性和周期时间；

（5）减少用于运输和收货的管理时间；

（6）降低整个供应链库存和安全库存；

（7）提高劳动效率和生产率；

（8）更好的需求预测和业务计划，提升供应链的灵活性；

（9）降低供应链总成本；

（10）为供应链上合作伙伴提供多种合作方式；

（11）提升客户的响应能力并减少退货；

（12）改善与临时合作伙伴的实时通信。

四、WMS 系统

仓储管理系统（WMS）是一种计算机应用系统，用于管理和优化仓库内工作流程和货物存储，通常与数据自动采集系统和 ERP 系统连接，执行仓库或配送中心的日常操作，根据预定义的参数按顺序执行任务，其核心理念是高效的任务执行和科学的流程规划。

WMS 的选择应该取决于三个关键领域：定向拣选、定向补货和定向上架。这三个领域的任务执行是通过跟踪和分析项目、数量、位置、度量单位及订单数据来完成的，随着自动识别技术和无线数据采集设备、分拣装卸设备以及科学算法的发展，仓储管理功能更为全面、高效和准确。具体来说，WMS 主要包括以下功能。

（1）接收：接收货物进行批量整合，并自动地匹配对应的运输路线。

（2）存储：根据货物类型、大小、数量等，通过科学算法确定存储的位置，并对存储进行管理和优化。

（3）越库作业：允许货物到达仓库并加以分拣与组配后，直接送至货车装载区，省去其间上架、入储位、存储等物流程序。

（4）库存控制：利用信息化手段根据商品销量、到货周期、采购周期、特殊季节特殊需求等设置合理的库存水平，并实时跟踪时间、人员、移动地点、库存水平和交付时间，尽可能降低库存水平，减少库存积压与报废、贬值的风险。

（5）质量控制：按批次跟踪商品，及时通知管理层质量问题；不合格产品管理；确保产品质量符合要求。

（6）分拣管理：根据拣选类型形成拣选计划，为特定订单分配商品，并显示订单状态。

（7）自动补货：当内部或外部合作伙伴的系统发出需求信号时，自动创建发货订单。

（8）退货管理：管理维修、退货和回收的逆向物流。

与传统的仓储管理相比，采用高质量的 WMS 可以显著提高生产率，并减少错误或欺诈发生的频率。具体来说使用 WMS 将为企业带来以下益处：

（1）提升企业竞争优势；

（2）更好地满足零售需求；

（3）提高准确性；

（4）提升企业运作能力，支持全球电子商务；

（5）满足复杂的国际运作需求；

（6）增加配送效率；

（7）降低安全库存；

（8）优化存储空间。

五、TMS 系统

从运作流程的角度来看，运输管理是供应链管理中非常重要的一个环节。运输管理系统（TMS）是实现运输自动化管理的计算机应用系统，它的主要功能是协调承运商、运营商、货主分工协作完成运输任务，并实现对运输任务的跟踪管理，如图 10－10 所示。

参照第三方物流企业的业务流程，TMS 中运输业务的基本流程表现为：货主首先提出运输需求，建立运输任务订单并推送给运营商；运营商接到订单后按照一定的规则处理订单，生产运输计划并推送给合适的承运商；承运商在接到计划后按照一定的规则分配给运输司机，由司机完成运输任务。

所以，TMS 的核心领域是订单管理、计价与结算和关系管理（货主与承运商），其功能模块包括以下几个方面，如图 10－11 所示。

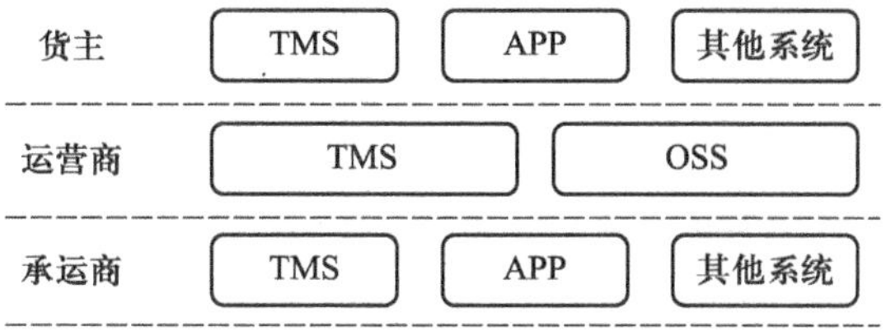

资源来源：http://www.woshipm.com/it/1510658.html

图 10 – 10　TMS 的三个相关角色

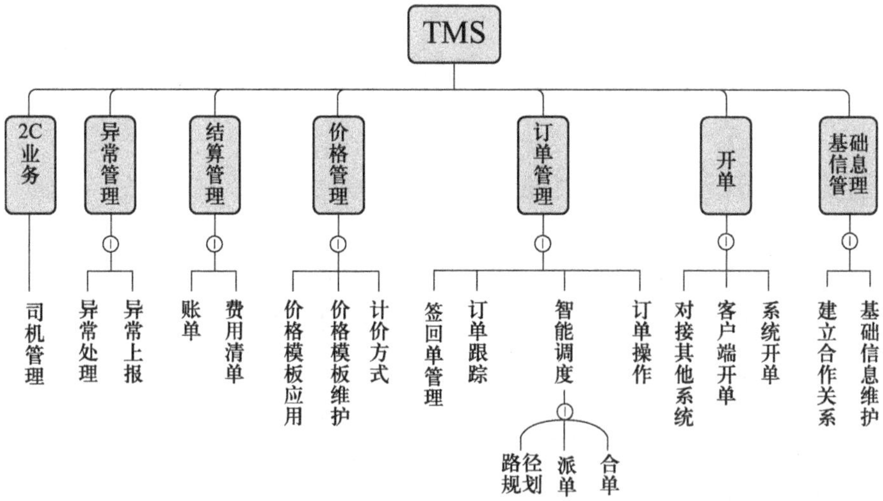

资料来源：http://www.woshipm.com/it/1510658.html

图 10 – 11　TMS 的功能结构

（1）基础信息管理：该功能主要是建立合作关系，对货主和承运商进行管理。承运商管理可实现承运商分级，系统可根据订单自动匹配承运商，优质承运商优先分配业务。

（2）订单管理：订单管理模块主要实现三个功能：一是派单。系统根据需求订单生成任务订单，也可手动派单，将任务推送给承运商。二是调度。TMS 可以实现智能调度，原则是"资源最优利用、货车高效匹配、提高出行效率"。三是订单跟踪。承运商开始执行配送任务时，TMS 可以实现实时跟踪订单状态，并动态呈现跟踪信息。

（3）计价结算管理：运输管理中，不同商家、承运商，不同的货物或运量，运输的计价方式不同。TMS 可以按照一定的计价规则自动计算运输价格，如图 10 – 12 所示，并在结算管理中完成订单费用调整和审核工作。

资料来源：https://wenku.baidu.com/view/f77695fbf705cc17552709ae.html

图 10 – 12　TMS 自动计价过程

与传统的运输管理相比，高质量的 TMS 系统可以帮助企业降低总运输成本、合理配置资源、减少数据错误，具体来说，其优势表现为以下几个方面：

（1）减少运输成本；

（2）便于运营商、货主和承运商进行沟通；

（3）通过共享实时的、准确的信息，实现智能运输管理；

（4）减少因数据错误或信息容量瓶颈造成的发货延迟；

（5）通过拼单实现规模化运输以降低成本；

（6）创建分布式数据防卫减少信息瓶颈；

（7）提高供应链的可见度。

第四节　供应链中的新技术

一、重塑未来供应链的三大核心技术

数字经济背景下，由于技术力量的驱动，使许多企业构建了数字业务模式并形成流程优势，实现了跨越式发展。持续变革、挑战常规已成为商业领域乃至整个社会的新常态。未来的供应链会是怎样的？机器人腾挪翻转的工厂，无人驾驶车辆的急速飞驰，无人机空中盘旋往来，悄无一人的办公室……，这些科幻的场景可能会在未来得以实现，而实现这样一些场景的背后是复杂、高效、智能的供应链系统。要保证这样一个系统健康运转，有三大核心技术不容忽视——物联网、人工智能和区块链，它们的成熟应用将很可能重塑未来供应链，使供应链具备可视化、可感知和可调节的能力，如图 10－13 所示。

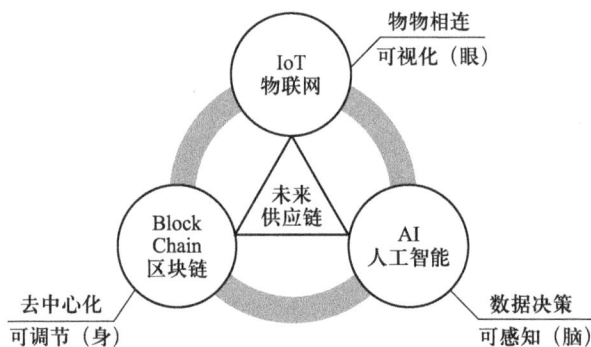

资料来源：物流沙龙

图 10－13　未来供应链

（一）物联网（IoT）

"物联网"一词来自比尔·盖茨 1995 年《未来之路》一书，随后在麻省理工（MIT）、国际电信联盟（ITU）等的推动下逐渐清晰。"物联网"是通过各种信息传感设备按照约定的协议，把任何物品与互联网相连接进行信息交换和通信，以实现对物品的智能化识别、定位、跟踪、监控和管理的一种网络。简而言之，物联网就是物物相连的互联网，如图 10－14 所示。物联网技术的应用带给企业的变化主要有两个方面：一是创新企业服务模式；二是创造新的生态系统。

1. 创新服务模式

物联网能够将实物数据化、信息化和网络化，构建信息流与实物流之间的紧密对应关系，从而提升供应链的可视化程度。企业因此能够动态和实时掌握供应链上所发生的任何事情，这为企业的服务转型开辟了新的空间。企业可以优化生产流程，提高运营效率。更为重要的是借助物联网，企业得以持续感知客户的需求，创造新的服务模式，推动业务增长，这才是物联网对企业最大的价值所在。

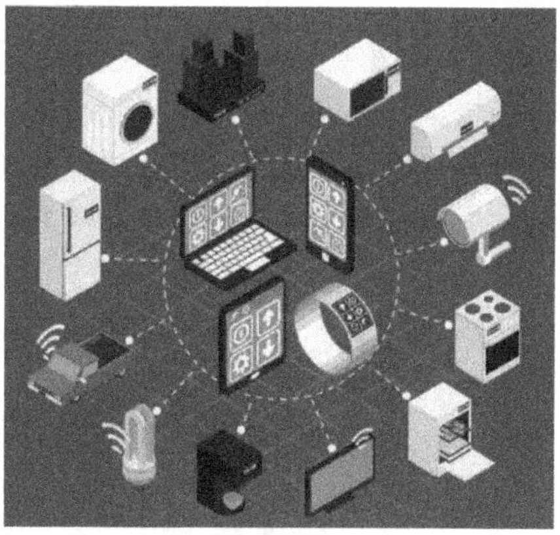

借助物联网产生的数据，企业能够以更加动态的、系统的方式实时、持续分析并预测客户需求，根据分析结果自动对服务进行优化和调整，乃至能自动地适应环境，自主决策，为客户带来高度的个性化体验，如图 10 – 15 所示。

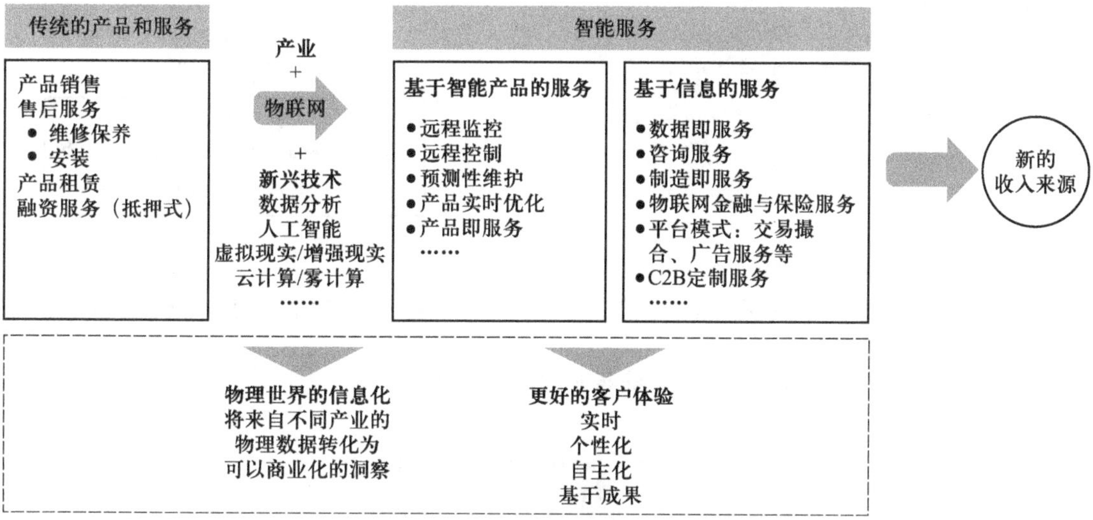

图 10 – 14　万物互联的物联网

资料来源：埃森哲官网

图 10 – 15　基于物联网的企业服务优化

例如，装备制造企业能通过在设备上安装的传感器提前预知客户设备的某个零件需要替换，因此提前将备件运往客户附近仓库，这大大缩短了客户等待备件更换的时间，减少了停机损失，客户也无须自己囤积大量备件而占用资金和仓储。企业还可以通过物联网创造出的新的服务模式，如开放自己的制造能力，为其他企业提供生产服务；根据客户的需求，提供C2B的定制服务；为客户提供基于物联网数据的金融和保险服务。对那些行业龙头企业来说，他们还可以搭建基于物联网的平台，成为行业生态的中心。

当然，如同"互联网＋"一样，物联网给制造业带来的这些新的价值机遇，是需要与其他的新兴技术如人工智能、区块链及不同产业相结合的，我们称之为"物联网＋"。

2. 创造新的生态系统

实际上物联网收集的数据本身没有意义，它需要和不同产业以及数据分析、人工智能、区块链、云计算、雾计算等新兴技术相结合，才能开发出创新服务。因此，企业需要和"物联网＋"相关外部伙伴开展密切合作，形成一个价值创造网络。"物联网＋"的智能服务将跨越企业价值链和传统行业边界，创造出一个全新的生态系统，如图 10－16 所示，改变现有竞争格局，挑战固有的制胜规则。在这样的形势下，企业需要转变思维，由传统的产品思维向生态系统思维转变，如图 10－17 所示。即企业要基于服务场景，着眼于建立自己的"朋友圈"，与他们共同合作，一起为客户提供服务。

资料来源：埃森哲官网

图 10－16　基于物联网的生态系统

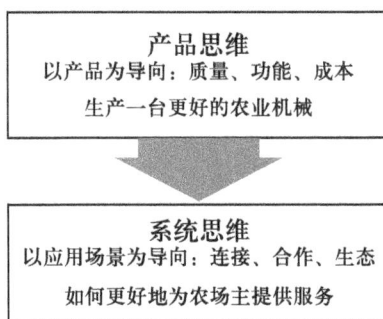

图 10－17　产品思维向系统思维转变

图 10－18 是一个农业生产企业思维转变的成功例子。

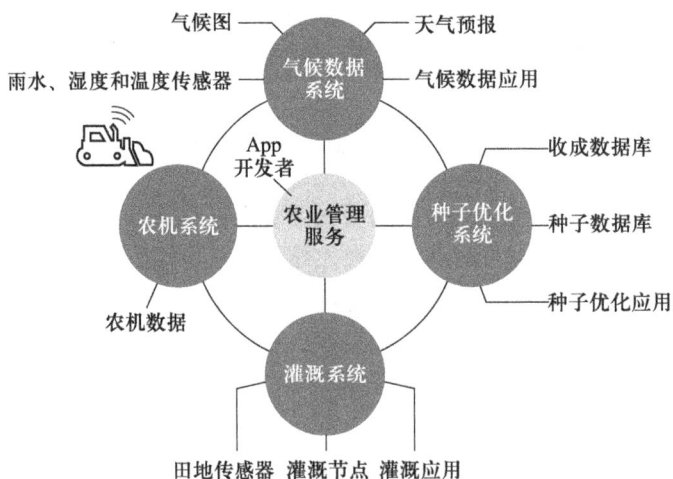

图表来源：埃森哲官网

图 10－18　一个转变思维的例子

农业机械公司约翰迪尔为农场主提供的设备安装了传感器，并将收集到的设备数据和气象、土壤、种子等数据结合在一起，挖掘和分析数据，帮助农场主做出更为科学的农耕决策，在这个过程中，约翰迪尔整合了来自不同产业领域的数据和知识。同时，约翰迪尔的平台还提供了 API 接口，便于外部的开发者使用这些数据。

因此，企业在设计基于物联网的服务时不能用传统的产品思维，而需要对产品及相关服务所处的生态系统有着整体的认识。例如，在设计智能产品时，除了在纵向上考虑设计产品本身的质量和功能，还需要在横向上考虑与其他产品和系统的互通和兼容，以及和第三方开发者的合作（如上例中提供 API 接口和相应的开发工具）。集成第三方的产品和服务或被集成到第三方系统中，是工业 X.0 时代所有企业的必然选择。如果企业依然按照原有的产品思维提供产品和服务，忽视生态系统的建设，就会错失了"物联网＋"所能带来的广阔市场和巨大价值。

（二）人工智能（AI）

人工智能集多项技术于一身，它使机器可以感受、理解、学习并采取行动，无论是自食其力还是参与人类活动都可以实现。埃森哲公司研究了 AI 在 12 个发达经济体中所产生的影响，揭示了 AI 通过改变工作本质，创建人与机器之间的新型关系。经预测，AI 可将劳动生产率提高 40％，使人们能更有效地利用时间。到 2035 年，AI 能使年度经济增长率提高一倍。

人工智能作为新型生产要素，至少能够在三个重要方面推动业务增长。

（1）实现复杂业务的自动化。与传统的自动化解决方案不同，人工智能所推动的创新，能使需要适应性和灵活性的复杂任务实现自动化，并且 AI 具有自我学习能力。

（2）解放人类的重复性劳动。现有的劳动力和资本可更有效地利用人工智能技术，使员工能够专注于他们最擅长的工作——想象、创造和创新。

（3）推动创新。被最少谈及的人工智能优势之一，是其通过经济扩散推动创新。

如今，许多人工智能应用如 Apple 的 Siri、Amazon 的 Echo、阿里巴巴的淘宝小蜜等，已经悄悄地进入了我们的日常生活。与此同时，人工智能也进入了供应链的领域，开始在不同的应用场景中发挥作用。

（1）需求预测方面，通过机器学习，可以对海量数据进行分析并形成算法模型，为精准预测提供参考。

（2）采购方面，可以根据历史数据构建自动补货模型，提高采购的效率。

（3）生产方面，可以指挥机器人完成一系列高难度的动作，大量替代传统人工。

（4）物流方面，可以实时选择最优路径，降低配送成本。

（5）协同方面，可以提高信息协同速度，并替代人类对一般性问题进行快速决策。

杭州的一个案例生动展示了领军企业已经着手开展相关的实践活动。在浙江杭州，中国首个虚拟人工智能配网调度员帕奇已经正式上岗工作。由虚拟调度员、智能搜索、抢修指挥专家等功能模块组成的帕奇，不仅可以替代人工自主完成计划检修许可、故障抢修指挥等工作，还能通过自然语言处理掌握多门语言、准确高效地完成海量数据的监测工作，甚至能够自主学习海量历史数据，最终实现自我提升。

（三）区块链技术

"区块链"是分布式数据存储、点对点传输、共识机制、加密算法等计算机技术的新型应用模式。在供应链的应用中，它解决的是供应链内外协同过程中的难点——信任问题。很显然，如果供应链合作伙伴之间缺乏信任，将会使信息流变得扭曲失真，供应链上账期延长影响资金流，大量单证的流转影响实物流。"区块链"技术的应用，将大大改善这些问题。在此基础上，"链主"的作用被弱化，企业间的运营参考的是一套协商确定的流程。这样一套流程可以满足联盟企业之间的利益，甚至可以成为行业的标准。

不管是区块链，还是前面提到的人工智能和物联网，单独来看，每一项技术都已发挥或即将发挥巨大的作用。但是，随着这些技术不断演进，它们还能够推动彼此的发展。不同技术的综合使用，将充分发挥组合效应，强化应用水平，提高相关技术投资的回报。

1. 区块链＋人工智能

区块链作为一种底层技术，除了未来有望对金融、政务、医疗等各个行业带来变革之外，也将对人工智能这类前沿技术学科带来改变，产生化学反应。

（1）提高人工智能友好性。区块链有助于人工智能实现契约管理，并提高人工智能的友好性。例如，让设备的使用者在区块链上进行注册，通过智能合约实现用户不同层次的访问，为不同层次的用户提供个性化服务。

（2）保证智能设备的安全性。区块链保证了设备可以通过用户注册实现分级访问，不仅可以防止设备被滥用，还能防止用户受到伤害。通过区块链可以更好地实现对设备的共同拥有权和共同使用权，区块链会让使用者共同设定设备的状态，并根据智能合约做决定。此外，这种注册制度将在设备的整个生命周期中持续进行，以便不同的使用者、软件、硬件都可被用来协助监管者确认设备发生故障的准确时间点。

中国的企业深脑链，正在探索区块链与人工智能结合的模式，他们创造了一个由区块链技术驱动的人工智能计算平台，将区块链技术与人工智能相结合，整合分布在全球范围内的GPU 算力资源，帮助全球人工智能企业解决行业痛点：降低算力成本和保护数据隐私；按照人工智能企业的需求，提供分布式、去中心化、动态的服务，帮助人工智能企业降低算力成本、保障数据安全。

2. 区块链＋物联网

如前所述，物联网实现万物互联，其用户端延伸和扩展到了任何物品与物品之间，进行信息交换和通信，是设备、车辆、建筑物以及其他实体相互连接的网络，网络中的节点可以小到恒温器，大到汽车。根据美国咨询公司 Gartner 预测，在 2020 年，物联网设备的数量将达到 250 亿台左右，与物联网相关的边际收益或能达 2630 亿美元。

随着物联网中设备数量的增长，如果以传统的中心化网络模式进行管理，将带来巨大的数据中心基础设施建设和维护投入。此外，当万物互联时，基于中心化的网络模式也会存在物联网中用户隐私信息泄露的隐患。如何解决物联网中的数据管理将成为关键问题之一。应用区块链技术，则可以在这些设备之间建立低成本的互相直接沟通桥梁，同时又通过去中心化的共识机制提高系统的安全私密性。此外，区块链叠加智能合约技术，可将物联网中的智能设备变成可以自我维护调节的独立个体，以保持设备的独立性，在合约规则基础上实现点对点的信息交互。

二、SaaS

SaaS（Software-as-a-Service）是一种通过 Internet 提供软件应用的模式。软件供应商将应用软件统一部署在自己的服务器上，通过互联网向用户提供基于 Web 的软件服务。用户不用购买软件，只需根据自己实际需求所需的应用软件服务，按定购的服务数量和时间长短向厂商支付费用，且无须对软件进行维护和管理。有些软件厂商在向客户提供互联网应用的同时，还提供软件的离线操作和本地数据存储，让用户随时随地都可以使用其定购的软件和服务。对于许多小型企业来说，SaaS 是采用先进技术的最好途径，它消除了企业购买、构建和维护基础设施和应用程序的需要。

在这种模式下，客户不再像传统模式那样花费大量投资用于硬件、软件、人员。企业采用 SaaS 服务模式，在效果上与企业自建信息系统基本没有区别，但节省了大量用于购买 IT 产品、技术和维护运行的资金，且像打开自来水龙头就能用水一样，方便地利用信息化系统，从而大幅度降低了中小企业信息化的门槛与风险。

实际上 SaaS 模式在带给使用者诸多优点的同时，软件供应商也能从中获得益处，如表 10-2 列出了双方获得的关键优点。

表 10-2　SaaS 的关键优点

客户优点	供应商优点
➢ 较低的初始成本：不需要高额的许可证费用，降低了使用门槛；不需要 IT 的投资 ➢ 立即使用：没有长期的安装实施过程 ➢ 自动升级：供应商不断改进和修复软件版本 ➢ 存储需求减少：数据存储是供应商的责任 ➢ 人员减少：不需要额外增加 IT 人员用于安装、监控、维护和更新的需求	➢ 持续的收入：客户持续使用软件的费用通常超过传统的一次性软件许可费 ➢ 减少了软件盗版和未经许可使用的情况，从而减少了相关的损失

不仅厂商们关注着 SaaS 的发展，一些有远见的企业首席信息官（CIO）们也同样对 SaaS 模式充满了期待。他们可以把过去一些底层的事务性工作交给 SaaS 服务商来完成，从而可以腾出更多的时间来关注其他工作（如风险管理）。SaaS 为 CIO 带来新的工作内容的同时，也体现出 CIO 们新的价值。

（1）战略层面。从事务性工作脱离出来的 CIO，由以前被动为企业战略服务的角色向主动战略思考转变，利用最适合的信息技术去帮助企业提升核心竞争力。

（2）管理层面。CIO 更多地思考如何利用专业的 IT 服务，来提高信息技术的 ROI。他们会考虑哪些工作适合外包，哪些软件适合采用 SaaS，哪些需要自行购买和实施，这些问题将成为 CIO 更关注的问题。

（3）决策层面。企业的 CIO 在尽可能贴近企业核心业务的同时，会努力提高对科技市场的把握和决策信息的收集。他们采用专业的服务提供商的服务，掌握与自己相关的科技市场动向，将技术与业务结合进行科学决策。

三、机器人流程自动化技术（RPA）的兴起

人类社会进入 21 世纪的第一个十年之后，全球企业大都面临着两个严峻的挑战：人力成本的飙升和业务流程的复杂化。利用信息技术手段摆脱面临的困境，是全球企业家们需要尽快解决的重大课题。在这一大环境和大背景下，机器人流程自动化便应运而生。

（一）什么是 RPA

RPA（Robotic Process Automation）是一种新型的技术理念，它允许通过软件机器人基于一定规则的交互动作来模拟和执行既定的业务流程。

根据 SAP 公司《开启机器人流程自动化（RPA）智能时代》白皮书介绍，现在很多办公室人员常常把大量时间花费在不同的应用程序之间切换。他们经常为了完成特定工作，需要反复从一个程序切换到另外一个程序（比如 ERP 和 Excel），复制粘贴相同的数据（如物料和供应商客户信息），这种手动工作费时费力且容易出错。RPA 机器人则能够如同人类一样操作各种 IT 应用程序，如浏览器、Office 软件、Java 等语言编写的程序、ERP 软件等。它基于设定的规则与其他各类系统进行交互，非常擅长执行那些枯燥的、烦琐的重复性任务，如开票、下达采购订单、处理供应商发票、逾期账户收款、对账和提供客户服务等，而且可以比人类做得更好

以开票为例，企业货物出库以后就可以开票，整个业务流程如下：销售客服根据出库单核对商品单价，汇总完成后就制作发票并递交给客户，然后根据付款条件等着收款了。在这个过程里，客服需要在 ERP 和 Excel 里切换窗口，搜寻各种品名、单价、数量信息，汇总在一张单据里，在双重审核之后，发送给客户。在开票业务整个流程中，几乎没有需要人为判断的工作，只有简单的机械式重复，类似这样的业务非常适合应用 RPA。

（二）RPA 的价值

RPA 的出现不仅解决了企业的人力成本问题，而且通过自动化的技术手段不断提升业务流程的执行效率和员工的工作效能，已经成为国内外企业服务领域技术革新的重要一环。那么，RPA 具体能做些什么呢？

（1）将信息孤岛变成信息通衢。企业经营业务的多元化和复杂化，使得企业内部信息孤岛随处可见，RPA 的出现可以整合各个相关业务流，通过自动化的手段将业务流程的上下游串接起来，形成小规模的业务闭环。同时，通过机器人将不同信息孤岛里的数据来回传输，建立一整套基于数据流转的信息通衢，可以大大提升各业务线的执行效能。

（2）节省企业人力成本。RPA 的引入，可以大大降低企业在人力上的投入。根据埃森哲公司的调查，一个 RPA 机器人平均每年的投入大概在 5 万 RMB 左右，而一位普通的业务人员工资及各项社保支出企业至少得有 10 万元以上的投入（一二线城市远不止），因此机器人比人工便宜至少有 50% 左右，这大幅降低了企业人力成本，如果企业采用的 RPA 机器人数量大的话，边际成本会更小。

（3）提升业务流程的执行效率。由于业务的复杂性和跨多个部门等种种原因，使用业务流程管理工具（BPM）和流程再造来解决业务流程执行的效率问题，在实际操作中很难在整个企业范围内得到应用。而 RPA 允许公司内部业务部门单独定制解决方案，管理人员可以快速处理重复性高且烦琐的业务流程，从而实现效率和成本的节约，同时尽量保持灵活性。

（4）不会影响企业现有 IT 系统的功能与稳定性。与传统的 ERP、OA、CRM 等 IT 系统不同，RPA 其实运行在更高的软件层级，如图 10-19 所示，因此它只是在表现层对系统进行操作，在帮助企业提升效能的过程中，可以保持企业已有的 IT 系统功能平稳、运行可靠。

（5）平衡开发周期和成本。RPA 机器人的应用，既不像增加人工那样效率不高且易出错，也不像传统模式开发软件那样需要投入较大成本及较长的开发周期。同时，易于部署的特性以也为企业大大节省成本支出。到目前为止，大多数成本优化和效率改进都是通过集中化和流程标准化来实现的，而 RPA 机器人对标准化流程的执行方面有天然的优势。

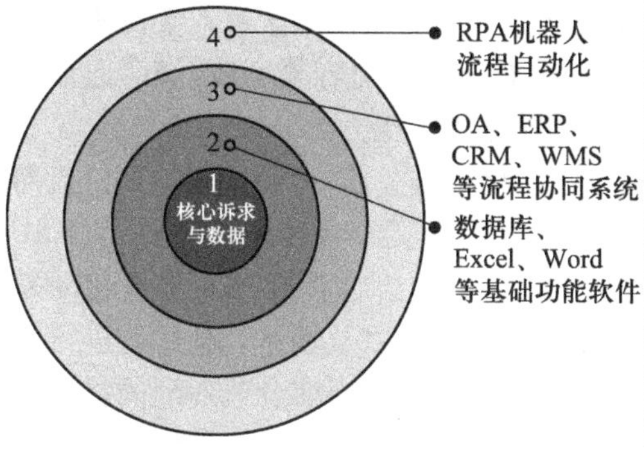

ERP、OA、CRM等传统IT系统	RPA机器人流程自动化
主要价值在于使用本身带有的功能	主要价值在于流程再造，自动化操作
功能耦合度高，实现功能或流程改变的开发难度大、交付周期长，且容易造成已有系统的不稳定	不会入侵与影响现有的IT系统，在更高的软件层级实现功能提升或流程再造，开发容易、交付快速，并且不会影响已有系统的可靠性
需要人工操作多个步骤，在不同的系统中频繁切换，效率不高，且容易造成操作失误	不需要人工过多干预，甚至可以完全无人值守自动执行，效率高，且出错率低

图表来源：阿里云官网

图 10－19　RPA 与其他系统软件的关系

（三）人与机器关系的思考

在 2019 年有一部纪录片很火，那就是由美国奥巴马夫妇投资的独立纪录片《美国工厂》（*American Factory*）。在片子接近尾声时有一个镜头，中国高管给福耀公司董事长曹德旺介绍将会用机器人取代工人，借此来提高生产效率。

随着机器人技术和人工智能的兴起，未来越来越多的岗位将被机器取代。虽然听上去有些残忍，但这也是我们不能忽视的现实，而当下中国更加青睐于新技术带来的生产效率提升。根据麦肯锡公司在 2017 年的一份调查显示，86% 的中国受访企业相信智能制造的潜在价值，比例远高于美德日三个发达经济体的企业（美国 67%，德国 62%，日本 40%）。在 2019 年 5 月麦肯锡公司的一篇文章《中美德日智能制造大比拼》中提到了一个观点，"中国企业对第四次工业革命满怀信心，对投身智能制造乐观而不迟疑"。

许多公司已开始使用带有感知、理解、行动和学习能力的智能机器，自动操作那些大量占用管理者时间的常规任务。越来越多的事实告诉我们，由自动化或人工智能来替代人，这可能不是一个幻想，而是大概率会变成现实，社会的游戏规则将被彻底重塑。人与机器该如何共生？作为员工，我们可以定期思考一下，自己的工作岗位是否有可能被机器人流程自动化替代？我们的工作是否存在着重复性，流程是否比较稳定，岗位是否具有可替代性？而管理者，不仅需要帮助企业实现卓越绩效，还需有建立团队、促进创新、鼓励新工作方式的能力。他们必须利用自己的人际交往技巧积极鼓舞人心，让员工了解智能机器将如何重塑未来劳动力，并需要不断探索，找出和自身组织及团队最为匹配的智能系统。

四、5G 如何影响供应链

5G 网络（5G Network）是第五代移动通信网络，其峰值理论传输速度可以达到每 8 秒 1GB，比 4G 网络传输速度快了数百倍。"高速率、大容量、低时延"是 5G 的三个特点。4G 网络的普及已经有很长一段时间了，移动互联网的高速发展依托于 4G 时代的到来，随之而来的还有手机打车、移动支付、手机导航等生活场景的变化。而 5G 被行业认为是万物互联的开端，不难想象，5G 时代的到来，会对我们生活带来翻天覆地的变化。那么 5G 会给供应链行业带来什么？

（1）车联网（V2X）。车联网是以车内网、车际网和车载移动互联网为基础，融合了传感器、RFID、数据挖掘、自动控制等相关技术，按照约定的通信协议和标准，在车

（vehicle）和 X（X：车、路、行人、互联网）交互过程中，实现车辆与公众网络的动态移动通信，是物联网技术在交通系统领域的典型应用。比起让无人驾驶汽车学习人类司机辨别交通信号灯，通过识别信号实现与道路的互联，从技术层面上来说更容易实现。5G 通信技术具备庞大的带宽容量和接近零时延的特性，正在让自动驾驶照进现实。

（2）智能仓储。5G 的发展推动着物流仓储设备向智能化更进一步。无论是 AGV，机器视觉识别，还是 VR、AR 的应用，都会开始发生变化。庞大的带宽容量和接近零时延的 5G 网络，会让"万物互联"得以快速发展。在运营流程实现数字化、远程操控及可视化的基础上，云仓模式将会得到进一步的发展与落实。企业在对物流园区以及场站、仓库等进行管理的过程中，能够通过智能设备来实现智慧物流园区的建设和管理。当前全球各地的物流园区或仓库中，分布着数以万计的监控摄像头，依托高速的 5G 网络，这些摄像头都将从简单的监控拍摄功能升级成智能感知系统，再融合云计算、大数据和 AI 等技术，做到全程可视化，实时对作业过程进行监控、分析、计算和预警。

（3）无人配送。除了上述的无人驾驶可以用于物流配送场景外，无人机也将依托于 5G 网络的普及得以快速发展。无人机目前的测试场景还是以偏远地区的配送居多，因为城市配送场景内电磁环境复杂，高楼林立，这对无人机的导航、精准度和抗干扰性提出了更高的要求。依托于 5G 网络的高带宽、低时延和抗干扰，将在 GPS 导航的基础上加以辅助，并且能让机器视觉能力得到进一步的提升。

总之，5G 网络凭借其低时延、高带宽、可靠性和抗干扰性的特征，将使得信息的高速传输成为可能，更加满足"万物互联"的应用需求，对于物流行业而言，这项技术的应用对于降本增效的意义不言而喻。我们可以看到 4G 网络替代低速的 2G、3G 网络后生活场景的变化，也完全有理由相信 5G 网络会为行业、为全社会带来更大的变化。

本章小结

第一节　利用信息技术启用新的战略和策略减少供应链中的摩擦

总结

没有信息技术，现在的供应链管理概念就不会存在。技术拓展了供应链的业务范围，也拓展了供应链的业务流程，技术正迅速成为世界范围的绩效推动者。

关键术语

供应链信息系统　数据库与数据库管理系统

第二节　理解数据采集与通信的方法

总结

在信息技术的支持下，供应链的很多运作流程是通过计算机之间的信息传递来完成的，有效的数据分析能够帮助企业在造成损失之前识别可能存在风险的区域。数据采集和通信技术是在企业各个部门之间或者各个供应链成员间，收集、存储和共享数据的方法。数据搜集及使用的目标是在生产、配送、采购和服务等业务流程的所有节点间建立无缝连接。

关键术语

EAN 码　RFID　Web 服务　DDS

第三节 理解实现科学管理供应链的关键管理技术

总结

要实现供应链的科学管理，仅仅有数据是不够的，它还需要相应的业务应用程序实现数据的应用。供应链管理中的关键技术应用系统，包括 ERP（企业资源计划）、APS（高级计划和调度）、SCEM（供应链事件管理）、WMS（仓储管理系统）和 TMS（运输管理系统）。

关键术语

ERP APS SCEM WMS TMS

第四节 把握供应链技术的发展方向

总结

三大核心技术——物联网、人工智能和区块链，将很可能重塑未来供应链，使供应链具备可视化、可感知和可调节能力。而 SaaS 的成熟应用、RPA 的兴起以及 5G 的开始将助力供应链的改变。

关键术语

IoT AI 区块链 SaaS RPA

问题讨论

1. 相对于条形码技术，RFID 技术有许多优势，但是其制作成本相对较高，你有什么办法降低 RFID 的使用成本吗？

2. 你作为 IT 项目的投资经理，会从哪些方面考虑项目投资的决策？

3. 你认为 EDI 技术应用的主要困难是什么？

4. 如何理解 APS 与 ERP 之间的关系？

5. 对于供应链中的新技术，在资金有限的情况下，你更愿意选择哪种技术？为什么？

客观题

1. 信息系统体系结构的核心要素是什么？

2. RFID 技术的工作原理是什么？

3. ERP 系统的基本模块包括哪些？

第十一章　供应链风险管理

导入案例

供应链风险管理史诗级案例——拯救福特汽车

一场大火引发的停产

2018年5月2日，福特公司的一家关键零部件供应商 Meridian 在密歇根州的工厂发生火灾，直接导致福特公司三家工厂停产。其中影响最大的车型是 F-150 系列皮卡。

在美国，F-150 是福特公司旗下最经典的皮卡，该系列是福特公司的爆款车型，承载着福特公司太多的希望，是集团销售额和利润最稳定的来源，是绝对不能停产的生命线。

根据福特公司发言人凯利·费尔克（Kelli Felker）表示，从5月7日开始，福特公司密苏里州堪萨斯城的卡车装配厂关闭，约有3400名工人暂时停工，原因是 Meridian 供应的零部件短缺。在5月9日，福特公司在迪尔伯恩的卡车工厂也被迫关闭，影响了大约4000名工人。F-150 只在这两个工厂建造，也就是说该车型全线停产。

造成停产事故的供应商 Meridian，为福特公司和其他北美汽车制造厂提供镁产品。根据福特公司退休的雇员爆料，"福特公司100%的卡车散热器都来自 Meridian 发生火灾的工厂"。Meridian 公司是北美地区镁散热器的最大供应商，它的产品也应用于福特卡车上，而这家公司是北美唯一有能力按福特公司要求生产镁散热器的供应商，也就是说它是福特公司在北美仅有的选择。

福特公司的快速反应

面对这场突如其来的供应危机，福特公司立即展开行动，力图恢复零部件供应。福特公司迅速组建了一支团队，负责翻新和重新安置生产汽车部件所需的模具。就在 5 月 2 日火灾发生的数小时后，这支团队已经到达了 Meridian 工厂附近待命，他们搭起了帐篷在这里过夜，只等火灾熄灭，得到消防局的准许后，冲进厂房内抢救出一些最重要的设备。

在危机之下，福特公司必须寻求一切能获得的援助，不管是从合作伙伴，还是从竞争对手那边。当供应链断裂的事件发生时，每个人都是你的朋友，即使是你的竞争对手此时也是你的朋友。考验福特公司人品的时候到了，这时候就能看出一家百年老店的底蕴有多深了。

在找遍了美国、加拿大、英国、德国和中国的各种资源以后，福特公司和 Meridian 很快地找到了生产替代方案。但是福特公司最担心的还是镁产品的产能，这是一种高度专业化的金属，解除危机的关键是多快能够获得足够的生产能力。福特公司在英国诺丁汉找到了一个替代工厂，接下来的任务是把从火灾中整理出来的 19 副冲压模具空运到英国，这些货物的重量达到 40 吨，一般的货运飞机是无法一次承载这么大的运量。

福特公司为此找到了一款合适的运输机——俄罗斯 Antonov An-124，简称安 124。这款由苏联安东诺夫设计集团出品、目前世界上第二大的运输机，在性能上优于美国的 C-5 运输机。

恢复生产

随着零部件的供应回到正轨，福特公司宣布，F-150 的生产于 5 月 18 日和 21 日，分别在迪尔伯恩和堪萨斯城的工厂恢复，超级载重卡车的生产也在 21 日复工。在停产 10 天以后，福特公司终于可以恢复 F-150 系列的生产，也为此次的断供事件画上一个句号。

对于福特公司这样的情况，把如此关键的零件供应仅仅放在一家供应商生产，而且需求量又是如此巨大，供应风险评估应该是在做战略采购的时候就要谨慎考虑的。

资料来源：弘毅供应链 2018.05.29

供应链管理是一种集成化的管理方法，它以顾客满意为战略目标，通过在节点企业之间建立战略合作关系，高效地整合企业内外部的资源。在供应链节点企业的合作过程中，常常会因为信息不对称、信息扭曲、市场不确定性，以及其他如政治、经济、法律等因素的变化，而导致各种风险的存在。一旦供应链的运作因为风险的出现而遇到障碍，便很难实现其既定的目标。因此，建立正确的供应链风险管理方法对供应链运营有重要的实践意义。

第一节　供应链风险管理概述

一、认识供应链风险管理

（一）什么是供应链风险

风险通常指的是一种不确定性，这种不确定性可能对商业目标的完成产生积极或消极影响。例如，它可能是与交付日期/质量或收入/成本有关的不确定性，也包括危害、诉讼或招致损失、不幸、伤害的可能性。风险的存在并不总是一件坏的事情，当一种风险被描述为一种积极的不确定性时，它可以被看作是一种机会。例如，SWOT 分析法中对"机会"的描述。本教材更多是从消极的角度来定义风险，其包含两项基本组成：一为损失；另一为不确定性。

供应链风险是由供应链内外的不确定性因素带来的，包括供应链上的成员企业、市场环境、政策环境及自然条件等不确定性因素带来的威胁甚至是破坏。它的界定因为供应链系统的动态性和复杂性而变得相当困难，APICS 词典（第 15 版）将供应链风险定义为：各种可能的事件及其结果，可能对商品、服务、资金或信息的流动产生负面影响，从而给供应链造成一定程度的数量或质量的损失。

所有的投资都存在不确定性，包括对供应链的投资。即使是街头食品摊的经营也能够说明管理供应链的风险。例如，摊主在上班途中可能遇到汽车故障或者交通事故；摊主的妻子可能因为生病而无法准备当天要出售的食品；恶劣的天气会让顾客望而却步，并推高食品原材料的价格。

虽然街头食品摊是一个很小的企业，但是其存在的潜在问题反映了威胁全球供应链的许多风险。例如，2002 年 9 月，美国西海岸发生罢工潮，港口关闭两周，进而导致以美国西海岸为主要进入门户的中远集团集装箱船无法卸货返航，这使得中远集团两周内至少损失 2400 万美元，同时中远集团的客户也因此损失惨重；2005 年年初"苏丹红"事件，除了以"苏丹红"为食品添加剂的生产商损失惨重外，以其为纽带的原料供应商、产品分销商、零售商等都遭受了不同程度的损失，其中肯德基在中国的 1200 家店因该突发事件在 4 天内至少损失 1460 万元；同年，吉林石化爆炸事故导致松花江水污染事件，引发了城市水的供应危机，甚至引发俄罗斯外交事件；2008 年 9 月份爆发的"三鹿奶粉"事件，据海关统计，使得 2008 年 10 月中国当月出口乳制品同比下降 91.8%。

供应链风险受到企业的信誉水平、管理能力、装备性能、企业间的合作成熟度以及自然灾害、社会政治经济文化等诸多因素的影响，这些因素使得供应链风险具有动态性、可传递性等特征，再加上供应链系统本身的复杂性，供应链风险管理难度较大，供应链管理从一定程度上来说就是供应链的风险管理。

（二）供应链风险管理的概念

1. 风险管理

2008 年美国的金融危机导致的全球经济衰退，使得企业在风险管理上的态度发生转变，相较于以往，全球各个行业的高层管理者增加了风险管理的投入，以提高其风险管理能力，并将风险管理提升到更高的战略层面。

风险管理为何受到如此多的关注？有一点不容置疑，市场持续的波动性和日益见长的复杂性是主要推动力。此外，经营的电子化、网络化和不间断特征也带来了欺诈、商业间谍和网络犯罪等诸多风险。除全球市场带来的直接压力外，客户对企业的要求也越来越高，同时行业也正在发生着巨大变革。人们日益认识到，风险管理能力的提升有利于企业打造竞争优势，从而实现长期利润增长和未来可持续的盈利。

当前，优秀企业正在将风险管理与战略规划更紧密结合起来，实施更为积极的风险管理举措，并思考如何利用风险管理能力迅速进入新的市场或制定新的增长战略。风险管理可以说是一种平衡，即企业风险偏好与风险管理能力之间的平衡。卓越的风险管理能力包括理解能力和管理能力——埃森哲公司称之为"风险承受能力"，即企业接受新机遇（显然也包括承受新风险）的能力，以及当风险升级为重大问题时企业抵抗经济冲击的能力。最优秀的企业既不谨小慎微，也不过度鲁莽，而是能够利用自身的风险管理能力调整自己的能力和偏好，从而做出更加明智的（最终也是最成功的）投资决策。

2. 供应链风险管理

供应链在资源可用性、技术、市场准入等方面，为企业提供了许多的机会，但它也大大增加了对关键资源（人力资源、原材料）、运输能力及其他因素的依赖，从而增加了供应链的风险。此外，全球化使供应链发生巨变，这使供应链风险管理变得更为复杂。因此，在供应链中，风险管理是一个复杂的端到端的问题。APICS 供应链理事会（SCC）将供应链风险管理定义为：系统地识别、评估和量化潜在的供应链中断，以控制风险的危害或者减少其对供应链绩效的消极影响。

2011 年，埃森哲公司制定了一套原则，这有助于将供应链风险管理确立为一门学科。埃森哲公司采用的方法就是将供应链风险作为一种经营问题来进行管理，而不是将其看作一个独立事件。通过此方法，企业的注意力和资源将集中于支持风险决策的全程式解决方案，从而为整个企业创造价值。该原则包括如下内容。

1）整合

将风险管理与内部部门管理集成。除此之外，供应链风险管理还必须由渠道主管和所有参与者共同执行，每个参与者都创建自己的风险管理计划和风险响应计划（后面内容介绍），其目的是处理所有可能影响该员工人际关系和开展业务能力的风险，并使整个组织的风险管理系统保持一致。

2）模型

开发识别端到端风险及其优先级的模型。模型开发实际上是一个了解供应链生态系统的过程，还包括使用各种工具和信息源来理解组织运作的环境。例如，企业高管在与供应商和同事们的会议中，使用预测性分析工具，审查供应商的业务连续性计划、第三方报告和绩效风险仪表盘（Performance Risk Dashboards），以全面了解供应链风险。

3）多样化和灵活性

创建一个多样化的供应商组合以增加灵活性。多样化的组合可以使企业采用风险调整策略和流程，发现风险事件并迅速做出反应，且使企业实现有效的预算并提升盈利能力。

4）量化

构建概率模型以开发应急计划并识别未知风险。此外，将模型中的指标与竞争对手进行基准比较，可以更好地了解组织的实际灵活性水平和供应链的可见性。

5）尽职调查

对供应商进行多层次尽职调查。在调查直接供应商时，应确保该供应商对其供应商进行尽职调查。全球保险公司苏黎世（Zuich）的一份报告指出，40% 供应中断的根本原因来自非直接供应商，对直接供应商进行尽职调查不能发现大量潜在的风险。

6）保险

对可能发生的危害和业务中断做出谨慎的决定。在全球保险公司苏黎世（Zuich）的同一份报告中指出，50%的供应链中断与天气有关，而与这有关的许多损失（如业务中断损失）往往不包括在保险范围内，被保险的大部分内容是诸如工厂和设备这样的资产。此外，导致供应链中断的众多因素中，排在第二位的是与IT/电信相关的中断。

（三）供应链风险类别及风险管理成熟度

1. 供应链风险类别

从整个供应链系统来看，风险可来源于供应链系统内部和外部，如图11-1所示，站在这个角度，可将供应链风险分为三大类（详细分类在本章后续内容介绍）。

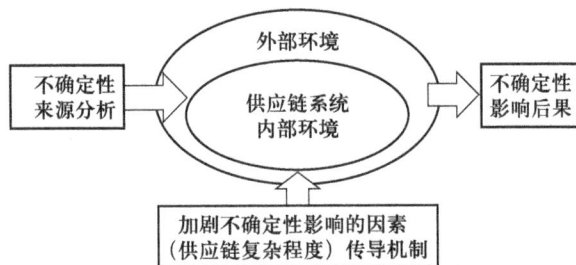

图11-1 供应链不确定性产生机理的概念模型

第一类来自供应链系统之外，可称之为环境风险。该类风险是供应链系统的外生风险，从企业角度看，它们难以预测且不可控制。如与政府规章制度、经济波动、安全、自然灾害等相关的风险，或者与海关、港口不畅、交通系统瘫痪及恐怖袭击等意外事件相关的风险等。

第二类风险来自供应链内部、企业外部，包括供应风险和需求风险。供应风险来源于供应链成员企业的上游企业，它们与企业的采购战略、供应商的沟通、供应商的生存能力、产品质量和性能、物流能力、供应商的勤勉及其违法行为等相关。需求风险来源于供应链成员企业的下游，它们与客户的获取与维护、需求管理和预测、市场和消费者变化趋势、分销计划、竞争对手的行动、企业声誉及客户服务等因素相关。

第三类风险来自企业内部的生产和管理活动，可称之为过程风险，其属于内生风险。该风险与企业的供应链战略制定与实施、制造和质量管理过程、IT过程以及组织问题（如合并）等因素相关。

2. 风险管理成熟度

风险管理成熟度是指企业的风险管理过程相对于基准水平的完善程度。根据怡安（AON）保险和沃顿商学院开发的风险管理成熟度指数，有研究表明，相较于风险管理成熟度较低的企业，风险管理成熟度高的企业股价波动率要低50%。因此，对于企业而言，更成熟的风险管理流程很重要。

但是，一个企业的供应链管理团队往往只可能在某些领域拥有更先进的风险管理流程。《供应链风险管理》的作者雷戈里·施莱格尔和罗伯特·特伦特指出，在管理与供应相关的风险方面，大多数供应链功能是相当先进的，与需求相关的风险管理也表现出了适度的先进水平，但是在过程风险和环境风险方面，企业往往缺乏有效的管理。不同供应链风险类型的风险管理成熟度等级及原理如表11-1所示。

表 11 −1　风险类型与供应链风险管理成熟度等级

风险类型	成熟度等级及原理
供应风险	➤ 最成熟的类别； ➤ 发展多年并积累了丰富的工具，如 SRM、消费管理、信用管理； ➤ 在供应商风险评估、用于检测渎职行为的基于云计算的软件工具方面有较大进展
需求风险	➤ 适度成熟； ➤ 销售预测很成熟，但没有将风险管理纳入模型； ➤ 协同计划、预测和补货（CPFR），没有考虑风险； ➤ 销售和运作计划（S&OP），具有假设分析能力
过程风险	➤ 中等偏低成熟度； ➤ 用于库存计划和调度的工具非常多，但大多数工具没有整合风险
环境风险	➤ 低成熟度； ➤ 风险管理的新领域； ➤ 法规持续快速变化，但流程和工具难以跟上

资料来源：*Module*1：*Supply Chain Design*，APICS. CSCP ver4. 3，2019.

二、供应链风险管理策略

供应链风险管理的策略包括两个方面。一方面，它反映了企业对风险的整体态度，如是寻求风险还是规避风险。另一方面，它描述了企业计划如何通过控制、减轻或消除风险及减轻风险事件的影响，来解决在整个供应链中已确定的漏洞。

（一）风险管理的态度

企业为了预期利益愿意承担的最大风险是有差异的。但是，对于所有个人或企业来说，风险和收益是相互关联的。当风险较高时，企业通常要求较高的回报，因此企业有可能主动寻求风险以获得高回报，而有的企业则是在规避风险。例如，一个制造基本产品（砾石或木料）的企业，因风险收益大于潜在危害而愿意接受风险；对于一个制药公司，由于风险的危害极大（如污染的原材料或不良供应商导致的死亡、诉讼、负面宣传或股票价值下降），因而选择规避风险。

有三种方式表达企业对风险的态度：风险偏好、风险容忍度和风险阈值。

风险偏好是企业愿意承担或保留的风险数量和类型，它实际上反映的是企业对风险的整体态度，可以是寻求风险也可能是规避风险。寻求风险的企业会在衡量回报价值的情况下承担可度量的风险，而规避风险的企业则会寻找尽可能减少不确定性的方法。这些态度上的差异会导致不同的商业决策。例如，寻求风险的企业会探索前沿领域，而规避风险的企业则追求低而稳定的回报。

风险容忍度和风险阈值则是在特定风险水平上表达风险偏好的方式。风险容忍度表示一个企业或利益相关者为了实现其目标而准备接受威胁或潜在的负面结果；风险阈值则是一个分界点，低于这个分界点，企业将接受风险；反之，企业则主动采取某种响应行为。这两种方式，企业可以针对不同类型的风险进行定制。例如，企业可以指定质量风险的容忍度较低（或指定一个低的阈值），对交付实际风险的容忍度适中，对成本相关风险的容忍度较高（或指定一个高的阈值）。这样，企业可以据此对识别的风险选择响应方式。

因此，供应链风险管理过程中，企业首先需要通过风险管理策略表达企业对风险的态度。但是，在整个供应链风险管理的实践中，比较突出的一个问题是，许多中小企业还没有制定与风险容忍度相关的政策，这是他们亟须在风险管理中投入时间和资金去解决的问题。

（二）已知风险和未知风险

供应链管理中，任何企业都将面临已知风险和未知风险。已知风险是企业已经确定和分析过的风险。未知风险是存在的但目前没有人知道的不可预见的风险。显然，对待这两种风险，企业应设置不同的管理策略。

对于已知风险，企业可以采用规范的过程和制定相应计划来管理这些风险（将在后续内容介绍）。对于未知的不可预见的风险，企业可以通过在准备金账户中存入资金来解决。该账户资金的大小、谁批准支出以及在何种条件下支出，这些相关政策应该是企业风险管理战略的一部分。

三、供应链风险管理流程

供应链风险管理流程包括识别和确认风险、评估风险、控制风险以及检查控制四个环节。这四个环节按顺序依次进行并不断循环，如图 11 - 2 所示。

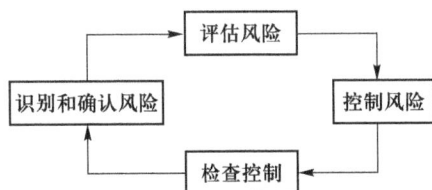

图 11 - 2 供应链风险管理流程

需要注意的是，这个流程的先决条件是企业已经制定风险管理的战略和规划，即企业依据其承担风险的态度和风险管理过程的成熟度制定了相应的风险管理策略和规划。此外，在风险管理过程中，常常不是一次循环就能够完成，而是一个不断持续的过程。因为供应链系统是处在一个动态变化的环境中，随着系统环境的变化，一个最佳的风险管理方案会逐渐消失，因而需要不断循环持续改进和更新来维护方案的有效性。具体的做法是，每经历一次循环，需要将取得的成果加以巩固，也就是修订和提高控制标准，按照新的更高的标准衡量现状，这样必然会发现新的风险，或者制定出新的风险管理方案。下面将对这四个环节进行详细介绍。

第二节 识别和确认风险

一、识别风险的工具

供应链中的风险可以有多种形式且成因复杂，加上供应链本身的复杂性，供应链风险管理工作无疑是艰巨的，供应链风险管理人员需要从系统的角度看待风险。他们可以借助许多分析工具来确定供应链的风险，常用的识别工具有以下几种。

（1）文档和假设审查。审查供应链的相关文档（如财务报表）、已有的分析工具、方差分析等类似的可以揭示风险的事项。审查与流程或项目相关的假设，发现其中的错误，这有助于考虑到可能发生的风险。

（2）头脑风暴。头脑风暴是一个小组会议，许多专家聚集在一起讨论风险。会议协调人会提前制定一些规则，如所有的想法都是受欢迎的，没有人会受到批评等。如果企业已考虑风险类别，则可以使用它们来促进讨论的完整性。头脑风暴也可以通过分散调查的方式远程进行。

（3）德尔菲法。采用问卷调查的方式，分多轮收集、整理数据，直到小组达成共识。

（4）专家访谈法。与专家和利益相关者进行正式或非正式的交谈，可以从新的视角揭示风险。

（5）根源分析。寻找风险背后的根本原因，这有助于关注实际问题而非风险的表面现象。

（6）风险分析图。可以使用流程图或其他关系图来显示流程。对这些图表的分析可以揭示流程中的弱点。此外，质量管理中的各种工具（如因果图、鱼骨图等）可用于风险分析。

（7）SWOT 分析。SWOT 分析法通过对企业的优势、劣势、机会和威胁进行分析，以关注企业的能力和需要加强的领域，并能够关注到外部的机会和威胁。这种战略层次的分析使企业善于看到全局，识别出什么机会或优势可以减弱威胁，或者哪些劣势会增强威胁。

二、识别和确认风险

（一）识别风险

1. 识别风险的流程

风险识别可以考虑从以下几个步骤来进行。

（1）采用头脑风暴的方法，考虑与业务流程或项目相关的所有可能的风险（威胁和机会）。

（2）为每个分析分配属性，如它可能影响谁，什么原因可能导致风险发生以及其他细节。

（3）在风险登记表中输入风险及其属性。风险登记表是一个电子表格，其中风险以行表示，属性以列表示（后面内容介绍）。

风险识别是一个不断迭代的过程。虽然在第一轮中可能会识别出大量的风险，但是因为供应链系统的动态性和复杂性，风险识别需要不断进行新的识别。在这样的不断更新中，一些已知的风险可能会得到更好的理解，且新的风险可能会被识别出来。

2. 识别风险考虑的因素

风险的表现多种多样，因此需要以一致的方式和详细程度来描述，以便能够相互理解和评估。因此在识别风险时，需要明确以下内容。

（1）原因：导致风险产生的根本原因。

（2）事件：触发风险产生的事件。

（3）影响：每个关键资产或流程的内部或外部威胁（机会），包括其临界状态的评估结果。

（4）效应：组织内部或供应链上游下游可能受到影响的区域。

在这些因素明确后，可将这些内容合并成每个风险的明确描述。例如，对于一家大部分产品都是通过火车运输的企业来说，可识别的一个风险是"由于火车轨道遭到破坏或年久失修致使多节车厢脱轨，这导致车上产品损毁，火车人员受伤，以及在修复轨道时延误未来产品的运输"。我们还可以对一家汽车原始设备制造商使用单一来源的专利原材料生产燃气供应管道事项，识别风险为"某原材料只能从供应商 ABC 公司获得，而且只能在德国的一家工厂生产。该供应商的中断或事故可能会严重影响 A 和 B 生产线原材料的供应"。

（二）确认风险

明确以上因素，识别出风险后，企业在决定如何对风险做出适当的响应之前，还必须充分地理解每个风险的范围和时间框架。美国供应链管理协会（APICS）风险管理委员会（SCC）指出每个被识别的风险还必须有一个时间维度或特定的时间范围（如天/月/年），以及从特定的视角或者观点定义风险的范围（如风险的边界、风险不包括的情形等）。有些风险仅仅只存在于某个特定的事情，如保修期内的退货风险。有些风险可能正在发生，但可以进一步确定。例如，运输货车被劫持的风险，可以通过特定国家或特定时间运输货物而进一步明确；集装箱船的海盗风险及由此产生的保险费用，可以通过贸易路线经过的国家而进一步确定。

（三）风险登记

从前面内容我们了解到识别风险的最后一个环节是登记风险。根据 APICS 词典（15 版）的定义：风险登记表是一个有用的汇总报告，包括风险的定性分析和定量分析及风险应对计划。该报告包含所有识别的风险和相关的详细信息。

风险登记表通常是一个电子表格，每个风险对应一行，每个风险属性对应一列。只要需要，就可以添加更多属性。该登记表记载风险识别信息和风险定义信息，以及与该风险有关的所有其他信息。由于这些信息大部分是在风险管理过程的后续步骤中确定的，所以在这些步骤完成之前，这些字段可以保持空白。表 11 - 2 显示了一个风险登记的例子。

表 11 - 2　风险登记的例子

风险编码	风险类别	识别的风险	原因	发生概率	影响	风险等级
11.2.1	供应中断	因为尼龙 - 12 材料的供应中断导致 A 和 B 生产线停产	来自供应商 ABC 的单一采购以及尼龙 - 12 仅在德国的一家工厂生产	50%（中等）	影响 A 和 B 生产线 80% 的生产	高（40%）
11.2.2	供应合作机会	与 ABC 以合伙人的形式在其他地方建立第二个工厂	见 11.2.1	30%（低）	影响 A 和 B 生产线 80% 的生产	高（24%）

风险编码	触发事件/危险信号	响应	预算/储备金	负责人	截止日期	目前状态
11.2.1	没有触发事件 危险信号：工厂区的恶劣天气和工厂的灾难	减轻：订单/安全库存 规避：寻找可替代材料（见表 11 - 9）	50000 元用于寻找可替代材料；200000 元用于安全库存	王红	2019 年 11 月	完成目标的 40%；还没有找到可替代原材料
11.2.2	触发：供应商 ABC 对报价感兴趣	共享信息；产生兴趣并制定详细的商业计划（见表 11 - 9）	30000 元用于出差及提案	张三	2019 年 12 月	供应商比较勉强但还在谈判中

资料来源：*Module*3：*Supply Chain Improvement and Best*，APICS. CSCP ver4.3，2019.

第三节　风险评估

风险识别使风险管理者发现了供应链中存在的风险因素，并对风险发生的原因和表现形式进行了深入分析。在此基础上，风险管理者应寻找和确定各种可能的技术和方法，评估这些风险因素对整条供应链稳定性的影响程度，并选择适用的风险管理策略来应对这些风险。

企业进行风险评估是为应对不确定性做准备，以将稀缺的时间和资金优先用于等级较高的风险，因此在评估风险时首先要确定风险的优先级。对于风险优先级别的确定可以采用前述的一些工具（如专家访谈法）进行定性或主观的分析。然后，可以使用定量分析进一步评估风险。

一、风险的定性分析

定性分析可以用来理解风险的类型，并可快速有效地对风险进行排序。定性风险分析是对构成每种风险的各种特性进行分析，该分析可以考虑到产生风险的许多因素，既可以考虑到可能性和影响等一些基本因素，也可以将一些其他因素（如紧急性）考虑在内，因此可以做到细致入微并具有成本效率。此外，分析人员还要考虑有特定约束条件（如时间或者成本）的风险容忍度，它会因为约束条件不同而有所不同。对各种因素进行权衡实际上是一个风险评级的过程，可依据权衡结果按重要性对风险进行排序。定性风险分析通常包括风险分类、概率及影响评估、风险紧急性评估、数据质量评估等环节。

（一）风险分类

APICS 词典（第 15 版）将风险类别定义为"一组带有外部环境、技术或组织等标签的风险原因"。供应链风险分类因视角不同而有所不同，依然延续前文阐述的分类方法，从风险来源的角度，将风险分为供应风险、需求风险、过程风险和环境风险。这些风险属于供应链的核心风险，它们的存在将危及企业长期供应链战略的成功实施。下面将在表 11-3 至表 11-6 中展示这四类风险的表现和常见的根源/危险信号。

表 11-3　供应风险和常见的根源/危险信号

风险表现	常见的根源/危险信号
供应商/分销商的可得性	• 初始供应商失败
供应商价格	• 业绩不佳可能导致价格上涨 • 合同变更或违约
供应商质量	• 供应商可能使用劣质的原材料 • 供应商制造过程的不稳定
供应商交货期	• 供应商可能缺乏足够的产能 • 供应商可能没有足够的原材料
运输提前期	• 运输船队可能有很高的故障率 • 其他因素（如自然灾害、灾难、海关）的影响

续表

风险表现	常见的根源/危险信号
海关/进口延迟	• 海关文档错误或客户的文档延迟 • 港口罢工或其他的劳工问题
劳动中断	• 劳动力合同需要重新谈判 • 个别国家的一般劳工罢工

资料来源：*Module*3：*Supply Chain Improvement and Best*，APICS. CSCP ver4.3，2019.

表 11-4 需求风险和常见的根源/危险信号

风险表现	常见的根源/危险信号
预测误差/偏差	• 季节性原因；错误的数据 • 模型/建模者的不足；糟糕的沟通 • 不合适的假设（如过于乐观的假设）
企业内部的交流	• 各部门独立预测导致的长鞭效应 • 将预测数据作为商业秘密的态度
装运延迟	• 装运能力、信息系统或者产品问题 • 客户订单改变
处境运输延误	• 承运企业面临运力不足或不稳定问题 • 其他因素如灾难、海关等导致的风险
客户价格变化/促销	• 未发布产品价格 • 促销活动导致的需求激增 • 促销活导致的上游库存及产能压力
质量问题	• 质量审核（过程审核）/质量控制不严 • 沟通的要求和规范不够
保证/召回	• 业务部门/子公司缺乏有效整合 • 产品组合或规范管理不佳
无利可图的客户	• 没有针对客户的盈利能力或经营能力合理地调整服务水平
客户流失	• 因其他领域的风险而无法满足客户预期
客户需求变化	• 缺乏沟通 • 变更控制
客户发布产品	• 未及早介入客户新产品的发布（可能是客户不允许），从而导致糟糕的生产计划及计划的执行

资料来源：*Module*3：*Supply Chain Improvement and Best*，APICS. CSCP ver4.3，2019.

表 11-5 过程风险和常见的根源/危险信号

风险表现	常见的根源/危险信号
能力和灵活性	• 过于依赖某些设备、人员或地点 • 缺乏计划 • 可见性不够或沟通不佳
制造过程	• 原材料短缺 • 人为错误或设备故障
库存	• 不合理的生命周期计划 • 不合理的库存计划 • 预测错误

续表

风险表现	常见的根源/危险信号
信息延迟	• 劳动合同需要重新谈判 • 个别国家的一般性罢工
IT 技术/通信技术	• 主机电力中断或服务中断 • 黑客；病毒；人为错误
糟糕的应付款处理	• 企业内部资金短缺 • 与供应商关系恶化
糟糕的应收款处理	• 客户的资金周转困难 • 应收款的跟进及合同的执行管理不到位
知识产权	• 没有对外包商或承包商做尽职调查 • 未考虑知识产权的国家风险 • 商业间谍活动
不合理的计划	• 与计划相关的设备、系统和流程不完善 • 监督管理不完善（如没有 S&OP）并缺乏培训
管理不善	• 没有制定战略和战术计划 • 度量、管理和沟通能力差

资料来源：*Module*3：*Supply Chain Improvement and Best*，APICS. CSCP ver4. 3，2019.

表 11 - 6　环境风险及常见根源/风险信号

风险表现	常见的根源/危险信号
环境法律法规	• 未对供应商进行尽职调查或自我审查
行业监管	• 同上 • 进入新的行业或多行业运作
国家规定	• 同上 • 缺乏对文化的理解或理解不足 • 缺乏对文化的敏感性
价值期望的转变	• 企业的社会价值被忽视 • 竞争对手采用更环保的措施
美国的冲突矿产法	• 未对供应商的供应商进行尽职调查 • 故意忽视或混淆冲突地区采购
海关法规	• 包装不当导致货物缺乏有效保护 • 包装最小化问题 • 海关准入
利益集团的关注	• 不受欢迎的负面新闻 • 采用低利润方法维持可持续发展的压力
自愿报告机制	• 关于企业可持续发展的自愿报告被用来强调负面影响 • 不利于同类企业的比较

资料来源：*Module*3：*Supply Chain Improvement and Best*，APICS. CSCP ver4. 3，2019.

　　除以上的核心风险外，风险管理者还需注意到以下风险的存在。一是灾害风险，俗称不可抗力或天灾。这些风险主要是造成财产损失和业务中断的自然灾害，但也可能包括政治动乱、战争、政府征用、恐怖主义行为及其他企业无法控制的类似事件。二是金融风险。该风险主要涉及企业的财务偿付能力和信用问题，以及供应链上下游的其他金融问题，还包括与整个金融市场或商品市场、外汇市场波动有关的风险。三是渎职风险。供应链管理中，盗窃、欺诈、腐败、贿赂、假冒的风险可以归入该风险类别。四是诉讼风险。法律诉讼的风险包括产品责任、违约等。

（二）概率及影响的评估

概率和影响属于风险的属性。影响是指因风险产生的损失（或收益）的大小，它主要考虑运作流程或处于风险中的资产对企业的重要性，并对最坏情况进行评估和排序。例如，5%表示无关紧要，10%表示次要，20%表示中等，40%表示主要，80%表示极端后果等。企业的风险管理者可以决定如何标记风险影响程度并分配百分比，这有助于管理者对每个类别风险的影响形成一个共同的概念。概率则是该风险产生的可能性。风险管理人员也可以用百分比的形式对风险发生的可能性进行排序。例如，从罕见（10%）到不太可能（30%），到可能（50%），到很可能（70%），到基本确定（90%）等。

风险产生的概率和影响程度的组合可以描述风险的等级，如图11-3所示，企业可以依据风险级别来决定风险响应。

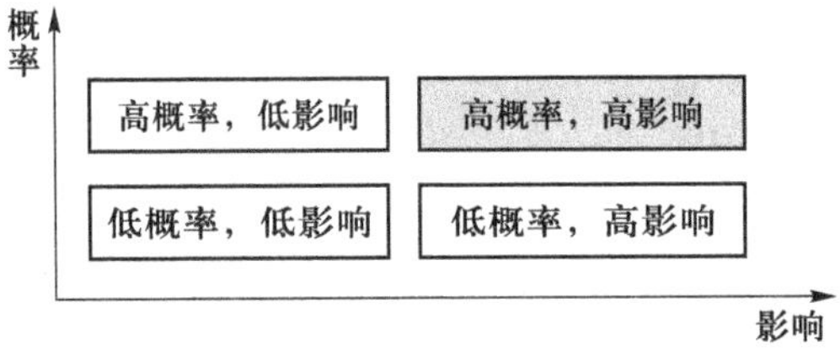

图11-3　风险等级的描述

显然，这样描述的风险等级是一个范围而不对应某一个特定的值。为了给风险管理者提供更多关于如何处理风险的指导，可以利用式（11-1）来描述风险等级，并依次构建一个概率和影响的全矩阵，如表11-7所示。

$$风险等级 = 概率 \times 影响 \qquad (11-1)$$

表11-7　概率和影响全矩阵

影响		无关紧要	次要	中等	主要	极端
概率		5%	10%	20%	40%	80%
基本确定	90%	5%	9%	18%	36%	72%
很可能	70%	4%	7%	14%	28%	56%
可能	50%	3%	5%	10%	20%	40%
不太可能	30%	2%	3%	6%	12%	24%
罕见	10%	1%	1%	2%	4%	8%

依据表11-7全矩阵中的值，可以将风险划分以下等级：低等级（无阴影部分）、中等风险（灰色部分）和高等级风险（黑色部分）。企业可以在风险管理计划中制定相应策略应对不同等级的风险，如接受所有低等级风险（什么也不做，持续监控）、请专家判断并决定如何处理中等级风险、制定一个积极的响应计划来应对所有的高等级风险。

需要注意的是，在制定风险管理计划的时候，风险管理者要考虑到企业的风险容忍度会因为业务目标不同而有所差异，因此管理者需要根据目标对风险进行不同的评级。例如，延迟相关风险等级一般低于成本相关风险，但是有可能在一定业务目标下出现相反的情况。

（三）风险紧急性评估

在风险概率和影响评估的基础上，风险管理者还要进一步分析是否需要调整风险的等级，因为可能存在一些因素（如企业的安全、声誉或法律义务）使得某些风险的优先级增加，并需要根据其紧迫性采取进一步行动。通常这样的风险需要迅速采取行动才能使风险响应有效，因此分析结果必须在响应计划中体现出来。

（四）数据质量评估

风险评估过程中会使用大量的相关数据，数据质量评估决定了我们对给定风险的理解程度，同时也评估了这些基础数据的可靠性、准确性和完整性，低质量的数据会导致错误的风险评级，导致管理者做出错误的决策。例如，一家大银行的 60 亿元的交易损失，部分原因来自数据表格的处理错误（如表间数据的复制粘贴错误），还有部分原因则是因为表中的风险价值计算模型出现错误，该错误可能会降低风险价值，低估股票交易的波动性。

此外，风险管理者需要注意的是，有些风险评估需要的数据很难取得。这个时候，风险管理者需要在评估结果中表明这些风险评级的不确定程度，并注明这些风险没有被很好地理解。对该类风险做标记的目的是为以后的风险评估提供帮助，因为随着环境的变化该类风险的识别变得容易了。

一旦所有的评估都完成后，供应链风险管理者需要返回来重新评估每个风险，这包括以下内容：重新评估企业的风险优先级，确定每个风险是否在可接受的级别，或者是否需要进一步采取行动；验证所建议的响应行动与企业的风险容忍度是一致的；将分析结果加入风险登记表中。

二、风险的定量分析

定量风险分析是对风险影响的量化分析，它使用数学公式或模型来更好地量化特定风险的货币影响，并根据其概率进行加权，从而可以减少风险产生的不确定性，提供清晰的信息来评估不采取行动或采取积极响应行动的收益和成本。此外，定量风险分析更为重要的一面在于，它可以评估商业活动整体风险等级。商业活动整体风险在供应链运作参考模型（Supply Chain Operatiolls Reference Model，SCOR）中称为风险的整体价值（即损失和机会）。这里将介绍期望货币价值（EMV）法、风险模型分析等定量风险分析的方法。

（一）EMV 方法

1. 风险响应成本与收益

在为每个确定的风险决定适当的响应策略之前，企业必须平衡风险响应成本和风险等级之间的关系。也就是说，响应行动所产生的成本必须与该行动所带来的收益（风险事件发生的概率降低节约的成本）相平衡，这样，针对每一个供应链漏洞，企业都能得到一个最佳结果。这个最好的结果是企业能够首先解决所有高等级风险，并且风险响应成本绝不会高于风险本身的成本。EMV 法可以量化该风险成本和收益，其计算公式如下：

$$期望货币价值（EMV）=风险发生概率×风险带来的货币价值影响 \qquad （11-2）$$

根据式（11-2）计算的结果可以用作降低（预防）风险的支出目标或限制。例如，如果一个风险预期带来的价值影响是 100 万元，其发生的概率是 5%，那么该风险响应的成本应不超过 5 万元（1000000 × 5% = 50000）。此外，风险管理人员也可将该计算结果用于风险响应计划和预算中，以说明计划和预算的合理性。

2. EMV 在风险管理中的应用

1）不考虑风险成本

EMV 可用于评估具有多个结果的决策的风险。具体做法是对每个可能的结果选项分别计算 EMV，然后对这些结果加权求和，以找到该决策的期望值。

例 11 - 1：某企业与一个供应商建立正式的伙伴关系，该决策的结果是 75% 的概率在第一年给企业带来 1000 万元收入，这是最好的情况，但也有 25% 的概率出现最糟糕的情况，即当年该企业的收入只增加 100 万元。那么企业该如何使用 EMV 方法评估这个决策的风险呢？

根据式（11 - 2）得到：

最佳情况：$EMV = 1000 \times 0.75 = 750$（万元）

最糟情况：$EMV = 100 \times 0.25 = 25$（万元）

求和：　　　$EMV = 750 + 25 = 775$（万元）

此例中，假设该决策没有前期投入成本，那么决策的预期收益就是 775 万元。虽然收益低于 1000 万元的最佳情况，但是该结果还是值得企业去冒险的。然而如果该决策有前期投入成本的话，情况就可能不一样了。

2）考虑风险成本

当风险响应有成本或机会有前期投入成本时，这些成本必须纳入风险评估风险。

例 11 - 2：接上例，如果企业与供应商的合作前期需要投入资金 500 万元，那么企业的决策风险的评估结果是怎样呢？

最佳情况：$EMV = (1000 - 500) \times 0.75 = 375$（万元）

最糟情况：$EMV = (100 - 500) \times 0.25 = -100$（万元）

求和：　　　$EMV = 375 + (-100) = 275$（万元）

从这个结果来看，这个合作的机会不再那么吸引人了，但是由于期望货币价值仍然为正数，对企业来说它仍然是一个机会。是否需要合作，风险管理者可以将以后几年的风险收益和成本考虑进去，决策结果将会变得更加清晰。

但是需要注意的是，定量风险分析只能应用于有高质量数据的风险，分析人员要考虑数据的完整性、质量以及估计偏差。

（二）风险模型

风险管理还可以通过开发风险模型来了解风险如何影响供应链系统的各运作环节。建模常用的方法包括敏感性分析和仿真。这两种方法都可以使用常用的电子表格工具来实现建模，也可以使用专门的统计分析和系统仿真工具。风险模型建好后，随着变量值的改变，管理者可以观察到供应链系统各指标发生的变化，从而帮助管理者进行风险决策。

1. 敏感性分析

APICS 将敏感性分析定义为"它是供应链系统中某种指标的预期结果，或者是该指标因变量值改变而产生变化的幅度"。例如，在一定资源水平下，如果生产的可变成本上升 20%，对净收入会产生什么影响？敏感性分析的关键是每次分析只改变一个变量，因此可以单独研究该变量对供应链系统的影响。

2. 仿真

在 APICS 字典（第 15 版）中将仿真定义为：运用典型数据或人工数据在模型中再现系统实际运行中可能出现的各种情况。随着计算机技术的发展，仿真技术逐步自成体系，成为继数学推理、科学实验之后人类认识自然界客观规律的第三类基本方法，而且正在发展成为人类认识、改造和创造客观世界的一项通用性、战略性技术。

在风险管理中，管理者可使用仿真技术，通过不断改变仿真模型的多个输入变量的原始值以适应模型假设，使仿真更接近实际的风险情境，从而对风险做出合理的分析。蒙特卡罗

（Monte Carlo）法是一种常见的仿真方法，它是一种基于"随机数"的概率统计方法。当一个系统的可靠性过于复杂而难以建立可靠精确的预测数学模型（或者数学模型无法求解）时，可以使用该方法近似计算系统可靠性的预测值。随着模拟次数增多，其预测精度也逐渐增高。例如，判断一个项目是否可行的重要依据是净现值（NPV）及基年以后现金流的内部收益率（IRR）大小。显然，我们无法精确确定未来的现金流量，但可以使用蒙特卡罗法进行仿真分析，以确定净现值及内部收益率。

例 11 - 3： 某企业一项目初始投资为 100 万元，项目寿命周期为 5 年，项目收入成正态分布，均值为 30 万元，现需判断项目投资方案的合理性。

解： 根据题目引入服从正态分布的因子 Z，则第 1 ~ 5 年的现金流量均为

$$现金流量 = 30 + 30 \times Z$$

使用相关软件对此模型进行 5000 次的蒙特卡罗模拟仿真，则第 1 ~ 5 年的现金流量随着蒙特卡罗仿真也随之发生变化，内部收益率及净现值的频数直方图如图 11 - 4、11 - 5 所示，内部收益率预测值如表 11 - 8 所示。

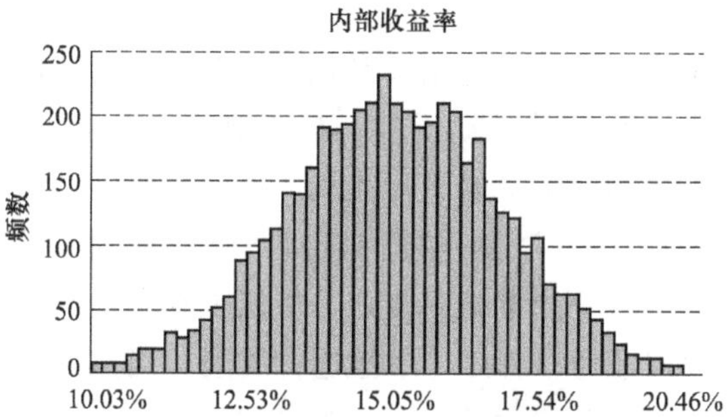

图 11 - 4　内部收益率频数直方图

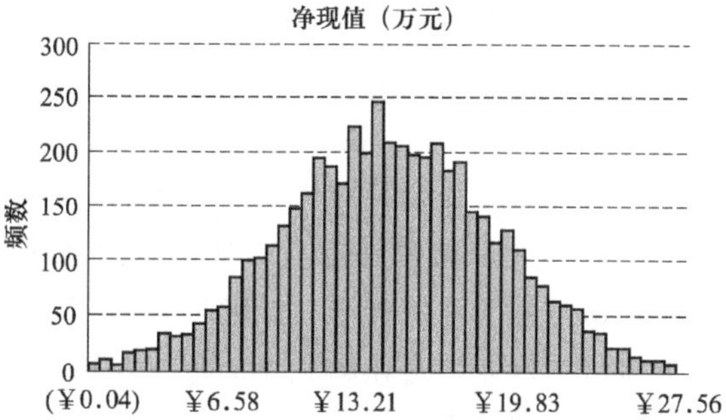

图 11 - 5　净现值频数直方图

表 11 - 8　内部收益率预测值

累计概率	预测值
0%	9.05%
10%	12.81%
20%	13.65%
30%	14.24%
40%	14.75%
50%	15.23%
60%	15.74%
70%	16.24%
80%	16.82%
90%	17.68%
100%	23.55%

资料来源：崔军，朱星宇. 蒙特卡罗模拟在风险管理中的应用 [J]. 国际工程与应用

根据运算结果，管理者可对风险进行分析。如果企业确定基准收益率为 12.81%，则该项目投资的收益率低于基准收益率的概率为 10%，而企业想要达到 23.55% 的收益率的概率几乎为 0。

第四节　风险响应

供应链风险响应是在风险分析的基础上，制定并执行相应的风险响应计划的过程。

一、风险响应计划

企业在决定主动响应风险的时候，首先要为每个确定的风险选择一种基本类型的响应，一旦选择了某种基本响应，那么就应该对所有已确定的风险制定单独的风险响应计划，并将这些计划汇总到风险登记表中。这里，管理者始终要记住的一点是风险响应的基本原则是成本－效益原则，即每个单独的风险响应是要具有成本效益的。因此，企业必须要合理地分配风险管理的预算资金，这意味着可能有些风险得不到响应或者分配到的响应资金非常低。

（一）基本风险响应

企业对任何确定的风险都可以采取四种基本响应：接受、避免（利用）、转移（共享）、减轻（增强）。这里，接受是企业对风险（威胁或机会）的被动反应，其余都是主动反应，利用、共享和增强则是对机会的等效响应。四种基本响应定义如下所述。

（1）接受。接受是指不采取任何行动应对风险，或无法制定任何应对风险的计划。接受风险通常是应对低概率、低影响或具有高响应成本风险的策略。例如，主权风险涉及政府可能将整个行业国有化的风险，企业在每个国家开展业务，都必须承担这种风险。当然，如果这种风险被认为是重大的，企业则可以通过不在该国开展业务或在该国寻找外包合作伙伴来避免或转移风险。

（2）规避。APICS 词典（第 15 版）将风险规避定义为"更改计划以消除风险或保护计划的目标不受其影响"。例如，一些制药公司考虑到疫苗存在有害副作用的可能性，而放弃研发该疫苗。

（3）转移。风险转移是指企业可以将资源或财务影响的风险转移到第三方，如通过购买保险或合同的方式将风险转移给保险公司或供应商。但是，并不是所有的风险都可以转移，如作为核心竞争力活动的生产计划风险。

（4）减缓。减缓风险是指企业可以应用预防措施来降低已识别风险发生的可能性或者其影响，这些措施可以是适当的设施和流程设计、员工培训和合规管理等。

（二）风险响应计划

供应链风险响应策略通过风险响应计划和计划制定过程体现。风险响应计划是一个定义已知风险的文档，包括风险的描述、原因、可能性、成本和建议的响应，它还确定每个风险的当前状态。但是，风险管理者要注意的是该文档是一个动态的文档，其制定过程需要完全融入企业的常规业务流程中以使其有效。常用的做法是不同部门管理人员定期召开会议，审查计划执行的进度，不断更新风险响应的状态，并将具体的管理责任落实到人。表 11－9 是一个风险响应计划的例子。

表 11-9 风险响应计划的例子

风险编码	识别的风险	响应类型	责任人	预防响应小组	应急响应小组	预防预算情况	应急预算情况
11.2.1	因为尼龙-12材料的供应中断导致 A 和 B 生产线停产。	减轻规避	王涛（战略采购副总裁）WT@corp.com	王明（采购主管）WM@corp.com	江民（化学工程师）彭勤（战略采购）YJ@corp.com	200万元预算使用了190万元，余10万元	50万元预算使用了20万元，还在预算内
11.2.2	与 ABC 以合伙人的形式在其他地方建立第二个工厂。	共享	阮军（企业投资副总裁）RJ@corp.com	无	待讨论	无	待讨论

风险编码	预防行动计划	开始时间	计划执行情况	应急行动计划	开始时间	计划执行情况
11.2.1	将原材料的安全库存增至 3 个月的供应	2019 年 3 月	按计划已下订单但还没有到达	寻找替代材料的计划：阶段1：寻找候选材料 阶段2：实验使测试材料 阶段3：选择预审合规的供应商（详见项目计划 11.2.1）	2019年3月	按计划 阶段1：完成 阶段2：10%
11.2.2	建立合作伙伴关系，建立新工厂，共享收益，降低原材料价格	2019 年 6 月	供应商比较勉强但还在谈判	如果供应商表现出合作兴趣，则制定详细的商业计划。	待讨论	依赖于供应商的兴趣

二、供应链风险响应

供应链风险因素要完全消除肯定是不可能的，供应链风险管理就是要提前识别出尽可能多的潜在风险，并针对性地制定出风险的预防和应对措施。该措施主要有两方面的含义：一是预防措施。此类措施是在有害的风险事件发生之前产生的反应，它是一种积极的主动的响应，目的是降低突发事件发生的概率；二是控制或纠正措施。控制措施是指在有害风险事件发生期间或之后产生的反应，其目的是降低损失程度，将风险事件造成的资金、物资或名誉损失最小化。当应急行动涉及与计划偏差相关的风险事件时，它被称为纠正行动，即将运作状态调整到计划中来。

无论是预防还是控制，其响应过程都包含响应措施计划的制定及计划的执行，并协调供应链风险管理，在供应链合作伙伴间转移/分担风险。在前面的内容中，已经介绍了供应链的核心风险类型，下面分析这些风险的响应措施。

（一）供应风险的应对措施

表 11-10 列举了一些供应风险的例子及其预防和控制的措施，企业的供应链和业务模型的细节决定了哪些响应措施是有效的。

表 11-10 供应风险应对措施

风险表现	预防措施计划	控制/纠正措施计划
供应商/分销商的可得性	签订备选供应商 审核供应商的恢复能力	通过招标筛选入围供应商 或使用已批准的供应商名单
供应商价格	审慎地起草和执行合同 对供应商进行尽职调查	拜访供应商并进行谈判

风险表现	预防措施计划	控制/纠正措施计划
供应商质量	制定合理的合同处罚条款 抽样检验	制定供应商纠正行为计划并试用
供应商交货期	安全库存 考虑大量优先订单 供应商的多样化	提早下订单
运输提前期	合理的合同处罚条款 外包给第三方物流	检查运输基准时间并通知
海关/进口延迟	规范的翻译/编辑交易相关文件工作 外包给货运代理机构	电话练习政府相关人员
劳动中断	多样化的劳动力资源 安全库存	真诚地谈判并准备替代方案

从表中可以看出，对于制造商来说，供应风险管理的一个关键领域与原材料的成本、交付时间及可得性有关，这是因为一个制造企业50%～70%的成本来自原材料。过去，企业应对供应不稳定的传统方法是在固定的一家或几家供应商规模订购原材料，以获得优惠地位。但现在面对复杂的供应链环境，企业应对风险的方法多样化了，这增强了企业供应链的适应能力。

（二）需求风险应对措施

需求风险应对措施如表11-11所示。

表11-11　需求风险应对措施

风险表现	预防措施计划	控制/纠正措施计划
预测误差/偏差	使用统计预测方法设置安全库存 总和预测结果 使用 S&OP（Sales and Operations Planning）和需求驱动技术平衡供求	参照实际结果调整基准数据
企业内部的交流	提升供应链的可见性及数据共享 采用和共享流程控制系统	召开供应链参与者会议
装运延迟	设置合理的客户期望	及时通知客户相关信息
出境运输延误	实时跟踪货运代理相关信息	及时与承运人和海关人员进行沟通
客户价格变化/促销	定期的电话会议 价格让步	重新安排交付计划以应对需求的激增
质量问题	审计质量控制过程 规范近期价格改变和低价策略	重新计划、安排返工 增加检查
保证条款/召回	使用责任、侵权和保证保险 限制保修期	谨慎起草发布公共信息
无利可图的客户	使用盈利能力指标 发展差别服务	放弃无利可图的客户
客户流失	改善其他领域的风险 重新赢得老客户的信任并发展新客户	为指定用途的库存寻找新买家或毁掉
客户需求变化	需求合同变更的审核和控制 评估盈利能力，如果无盈利则拒绝交易	如有需求，坚持要求增加合同或签订新合同
客户发布产品	定期会面，尽早参与	如果需要，增加生产力，包括加班

在众多的风险表现中，计划外的客户促销活动是需求风险的一个关键来源，因为它会导致需求激增，进而会导致供应链上的货物短缺，接着是安全库存过剩方面的过度反应。这种风险可以通过供应链上下游建立信任、共享信息来预防，协调规划、预测和补货系统（CP-FR）是一个非常好的工具。此外，通过合格的第三方物流企业以更低的成本和风险将货物运送到客户手中，这能够很好地转移风险。

（三）过程风险应对措施

过程风险应对措施如表 11 - 12 所示。

表 11 - 12　过程风险应对措施

风险表现	预防措施	控制/纠正措施
能力和灵活性	投资可配置的设备来处理多个生产线 与备选供应商签订合同	重新安排生产或交付
制造过程	改善日常维护	重新安排或使用过剩产能
库存	改善沟通及可见性 控制安全库存	打折销售或者销毁过期的/变质的库存
信息延迟	企业内部信息共享	召开临时会议
IT 技术/通信技术	投资系统备份项目	通过演练训练员工的响应能力并增强责任心
糟糕的应付款处理	建立现金流缓冲机制 获得信用贷款 重新谈判合同	尽早与对方沟通当前状况
糟糕的应收款处理	电话沟通 登门拜访	考虑使用专业催账代理
知识产权	关注国际合同 在供应商间分割商业机密或垂直整合	法庭仲裁 使用罚款和惩罚条款
管理不善	强调合作 明确角色和目标	评估和报告差异

过程风险通常是企业内部风险，有时很难针对某个风险制定响应措施，并且因为其融于供应链系统中，从而很难纠正。与此同时，糟糕的流程问题也会降低供应链团队应对其他风险的能力和动机。因此，企业在意识到风险来临前，就需要通过流程优化降低风险。否则，当企业看到风险时，它可能已经给企业带来巨大损失了。

（四）环境风险应对措施

环境风险应对措施如表 11 - 13 所示。

表 11 - 13　环境风险应对措施

风险表现	预防措施	控制/纠正措施
环境法律法规	制定一个可变的管理计划	利用加班和承包商来快速达成协议 支付罚款
行业监管	制定一个可变的管理计划 聘用行业专家	寻找行业承包商
国家规定	制定一个可变的管理计划 聘用本地专家 成立子公司	与当地专家签订合同

风险表现	预防措施	控制/纠正措施
价值期望的转变	了解期望并制定变更计划 制定品牌营销计划	引导媒体沟通要点 控制与媒体沟通的人
美国的冲突矿产法	对供应商进行尽职调查 寻找替代来源	如果事实已经公布，应及时公布补救计划
海关法规	使用第三方物流 与报关代理建立合作关系	补充相关文件 充分配合海关要求
利益集团的关注	了解他们的目的及动机 尽可能考虑他们的担忧并制定相应计划	引导媒体沟通要点 控制与媒体沟通的人
自愿报告机制	采用国际标准进行报告	为反驳负面报告做好准备

环境法规对企业来说，往往是一种负担，但是相对其他风险来说，环境风险发展或变化通常比较缓慢，因此企业有足够的时间来制定应对计划。

除以上核心风险外，企业管理者还应该考虑到灾害风险、金融风险和渎职风险等其他风险的存在，并按照以上响应过程制定相应的应对措施。

三、供应链连续性管理与响应计划的实施

因为供应链风险的复杂性和动态性，风险响应计划的实施并非一件简单的事情，企业在执行计划时需要考虑执行的优先次序、谁来执行、如何传递信息等问题，以保证供应链的连续性。APICS 词典（第 15 版）将供应链连续性定义为：企业的战略和战术能力，以计划和响应必要的条件、情况和时间，使得企业的供应链系统可以在一个可接受的水平上继续运作。因此，风险响应计划应成为供应链战略的一部分。

实施风险响应计划的一个重要部分是，确保供应链中其他人也在处理他们自己的风险，风险管理人员需要协调供应链风险管理，分担供应链合作伙伴的风险。因此，管理人员要决定如何在合作伙伴之间共享供应链风险。很多时候，企业通过某种类型的联盟的方式来转移或共享风险。但是，管理者要注意风险转移/共享的目标应该是最小化整个供应链系统的风险，而不是以牺牲其他伙伴为代价来最小化自己的风险。

2009 年，原供应链委员会（SCC）批准了一个全球多行业风险管理项目，该项目设计了一系列最佳实践，以实现供应链风险的协调管理。例如，它主张风险管理是一个正式的、系统的过程，需要在合作伙伴之间进行协调，以减少风险事件对供应链网络的负面影响。它还主张通过联合识别和响应风险的方式，在供应链成员之间提升风险的可见性并增强风险量化的能力。表 11 – 14 列出了该项目的部分最佳实践。

表 11 – 14　风险管理的最佳实践

协调风险管理	
风险管理团队与合作伙伴的协调	强调企业内部合作和供应链上企业间的合作 建立风险管理协调委员会
采购风险	建立多个供应源 与供应商达成战略协议 与供应商建立合作伙伴关系
危机沟通计划	建立联合应急计划

续表

合理设计供应链管理风险	
供应链业务规则	建立基于最小化供应链风险的业务规则（如设置客户优先级、供应商优先级、生产工艺、运输路径等）
供应链的信息管理	管理供应链信息网络 与合作伙伴及企业内部部门共享信息 帮助所有参与方快速了解真实或潜在的中断，并快速地做出适当的响应，以最小化中断风险
供应链网络设计	合理设计节点位置、运输路线、节点容量及供应商数量等，以减轻向最终客户交付产品或服务的能力受到的影响

第五节 风险管理标准

2018 年末，有一篇耸人听闻的报道称，一些国家在运送给大公司的服务器上隐藏了微小的间谍芯片。虽然虚假报道最终被揭穿，但这一事件仍引发了人们的不安，有关专家表示，因为供应链的云端化、物联网、全球化，以及向巨大的、相互关联的数字生态系统转变，供应链的威胁正在迅速增加。人们的担忧日益剧增，统一风险管理标准迫在眉睫。

一、几个常见的风险管理框架

因为风险管理计划是供应链战略的一部分，因此风险管理要取得成功，应在一个风险管理框架内发挥作用，该框架贯穿于整个组织的各个层级，通过在组织各个层级依据具体情况应用于风险管理过程，帮助组织有效地管理风险。

风险管理框架是一个组织结构，可以通过改变它的配置来支持不同组织在风险管理方面的战略和战术选择。处理风险的框架包括特蕾德韦委员会（COSO）的企业风险管理（ERM）框架以及 GRC（Governance, Risk, and Compliance）框架。

（一）COSO 的 ERM

2013 年，COSO 更新了其原有的企业内部控制框架，增加了目标设定、事项识别和风险对策部分，形成了企业风险管理（ERM）框架。2017 年 9 月，COSO 发布了第二版 ERM 框架。该框架将企业风险管理定义为"组织在创造、保持和实现价值的过程中，结合战略制定和执行，赖以进行管理风险的文化、能力和实践。"显然，该定义强调了风险管理是企业战略中不可或缺的一部分，是一个动态的、管理企业整个价值链的一部分，它能让企业保持价值和抓住机遇。ERM（第二版）包括五个要素，如图 11-6 所示。

如前所述，ERM 框架强调了企业风险管理工作应融入企业的所有业务流程中，从战略目标的设定流程、到商业目标的形成、再到执行过程中完成绩效的情况，企业风险管理工作不是额外的和独立的工作。企业风险管理的角色是要参与组织运营，管理绩效完成过程中的风险并最终实现组织对价值的追求。该框架强调了以下五个重要方面。

（1）企业风险管理涉及多个职能或部门。它是一种与公司战略制定与实施相整合的文化、能力和实践，旨在利用风险管理创造、保持和实现价值。

（2）企业风险管理不仅是风险的罗列。它要求的远不止于对公司内部风险进行罗列，而是管理层用于积极管理风险的一项更为广泛并包含实践的工作。

治理和文化	战略和目标设定	绩效	审阅与修订	信息、沟通与报告
1. 实现董事会对风险的监督 2. 建立运作模式 3. 定义期望的组织文化 4. 展现对核心价值的承诺 5. 吸引、发展并留住优秀人才	1. 考虑业务环境 2. 定义风险偏好 3. 评估替代战略 4. 建立业务目标	1. 识别风险 2. 评估风险的严重程度 3. 风险排序 4. 执行风险应对计划 5. 建立风险组合观念	1. 实现董事会对风险的监督 2. 建立运作模式 3. 定义期望的组织文化 4. 展现对核心价值的承诺 5. 吸引、发展并留住优秀人才	1. 实现董事会对风险的监督 2. 建立运作模式 3. 定义期望的组织文化 4. 展现对核心价值的承诺 5. 吸引、发展并留住优秀人才

图 11-6 企业风险管理框架要素

（3）企业风险管理远不止于内部控制。它还涉及其他主题，如战略制定、治理、与利益相关者沟通，以及绩效评估。其原则适用于组织的各个层面和职能。

（4）企业风险管理不是一张检查表。它是一套可适用于具体企业的原则，是一套监督、学习、改进绩效的体系。

（5）企业风险管理适用于任意规模的企业。任何具有使命、战略和目标，并且在做决策时需要充分考虑风险的企业，都能运用企业风险管理。企业风险管理能够并应当被应用于任何类型的组织，从小公司到社区企业，到政府机构乃至世界500强公司。

（二）GRC

GRC 是治理、风险管理和法规遵循治理的英文缩写，它们就像企业管理中的三条腿，其中一个不到位，企业就会失去平衡。GRC 的实施主要关注管理策略和执行的一致性，通过风险加权选择企业的计划，促进问责制和标准沟通渠道的建设，确保员工对当前监管要求的可见性，以预期的货币价值标准化风险管理。

实际上，企业在实施 GRC 时，最理想的目标是将 GRC 活动从一种必须做的感觉变成企业文化的一部分，这样做的好处是，企业会开始主动承担更多的风险以追求机会，其优点具体体现在以下几个方面。

（1）提高股东价值：良好的企业治理反映在很多无形资产之上，包括品牌、企业文化和声誉，可以对股价产生积极的影响。

（2）优化风险/回报结构：通过对风险影响和概率以及潜在回报的深入洞察和分析，实现项目的优胜劣汰选择。

（3）降低 GRC 成本：大幅降低控制和应对风险的资源成本。

（4）提高业绩和可预见性：综合提高业务的透明度，通过系统的流程来预见和控制风险，前瞻性地确定合理的行动方案和重要任务。

（5）业务可持续性：通过软件自动化、综合分析和预警来提高业务的可持续性，揭示风险的相互依存关系，以改善控制水平，提供可重复使用的、性价比优良的 GRC 解决方案。

（6）业务灵活性：赋予决策者识别和评估替代方案以及市场前景的能力，实现更高的业务灵活性和竞争能力。

（7）智能 IT 风险管理：智能的网络基础设施，在企业整体范围内高效提供 IT 风险信息，并实施控制。

二、ISO 风险管理标准

2009 年国际标准组织（ISO）发布了 ISO3000 作为风险管理标准。在 APICS 词典（第15 版）中，ISO3000 的定义是："国际标准组织采用一种标准，它概述了尽企业最大努力管理风险的原则和一套指导方针。ISO3000 的指导方针则是概述了如何理解风险，如何制定风险管理政策，如何将风险管理整合到企业管理过程中（包括责任和职责），以及如何建立内部和外部的风险沟通渠道"。其原则有以下几个。

（1）它增加组织的价值。

（2）它是组织的运作和决策过程的组成部分。

（3）它明确地以有序、结构和适时的方式处理不确定性。

（4）它充分利用了现有的最佳信息。

（5）它是为组织定制的，并考虑到人的因素和文化的因素。

（6）它包括所有的利益相关者，是透明的、可审查的。

（7）它有一个可迭代的框架，允许持续的改进、组织学习及响应环境的变化。

如以上原则所述，ISO3000 包括一个组织开发风险管理系统的框架和过程，旨在帮助任何规模或类型的组织有效地管理风险。它不是一个管理系统标准，也不适合用于认证、监管或合同方面用途。标准的框架很灵活，可以随着组织的发展不断改进，以适应组织不断变化的特定风险管理需求。ISO3000 框架在高层次上，是一个迭代的过程，开始于执行层的命令和对风险管理的承诺，然后是实施、监控和审查，并根据审查结果不断改进，从而进一步设计和优化框架。并且，其实施过程中的子过程也是一个不断迭代的过程。其框架如图 11-7 所示。

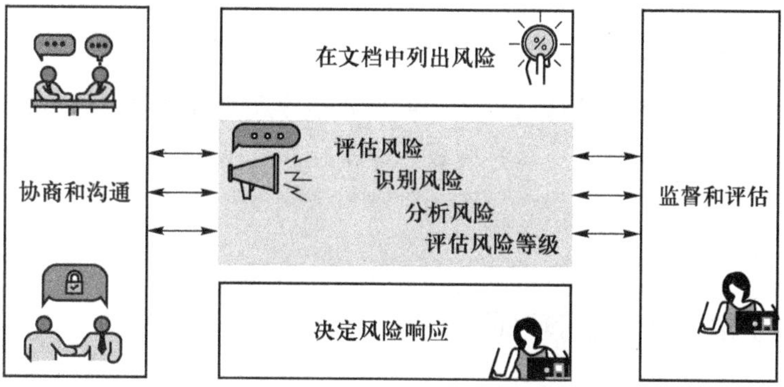

图 11-7　ISO3000 实施框架

本章小结

第一节　了解什么是供应链管理及埃森哲原则

总结

拓展阅读

各种可能的事件及其结果可能对商品、服务、资金或信息的流动产生负面影响，从而给供应链造成一定程度的数量或质量的损失。企业应将注意力和资源着重于支持风险决策的全程式解决方案，从而可以系统地识别、评估和量化潜在的供应链中断，以控制风险的危害或者减少其对供应链绩效的消极影响。

关键术语

风险　供应链风险管理　风险管理成熟度　风险偏好　风险容忍度　风险阈值

第二节　理解如何识别和确认风险

总结

供应链风险管理人员需要从系统的角度看待风险。他们可以借助许多分析工具来识别和确定供应链的风险，并在风险登记表中为每个确定的风险定义特定的参数，这是一个不断迭代的过程。

关键术语

风险识别　风险确认　风险登记

第三节　使用定性和定量的方法评估风险

总结

在识别和确认风险的基础上，管理者可以使用定性和定量的方法，评估风险对整条供应链稳定性的影响程度，并选择适用的风险管理策略来应对这些风险。

关键术语

供应风险　需求风险　过程风险　环境风险　风险等级　EMV 法　蒙特卡罗法

第四节　理解不同类型风险的预防措施和控制/纠正措施

总结

不同类别的风险需要有针对性地制定出风险的预防和应对措施。措施包括在有害的风险事件发生之前的积极主动预防，以及在有害风险事件发生期间或之后的控制和纠正。

关键术语

供应链连续性

第五节　几个常见的风险管理标准

总结

风险管理标准是一个风险管理框架，它贯穿于整个组织的各个层级，管理者可以通过改变它的配置来支持不同组织在风险管理方面的战略和战术选择，在组织内各个层级依据具体情况应用于风险管理过程，帮助组织有效地管理风险。常见的标准包括企业风险管理（ERM）框架、GRC（Governance, Risk, and Compliance）框架和 ISO3000 标准。

关键术语

ERM　GRC　ISO3000

🔄 问题讨论

1. 供应商尽职调查的内容包括哪些？

2. 如果你是一个中小企业的风险管理者，你将从哪几个方面入手制定与风险容忍度相关的政策？

3. 选择一个你熟悉的组织（如一个咖啡店、水果店或者楼下的小超市），假如你是该组织的管理者，请选择适当的方法分析该组织面临的风险。

4. 基于上一题的分析结果，哪些风险的响应你会选择预防措施，哪些风险的响应你会选择控制/纠正措施？

5. 你想给自己的服装设计工作坊增加一套设备，前期的资金投入是 3 万元，该决策的结果是 70% 的概率在第一年给工作坊带来 10 万元收入，这是最好的情况，但也有 30% 的概率出现最糟糕的情况，即当年该企业的收入只增加 1 万元。那么企业该如何使用 EMV 方法评估这个决策的风险呢？

客观题

1. 埃森哲的供应链风险管理原则主要考虑哪几个方面？

2. 识别风险需要明确的因素包括哪些？

3. 风险的敏感性分析是什么？

4. 风险的四种基本响应指的是哪几种响应方式？

5. ERM 框架强调了哪五个重要方面？

第十二章 供应链绩效管理

本章学习目标

1. 认识和理解供应链绩效评价的指标体系。
2. 理解一级指标各适用于供应链的那个流程。
3. 理解和掌握绩效评价的工具，包括仪表盘、平衡积记分卡等。
4. 理解如何衡量关键的客户服务指标。
5. 理解SCOR模型及其在改善供应链中的作用。
6. 掌握如何使用SCOR模型中的指标。

导入案例

Flextronics 公司的启示

Flextronics International Ltd. 成立于1969年，是一家总部设在新加坡，并在 NAS-DAQ 上市的跨国公司，是目前全球第二大电子合约制造服务商（EMS），世界500强企业之一，其业务包括手机电路板设计、通信工程、汽车配件制造和物流等。

Flextronics 公司两年前便面临着一个既充满机遇又充满挑战的市场环境。这种境遇并不是罕见的，事实上，许多其他行业的公司都在它们的供应链中面临着同样的问题。很多发发可危的问题存在于供应链的方方面面——采购、制造、分销、物流、设计、融资等等。

供应链绩效控制的传统方法

惠普、3COM、诺基亚等高科技原始设备制造商（OEM）出现外包趋势，来自电子制造服务业的订单却在减少。同时，Flextronics 公司受到来自制造成本和直接材料成本大幅度缩减的压力，供应链绩效控制变得日益重要起来。

与其他公司一样，Flextronics公司首要的业务规则是改善交易流程和数据存储。通过安装交易性应用软件，企业同样能快速减少数据冗余和错误。比如，产品和品质数据能够通过订单获得，并且和库存状况及消费者账单信息保持一致。第二个规则是将诸如采购、车间控制、仓库管理和物流等操作流程规范化、流程化。这主要是通过运用诸如仓库管理系统等供应链软件实现的，分销中心能使用这些软件接受、选取和运送订单货物。

控制绩效的两种传统方法是指标项目和平衡记分卡法。在指标项目中，功能性组织和工作小组建立和跟踪那些被认为是与度量绩效最相关的指标。不幸的是，指标项目这种方法存在很多的局限性。为了克服这些局限性，许多公司采取了平衡记分卡项目。虽然概念上具有强制性，绝大多数平衡记分卡作为静态管理"操作面板"实施，不能驱动行为或绩效的改进。Flextronics公司也被供应链绩效控制的缺陷苦苦折磨着。

供应链绩效管理周期

Flextronics公司实施供应链绩效管理带给业界很多启示：供应链绩效管理有许多基本的原则，可以避免传统方法的缺陷；交叉性功能平衡指标是必要的，但不是充分的。供应链绩效管理应该是一个周期，它包括确定问题、明确根本原因、以正确的行动对问题做出反应、连续确认处于风险中的数据、流程和行动。

Flextronics公司认为，定义关键绩效指标、异常条件和当环境发生变化时更新这些定义的能力是任何供应链绩效管理系统是令人满意的一大特征。一旦异常情况被确认了，使用者需要知道潜在的根本原因，可采取的行动及这种可选择行为的影响。以正确的行动对异常的绩效做出快速的响应是必要的。但是，一旦响应已经确定，只有无缝的、及时的实施这些响应，公司才能取得绩效的改进。这些响应应该是备有文件证明的，系统根据数据和信息发生以及异常绩效的解决做出不断地更新、调整。响应性行动导致了对异常、企业规则、业务流程的重新定义。因此，周期中连续地确认和更新流程是必要的。

在统计流程控制中，最大的挑战往往是失控情形的根本原因的确认。当确认异常时，对此的管理需要能确认这些异常的根本原因。供应链绩效管理应该也能在适当的位置上支持理解和诊断任务。这允许管理者迅速重新得到相关的数据，相应地合计或者分解数据，按空间或者时间将数据分类。

成功的例子

Flextronics公司的成功，证明了供应链绩效管理作为供应链管理的基础性概念和实践的力量和重要性

Flextronics公司使用了供应链绩效管理的方法，使它能确认邮政汇票的异常情况，了解根本原因和潜在的选择，采取行动更换供应商、缩减过度成本、利用谈判的力量。绩效管理的方法包括了实施基于Web的软件系统加速供应链绩效管理的周期。Flextronics公司在8个月的"实施存活期"中节约了大量资金投入，最终在第一年产生了巨大的投资回报。供应链绩效管理周期使Flextronics公司获得这样的结果。

此外，Flextronics 公司通过供应链绩效管理的方法识别异常绩效。Flextronics 公司系统根据邮政汇票信息连续比较了合同条款和被认可的卖主名单。如果卖主不是战略性的或者订单价格是在合同价格之上的，系统就提醒买方。另一方面，如果邮政汇票价格是在合同价格之下的，系统就提醒货物管理人员可能的成本解决机会，同时接近 300 个使用者接收的邮件通告包含详细绩效信息的 Web 链接和异常情况的总结。

Flextronics 公司管理人员随后使用系统了解问题和选择方案。他们评价异常情况并且决定是否重新谈判价格，考虑备选资源或者调整基于业务需求的不一致。同样，采购经理分析市场状况、计算费用，然后通过商品和卖主区分成本解决的优先次序。在供应链绩效管理周期开始之前或者周期进行中，Flextronics 公司确认数据、流程和行动的有效性。当实施它们的绩效系统时，Flextronics 公司建立指标和界限，并且也保证数据的质量和合时性。使用绩效管理系统，Flextronics 公司已经能通过资本化各种机会节约成本并获得竞争优势。

在整个供应链管理过程中，管理者有责任评估和反馈系统运行的结果，以不断改进供应链系统，确保企业战略计划得到支持，企业目标得以实现。

资料来源：中国物流与采购网 2010.05.20

第一节　供应链的指标体系

供应链绩效评价结果的客观性和科学性很大程度上取决于评价指标的选择。因此，为了支持供应链系统，管理者需要为客户、财务、运营和其他部门确定评价指标。

一、供应链战略及指标选择框架

（一）供应链战略与评价指标

任何一个评价系统的基本目标都包括三个方面。

（1）监管：通过观察和收集与业务目标相关的数据来跟踪真实系统的绩效。

（2）控制：将数据与适当的绩效标准进行比较，以确定系统何时需要调整或关注，原因是什么，如何调整系统以使其回到正轨或不断改进。

（3）引导：理解人们的真实动机，激励人们朝着组织的目标努力，同时最小化结果的不确定性。

显然，供应链绩效评价应是着眼于整个供应链系统，但是由于无法评价和监控每一个供应链目标或活动，管理者必须选择与供应链战略相关的合理数量的指标。与供应链战略相关的属性有速度、可见性、可变性、协作、信任、灵活性和以客户为中心。此外，还包括其他属性如安全性（风险管理）、对法规的遵从性和环境的卓越性（良好的逆向供应链）。这些属性都可以纳入供应链战略，扩展为特定的目标并得到评估。

（二）指标选择框架

管理者为企业选择合理数量的指标是一件困难的工作。他们该如何为一个特定供应链系统选择合适的评价指标呢？通常的考虑是，"我们需要的"即是最好的选择。Griffis 等在一篇题为《根据公司的信息需求调整物流绩效指标》的文章中，提出了一个帮助组织选择最佳指标的框架。该框架指出，在确定指标优先级的时候，管理者需要关注以下三个方面。

（1）竞争的基础。响应能力与效率。响应能力越强，效率越低。

（2）评估重点。战略与运作。优先级较高的指标可以偏向最佳的总体战略，如总拥有成本（Total Cost of Ownership）或有效的日常运作。

（3）评估频率。诊断与监管。诊断性评估用于决策，而监管性评估用于日常运作绩效。

管理者可以利用该框架，首先评估企业在响应能力和效率方面的竞争优势，并列出评估战略与运作方面的指标，然后选择与企业竞争优势相匹配的指标。管理者还可以使用这个框架帮助他们决定战略重点的评估应使用什么指标，而哪些指标又更适用于日常运作管理的评估。一旦企业选择了要使用的评估指标，就需要在整个企业通报这些指标并实现它们带来的利益。

二、供应链的指标体系

（一）以客户为中心的评估指标

对于现代企业来说，了解什么对客户最重要是首要的任务。这包括客户的期望是什么？客户的期望没有得到满足时会发生什么？很显然，客户满意的基本前提是他们的期望得到满足。这些期望主要包括产品可用性、性能和服务可靠性等，管理者可以通过客户访谈、问卷调查、在线反馈调查和售后跟踪电话等方式，收集有价值的数据。表 12-1 列举了一些与这些期望相关的重要的评估指标。

表 12-1　以客户为中心的指标

属性	指标	定义
可用性	缺货频率	库存无法满足客户需求的可能性
	订单满足率	评估一段时间内缺货的影响（如客户有 100 件商品需求，但只有 92 件，则订单满足率为 92%）
	订单完成率	所有订购商品已经装运的比率
	缺货订单	未完成的订单或未履行的客户承诺
客户订单交付时间	运作速度	从客户下订单到产品交付给客户并准备好使用（如安装好）所用的时间
	供应链周期	库存水平为零的情况下完成客户订单所需的时间。即供应链每个阶段最长交付时间之和。
	交付的一致性	计划时间内的交付循环次数
	灵活性	适应意外的、异常的客户需求的能力
	故障恢复	有设备故障或服务中断的应急计划；通过备用设施满足缺货顾客商品需求的能力
产品支持	咨询响应时间	回复客户咨询的时间
	响应的准确度	评估响应是否切中要害和正确，以避免增加客户额外的追踪
	客户投诉	在给定时间段内收到的投诉或负面反馈的数量
整体满意度	重复购买	客户在同一卖家重复购买的次数
	推荐其他客户购买数	老客户推荐潜在客户的数量

管理人员需要注意的是，这里每个指标只是评估了完成客户订单过程中的某个环节的绩效，某个或某几个环节的绩效评估值好，并不代表整个供应链的总服务水平高，从客户输入订单到产品交付的每个环节都做好才是一个完美的订单履行。有相关研究表明，完美订单增加 3% 就等于利润增加 1%。关于完美订单履行的度量将在后面的 SCOR 模型评估中介绍。

此外，管理人员还要注意，客户的期望会随着时间的推移而改变。例如，如果你的大多数竞争对手正在改善他们的供应链客户体验，即使你的指标和去年一样，客户满意度也可能会下降，因为客户现在有更高的期望。因此，定期对客户进行调查至关重要。一般的做法是根据所跟踪的每个以客户为中心的指标，对客户进行民意调查，同时也了解你的竞争对手在相同指标上做得如何。随着调查时间的推移，跟踪的结果将显示客户期望变化的趋势。

（二）财务指标

财务指标通常是由专业的财务人员编制，但是供应链管理者需要知道如何解释这些指标。供应链的财务指标包括利润、成本、订单转化成现金的速度、财务状况、供应商破产风险及客户信用。

1. 利润评价指标

对于利润而言，降低供应链管理成本和提高效率是两个强大的杠杆，他们可以提高企业的盈利能力，甚至比增加销售数量的影响更大。因为销售数量的增加在增加收入的同时，也会引起销售成本和其他可变成本的增加，而降低成本则直接增加利润。因此，许多供应链中的职能部门会评估和报告其对盈利能力的贡献。通常，企业会深入分析细分市场的盈利能力或直接分析产品的盈利能力。

2. 成本评价指标

1）单个企业供应链成本的细分

有许多方法可以用来评估一个企业的供应链功能的成本。成本领域包括订单处理、库存、运输、仓储、原材料处理以及设施网络的整合，它们可以细分为以下方面：

（1）总成本；

（2）供应链主要功能成本（如订单处理）；

（3）供应链每个功能的详细成本（如订单处理功能中的拣选成本、装卸成本等）；

（4）单位成本；

（5）成本占净销售额的百分比；

（6）入站/出站装运成本；

（7）库存持有成本；

（8）行政管理成本；

（9）劳动力成本；

（10）损失成本；

（11）延期交货成本；

（12）服务失败成本；

（13）逆向成本。

除细分成本外，供应链经理还可以分析成本的变化趋势以及它们偏离预算的程度，并为差异设定阈值，以确定哪些级别的小差异是可以接受的，哪些超出阈值的差异是需要作为异常处理的。

2）多企业供应链成本

实际上，供应链成本的绩效评估并不是只看重某个节点企业的成本，而是关注整个供应链的总成本，如图 12-1 所示，即参与某个特定供应链中所有企业的成本总和。这样做的目的是防止企业做出次优化的决策。所谓次优化是指"从狭隘的角度来看是最好的，但从整个供应链的角度来看却不是最好的解决方案"（APICS 词典）。例如，当一个企业试图将成本转移到另一个供应链参与者时，只有当供应链总成本更低时，这个决策才是好的选择。这样做可以公平地分享成本削减带来的益处，让供应链中的每个节点都从中受益。

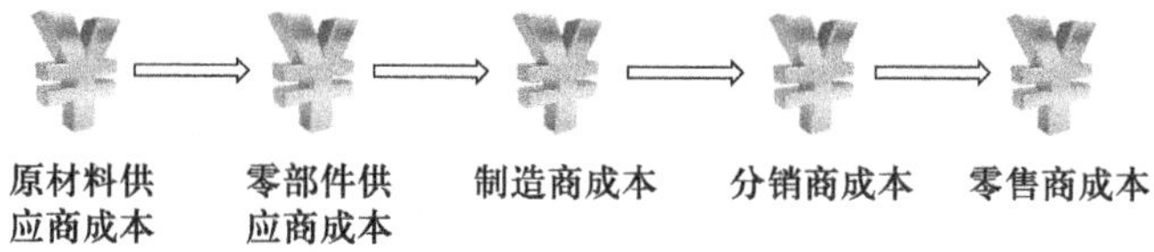

原材料供   零部件供   制造商成本   分销商成本   零售商成本
应商成本   应商成本

图 12 - 1　供应链总成本

　　虽然评估供应链总成本是一个好的想法，但这显然是一个非常困难的事情，因为它涉及多个企业节点及其职能部门，不同企业无法共享所有相关数据。要想克服这个困难，企业可以选择利用第三方来收集所有的数据。此外，企业也可以利用一些其他的指标来评估整个供应链，如供应链存货总供应天数、供应链库存的总闲置时间、供应链总体交付时间、商品上架率等。此外，还可以评估供应链有多少正式的协作和信息共享正在执行，以及还有多少工作有待完成，这些都有助于评估供应链的总体绩效。

　　3. 现金周转时间（Cash - to - Cash cycle time）评价指标

　　通常情况下，企业会使用资产负债表中的平均库存水平来衡量其管理可变现资产的能力，但实际上现金周转时间是一个更有效的指标。因为平均库存是衡量两个时间点上的值，而在这两个时间点之间，企业存在应付未付和应收未收的款项，因此该指标无法真实体现企业运用资金的能力。现金周转期则不仅考虑了存货的供应天数，还考虑了应付账款的现金收益和应收账款的现金延迟。该指标将在 SCOR 模型小节详细介绍。

　　4. 财务状况指标

　　一个企业的财务状况可以利用以下四个属性指标来评估。

　　（1）流动性比率。流动性是衡量企业资产快速变现的能力，或者短期偿债的能力。例如，速动比率 =（流动资产 - 存货）/流动负债。这些指标应稳定在一个合适的水平。

　　（2）营运效率。营运效率是衡量企业资产的使用有效性。相应的指标可以是总资产周转率、流动资产周转率或库存周转率，计算方法是：销售额/相应资产。显然，资产周转率越高越好。

　　（3）杠杆率。杠杆率是一个衡量公司负债风险的指标，从侧面反映出企业的偿债能力，通常用权益资本与资产负债表中总资产的比率来表示。

　　（4）盈利能力比率。盈利能力比率是指企业正常经营赚取利润的能力，是企业生存发展的基础，是各方面都非常关注的指标。不论是投资人、债权人还是企业经理人员，都有日益重视和关心企业的盈利能力。反映企业盈利能力的指标很多，通常使用的主要有销售净利率、销售毛利率、资产净利率、净值报酬率等。

　　5. 破产风险评价指标

　　1968 年，纽约大学斯特恩商学院教授爱德华·阿特曼（Edward Altman）建立了著名的 5 变量 Z - score 模型。该模型是一个财务预警系统，它以多变量的统计方法为基础，从企业的资产规模、变现能力、获利能力、财务结构、偿债能力、资产利用效率等方面综合反映了企业财务状况，并对公司在 2 年内破产的可能性进行诊断与预测。有研究表明该公式的预测准确率高达 72% ~ 80% 。

Z - score 模型的做法是建立一个判别函数，在经过大量的实证考察和分析的基础上，从上市公司财务报告中计算出一组反映公司财务危机程度的财务比率，然后根据这些比率对财务危机警示作用的大小给予不同的权重，最后利用判别函数加权计算得到公司的综合风险分，即 Z 值。将 Z 值与临界值对比就可判别公司财务危机的严重程度。该模型的判别函数及 Z 值临界值因企业性质不同而有所差异，计算公式如下：

$$Z - score(公共企业) = 1.2 X_1 + 1.4 X_2 + 3.3 X_3 + 0.6 X_4 + 1.0 X_5 \tag{12-1}$$

$$Z - score(私人企业) = 6.56 X_1 + 3.36 X_2 + 6.72 X_3 + 1.05 X_4 \tag{12-2}$$

其中：

$$X_1 = \frac{营运资本}{总资产} = \frac{流动资产 - 流动负债}{总资产}$$

$$X_2 = \frac{留存收益}{总资产} = \frac{股东权益合计 - 股本}{总资产}$$

$$X_3 = \frac{息税前利润}{总资产} = \frac{税前利润 + 财务费用}{总资产}$$

$$X_4 = \frac{优先股普通股市值}{总负债} = \frac{股票市值 \times 股票总数}{总负债}$$

$$X_5 = \frac{销售额}{总资产}$$

从式（12-1）和式（12-2），我们可以了解到公共企业和私人企业的破产风险评估的指标变量有差异，私人企业剔除掉了变量X_5——总资产周转率，原因是这一指标行业敏感性较强，不利于不同行业间的比较，这样做可使行业的潜在影响最小化。此外，在指标权重的安排上，两种性质的企业也有所差异，指标权重越高，其作为破产预测指标的重要性就越大。表12-2列出了判别破产风险的 Z 值临界值。

表 12-2 Z - score 模型 Z 值临界值

企业性质 破产风险	公共制造业	私人企业	
		私人制造业	私人非制造业
破产区	<1.8	<1.23	<1.1
灰色区	1.8-3.0	1.23-2.9	1.1-2.6
安全区	>3.0	>2.9	>2.6

例 12-1：某一制造业的上市公司财务年报的相关数据如表 12-3 所示，请利用 Z - score 模型判断该企业的破产风险。

表 12-3 某一制造业的上市公司财务年报的相关数据

项目	金额	项目	金额
总资产	170998.83 万元	总负债	95359.14 万元
流动资产	90086.10 万元	流动负债	60012.65 万元
保留盈余	3146.82 万元	利润总额	36913.74 万元
财务费用	6824.52 万元	股票市值	15 元
股票总数	19893.19 万股	销售额	42285.60 万元

解：$X_1 = \dfrac{营运资本}{总资产} = \dfrac{流动资产 - 流动负债}{总资产} = \dfrac{90086.1 - 60012.65}{170998.83} = 0.18$

$X_2 = \dfrac{留存收益}{总资产} = \dfrac{3146.82}{170998.83} = 0.018$

$$X_3 = \frac{息税前利润}{总资产} = \frac{税前利润 + 财务费用}{总资产} = \frac{36913.74 + 6824.52}{170998.83} = 0.256$$

$$X_4 = \frac{优先股普通股市值}{总负债} = \frac{股票市值 \times 股票总数}{总负债} = \frac{15 \times 19893.19}{95359.14} = 3.129$$

$$X_5 = \frac{销售额}{总资产} = \frac{42285.60}{170998.83} = 0.247$$

$$Z = 1.2 X_1 + 1.4 X_2 + 3.3 X_3 + 0.6 X_4 + 1.0 X_5$$
$$= 1.2 \times 0.18 + 1.4 \times 0.018 + 3.3 \times 0.256 + 0.6 \times 3.129 + 1.0 \times 0.247$$
$$= 3.2104$$

根据计算结果，Z 值大于 3，说明企业财务状况良好。

需要说明的是，随着企业活动的复杂性不断增加，Z – score 模型已有的财务指标可能无法全面地概括企业的财务状况。管理者在使用该模型时，可以考虑增加其他指标。如可以增加现金流量指标，用以评价企业支付能力、偿债能力和周转能力。还可以增加非财务指标，如公司治理结构方面的指标等。此外，由于每个国家的经济环境不同，从而影响 Z 值的判断标准，因而各国家的公司可调整 Z 值的临界值，也可根据内外部环境与条件的变化调整指标权重。

6. 客户信用等级指标

客户信用等级评估，是以客户的信用履约记录和还款能力为核心，进行量化评定。其目的是为了降低回款风险，同时为客户分类、账期设定提供合理的依据。通常企业可以围绕品质特性评价、信用履约率评价和经营能力评价三个方面设置相应评价指标，并为各项指标设置相应分值和权重。其评估的步骤如下：

（1）搜集客户的营业执照、法定代表人身份证的复印件、财务报表（上年末及上季度末）等相关资料；

（2）填写《客户基本情况表》；

（3）根据客户实际情况填写《客户信用等级评分表》。

企业可以根据自己所在行业及自身特点等选择评价指标，设计《客户基本情况表》和《客户信用等级评分表》，表 12 – 4 是一个《客户信用等级评分表》的例子。

表 12 – 4　客户信用等级评分表

类别	评价指标	权重	评分标准	分数
品质特性评价（32 分）	整体形象（满分 5 分）	6%	成立 3 年以上，规模较大，员工素质较高，公司在同业中形象良好	5
			成立 1 年以上，规模中等，员工素质一般，公司在同业中形象一般	3
			成立未满 1 年，规模较小，员工素质较低，公司在同业中形象较差	1
	负责人品德及企业管理素质	4%	主要负责人品德及企业管理素质好	4
			主要负责人品德及企业管理素质一般	2
			主要负责人品德及企业管理素质差	0
	业务关系持续期	6%	与本公司业务关系持续 2 年以上	8
			与本公司业务关系持续 1 – 2 年	6
			与本公司业务关系持续 2 – 12 个月	4
			与本公司业务关系期少于 2 个月	2

类别	评价指标	权重	评分标准	分数
品质特性评价（32分）	业务关系强度	4%	以本公司为主供货商	4
			以本公司为次供货商	2
			偶尔在本公司提货	0
	合作诚意	2%	合作态度好，愿意向本公司提供报表	4
			合作态度一般，向其索要财务报表有一定难度	2
			合作态度差，不愿意向本公司提供报表	0
	员工人数	6%	人员稳定，从业人数100人以上	4
			从业人数30~100人	2
			从业人数少于30人且人员流动性大	0
	诉讼记录	4%	无诉讼记录	8
			有诉讼记录但全部胜诉	6
			有未决诉讼或不能执行得胜诉记录	4
			败诉记录较多	0
信用履约评价（50分）	信用履约率	25%	信用履约率 = $\frac{上季累计偿还到期信用额}{上季累计到期信用额}\times100\%$	实际值×25
	按期履约率	15%	按期履约率 = $\frac{上季累计按期偿还到期信用额}{上季累计到期信用额}\times100\%$	实际值×15
	呆/坏账记录	10%	上季无呆/坏账	10
			上季无呆/坏账	0
经营能力评价（18分）	分销能力	8%	月平均从我司采购额100万元或以上	8
			月平均从我司采购额60~100万元	5
			月平均从我司采购额10~60万元	2
			月平均从我司采购额10万元以下	0
	年营业额	6%	年营业额5000万元以上	6
			年营业额2000~5000万元	4
			年营业额500~2000万元	2
			年营业额500万元以下	0
	营业额增长率	4%	营业额增长率 = $\frac{本季销售收入-上季销售收入}{上季销售收入}\times100\%$ 营业额增长率大于或等于10%均得4分	实际值×4/10%

7. 投资回报率指标

企业通常使用资产回报率（ROA）来评估企业的投资回报情况。这个指标说明了企业的资产产生了多少利润，其计算公式为：

$$资产回报率 = 净利润率 \times 资产周转率 \tag{12-3}$$

管理者在使用该指标时，可以考虑细分资产回报率，其做法是细分净利润和总资产，如图12-2所示。这样做的好处是管理者可以了解到各资产如何影响ROA，从而对提升ROA做出更好的决策。例如，管理者可以通过减少库存的方式来增加利润，但是也可以观察到如果库存不足将如何影响销售，从而导致ROA下降。因此，管理者可以选择合适的库存减少量，以不导致 ROA 下降。

						1000	营业收入净额
				200	毛利润=	800	-销售成本
						80	可变费用
		60	净利润=	140	-总费用=	60	+固定费用
	0.06	净利润率=	1000	营业收入净额			
0.143 ROA= ×						180	库存商品
	2.38	资产周转率=	1000	营业收入净额		40	+应收账款
		420	总资产=	280	流动资产=	60	+其他流动资产
				140	+固定资产		

图 12-2 ROA 的细分例子 (1)

$$净利润率 = \frac{净利润}{营业收入净额} \qquad (12-4)$$

$$资产周转率 = \frac{营业收入净额}{总资产} \qquad (12-5)$$

$$净利润 = 毛利润 - 总费用 = (营业收入净额 - 销售成本) - (可变费用 + 固定费用) \qquad (12-6)$$

$$总资产 = 流动资产 + 固定资产 = (库存商品 + 应收账款 + 其他流动资产) + 固定资产 \qquad (12-7)$$

从图 12-2 的数据可以看到，ROA 的值分解为与营业收入净额、销售成本、可变费用、固定费用、库存商品、应收账款以及其他流动资产相关的计算结果，很显然管理者可以通过改变这些要素的值来改变 ROA 的值，从而做出正确的决策，例 12-2 是一个说明。

例 12-2：根据图 12-2 的资产回报率分解情况，供应链经理做出减少 40 万元库存的决策，从而导致如下情况，请分析 ROA 发生的变化：

- 营业收入净额减少 10 万元（缺货导致）；
- 可变费用减少 10 万元（持有成本减少）；
- 库存商品减少 40 万元。

						990	营业收入净额
				190	毛利润=	800	-销售成本
						70	可变费用
		60	净利润=	130	-总费用=	60	+固定费用
	0.061	净利润率=	990	营业收入净额			
0.158 ROA= ×						140	库存商品
	2.61	资产周转率=	990	营业收入净额		40	+应收账款
		380	总资产=	240	流动资产=	60	+其他流动资产
				140	+固定资产		

图 12-3 ROA 细分例子 (2)

解： 净利润 = 毛利润 - 总费用 = (990 - 800) - (70 + 60) = 60（万元）

$$净利润率 = \frac{净利润}{营业收入净额} = \frac{60}{990} = 0.061$$

总资产 = 流动资产 + 固定资产 = (140 + 40 + 60) + 140 = 380（万元）

$$资产周转率 = \frac{营业收入净额}{总资产} = \frac{990}{380} = 2.61$$

ROA = 净利润率 × 资产周转率 = 0.061 × 2.61 = 0.158

从计算结果可知，尽管营业收入净额减少了，ROA 仍然从 14.3% 增加到 15.8%。如果营业收入净额不发生改变，那么 ROA 会升值 18.4%。所以，如果供应链经理能够选择一个合适的库存减少额以使营业收入净额不发生改变，将会获得更好的决策效果。

（三）供应链运营管理指标

运营指标是用来评价供应链日常运作情况，这些评价对于供应链的监管和控制非常重要，主要侧重三个方面：质量、生产力和资产管理。

1. 供应链质量评价指标

1）内部因素

因为质量与准确性、产品生产质量标准以及运营各阶段的货物损坏有关，所以通常把质量评价指标看作是一种运营管理指标。以下是一些与供应链质量评价指标相关的例子：

（1）订单输入准确性；

（2）信息的可用性（如制造状态信息、客户订单跟踪信息）；

（3）信息的准确性；

（4）质量控制发现的制造缺陷数量（一般用 $n/$ 百万件，n 为缺陷数）；

（5）客户发现的制造缺陷数量（一般用 $n/$ 百万件，n 为缺陷数）；

（6）拣选和装运准确性；

（7）按功能区域（如仓库、装载、运输）划分的损坏频率；

（8）文件和发票的准确性；

（9）退货和保修问题的数量；

（10）信贷索赔数量。

在评价供应链质量的时候，管理者们将很多的注意力放在了企业内部的各个运作环节，如以上列出的质量评价相关的例子显然忽视了外部因素对质量的影响，下面讨论如何分析供应商质量对供应链质量的影响。

2）外部因素——供应商质量评价

在选择供应商的时候，管理者往往只比较材料采购的价格。但当供应商质量出现问题时，往往会影响以上示例中相关指标的评价结果，从而给企业带来损失。为降低这种风险，管理者可以选择的做法是在选择供应商的时候，考虑供应商的质量成本，将质量成本与其购买的材料成本相加，以找出供应商的真实成本。我们可以用供应商绩效指数来评价供应商的质量，以更全面地比较供应商，而不仅仅是根据价格进行选择。供应商绩效指数计算公式如下：

$$供应商绩效指数 = \frac{材料成本 + 不合格成本}{材料成本} \tag{12-8}$$

注意，这里的不合格成本不仅仅指不合格材料的成本，还包括提供准确完整信息的延迟或失败的成本，丢失文件的成本以及延迟交付材料的成本等等。如果指数值为 1.05，则意味着供应商的真实成本比公布的成本高出 5%。管理者使用该指数值的方法是，将指数值乘以材料的单价，比较供应链的调整后的单位价格。需要注意的是，使用该方法的前提是供应商提供的材料是相同的（包括型号、数量等）。

2. 供应链生产力评价指标

在度量生产力时，关键是通过查看输出结果来分析资源输入是否被尽可能地有效利用，常用生产率来表示。APICS 词典将生产率定义为"生产一种产品或服务的能力的总体度量"，它是生产的实际产出与资源的实际投入之比。当企业的输入和输出能够被精确度量时，则能够自动生成一些表示生产率的结果。以下是一些常见的供应链生产率指标：

（1）总劳动生产率和部门劳动生产率（如生产、仓储、运输等）；

（2）每位员工的单位装运量；

（3）每单位劳动成本的单位装运量；

（4）每位销售人员的订单量；

（5）设施故障时间。

这些指标中，与劳动力成本相关的指标比较多，因为劳动力成本占企业支出的主要部分。因此，管理者通过总成本、部门成本、劳动时间和员工数量跟踪劳动率指标至关重要。通过多各因素的分析，可以帮助管理者发现哪里存在生产率问题，哪里可以制定改进目标。

3. 供应链资产管理评价指标

1）内部因素

供应链资产管理指标是度量企业运营资产的情况，其中库存资产是供应链管理人员最关心的运营资产，大多数资产管理指标都与库存有关，当然设施设备的能力也值得关注。以下是一些常见的资产管理指标：

（1）库存周转率；

（2）库存供货天数；

（3）绝对库存水平；

（4）废弃存货；

（5）库存分类（ABC 分类法或其他分类法）；

（6）设施利用率（如生产设备、物流搬运设备或车辆的停机时间）；

（7）产能利用率；

（8）仓储能力利用率。

在这些指标中，库存周转率是非常重要的一个指标，因为其会影响利润率。库存的销售将成本转化为收入，很显然，一个时间段内，库存周转越快，转化的收入就越多，这直接提升了利润率，同时也增加了资产负债表中的所有者权益。因此供应链管理的一个重要目标是加快库存的周转。

APICS 词典将库存周转率定义为"一年中存货周转的次数"。计算存货周转率常用的方法是将年销售量除以年平均库存量：

$$库存周转率 = \frac{年销售量}{年平均库存} \tag{12-9}$$

但由于不同行业的消费特征有所区别，因此当前在计算库存周转率时可能使用不同的公式来计算库存周转率。以下是不同行业的库存周转率计算公式：

$$库存周转率(零售业) = \frac{年销售额}{售价的平均库存额} \tag{12-10}$$

$$库存周转率(制造业) = \frac{年销售成本}{平均库存成本} \tag{12-11}$$

$$库存周转率(日用品) = \frac{单位时间销量}{单位时间平均库存} \tag{12-12}$$

零售商喜欢用金额法来衡量库存周转率，以销售价格来衡量存货价值，因为这对他们来说度量结果更为准确。制造业则使用成本来衡量库存周转率，以成本来计算存货的价值，原因是其存货是利用原材料和劳动力资源生产出来的，这些资源的成本构成了销售成本。日用品行业的库存周转非常快，所以通常选择单位时间内的销量和库存水平来衡量库存周转率。

例 12 - 3：某企业 2019 年年初库存 100 袋某产品（每袋进价 1.5 元，售价 2 元），进货 1080 袋，全年销售 1120 袋，年末库存 60 袋。那么针对不同行业计算库存周转率。

解：库存周转率（零售业）$= \dfrac{年销售额}{售价的平均库存额} = \dfrac{1120 \times 2}{2 \times \dfrac{100 + 60}{2}} = 14（次）$

$$库存周转率（制造业）= \dfrac{年销售成本}{平均库存成本} = \dfrac{1120 \times 1.5}{1.5 \times (100 + 60)/2} = 14（次）$$

$$库存周转率（日用品）= \dfrac{单位时间销量}{单位时间平均库存} = \dfrac{1120/365}{80/365} = 14（次）$$

管理者可以通过增加销售和/或减少平均库存的方法实现较高的库存周转率，但是需要注意的是，库存周转率并非越高越好，其适当水平取决于企业所在的行业。例如，一个面包店的面包库存周转率是每年 365 次，而一个制造备件企业的平均库存周转率不到 4 次，大多数制造企业的平均周转率在 6～26 次之间。所以管理者可以思考一个有用的问题"我的企业库存周转率是多少？为什么？"。

2）外部因素——供应商能力

与供应链质量管理一样，企业外部因素（如供应商能力）同样会影响资产管理的绩效。能力弱的供应商将会对制造企业的设施设备利用率、产能利用率等产生消极影响，它与供应商的总销售额、产能利用率及产品价格有关，见式（12 - 13），可以利用该公式粗略估算供应商能力。

$$供应商能力 = \dfrac{\dfrac{销售总额}{产能利用率} \times (1 - 产能利用率)}{产品单价} \tag{12 - 13}$$

例 12 - 4：已知某供应商某产品的销售总额为 100 万元，产能利用率为 97%，产品单价为 5 元/台，则该供应商的能力可粗略估算为：

$$供应商能力 = \dfrac{\dfrac{销售总额}{产能利用率} \times (1 - 产能利用率)}{产品单价} = \dfrac{\dfrac{1000000}{0.97} \times (1 - 0.97)}{5} = 6186（台）$$

管理者可以使用该公式比较不同供应商的可用单元，帮助其选择供应商。很显然拥有更多可用单元的供应商，其无法快速完成订单的风险更低。但是，管理者需要注意的是，供应商可用单元过高，也可能是其陷入困境的一个危险信号。

以上是一个较为完整的供应链指标体系，每个企业都将为客户、运营和财务的评估设计自己的一套绩效指标，表 12 - 5 是某企业使用的一组绩效指标的示例。

表 12 - 5　一个企业的绩效指标示例

序号	绩效指标
1	按期交货订单率（Request Delivery Date）
2	承诺期交货订单率（Promise Delivery Date）
3	生产计划绩效
4	生产计划稳定性
5	预测精度 ● 预测偏差（计划执行情况） ● 预测偏差（跟踪信号） ● 产品结构 ● 平均绝对误差百分比（MAPE） ● 平均绝对误差（MAD）

续表

序号	绩效指标
6	订单履行提前期
7	供应链总成本
8	商品销售成本
9	现金周转率
10	库存供货天数
11	每天的应收款
12	每天的应付款

第二节　供应链绩效评价方法

供应链绩效评价作为一个整体应该是客观的、一致的和可量化的。它们的评估至少包含两个参数：量和时间（如某一天的交货量）。而且，它们还需要采用一定的方法并设定目标值或标准，以使评估具备可操作性，且评估结果客观和相对成功。

一、仪表盘（Dashboard）

仪表盘是一种易于阅读的管理工具，类似于汽车仪表板。使用 Dashboard 的主要优点是及时性和自我管理，因为该工具可以自动提供管理者定制的、实时的、正确的信息。及时准确的信息使得管理者可以迅速而正确地制定改进计划，而不需要任何其他的指导。表 12 - 6 是一个仪表盘的例子。

表 12 -6　一个仪表盘的例子

间断流水线名称					工作周期	日产量	节拍	运输批量	看管期
轴加工线					2 班/天	120 件/天	8分钟/件	1 件	2小时

工序号	工作班的产量	工序时间定额	工作地号码	工作地负荷率（%）	工人号	该工序完成后工人转向何工作地	一个看管周期内（2小时）标准工作进度												看管期产量
							10	20	30	40	50	60	70	80	90	100	110	120	
1	60	6	01	75	1	04													15
2	60	8	02	100	2														15
3	60	10	03	100	3														12
			04	25	1	01													3
4	60	3	05	37.5	4	06													15
5	60	5	06	62.5	4	05													15
6	60	8	07	100	5														15

这个指示图展示了生产过程中许多关键的信息，如看管期、工序及各工序时间、工地负载、工作进度等。管理人员可以根据这些信息来做出改进决策以提升生产率，如看管期的长短可以直接影响许多其他经济指标。当看管期较长时，工人在工作地间往返的次数将减少，且便于实施多设备管理，有利于提高劳动效率，降低疲劳程度。但是，在制品占用数量会因此增加，从而占用较多的流动资金。缩短看管期则反之。因此，管理人员可以根据生产产品的特性及工人看管设备之间的距离来确定合理的看管期，以有效提升生产率。

二、平衡记分卡

（一）概念

平衡记分卡是从客户、业务流程、创新与学习、财务四个维度，将组织的战略落实为可操作的衡量指标和目标值的一种新型绩效管理体系。它正式地连接了企业总体目标、策略和评估。

为什么称之为"平衡"记分卡呢？原因在于与只关注财务绩效的传统评估方法不同，它包括四种不同类型的衡量方法，旨在为企业业绩提供更广泛、更平衡的视角。

（1）客户角度。衡量组织的竞争能力。客户对业务的看法，对于评估业务的当前绩效和未来前景显然具有价值。例如，他们对准时交付、客户服务满意度及可靠性等的主观感受非常重要。

（2）业务流程角度。衡量组织的综合提升力。在以功能为导向的业务中，客户的拜访数量和生产率是核心，灵活响应和减少浪费也是他们的管理目标。

（3）创新与学习角度。衡量组织的持续发展能力。管理者关注于员工的正式培训，以及产品和流程的创新。

（4）财务角度。衡量企业或组织的获利能力。企业传统的绩效评价方法主要依据现金周转率、投资回报率、负债－权益比等指标。但因为这些指标有追溯力，它们并不总是能真实反映当前的情况，更不用说显示未来的变化了。平衡记分卡的四个维度则很好地克服了这一缺陷。

表12－7展示了一个供应商在一个月内的平衡记分卡信息，包括目的、目标、评估对象及实际情况等信息。目的显示了应该达到的结果，记分卡中所有显示的目的都必须是可度量的。目标是绩效标准，它是一个评估结果应该达到的值，只有这样管理才被认为是有效的。实际情况是记录给定期间实际的绩效。

表12－7　平衡记分卡示例

客户角度				业务流程角度			
目的	衡量对象	目标	实际情况	目的	衡量对象	目标	实际情况
满足客户交付承诺	供应商XYZ的交付绩效	99%	98%	改善供应链一致性和可持续性	XYZ的一致性和可持续性率	100%	100%
满足客户质量要求	与XYZ相关的地板破坏事件数量	0	1	减少在制品加工时间	有条件地接受XYZ材料的数量	0	2

续表

创新与学习角度				财务角度			
目的	衡量对象	目标	实际情况	目的	衡量对象	目标	实际情况
供应商XYZ能够承受经济衰退	供应链适应性的下降趋势	订单减少20%	订单减少15%	促进供应商成本减少	相对于激励成本的成本变化率	-10%	+5%
不裁员的情况下减少生产	生产适应性的下降趋势	订单减少20%	订单减少18%	与财务稳定的供应商合作	XYZ的资产负债率	0.35	0.4

（二）建立平衡记分卡的步骤

建立平衡记分卡的关键在于企业内部就战略问题达成共识，并弄清楚如何把企业的使命和战略转换成经营目标和评估手段。建立一个以战略为评估标准的平衡记分卡须遵守三个原则：因果关系、成果量度与绩效驱动因素、与财务连接。在构造公司的平衡记分卡时，高层管理人员会强调保持各方面平衡的重要性。为了达到该目的，一般采取循序渐进的方式，经历以下四个步骤。

1. 向其他伙伴传递记分卡的战略目标

企业的供应链战略往往停留在高层管理人员的脑海中，而没有与其他管理层沟通。如果需要其他管理层的人员帮助完成供应链系统的改进，他们必须理解为什么要改变，这些改进措施对业务、客户、他们自己及部门有什么益处。

2. 战略转换为目标

以组织的共同愿景与战略为内核，运用综合与平衡的哲学思想，依据组织结构，将公司的愿景与战略转化为下属各责任部门（如各事业部）在客户、业务流程、创新与学习、财务等四个方面的系列具体目标（即成功的因素），并设置相应的四张记分卡，其基本框架如图 12-4 所示。

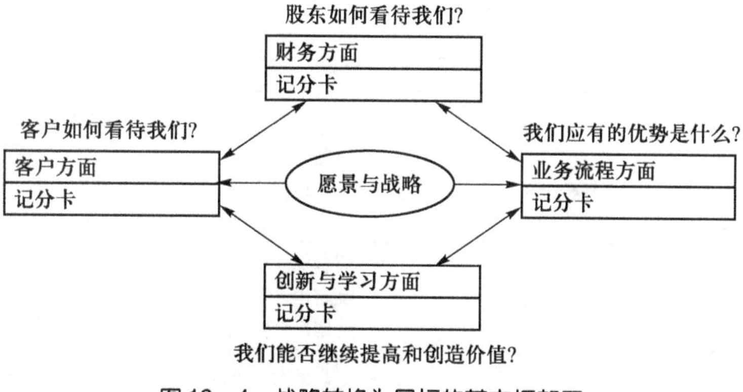

图 12-4　战略转换为目标的基本框架图

3. 设置绩效评价指标体系

依据各责任部门分别在客户、业务流程、创新与学习、财务四种可具体操作的目标，设置一一对应的绩效评价指标体系，这些指标不仅与公司战略目标高度相关，而且同时兼顾和平衡公司长期和短期目标、内部与外部利益，综合反映战略管理绩效的财务与非财务信息。

4. 制定计划并分配职责

平衡记分卡要求建立部门负责制。但是，当一个计划跨越了企业的各个部门，如果没有上层的协调，计划的执行有可能会遇到阻力。而由不同企业组成的供应链中，如果没有一致的标准，则需要首先在整个供应链的执行层建立协议，而且相关报告的结构必须跨越企业边界，同时还有可能需要克服结构性障碍（如不兼容的系统）。

三、标杆分析法

（一）标杆法概念

标杆法又称竞标赶超、战略竞标，是一种管理体系，也是一种有目的、有目标的学习过程，其实质是模仿和创新。它一般可依据选择的标杆对象与欲评价的作业流程的不同，分为以下三种类型。

（1）内部流程标杆分析。是以企业内部操作作为基准，通过对企业内部不同部门、节点、分支机构的相同作业流程的相互评量比较，辨识企业内部最佳职能或流程，然后推广到企业的其他部门，以快速高效地提高企业绩效。以连锁酒店为例，比较酒店间参考服务的作业流程，可寻找出连锁酒店内最佳参考服务典范与解决参考服务过程中所遭遇的共同问题。

（2）外部竞争性流程标杆分析。是将竞争者或者行业领先者的产品、服务、作业流程等作为评量比较的标杆，以找出自身的优势或弱点。在标杆选择过程中，企业通常关注竞争对手的市场面、市场战略、资源水平以及竞争优势等方面。

（3）功能性流程标杆分析。是选择一特定功能或作业流程，针对在这个领域内表现卓越的机构进行标杆分析。不同于竞争性标杆分析，这种标杆分析注重于标杆企业的某一项典范作业流程。以酒店为例，为提升酒店人力资源管理效能，企业可以向人力资源管理极享盛名的企业取经，标杆企业的选择不必局限于酒店行业。

（二）标杆法的实施过程与步骤

标杆管理的实施是一个复杂的过程，可以将其大致分为以下四个阶段，每个实施阶段都有各自的重点内容，如表 12-8 所示。

表 12-8　标杆管理实施阶段

阶段		工作内容
阶段 1	标杆准备	• 明确标杆管理目标 • 组建标杆小组 • 形成标杆管理计划
阶段 2	标杆规划	• 明确标杆管理的范围 • 确定内外部标杆 • 确定标杆资讯源
阶段 3	标杆比较	• 信息的收集整理 • 确定标杆管理指标 • 确定绩效差距 • 绩效差距成因分析
阶段 4	标杆实施	• 拟定未来的最佳实践 • 构建 KPI 体系 • 制定并实施改革计划 • 评估和重新校标

四、ABC 成本法

ABC 成本法（Activity - Based Costing）是一种基于价值链分析的评价方法，它克服了传统财务统计方法的不足，以作业（activity）为核心，将财务评价和业务运作结合，确认和计量所有作业耗用的企业资源，将耗用的资源成本准确地计入作业，从而精确评估供应链业务流程的生产率和成本。其应用的基本步骤包括以下几个。

（1）确认作业消耗资源，划分直接成本、间接成本。

（2）识别、定义作业中心。

（3）确认资源分配方式。

（4）将作业成本分配到产品。

（5）进行作业管理。

例 12 - 5： 某企业经营小麦、稻谷、玉米，相关数据如表 12 - 9 所示，请使用 ABC 成本法计算该企业盈利情况。

表 12 - 9 经营数据

品种	数量	收入（万元）	成本（万元）	费用（元）					利润
				工资	装卸费	保管费	招待费	合计	
小麦	1.3	2456.8	2449.18	13910	13000	32500	28275	87685	-1.1485
稻谷	0.6	1047.36	1044.24	6420	6000	15000	13050	40470	-0.927
玉米	2.1	3527.47	3520.91	22470	21000	52500	45675	141645	-7.6045
合计	4	7031.63	7014.33	42800	40000	100000	87000	269800	

解：（1）确认资源消耗。各项间接资源消耗为工资 42800 元、装卸费 40000 元、保管费 100000 元、招待费 87000 元，合计 269800 元。

（2）划分作业中心。根据作业流程划分为订单处理、购销作业、调运作业、仓储作业、结算作业。

（3）确定资源分配方式。工资、招待费以人数动因计算，其中订单作业 5 人、购销作业 10 人、仓储作业 4 人、调运作业 3 人、结算作业 3 人；装卸费、保管费以吨数为动因计算，计算结果如表 12 - 10 所示。

表 12 - 10 装卸费、保管费计算结果

资源	动因	作业成本					
		订单作业	购销作业	仓储作业	调运作业	结算作业	合计
工资	人数	8560	17120	6848	5136	5136	42800
招待费	人数	24167	48333	—	—	14500	8700
装卸费	吨数	—	—	—	40000	—	40000
保管费	吨数	—	—	100000	—	—	100000
合计		32727	65453	106848	45136	19636	269800

（4）将作业成本分配至各品种产品。根据公司记录，当月共签订购销合同 60 份（其中小麦 10 份，稻谷 10 份，玉米 40 份），经营量 4 万吨（其中小麦 1.3 万吨，稻谷 0.6 万吨，玉米 2.1 万吨），假设当月采购销售一致，计算作业成本分配率（＝作业成本总额/成本动

因量），计算结果如表 12 – 11 所示。

表 12 – 11　作业成本分配计算结果

作业项目	成本动因	成本总额	动因数量	作业成本分配率
订单作业	订单数量	32727	60	545.45
购销作业	订单数量	65453	60	1090.88
仓储作业	存储数量	106848	40000	2.67
调运作业	经营数量	45136	40000	1.13
结算作业	订单数量	19636	60	327.27

（5）计算各品种产品的成本如表 12 – 12 所示。

表 12 – 12　各品种产品的成本

		订单作业	购销作业	仓储作业	调运作业	结算作业	小计
小麦	作业分配率	545.45	1090.88	2.67	1.13	327.27	—
	作业动因数量	10	10	13000	13000	10	—
	作业成本（元）	5454.5	10908.8	34710	14690	3272.7	69036
稻谷	作业分配率	545.45	1090.88	2.67	1.13	327.27	—
	作业动因数量	10	10	6000	6000	10	—
	作业成本（元）	5454.5	10908.8	16020	6780	3272.7	42436
玉米	作业分配率	545.45	1090.88	2.67	1.13	327.27	—
	作业动因数量	40	40	21000	21000	40	—
	作业成本（元）	21818	43635.2	56070	23730	13090.8	158344

从计算结果我们可以看出，将财务分析与作业过程结合后，产品摊销的费用发生了变化，如小麦的费用由原来的 87685 元减少到 69036 元，从而利润的核算结果也会发生变化。

除以上方法外，被大家更为广泛认可和使用的诊断工具是 SCOR 模型，该模型是一个跨行业、标准的评价模型，它反映了多年的基于实践的集体智慧，并提供了一个独特的框架，以统一的结构将业务流程、指标、最佳实践、技能和技术特性联系起来。该内容将在下一节单独介绍。

第三节　基于 SCOR 模型的绩效评价

关于供应链绩效的评价，一般研究都会参照美国供应链协会推行的供应链运作参考模型 SCOR（Supply Chain Operations Reference Model）。该模型主要由 PRTM 和 AMR 开发支持，是全球第一个标准的供应链流程评价参考模型，经过后续 HP、GM 等一系列著名公司的应用，SCOR 获得普遍认可和推广。

一、SCOR 模型的概述

（一）什么是 SCOR 模型

1996 年年底，美国供应链协会（Supply Chain Council，SCC）发布了供应链运作参考模型。SCOR 模型把业务流程重组、标杆比较和流程评测等概念集成到一个跨功能的框架之中，是一个为供应链合作伙伴之间有效沟通而设计的流程参考模型。作为全球第一个标准的供应链流程评价参考模型，它提供了通用的供应链结构、标准的术语定义，与评价有关的通用标准和最佳实施分析，是可用于评价、定位和实施供应链应用软件的公共模型。模型如图 12 - 5 所示。

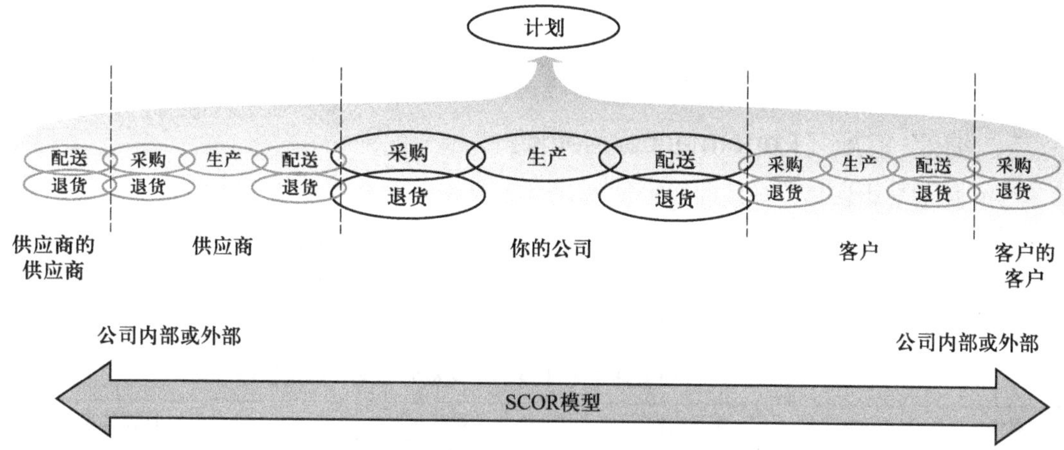

图 12 - 5　SCOR 模型

（1）中心是核心企业；

（2）紧挨着企业的右边是第一层客户，客户可以是企业内部的，也可以是外部的；

（3）紧挨着企业的左边是第一层供应商，同样可以是内部也可以是外部；

（4）左右两个延伸的方向的第二层是外部供应商和外部客户。

供应链运作参考模型（SCOR）描述了与满足客户需求相关的所有阶段的业务活动，它跨越所有客户交互（报价到收款）、所有实体材料交易（采购到付款，包括设备、供应、备件、批量产品、软件等）和所有市场交互（制造、从理解总需求到完成每个订单）。此外，SCOR 模型还给传统的供应链提供一个独特的框架，它将业务流程（Process）、绩效指标（Performance）、最佳实践（Practice）和人员/技能（People/skill）四大因素有机地统一起来，架构成为一套完整的体系，使得供应链管理能卓越运行。

（1）Performance（metrics）：描述过程性能和定义战略目标的标准度量；

（2）Process：管理流程和流程关系的标准描述；

（3）Practice：能够显著提高过程性能的管理实践；

（4）People（skill）：执行供应链流程所需技能的标准定义。

（二）SCOR 模型的覆盖范围

SCOR 模型覆盖范围广泛，它包括以下方面内容：

（1）所有与客户之间的相互往来，从订单输入到货款支付；

（2）所有产品（物料实体和服务）的传送，从供应商的供应商到客户的客户，包括设备、原材料、配件、大批产品、软件等；

（3）所有与市场之间的相互影响，从对累计总需求的理解到每项订单的完成。

但 SCOR 模型不适用于以下流程：

（1）销售和市场（需求的产生）；

（2）技术研究与开发；

（3）产品开发；

（4）一些售后服务的要素（但不包括返回）。

此外，SCOR 模型也没有解决以下问题，但假设它们是存在于企业的：

（1）产品设计及生产测试；

（2）质量控制；

（3）信息技术；

（4）行政管理（除供应链管理以外的管理）；

二、绩效/指标（Performance/Metric）

SCOR 模型的指标是一种诊断指标，它从三个层次的度量标准给出供应链的绩效指标，这其中被最为广泛接受的是 SCOR 第一层战略指标。SCOR 模型作为 APICS 推出的供应链通用模型提出了五种绩效属性及 11 种战略绩效指标。表 12 – 13 对每一个指标的范畴做了定义，并列出了所对应的第一层次评价指标及其计算公式。

表12 –13　SCOR 模型绩效特征范畴定义及对应第一层衡量指标

绩效属性	绩效属性定义	衡量指标	指标含义	计算公式
供应链交付可靠度	衡量供应链的交付质量：符合要求的产品在要求的时间段、要求的地点交付给正确的客户；产品包装完整，数量和质量无误，没有瑕疵，文档齐全	完美订单履行率	这个指按时、按量、按质，文档齐全。通常有两种统计层面，一个是按照"客户需求"，按时按量地完成了多少。另一个是按照"我司承诺"，这通常是客户需求突增，短于往常的交付履行期，因此客户明面上无法考核我们	完美订单数/订单总数
供应链响应性	产品交付到客户的速度	订单履行周期	履行客户订单的实际评价时间周期。每个订单的履行周期的计算是从接到客户订单到客户确认收到货物的时间	订单处理时间 + 订单停留时间
供应链敏捷性	供应链面对市场变化或保持竞争优势的灵活性	上调供应链灵活度	指企业需要多少天才能满足事前未计划的20%需求增加。20%这个数字可根据行业情况自定义	—
		上调供应链适应性	30 天内可能达到最大可持续交付数量增加的百分比。即如果意外的订单要求在 30 天内完成，那么企业在这个时间段内能生产新产品的量	30 天内生产新产品的量/30 天内意外订单的产品数量
		下调供应链适应度	在没有存货和处罚的情况下，在 30 天内可以实现的可持续性配送订单减少的百分比。即在 30 天内。企业能承受多少数量的减少	30 天内能承受的减少量/30 天内企业订单的产品量
		整体风险	这里用供应链风险价值（VaR）来评估。它是风险事件的概率与能够影响任何核心供应链功能的货币价值总和	供应链 VaR = Var（计划）+ Var（采购）+ Var（生产）+ Var（订单履行）+ Var（退货）

续表

绩效属性	绩效属性定义	衡量指标	指标含义	计算公式
供应链的总成本	供应链运营所耗成本	产品销售成本（COGS）	包括直接成本（如人力、原材料）和间接成本（如分摊管理费用）。这个成本项不能与供应链总成本存在叠加项	直接材料＋直接人工＋管理费用
		供应链管理总成本	是SCOR第二层流程上计划、采购、交付和退货的综合成本	计划成本＋采购成本＋订单履行成本＋退货成本＋生产成本（除COGS重合项）＋赋能成本（如IT系统）
供应链资产管理	一个组织为满足需求利用资本的有效性，包括各项资本的利用；固定资本和运营资本	现金周转时间	从现金投入到原材料采购开始到销售完成现金返回的时间。	库存的供应天数＋应收账款龄－应付账款龄
		供应链固定资产回报率	衡量企业投入供应链的固定资产的回报率，包括用于计划、采购、生产、配送和退货的固定资产	（供应链收入－COGS－供应链管理总成本）/供应链固定资产
		营运资本回报率	比较衡量企业营运资本的投入与供应链产生的收入	（供应链收入－COGS－供应链管理成本）/（库存＋应收账款－应付账款）

该如何理解这五种绩效属性呢？企业存在的目的就是使股东价值最大化，德勤会计师事务所将"收入增长""运营利润""资产效率"和"期望管理"定义为提高股东价值的重点，SCOR模型的指标是与之相关的，其对应的财务影响如表12－14所示。

表12－14 SCOR模型指标对财务的影响

绩效指标	收入	成本	库存	应收账款	应付账款	固定资产	总资产
完美订单履行率	√			√			
订单履行周期	√			√			
上调供应链灵活性	√	√	√				
上调供应链适应性	√	√	√				
下调供应链适应性	√	√	√				
整体风险值	√	√	√	√	√	√	√
供应链管理总成本		√					
商品销售成本（COGS）		√					
现金周转时间			√	√	√		√
供应链固定资产回报率			√	√	√		
营运资本回报率		√	√	√	√		

显然，SCOR的五种绩效属性及其指标比较全面地支撑了股东权益。一方面，从支持竞争战略的角度满足交付是面向客户的，由"交付可靠性""响应性"和"敏捷性"

来衡量。另一方面使用最少的资源是面向企业内部的，由"成本"和"资产管理"来衡量。因此，SCOR的五种绩效属性直接帮企业解决了全面性、平衡性和战略支撑的问题。

SCOR指标由一级指标向下逐层分解（分解的依据则涉及流程及其分解），构建成一个完整的指标体系。图12-6是一个关于"完美订单履行率"指标分解的例子。

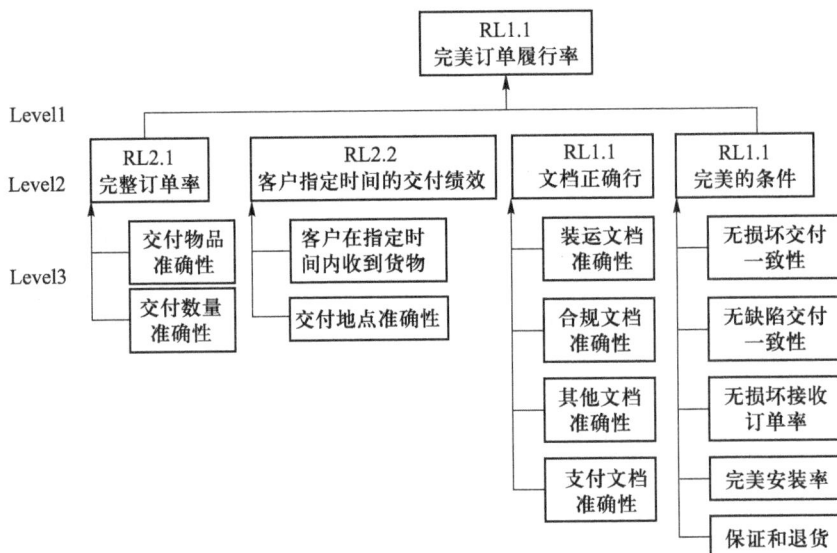

图12-6 一级指标分解的例子

三、流程（Process）

SCOR模型主要关注供应链的管理流程：计划、采购、制造、交付、退货和赋能。这些流程并不是传统意义的职能或部门，而是存在于供应链的实体中，由核心企业、供应商和客户三位一体的供应链成员来实施。

因为SCOR模型的设计和维护是为了支持不同复杂性和跨多个行业的供应链，因此模型侧重于三个流程层次，而并没有试图规定特定组织应该如何进行其业务或定制其系统或信息流。SCOR模型在这三个层次衡量跨职能、跨企业的供应链过程，每层都有对应的指标用以比较行业最佳绩效或同类产品的最佳绩效，以及企业自身的绩效及未来的目标。

（一）第一层

SCOR模型第一层指标是对供应链整体健康状况的诊断。这些指标也称为战略指标和关键性能指标（KPI），它们有助于建立现实的目标来支持战略方向。11.0版的SCOR模型在原框架的计划（Plan）、采购（Source）、生产（Make）、发运（Deliver）、退货（Return）五个流程基础上，增加了赋能（Enable）流程，给出评价供应链绩效的多层评价指标，定义了供应链运作参考模型的范围和内容，并确定了企业竞争基础的绩效目标，如表12-15所示。这些流程为大多数企业有效地执行供应链管理，提供了一组预定义的描述，目标是要了解流程现状，并制定出应有的流程。

表 12 - 15　SCOR 定义基本流程的主要内容

流程	内容
计划	评估企业整体生产能力、总体需求计划以及针对产品分销渠道进行库存计划、分销计划、生产计划、物料及生产能力的计划。 制造或采购决策的制定、供应链结构设计、长期生产能力与资源规划、企业计划、产品生命周期的决定、生产正常运营的过渡期管理、产品衰退期的管理与产品线的管理等
采购	描述了订单（或计划）、接收的商品和服务相关活动。它包括发布采购订单、安排进货、收货、发货检验和货物存储，以及接收供应商发票
生产	描述了与材料转换或创建服务相关的活动。它侧重于材料的转换而不是生产或制造，这里的材料转换包括：组装、化学加工、维护、修理、大修、回收、翻新等
交付	描述了与创建、维护和完成客户订单相关的活动，它包括客户订单的接收、验证、创建；安排订单交付；分拣、包装以及装运；开票
退货	描述了与客户退回的商品反向流程相关的活动，它包括确定退货的需要、做出处置决定、安排退货实施以及装运和退货。（注意修理、回收、翻新和再制造过程不适用退货流程）
赋能	描述了与建立/维护/监控信息、关系管理、资源获取、资产、业务规则、法规遵循和合同相关的活动，这些活动是供应链运作所必需的。通过提升专业人员的能力，数字化科学技术的实施等，支持供应链规划及执行过程的实现和管理

资料来源：https://www.apics.org/docs/default-source/scc-non-research/apicsscc_scor_quick_reference_guide.pdf

（二）第二层

SCOR 模型第二层指标作为一级指标的诊断，有助于确定一级指标的绩效差距的根本原因。它是从计划和执行两个方面，对第一层的每个核心流程进行分解。表 12 - 16 所示为 SCOR 模型流程分解说明。

表 12 - 16　SCOR 模型流程分解说明

流程类型	描述
计划	一个调整预期资源满足预期需求的计划，该流程包括： ● 平衡总需求与总供给； ● 通常以有规律的、周期性的间隔发生； ● 考虑一致的计划周期； ● 能对供应链响应时间做出贡献吗
执行	一个有计划或实际需求引发的改变物料状态的过程，该流程包括： ● 调度/排序； ● 转换产品； ● 将产品移到下一个工序； ● 能对订单完成周期做出贡献吗

按照这个思路，SCOR 模型第一层向第二层分解的结果如图 12 - 7 所示。

（三）第三层

SCOR 模型第三层是对第二层流程的诊断，它描述了为实现第二层的流程而执行的步骤，定义了一个公司在其市场上竞争成功的能力。在这一层，SCOR 模型还描述了各类流程的输入、输出及其相互关系、流程性能指标、最佳运作方式、哪些地方适用等。公司可在该层对其运营战略进行微调，为公司在市场成功竞争中获取更多的能力。

（四）第四层

SCOR 模型并没有定义第四层流程，因为该层次流程属于特定行业，所以由企业或行业创建它们自己的第四层流程。该流程详细描述了执行第三层流程所需的行业或企业特定的活动。

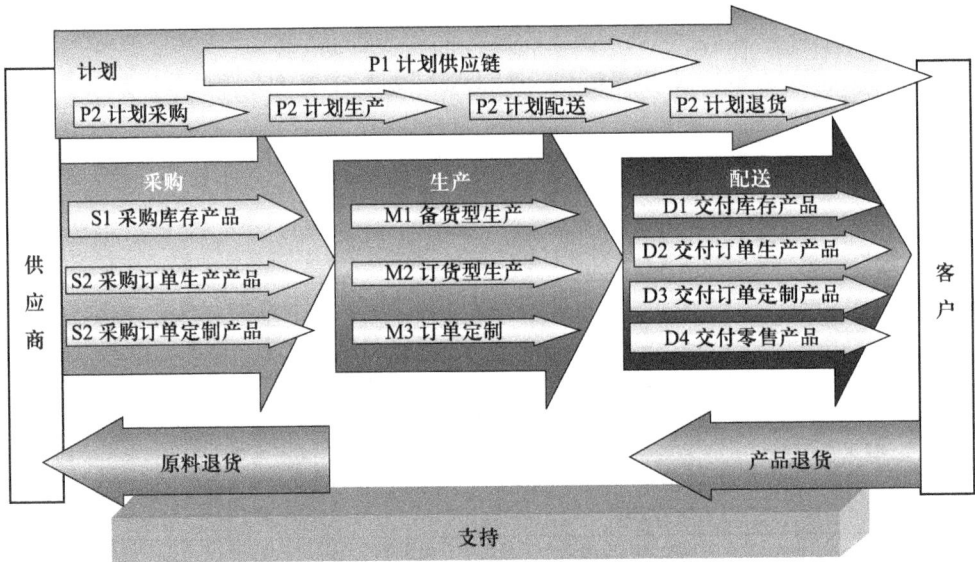

图 12 - 7   SCOR 第二层配置层

从第一层到第三层的度量标准的绩效分析被称为度量标准分解、绩效诊断或诊断结果的根本原因分析。度量分解是确定需要进一步研究的流程的开始。下面我们通过制造流程的分解来理解 SCOR 模型的结构，如表 12 - 17 所示。

表 12 - 17   SCOR 模型层次结构的例子

Level 1	Level 2	Level 3	Level 4
生产	备货型生产	• 生产计划； • 组织原材料； • 生产与测试； • 包装； • 阶段性产品； • 发布产品并交付； • 废料处理	以电子行业的按单生产为例，其"组织资源/中间产品"流程的 4 级流程为： • 打印拣选列表； • 拣选物品并装入托盘； • 将托盘送到生产车间； • 将空托盘放回拣选区； • 关闭拣选列表
	订货型生产	• 生产计划； • 组织资源/中间产品； • 生产与测试； • 包装； • 阶段性成品； • 发布产品并交付； • 废料处理	
	订单定制	• 完成生产设计； • 生产计划； • 组织资源/中间产品； • 生产和测试； • 包装； • 阶段性成品； • 发布产品并交付； • 废料处理	

通过层层细分，把一个大的流程分解为具体的操作步骤，这些流程又对应着绩效指标考核，意味着企业的供应链过程都是可以考核的，这样流程和绩效就建立起了关联。

四、实践（Practice）

实践是形成一个或一组流程的唯一方法。这种唯一性可能与流程的自动化、技术、特殊技能、唯一执行顺序或企业间分配和连接流程的独特方法有关。所有的实践都与一个或多个流程、一个或多个度量标准以及一个或多个技能相关。

在 SCOR 模型中的实践分为四种，分别是新兴实践、最佳实践、标准实践和下滑实践，但 SCOR 模型中的实践不区分具体行业，目标是能为各种行业提供一个参考标准。

（1）新兴实践（Emerging Practice）。是企业供应链运营中使用了新兴的技术，比如3D 打印、物联网等。此类实践由于技术门槛高，投资成本高、风险大，暂时还没有大范围地进行推广，或者说并不适合大多数的企业，但是如果成功的话能够带来巨大的收益。

（2）最佳实践（Best Practice）。最佳实践是指已经在很多的企业里成功地得到了验证的活动，是可以复制的模式，相对而言投入的成本或风险较小，实施以后能够得到可观的效果。

（3）标准实践（Standard Practice）。顾名思义，此类实践就是应该这样做的，比如财务给供应商付款的时候，需要订单数量和实际到货数量以及价格全部相符。

（4）下滑实践（Declining Practice）。这类实践实际上是总结了前人失败的经验，它们被证明是会产生负面作用的行为，提醒企业不能继续走前人失败的路。

五、人员/技能（People/skill）

SCOR 模型中介绍的人员（People）部分，通过合并描述执行任务和管理流程所需的专业知识的标准，提供了一种管理供应链中的人才的方法。它与 Performance，Process 和 Practice 形成一个不可分割的整体。

People 更加准确地被描述为人员所需要的技能（Skill）。SCOR 模型中的技能则是指用最少的时间和精力来交付预定结果的能力，它是一个与经验（Experience）、资质（aptitudes）和培训（Training）相关的标准定义。经验是可以通过观察别人怎么做，或是通过自己动手操作获得的经验。培训则是在专业人士的指导之下获得知识，比如参加 SCOR 模型课程培训，获得了供应链参考模型的知识。

那么如何来衡量人的能力呢？SCOR 模型用资格（Competency）来定义了人的资质等级，一共分为五等。

（1）新手（Novice）：未经训练的初学者，没有经验，需要并遵循详细的文档。

（2）初学者（Beginner）：以有限的情景经验完成工作。

（3）合格者（Competent）：理解工作，能够决定优先级来完成目标。

（4）能手（Proficient）：可以监督工作的所有方面，并能根据情况优先排序。

（5）专家（Expert）：对供应链管理有直观的理解，可以将经验模式应用到新情况中。

六、SCOR 模型的发展

随着经济环境的变化以及信息技术的发展，APICS 不断更新 SCOR 模型，目前已经更新到 12.0 版，该版本对数字化与供应链运营进行了更深入的阐述。表 12 – 18 列出了 SCOR11.0 与 SCOR12.0 主要的差异，从中我们也可以发现供应链的发展趋势。

表 12 – 18　SCOR 模型的发展

Apics 出版 SCOR 书籍		
版本	供应链运营参考模型 11.0	供应链运营参考模型 12.0
发布时间	2012	2017
比较	■ 传统的供应链 SCOR 模型 ■ 给传统的供应链提供一个独特的框架，SCOR 模型将业务流程、绩效指标、最佳实践和人员技能四大因素有机地统一起来，使得供应链管理能卓越运行。SCOR 模型种包括 4 个 P： • Performance（metrics）：描述过程性能和定义战略目标的标准度量 • Process：管理流程和流程关系的标准描述 • Practice：能够显著提高过程性能的管理实践 • People（skill）：执行供应链流程所需技能的标准定义 SCOR 模型开发者的逻辑是把这 4 个 P 融合在一起，架构成为一套完整的体系	■ 数字化和现代工业 4.0 下的供应链 SCOR 模型 ■ 保持了原框架结构体系和其内核 ■ 在本版本更新种引进了以下新的实践，包括： **新兴实践** • 全渠道 • 增材制造，俗称 3D 打印 • 区块链 • 需求驱动 MRP • 需求驱动 S&OP • 数字化供应链 • 物联网 • 集成业务规划 • 场景规划 • SCM 对象同步——"3/4 路匹配" **最佳实践** • 供应链风险监控 • 供应链风险评估 • 元数据 • 质量成本 • 数据/分析 • 供应链金融 **其他更新** • 增强了服务行业和数字化环境的一致性 • 绿色供应链改为可持续发展的供应链
建议	SCOR11.0 是过去式，可学习，但不可止于它	学习、研究和实践新的 SCOR12.0，否则又将落后于西方先进的供应链

资料来源：唐隆基. SCOR12.0 对比 11.0：你需要关注的现代供应链参考模型. 罗戈研究.

🔁 本章小结

第一节 了解供应链指标体系

总结

供应链绩效评价结果的客观性和科学性很大程度上取决于评价指标的选择。因此，为了支持供应链系统，管理者需要从竞争基础、评估基础和评估频率等方面，为客户、财务、运营和其他部门确定一套评价指标。

关键术语

供应链指标选择框架　供应链成本细分　多企业供应链成本　企业破产风险指标　供应商绩效指数　供应商能力

第二节 分析不同的供应链绩效评价方法及其应用

总结

供应链绩效评价作为一个整体应该是客观的、一致的和可量化的。管理者可用使用一定的方法并设定目标值或标准，以使评估结果客观且相对成功。常用的绩效评估方法有仪表盘、平衡记分卡、标杆分析法、ABC 成本法。

关键术语

平衡记分卡　标杆分析　ABC 成本法

第三节 理解 SCOR 模型在供应链管理中的应用价值

总结

SCOR 模型把业务流程重组、标杆比较和流程评测等概念集成到一个跨功能的框架之中，描述了与满足客户需求相关的所有阶段的业务活动，并从三个层次将业务流程（Process）、绩效指标（Performance）、最佳实践（Practice）和人员技能（People/skill）四大因素有机地统一起来，架构成为一套完整的体系，使得供应链管理能卓越运行。

关键术语

SCOR 模型框架　4P 架构

🔁 问题讨论

1. 作为一个供应链管理者，你会如何选择供应链评价指标？
2. 顾客期望是服务成功与否的关键，根据你的经历举例支持或反对这一论断。
3. 评估一家上市企业的方法适用于评估一家中小企业吗？
4. 对于供应商 A 和 B，某企业的王副经理建议选择采购价格低的 A，李副经理却建议选择交付能力强的 B，作为总经理的你该如何决策？
5. 某企业经营 A、B、C 三种产品，相关数据如下表，当月签订合同 10 份（其中 A 产品 3 份，B 产品 3 份，C 产品 4 份），请用 ABC 成本法分析该企业盈利情况。

品种	数量	收入（万元）	成本（万元）	费用（元）					利润
				工资	装卸费	保管费	招待费	合计	
A	1.3	2400	2400	13000	11000	36500	28000	88500	-8.85
B	0.6	1000	900	6000	5500	13500	13000	38000	96.2
C	2.1	3500	2500	22000	18000	50000	40000	130000	987
合计	4	6900	5800	41000	34500	100000	81000	256500	—

客观题

1. 供应链评价指标选择框架注意考虑哪几个方面？

2. 供应链指标体系包括哪几个部分？

3. 平衡记分卡法与传统评价方法的差异是什么？

4. ABC 成本法评价的角度是什么？其实施步骤包括哪几个部分？

5. SCOR 模型的 4P 指的是什么？

6. SCOR 模型的指标体系分为几层？各层指标之间有什么关系？

第十三章　供应链管理发展前沿

本章学习目标

1.理解全球供应链的含义。
2.理解供应链视角下的全球化经营模式。
3.掌握电子供应链管理及其运作模式。
4.理解可持续发展供应链及其驱动因素、绩效评价。
5.掌握可持续发展供应链的三重底线。

导入案例

供应链管理面临的挑战

在供应链管理前沿探索中，各大核心企业积极将理论运用于实践，充分发挥行业带头作用，不断为管理理论开辟研究的新方向。早在 2009 年，IBM 公司曾在全球范围内，采访了北美、西欧和亚太地区 400 位负责企业供应链策略制定和运营的高级主管，共同讨论未来供应链所面临的挑战和期望。

"如坐过山车。"——这是对当前全球市场的最佳描述。随着全球经济和金融市场的扩大，供应链也向全球化发展。供应链的高速发展，使得每一个节点的变动都能波及供应链网络的每个角落。除了地域性的扩张之外，参与供应链的企业数量也越来越多。在接受调查的主管人员当中，有大约 80% 表示，他们期望与越来越多的第三方企业建立合作关系。因此，有越来越多的业务被外包出去，而且是全球范围的业务外包。在日益复杂的世界经济局势下，这些转变会带来很多问题，因此供应链主管们总结出他们面临的五大挑战，如图 13－1 所示（百分比表明这项挑战对供应链的影响程度）。

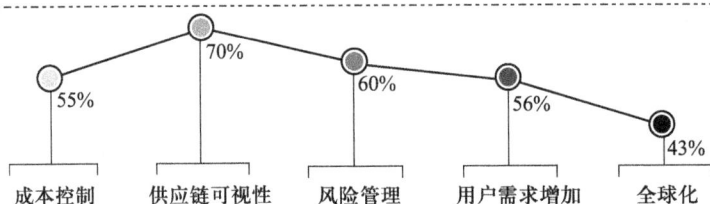

图 13 - 1 供应链主管所面临的五大挑战

1. 供应链可视性。随着各种信息技术的运用，虽然总体来看各节点的沟通交流越来越紧密，但是供应链管理者们依然将可视性列为最大的挑战。现在的信息技术，虽然增加了信息量，但是其中能被针对性地收集、管理、分析并提供给所需要的人的比例很低。虽然通过提高供应链可视性来协同决策是管理者们面临的难题，但是在实践中并没有采取计划和活动对其改善，管理者们依然更多地专注于成本控制、流程改进和策略调整。IT 系统的局限性在一定程度上限制了可视性的改善，不过管理者们也认为组织鸿沟是最大的沟通障碍。

2. 风险管理。风险管理的重要性是各行业高层管理者都一致认同的，但是在管控方式上各有看法。通常情况下，只有首席财务官才考虑风险管理的问题，但是在本次调查中显示，风险管理也是供应链管理者的重要任务。相对于客户要求的日益严苛和成本的不断攀升难题，日益增加的供应链风险也令管理者更棘手。风险管理受到人们的关注不仅因为我们当前面临的经济环境，也源于当下全球化贸易增强了供应链的紧密联系。

3. 客户需求增加。满足不断变化的客户需求成为供应链管理中的第三大难题。虽然目前能建立高效率的沟通系统，但企业还是倾向于将工作重心放在与供应商的沟通上，而且少有企业直接与客户进行供应链计划的协作。如果无法充分与客户沟通，将带来库存积压、销售量下滑和错失创新机会等种种问题，因而利润无法提升。

4. 成本控制。成本控制始终是供应链主管们需要面临的头等任务，它的重要程度远远超过产品/服务的创新。然而，成本的持续改进过程已经越来越难，总成本受到的冲击和影响越来越常见，供应链主管们发现他们要应对日常发生的各种成本问题。例如，一旦燃料价格上涨，管理者们需要重新评估运输方案，外包更多的物流业务，甚至要和竞争对手拼货。当燃料价格下跌时，在运输方式上有了更多灵活的选择，成本压力降低，企业会更注重服务。比如采取少批量、高频次发货的方式。所以成本的控制受诸多方面的影响，以至于传统的供应链设计和策略在当下并不受用。

5. 全球化。全球经济的发展使得各国企业之间相互依赖程度提高，全球化也上升为供应链管理的难题，全球业务外包既是大趋势又是挑战。在外包业务当中，可能会带来交货不稳定、交货期延长和产品质量下降等问题。不过，总体来讲，供应链管理者认为全球化的运营带来的财务优势远远超过各种弊端，因为有 40% 的管理者表示全球化增加了企业的利润。当然，也有不少企业由于无力管理庞大的全球供应链，而增加了运营成本。

以上这些结论意味着当今的供应链以及相关的管理者，都面临着严峻的压力。随着供应链的参与方和信息数量的增加，供应链管理变得越来越复杂、成本越来越高，并且更加易于受到各参与方的影响。管理者们发现要应对的挑战愈发艰巨，如果按照传统的供应链思想进行供应链设计策略的展开，会更加无路可寻。供应链管理的前沿话题便是围绕着如何解决这些问题展开。

资料来源：IBM 全球首席供应链官调查报告

第一节 全球供应链管理

一、为什么要进行全球供应链管理

当今时代，经济全球化的推进速度越来越快，越来越多的企业开始整合全球的资源进行跨国经营，在全球范围内进行资源分配和提供服务，成为全球化的跨国公司。当今企业之间的竞争，已经不仅仅是产品或服务的竞争，更是供应链之间的竞争。跨国公司的供应链涉及全球整合的资源，只有着眼于全球化的供应链管理，才能在激烈的竞争中赢得优势。全球供应链管理要求企业着眼于世界范围的布局，充分利用全球的廉价资源和广阔的市场，寻找合适的合作伙伴，共同提高供应链对客户需求的响应能力，减小生产经营成本，最大化跨国供应链的价值。

全球供应链管理，是一种新的管理模式，指企业在全球化的过程中，有效地管理全球供应链，使得各节点企业有机地整合起来，有效地控制全球供应链的物流、资金流和信息流。

在这种模式下，国内的企业能尽快融入全球供应链体系中，有效地带动国内企业产业升级，并迅速联动全球范围的优质资源，有利于国内企业参与到国际分工，并在世界经济体系中取得一定的优势地位，从整体上降低产品的生产成本，从而提高企业盈利水平。

与此同时，也应该看到全球供应链所面临的挑战。它植根于世界范围不同的国家和社会环境中，所以一家全球化企业的相关利益者，如股东、顾客、政府和贸易联盟等，更难以协调利益分配。一方面的困难来自文化差异，不同国家和地区的语言、传统、思维、经营环境、法律制度、经济条件等千差万别，这些影响是经营全球供应链所必须考虑的关键因素。另一方面，相对于局限在某一地区或国家的供应链，政治环境对经济贸易的影响起着至关重要的作用，关税、汇率和贸易壁垒等问题，使得供应链上下游更难协调统一地管理。

全球供应链管理给企业带来降低成本、获取竞争优势等机遇的同时，也带来诸多挑战，如合作伙伴之间的价值差异、全球市场变化、战略同步和信息共享等。全球供应链如何应对挑战，充分利用机遇，是所有跨国企业的经营者们需要考虑的问题。

二、供应链视角下的全球化经营模式

全球供应链要求管理者将供应链系统的视野延伸至整个世界范围，根据企业的需要，与世界各地有竞争力的伙伴展开合作。进行全球供应链管理，一方面要全面、迅速地了解世界各地消费者的需求，另一方面也要不断对供应链进行计划、协调、运营、控制和优化。在供应商、制造商、分销商、零售商以及消费者之间，依靠现代信息技术支撑，实现供应链的一体化和快速反应，满足全球消费者的需求。

很多企业在全球化的过程中，第一步是向境外出口商品，进军全球市场。国产汽车行业，瞄准中东及非洲这块蓝海市场，凭借其先进的技术与压倒性的价格优势，在国际市场中占据一席之地。由于国内竞争激烈，吉利汽车积极寻求出口，着眼于供应链下游在海外的布局。其国际市场战略先重点放在中东、北非、南美洲等发展中国家，再迈向东欧、俄罗斯、东南亚等较为发达国家的市场，最后迈向欧洲、北美发达国家。同时，还在国外建立组装生产基地。2007年，吉利汽车在印度尼西亚实施 CK‑1 CKD 组装项目，这成为吉利汽车进军东南亚的跳板。目前吉利汽车已在海外的白俄罗斯、英国、乌拉圭等国建立了7座工厂。

2019 年，国内汽车市场低迷，销量下滑较大，吉利汽车的出口量却增长 344%。这将推动吉利进一步进行全球供应链的建设，使之更高效地服务于海外市场。

有些企业在实施低成本战略的过程中，在海外低成本国家发现了进行生产制造的价格优势，纷纷将其工厂转移到低廉市场。2003 年，苹果公司生产 Power Macintosh G5 电脑时，位于美国苹果公司自有的工厂和位于中国的富士康工厂同时进行生产。但是苹果公司发现，美国工厂在投入更多资源的情况下，制造效率只有富士康的 80%，而且次品率比富士康高一倍多。这样的制造效率相形见绌，经对比，苹果公司关闭自有工厂，将组装任务全部外包给富士康。富士康也对苹果公司给予了大量的资源支持，利用三个月的时间迅速新建了三栋厂房，扩招了近 5000 名工人，顺利完成 24 万台整机组装。此后，富士康成为苹果公司生产制造的首选战略合作伙伴，直到后来的 iPhone 智能手机、iPad 平板电脑等产品的组装业务，大部分都由富士康完成。

有些企业的全球化模式，是以全球采购战略为主，宜家家居就是典型的代表。宜家家居产品丰富，需要采购大量不同类型的原材料，为了保持宜家家居在全球市场平价而时尚的品牌形象，宜家家居构建了高效率、低成本又敏捷响应的全球供应链。为了保证宜家家居全球业务的正常运作，它需要协调材料采购市场和销售市场的空间矛盾。为此，宜家家居实行划分区域的采购，它的 17 个采购区域根据本地独特的市场优势，给总部提供当地特有的原材料或产品。总部根据各区域采购的汇报，统一权衡哪种产品在哪些区域采购具有较强的优势，然后再具体分配。所以，某一种商品的供应商可能来自一个或多个国家。宜家家居全球采购的特点在于其低成本的衡量标准是销售地区相对于采购地区而言的。例如宜家家居零售店经常看到的一种小碗，其原材料在中国是最便宜的，在上海的宜家家居零售店售价为 2 美元。但是它在瑞典卖场的价格是 4 美元，原材料来自波兰。其原因在于，从波兰到瑞典比我国到瑞典要近得多，波兰生产的这种小碗运抵瑞典的成本比中国生产的要小得多，加以权衡后选择波兰作为原材料采购国。所以在采购时必须综合考虑产品从采购区域运抵销售区域的各种费用，还包括采购时各地支付的货币、关税等情况。宜家家居会将这些成本因素列成一个矩阵，建立科学的矩阵模型来选择采购区域。

下面将企业供应链的运作分为采购、制造、分销这三个主要环节，来具体介绍全球供应链的运作模式。

（1）境外生产模式。如图 13-2 所示，采取这种模式的企业，通常是利用境外的低成本优势，选择原材料成本以及劳动力成本较低的国家，从而获取最小化的产品生产成本。产品最终在境内市场范围内销售。例如，欧洲的家电品牌 INDESIT，尽管其原材料来源及制造遍布欧洲、土耳其和中国，其消费地仍限于欧洲境内。

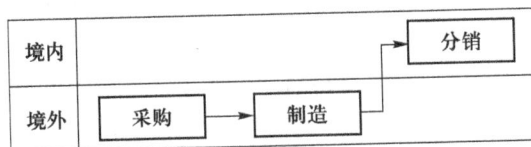

图 13-2 境外生产模式

（2）境外销售（出口）模式。如图 13-3 所示，采取这种模式的企业也十分典型。他们往往具有极强的品牌效应，而且品牌口碑与本土有着密切联系。其消费者群体体现出明显的"原产地效应"心理，即看中品牌的原产地以及背后蕴含的原产地文化价值。这一模式在奢侈品行业中应用较多，如法拉利汽车，大部分零部件采购在意大利本国完成，仅在意大利马拉内罗市进行制造，最终销往世界各地。

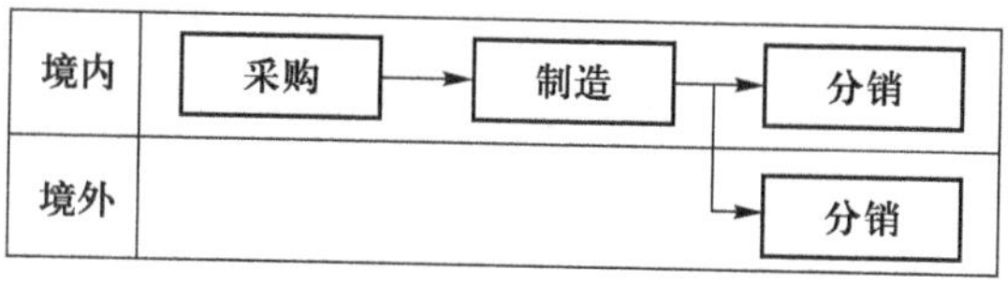

图13-3　境外销售（出口）模式

（3）境外"克隆"模式。如图13-4所示，对于某些商品，由于原材料易于获取，制造简单，通常只在某一地域内完成其产品生命周期的整个过程。最典型的应用在快消品行业，尤其是软饮料产品。例如，可口可乐公司，其饮料产品的原材料——水，易拉罐/塑料瓶，化学"秘方"等，都能在本地就近采购，分别在全世界范围内的工厂进行制造，向本地市场提供货源。

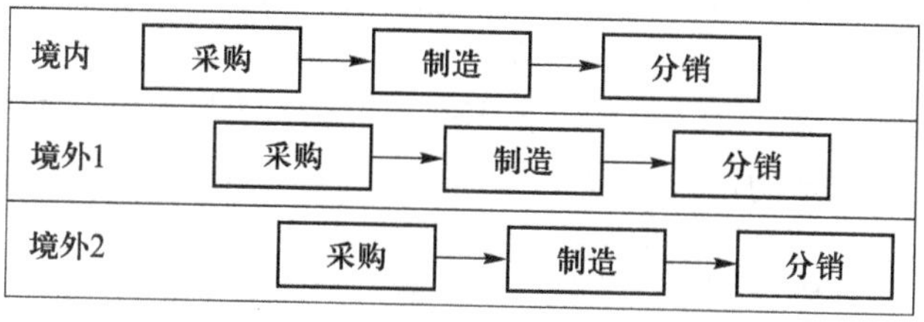

图13-4　境外"克隆"模式

（4）当地生产模式。这种模式分为两种类型。一种是当地采购，如图13-5所示，即根据当地优势，分配某一种或某一类产品的生产，同时在当地采购原材料。需要进行 JIT 准时化生产的汽车制造业，大多遵循这种模式，如宝马汽车。另一种是全球采购，如图13-6所示，即原材料的供应没有当地优势的情况下，将原材料的采购延伸到其他低成本地区。如BLACK&DECKER——美国一家电工工具生产企业。产品的零部件原材料都来自亚洲的供应商，特种材料及小批量原材料直接当地采购。这两种类型的集中化生产，最终的市场都是面向全球消费者。

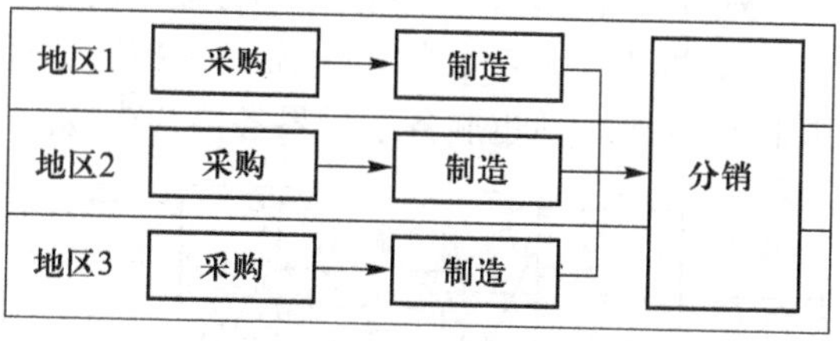

图13-5　当地生产模式1

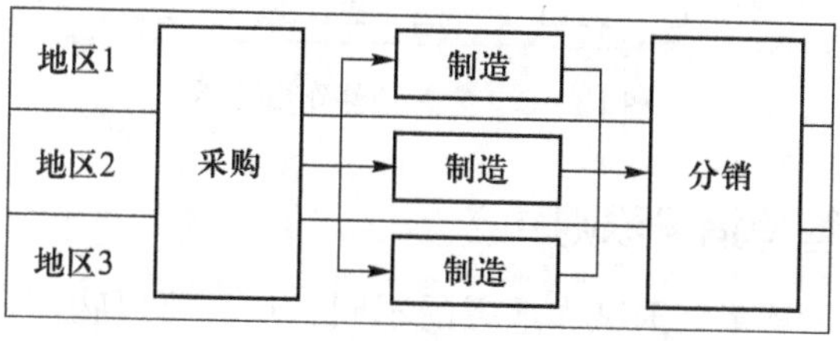

图13-6　当地生产模式2

（5）全球采购模式。如图13-7所示，这种模式下，企业在全球寻找合适的供应商提供原材料，满足不同地区的不同生产线。针对不同地区消费者的不同需求，分别设立工厂进行产品的制造。供应链上游是复杂的混合模式，下游则针对专门的产品和市场供应。惠普公司就是采用的这种模式。它经营打印及成像产品，向全世界尤其是亚洲进口原材料以及零部件，然后根据当地的法规与标准进行定制化生产，所以也是在当地区域进行分销。

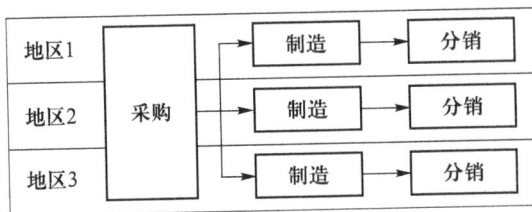

图13-7　全球采购模式

（6）集中生产模式。如图13-8所示，对于一些以研发为核心资源的大型国际企业，需要进行集中的生产，主要体现在航天制造业、大型精密计算机行业、半导体行业。波音航空公司就是其中典型的代表。波音公司每年生产近500架飞机，销往全球150个国家。但是它仅在美国生产，形成制造的规模集中。

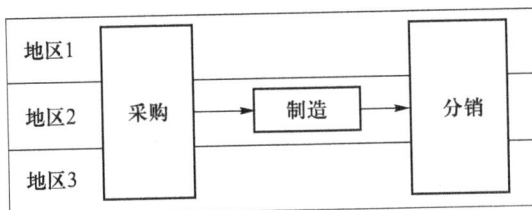

图13-8　集中生产模式

（7）全球全线布局模式。如图13-9所示，其全球运作模式复杂交错。作为国际大品牌，这样的企业，也具备大规模采购、生产和分销的特点。主要涉及大型制造业、电子消费品行业，化工行业以及部分食品、药品行业。它的供应链属于多国家的混合模式，各个环节在不同国家之间交叉进行。例如，倍耐力，当今世界享有盛名的轮胎公司之一，从四大地区采购——亚洲（主要是中国）、欧洲、北美、拉丁美洲（主要是巴西）。它在全球12个国家拥有24家工厂，每个工厂既服务于本地也服务于世界各国的市场。

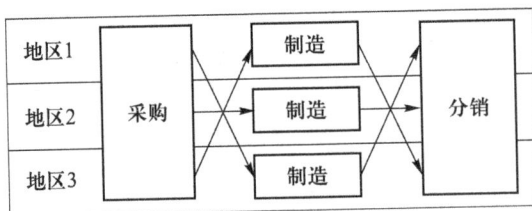

图13-9　全球全线布局模式

三、全球供应链管理指导原则

跨国供应链的运营涉及多个国家和地区的不同企业，所以物流运输也是跨国境地开展，运输方式会包括航空、铁路、海运等多式联运，相对于局限在某一地区的供应链而言，运输距离远、时间长、难度大。在供应链管理中，就需要挑选最优化的运输方式并规划运输路线，进行综合分析。在满足用户需求并保证货物安全和时效的前提下，尽可能减少运输成本。

跨国的企业经营是一项复杂的工作，国际间企业的合作涉及许多较难协调的问题，例如，社会环境、生活习惯和宗教信仰等。因此跨国经济活动面临政治问题、汇率浮动等许多风险。这就要求供应链管理者具备极强的风险管控意识，设计供应链运作方案时要考虑得更加周全，能够从容地应对各种紧急不确定的状况。

跨国供应链也会对信息交换提出更高的要求，因为整个系统在全球社会环境中运作，涉及范围广。信息交换的效率依赖于供应链管理的标准化，同时，跨国供应链对信息系统和物流设施设备有更高的要求。只有提高标准化程度和信息系统的技术含量，才能使不同语言文化环境中的企业进行有效沟通。

第二节 电子供应链管理

一、电子供应链管理的发展

当今商业时代，信息技术和管理理论的发展相辅相成，携手并进。凭借信息技术，企业实现了供应商和客户的连接。最早是通过电话，再是 Email，再到如今的 Internet，合作伙伴之间的沟通越来越实时化。计算机和互联网技术给供应链中信息的传递提供了大量便利，给供应链自动化创造了机会，人们能充分利用新的技术提高产量、降低成本。

电子商务指的是应用电子信息技术，在客户、厂商和其他贸易伙伴之间进行商务活动，以提升服务品质，降低成本，开辟增加股票价值的新渠道。供应链包括从产品设计到原材料采购、市场营销、生产制造、订单处理、后勤保障、客户服务直至结算支付在内的所有相关活动构成的产品生产与营销体系。因此，基于互联网的电子供应链管理系统，实质上已将整个世界连接成为一个巨大的价值链。电子供应链通过集中协调不同企业的关键数据，如订货、预测库存状态、缺货状况、生产计划、运输安排、在途物资、销售分析、资金结算等数据，便于管理人员迅速、准确地获得各种信息；充分利用电子数据交换、互联网等技术手段，实现供应链上的信息集成，实现共享采购订单的电子接收与发送、多位置库存自动化处理和控制、批量和系列号跟踪、周期盘点等重要功能。

互联网的出现极大地推动了数字营销和在线购物等各类基于网络的业务的发展，其中增长最迅速的是供应链中的 B2B 交易。互联网从根本上改变了 B2B 供应链模式。目前，每年通过互联网进行的 B2B 电子商务交易总值已达数 10 亿美元，规模远远超过 Amazon、eBay 等领先供应商主导的 B2C 电子商务领域。在这个领域，阿里巴巴是目前国内乃至世界上最大的 B2B 网站。预计未来数年中，B2B 电子商务仍将会保持高速的增长，并将继续给传统供应链带来前所未有的巨大冲击。

在这种情况下，电子供应链的部署无疑已成为众多供应商的当务之急。如果维持原有的供应链模式，不转到线上电子商务领域，企业将会在供应链效率方面远远落后于竞争对手。电子供应链对大型企业的影响最为显著，许多大企业早已投入巨资，向信息技术服务提供商寻求供应链解决方案。这些解决方案包括了产品研发、供应链管理、产品营销、销售及结算支付在内的各个方面。在一些领先行业，电子供应链的部署，已作为对合作供应商的基本要求之一。甚至有部分企业宣称："如果供应商不具备通过互联网进行交易的能力，那么将不在我们合作的考虑范围之内。"

二、电子供应链的运作模式

在当今的电子经济时代，企业与企业之间的供应链竞争，实质上是电子供应链链主的竞争。电子供应链链主显然是核心企业，它需要最大程度发挥影响带头作用，带领供应链整体提高竞争力。因此，要研究电子供应链的运作模式，就要从链主企业入手。在互联网高速发展的今天，很多零售端核心企业，在电子供应链发展中承担了重要的角色。它的中心地位体现在供应链组织结构的调整、电子信息的交换、物流的集散调度及企业文化影响等方面。其中，重点的工作包括信息网络的建设、供应与采购管理、供应商的选择、生产运营管理、物流跟踪控制及库存管理等。

电子供应链建设的关键在于信息系统的建立及先进的交互配合。供应链上各成员要实现信息共享，是通过互联网等网络通信技术传递数据，例如，采购、销售、库存付款等方面的实时信息。互联构建的价值链集合体和全方位网络结合体，是电子供应链核心企业协同上下游合作伙伴，共同赢得市场竞争优势的基础。如图13-10所示，从本质上看，企业电子供应链是结合了高级供应链管理与电子商务技术方法的综合管理模式。它的实现依赖于电子商务手段，运作流程依然基于供应管理、库存管理、物流管理和销售管理，从而实现集成化、网络化和电子化的供应链思想。

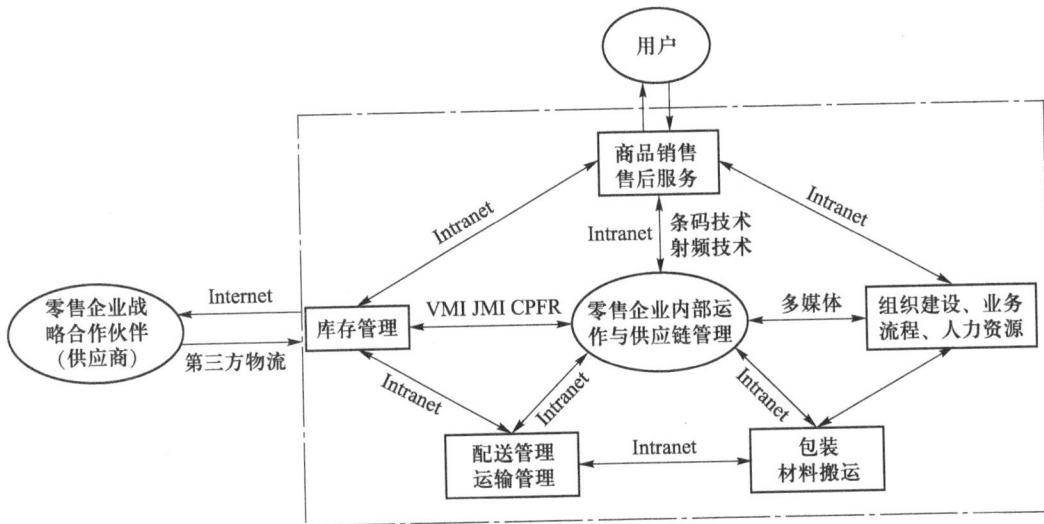

图13-10 电子供应链的运作

（一）电子供应链环境下的供应管理

供应管理一般由电子采购系统实现。供应商将商品信息发布到信息共享平台，企业根据最新的商品信息，通过网络交易平台下订单，明确采购需求信息，如名称、类型、数量、价格等。电子采购系统能简化采购运作中不必要的流程，提高采购效率，降低库存成本，使交易双方都能实时了解商品数量的变化，及时调整产品的方向，适应不断变化的市场，最终保证整条供应链既高效又及时地满足消费者的需求。电子采购系统促进了企业与供应商之间的深度合作关系，使得采购管理的价值不仅体现在为买方节约成本，还为卖方提供了服务管理的平台，间接提升了供应商的潜在价值。

从具体运作上来说，电子采购管理的优势在于提供了产品的可获得性、库存状况、运输条件等实时信息，由此提高供应链效率。从业务流程中，最直接的成本节约来自书面通知、采购订单和发票处理的减少，消除了与供应商之间的时间、空间障碍，促进双方的重要信息沟通。这样一体化的采购活动，也有利于从供应商处获得更多的折扣优惠，减少对采购流程的管理时间，采购人员能将更多的时间用于维护与供应商之间的关系。由此，将会促进与供应商之间的战略合作，形成更充分信任的伙伴关系。所以，电子采购不仅能显著地改善运作成本，更能将复杂的交易过程转变为需求方和供应方之间一种动态的合作。

（二）电子供应链环境下的库存管理

电子供应链环境下的库存管理，能解决很多在传统企业库存管理中存在问题。传统的企业库存管理从库存和订货成本出发，确定经济订货量和订货点，是一种比较单一的库存成本优化。而电子化的库存管理侧重于上下游节点之间的协作，通过供应商管理库存 VMI（Vendor Managed Inventory）、零售商与供应商联合管理库存技术 JMI（Jointly Managed Inventory）、协同规划预测和补货技术 CPFR（Collaborative Planning Forecasting and Replenishment）等，实现一体化的库存管理协作。

VMI 模式是从 QR（快速响应，Quick Response）和 ECR（有效客户响应，Efficient Customer Response）发展而来的，它的核心思想是零售端的企业（即买方）放弃商品库存的控制权，而由供应商控制商品的库存。供应商与下游用户企业共享库存系统，根据当前的库存及实际的消耗，分析消耗趋势，建立数据模型，针对实际情况补货。这样的模式打破了独立预测的弊端，降低了预测的不确定性，减少了商流、物流和信息流的浪费。JMI 模式是 VMI 的扩展和延伸，它强调了上下游企业权力责任的平衡，要求合作双方共同承担库存管理的风险。供应链的每个节点同时参与库存计划的制定，确保各节点之间的协调同步。这样能消除由各节点企业单独管理库存带来的需求变异放大现象。CPFR 是建立在 JMI 和 VMI 的实践基础上的系统，企业与合作伙伴之间要进一步分享预测的信息，共同确定供应链协同的方案并实时沟通调整，因而预测更准确、库存共享更有效。CPFR 在节约供应链各节点成本的同时，还能提高对客户的服务水平。这三种技术的共同点是都强调企业与供应商之间的合作互利关系，通过共享数据、同步化运作，最终有效降低库存成本，适应电子供应链的库存管理要求。

（三）电子供应链环境下的物流管理

对于零售企业来说，物流配送中心是完成物流运作的重要设施机构。物流配送中心作为调度管理中心，要合理安排动态的物流运输，也要科学管理静态的库存存储，将物流活动统一地组织起来。这是零售企业实现供应链规模化、连锁化的必须环节，也是实现供应链高效运作的关键。在电子供应链环境下，也就是要借助计算机、互联网等技术协调管理调度，科学地规划物流运作，提高配送作业的效率。零售端配送的信息化，是电子供应链下物流管理最大的特点。不论企业是自主建设物流系统，还是将物流业务外包给第三方，都需要依赖于信息化才能高效运作。

电子供应链物流管理指的是利用电子信息系统，结合互联网技术，实现从供应链网络前端到最终客户端的物流服务及所有中间过程，全流程的协调、控制和管理。其中涉及的技术有条形码技术、电子数据交换技术、射频技术、全球定位系统和地理信息系统等，它们将供应、生产、销售各个环节中的数据、信息连通，进行智能的采集和分析，给管理者提供有力的决策支持，最终降低物流成本。一个先进的、集成式的现代物流管理系统，能对各个仓库的库存量实时监控，对每条运输线路合理规划，对货物在途状况追踪跟进，实现严格的物流时效控制。从而无缝连接上下游企业之间的物流，协调好供应链的各个环节，优化供货程序、缩短物流时间及降低库存，提高资金周转率。

（四）电子供应链环境下的销售管理

销售是供应链中的一个必不可少的环节，它与终端客户连接，直接面对消费者，所以也是最容易凭借其业绩、知名度直接影响消费者的环节。销售管理在满足消费者需求方面，发挥着重要的作用，甚至可以通过市场营销手段引导、创造消费者需求。一方面，电子供应链提供了数字化营销的平台，互联网拉近了产品、商家与消费者的距离。另一方面，互联网带动数字化商业时代的来临，改革了当下的交易模式，逐步从物理存货交易转变为电子交易，企业与顾客之间因网络紧密联系在一起。因此，电子化、网络化的销售既是创造收益的有效手段，又是未来商业活动的通用和基本的模式。

电子供应链的发展，也决定了企业销售管理战略的变革。一般来说，销售管理包括顾客需求管理、沟通管理、销售现场管理三方面的内容。可以看到，销售管理的整个流程都需要进行信息有效的采集和传递。在销售前端，核心的信息管理支撑技术主要是条形码技术、电子数据交换技术和多功能终端 POS 系统等。条形码技术实现了所销售的每一件商品与系统的连接，它能识别和描述所有的商品，并借助电子数据交换、POS 系统等技术，使供应链上的节点企业随时了解产品的现状和位置，并为此及时做出反应。目前，电子供应链的销售环节，POS 系统是许多企业普遍采用的，并由此进行供应链产品品类管理。在这个系统的基础上，延伸发展的客户关系管理系统、财务核算管理系统等，也会有效辅助供应链销售端的管理运作。

三、智慧供应链

随着电子供应链的不断发展，各种通信技术、Internet、信息交互手段越来越成熟，大大增强了企业内部、企业与企业间的信息沟通，这些信息流形成高密度的大量的数据。随着云计算、大数据、物联网、人工智能等新兴科技的兴起，电子供应链得以进一步优化。由此，诞生了"智慧供应链"的概念。首次提出这一概念的是复旦大学罗钢博士，他在 2009年上海市信息化与工业融合会议中提出："智慧供应链"是物联网技术和现代供应链管理的理论、方法和技术，在企业中和企业间构建的，实现供应链的智能化、网络化和自动化的技术与管理综合集成系统。

从技术上来说，传感器技术的普及和可靠性的提升，使我们可以测量几乎任何活动和过程，数字化的架构在世界范围内呈现汇聚的态势。各物体之间可以实现互联，直接通信而无须人工干预。不仅供应链之间可以建立连接，也可以实现与外部环境的互联，如金融市场、电网甚至像河流、气候情况等自然系统。这是一个智能的世界，从中进行的数字化分析，都可以转化为具体的行动，从而创造商业价值。供应链管理决策的制定，也可以由决策支持发展为决策授权，大大提升自主预测能力。智慧供应链的核心在于无缝对接，解决供应链中物流、信息流、资金流运作中沟通的阻碍，尽最大可能消除信息交流不对称的影响，因而从根本上解决供应链效率低下的问题。智慧供应链是近几年兴起的概念，它相比起电子供应链更加强调了技术的先进性、更强大、更深入的沟通互连以及智能化的模式。

（一）先进

新的技术设备如传感器、RFID标签、仪表、执行器、GPS等，将代替人工的方式，自动创建供应链信息。它们不仅可以轻松实现信息的可视化，还能"预测"更多事件，见证事件发生时的状况，像集装箱、货车、产品、标签等物理设备，都能自行进入互联网络，发出信息报告，所以也不用依赖人工去完成一系列跟踪和监控的操作。在人机交互界面，能直观地显示计划、交付、供应源、预计库存和消费者需求的实时状态信息。

（二）互连

一般情况下，强大的信息系统能帮助供应链各节点沟通连接，建立极其方便的人机互联，实现客户、供应商和IT系统的交互。而智慧供应链还能在流动的实体对象之间创建物与物的互联。除了创建更全面的供应链视图外，这种广泛的互连性还便于实现大规模的协作。全球供应链网络有助于全局规划和决策制定。

（三）智能

智慧供应链的优势还体现在自主学习方面，它可以自主进行智能分析，不需要人为干预就能做出某些决策。智能系统协调管理进行交易评估，能系统地衡量各种约束条件。智慧供应链能利用这种尖端的建模和模拟技术，从过去的"感应-响应"模式转变为"预测-执行"模式。不仅可以做出实时决策，还可以预测未来的情况。

第三节 可持续供应链管理

一、什么是可持续供应链管理

可持续供应链管理（SSCM）是供应链管理与可持续发展理念的结合与完善，是可持续发展理念在供应链管理中的应用和体现。从供应链管理到可持续供应链管理，经历了从传统供应链到绿色供应链再到可持续供应链管理的发展演变过程。这期间的转变体现了社会领域的可持续性理念与供应链管理理论的融合。可持续供应链关注的重点是，在增加供应链盈余的目标下如何进行供应链的设计和运作。每条供应链都只是其所处世界的一小部分，最终，每条供应链、每个个体的健康和生存都取决于周围的环境。因此，供应链目标的设置不应该仅考虑供应链参与者的利益，而应该考虑可能受到供应链决策影响的所有方面。

在供应链管理理论与实践发展的早期阶段，人们更多地关注成本和效率等与经济利益相关的问题，很少顾及与企业对公众责任相关的环境和社会问题。而在20世纪80年代，全球变暖等气候问题引发了人们对可持续发展的关注。可持续发展的意识最早出现在1980年国际自然保护同盟颁布的《世界自然资源保护大纲》中："必须研究自然的、社会的、生态的、经济的以及利用自然资源过程中的基本关系，以确保全球的可持续发展。"1987年，世界环境与发展委员会在《我们共同的未来》报告中，将可持续发展定义为："既能满足当代人的需要，又不对后代人满足其需要的能力构成危害的发展。"随后，经济商业领域开始重视可持续发展问题，并将这一理念融入供应链管理实践中。到20世纪90年代，随着保护臭氧层的呼吁的提出，人们开始重视物料回收利用以及逆向物流的价值，因而提出绿色供应链的概念。也就是从环保的观念出发，将环境因素纳入供应链管理考虑的范围。绿色供应链强调最小的环境影响和最高的资源利用率。绿色供应链考虑到了企业的运作活动对环境的污染和破坏，但是还未涉及经济、环境和社会三方面协调的问题。

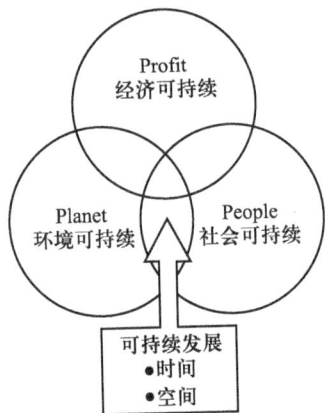

图 13-11 可持续发展的三重底线

1997 年 Elkington 提出了一个"三重底线"概念，要求可持续发展同时关注经济、社会和环境三个维度的问题，如图 13-11 所示。企业在追求自身长远的、时间和空间上的可持续发展的同时，需要满足经济繁荣、环境保护和社会福利三方面的平衡。传统上说，经济上的利润是企业经营的第一底线。毫无疑问利润是经营者追求的第一目标，也是关乎股东的直接利益。但是三重底线要求企业在重视传统的财务资本的同时，也要关注环境资本（如自然资源、生态保护和回收循环等）和社会的资本（如诚信合作、善待员工和社区和谐等）。也就是说，要转变传统上只追求单一的利润最大化理念，实现经济、环境、社会三个维度整体目标的最大化。而且，值得一提的是，这个三个目标之间不是相互排斥和孤立的，绝对的效益背反并不存在。它们之间有着诸多的关联。许多研究表明，企业参与环境保护与承担社会责任，有利于提升企业的经济效益。这种正相关的逻辑基础是企业参与环境保护与承担社会责任给企业带来大量的利润，这足够补偿为其付出的经济成本。尤其是从长期经济收益来看，极为可观。同时，经济效益的提升也给企业提供更多的资本，可以投入到绿色环保工作中，如企业绿化、污染处理等；而且也能用于提高员工福利待遇、提供社会福利，从而承担更大的社会责任。

（一）经济

在可持续性战略框架内，这一维度不仅指为企业创造利润，还包括为社会提供源源不断的经济利益。企业有责任通过投资回报，有力补偿那些购买股票或其他金融产品而提供资本的股东，企业战略应当为这个群体谋取长远利益。与此同时，企业也要为整个社会经济体提供长久的利益与源源不断发展的活力。

（二）环境

这是指公司在环境上的影响，企业应该尽可能保证，至少不对环境造成伤害。管理者应当致力于降低公司对生态的影响，可以通过良好的管理降低对自然资源的消耗、减少浪费以及保证用安全合法的方式排放低毒性的废弃物。现在许多公司都对产品进行"从摇篮到坟墓"的评估，就是评估从原材料加工到最后被顾客所弃过程中，补偿其对环境负面影响而产生的成本。

（三）社会

属于一种公平、有益的商业行为，与企业运作所依赖的劳动力、社区和地区相关。一个在三重底线内的企业会努力为受其存在所影响的员工、社区及其他社会实体寻求利益。企业不能聘用童工，应同工同酬，为员工营建安全的工作环境。企业不应让员工工作时间超出其所能承受的范围，否则就是在剥削群众或劳动力。商业也可以为社区的成长和壮大做贡献，如通过卫生保健、教育和其他特殊活动等方式。

从三重底线的角度来看，可持续性的实质集成了经济可持续性、环境可持续性和社会可持续性的广阔范围，本质上是为了维护人类生存和发展的可持续。企业管理人员都应该从经济、环境和社会三个目标效益考虑，在这三者交汇处采取行动，获取三者平衡的回报收益。只有这样，企业及所在的供应链才既能积极改善自然和社会环境，又能获取长期经济效益和持久竞争优势。

二、可持续供应链的驱动力和绩效评价

随着巴西、中国、印度等这些人口大国的经济发展，可持续发展也越来越受到重视。一方面，这些新兴市场因人口红利和高速经济发展，大大提高了全球的生活水平；另一方面，它们也给予资源和环境前所未有过的压力。人们越来越清晰地意识到，如果供应链不能变得更具可持续性，世界的资源和环境将不能维持现有的发展水平。就实践来说，促使人们对于供应链可持续发展越来越关注的因素可分为三类：（1）降低风险，提高供应链的财务绩效；（2）社会压力和政府指令；（3）吸引那些重视可持续发展的顾客。

尽管对这三类驱动因素都有过不少讨论，但是可以观察到，人们关注可持续发展，更多的是为了降低风险和提高供应链财务绩效。麦肯锡公司的一份关于温室气体排放的报告中提到："以负边际成本可以实现大约40%的温室气体排放的减少。也就是说，投资于这些方案可在其生命周期内带来积极的经济回报。"尽管提高可持续性存在经济上的可行性，但行动进展却很缓慢。这是因为许多提高可持续性的措施虽然长远来看会带来回报，但却需要大量前期投资。例如，沃尔玛公司投资于发光二极管（LED）照明。虽然安装LED灯需要前期投资，但却大大减少了沃尔玛店铺中能源的消耗。虽然会带来长远的回报，但由于需要大量前期投资，因此很少有其他企业效仿沃尔玛公司的做法。21世纪早期，在一些国家也可以看到社会压力和政府指令的增加。在汽车行业，政府推行的法律法规对于环境保护以及汽车供应链的长期可持续发展尤为关键。2006年，国家对汽车回收指标的要求是，每年每一辆报废汽车其平均重量至少有85%能够被再利用，其中至少有80%的材料可再回收。2015年，这一指标分别提升到95%和85%。这些政府指令有效地培养了企业的"绿色制造"意识，也引导一大批核心制造厂商实施相关环保政策。研究也表明，对于重视可持续发展的企业，也会吸引对环境保护高度关注的顾客，即更愿意进行"绿色购买"的顾客。所以，经常可以在广告设计中看到企业主张其产品的环保理念。例如，立白洗衣液广告使用绿色形象环保主张，强调"引领绿色健康"；华为荣耀手机广告运用产品属性环保主张，突出"荣耀致力于产品的绿色环保，把绿色理念融入产品设计，采用更为环保的材料，提升产品环保特性，减少对环境的影响。"不过，这些仅对部分客户有着吸引力，广大消费者还未对可持续的理念形成深刻意识，极少看到企业由于顾客需求或期望世界更具可持续性而关注可持续发展并取得成功的典型例子。

当然，要推动企业的可持续发展，也要对其相关的绩效评价进行完善。对于那些还没有可持续发展意识的企业，至少可从绩效指标开始，为达标绩效目标采取一定的措施，进行"被动"可持续发展。对于已经率先走在前列、进行可持续发展改善的企业，这些评价指标也为该企业乃至其所在的供应链行业指明了努力的方向。

供应链的可持续性可循着三个方面的支柱来评价：社会发展、环境保护、经济发展。大多数全球性的企业，如沃尔玛公司、星巴克公司等，都会在其年度报告中报告财务绩效，在其全球责任报告（也称企业社会责任报告）中报告社会和环境绩效。正如前面所提到的，在供应链中采取的许多行动都可以提高这三个方面的绩效。例如，宜家家居利用模块化设计使产品部件在从生产地运往零售店时可以更紧密地包装。同时，模块化设计还有助于减少排

放物、降低运输成本。美国清洁产品和其他生活消费品生产商庄臣公司曾报告，1990—1999年该公司使用具有生态效率的工作方法减少了超过 42 亿磅废弃物，节省了 12.5 亿美元。在这种既改善了可持续性又促进了供应链财务绩效的情况下，能够利用财务指标来评价可持续发展工作。大部分与可持续发展相关的努力会增加供应链成本，但却带来更为普遍的利益。

在评价和报告社会发展和环境保护这两个方面时，供应链需要解决两个问题。

第一个问题是评价的范围。先看一家仅报告本企业内部运作能源消耗量的企业。如果该企业决定外包部分生产给海外的供应商，那么，尽管整个供应链的能耗量可能会上升，但是该企业自身的能耗量减少了。如果该企业决定把原来的外制品改为国内自制，那么尽管整个供应链的能耗量减少了，该企业自身运作的能耗量却增加了。因此，明确定义所有指标的评价和报告范围是非常重要的。关于温室气体的排放，《温室气体议定书》定义了三个范围水平。范围 1 是指报告企业自身拥有和控制的温室气体排放源的排放量，通常也称为直接排放量。范围 2 是指源自电力、热能、蒸汽、冷却等公共服务的间接排放量。范围 3 包括其他一些间接排放量，这些排放来自采购的原材料生产、外包生产、承包商拥有的车辆、废弃物处理以及员工商务旅行等。对于大多数企业来说，直接排放量仅相当于供应链间接排放量的一小部分。例如，雅培制药厂（Abbott）经过详细分析得出，其间接排放量是直接排放量的 6 ~ 14 倍。通常一家典型的零售企业，直接排放量仅占 7%，其余 93% 均来自供应链其他环节。因此，对整个供应链的社会、环境和经济影响进行衡量非常关键。

第二个问题是相对衡量指标或绝对衡量指标的使用。比如，利用绝对衡量指标的报告用总能耗量表示能源消耗，而利用相对衡量指标的报告则用单位产出能耗量表示能源消耗。使用绝对衡量指标的好处在于能够说明供应链的全部影响（假定采用范围 3）。使用绝对衡量指标的缺点在于，供应链的销售和生产的减少（如经济低迷时）会使绝对衡量指标看起来有所改善，其实企业可能没有任何改变。2012 年欧洲的情况就是如此，经济放缓导致排放减少，即使企业没有任何改善。相对衡量指标，如每吨产出的排放量，能更有效地反映出该领域是否确实得到了改善。选用相对衡量指标进行衡量时需要面对的一个难点是基本单位的选择，因为各个方面的评价都可以用相对于销售额（美元）、产出量（千克）或每平方米空间等指标来衡量。总的来说，为了获得对企业经营绩效的真实评价，最好同时用相对衡量指标和绝对衡量指标进行衡量和报告。

三、可持续供应链中供应商选择的实践

基于三重底线的思想，可持续供应链应考虑经济、环境和社会三方面的因素。其中，应当被强调的是环境和社会两方面。从具体运作上说，企业应该在产品设计、材料选择、产品制造、产品销售及回收的全过程中，提升整体的环境和社会效益，做好上下游的沟通与合作，同时也提高企业的经济绩效，从而实现企业及所在供应链的可持续发展。

以下就供应链中供应商选择这一决策过程，说明可持续供应链思想的应用。

（一）经济维度

大部分企业在进行供应商选择时，都会优先考虑经济维度的指标。其中，对经济指标起到直接影响的因素就是成本，包括采购成本、运输成本、售后服务成本等。因此，为了从源头上节约企业成本，在产品和服务质量相同的情况下，企业倾向于选择价格更低的供应商。尤其是当采购成本占据销售额的比例越大时，企业在选择供应商的决策中，对成本因素就更加敏感。成本因素之外，企业选择供应商时还会考虑质量因素、运输与服务因素以及灵活性

因素等等。其中质量因素主要包括产品的合格率、供应商处理不合格产品的能力、供应商是否具备内部质量审核的能力以及供应商是否取得了质量体系认证。运输和服务因素主要考虑供应商的交货提前期、准时交货率以及售后服务。灵活性因素包括企业在进行大批量采购时供应商给予折扣的弹性、供应商交货时间的灵活性以及订货的灵活性。这些因素会影响供应链的运营，因此间接影响企业的运营成本。质量优良，运输与服务配套以及灵活性强的供应商，能给企业带来较高的经济效益。

（二）环境维度

当企业实施可持续供应链管理时，应具备环保的理念，有时候环保维度的考量甚至要更优于经济维度。因此在选择供应商方面，企业要选择符合可持续供应链管理的供应商，以维持环保产品的供应。具体表现在选择供应商时，会考虑供应商是否具备环境管理体系，其中包括是否具有环境保护体系认证、是否会对企业的运营进行环保绩效评估、供应商生产所用的原材料是否环保、在社会上环保的声誉怎么样。另外，应要求供应商提供绿色的产品、绿色的包装，以及环保材料的可回收利用率、在生产产品时会排放多少废气废水等。仓储环节的绿色性，比如库存管理水平怎么样，非污染材料以及替代材料的库存水平。运输过程的绿色性，如是否有意识地选择排放废气较少、更低碳的交通运输工具，在运输过程中有选择清洁能源的比例。甚至在产品的生产之前的设计环节，是否对产品提出了可持续性要求，具体在设计时是否考虑到产品的可回收性、再制造性以及减少对污染材料的使用。

（三）社会维度

在企业进行供应商选择的时候，也要考虑社会方面的指标。供应商的企业信誉就是一个很明显的社会维度的影响因素，显然企业更加倾向于选择信誉更高的供应商。同信誉更高的供应商合作不仅能建立长期的合作伙伴关系，还能以高质量水平完成供货。企业运营成本降低，还能进行连贯性生产。同时，当消费者了解到企业的供应商具备良好信誉，也会对其产品或提供的服务更有信心，这也有利于提高企业形象。而企业信誉这种影响因素是通过企业在多大程度上关注员工健康与安全以及是否具备良好的职场环境来体现的。员工健康与安全方面，包括是否为员工购买了额外的医疗保险、企业的消防设施是否完善、对员工是否进行过足够的安全培训等。除了企业信誉，供应商是否具备忠实的劳动力，也应该作为选择供应商的考察因素。具体体现在员工的权利方面，如正式员工的比例、员工的保险、员工工资水平、员工的工作时间、加班福利等等。如果供应商的员工大部分都是忠实的劳动力，那么生产的产品相对来说质量较高。并且相对于那些员工流失率高的企业，不需要不断招聘、培训新员工，供应商的运营成本会降低很多。而且熟练的工人也多，就能够以更低的价格提供优质的原材料和服务。

本章小结

第一节　全球供应链管理

总结

企业全球化发展的过程中，要想在更大的市场中取得优势，需要进行全球供应链管理。根据不同行业不同类型的供应链运作，也有不同的全球供应链管理模式。他们都应遵循一定的跨国经营原则。

关键术语

全球供应链　全球供应链管理

第二节　电子供应链管理

总结

随着信息技术的发展，计算机和互联网越来越多地应用于商业领域，给电子供应链的兴起提供了机会。这些技术使得供应链各节点更高效地进行通讯、资源整合，改善原有的采购、库存、物流及销售等活动。由此发展而来的"智慧供应链"也成为该领域的前沿话题。

关键术语

电子供应链　智慧供应链　VMI　JMI　CPFR　QR

第三节　可持续供应链管理

总结

供应链的可持续发展围绕其时间和空间的可持续性，具有经济、环境、社会这三重维度。企业的可持续发展基本的驱动力还是财务绩效，但是也必须建立起其他的绩效考核方式，鼓励企业发展可持续供应链。

关键术语

可持续供应链　可持续供应链的三重底线

问题讨论（问答题）

1. 全球供应链管理有哪些模式？请举例说明代表性的企业。
2. 谈谈当今哪些科技促进了智慧供应链的发展。
3. 如何能鼓励更多企业（尤其是中小企业）重视可持续供应链的构建？
4. 选取一家你熟悉的企业，谈谈它在供应链前沿研究的问题中，有哪些突出的优势？

客观题

1. 简述全球供应链管理指导原则。
2. 简述电子供应链管理概念和特点。
3. 可持续供应链的三重底线是什么？分别代表了什么内涵？